蘭山年鑑

LANSHANNIANJIAN

中共兰山区委
兰山区人民政府 主办

兰山区地方史志办公室 编

方志出版社
Publishing House of Local Records

图书在版编目（CIP）数据

兰山年鉴．2018 / 兰山区地方史志办公室编．--北京：方志出版社，2018.10

ISBN 978-7-5144-3200-8

Ⅰ．①兰…　Ⅱ．①兰…　Ⅲ．①区（城市）—临沂—2018—年鉴　Ⅳ．①Z525.24

中国版本图书馆CIP数据核字（2018）第201329号

兰山年鉴2018

编　　者：兰山区地方史志办公室
责任编辑：王　俊

出 版 人：冀祥德
出 版 者：方志出版社
　　　　　地址　北京市朝阳区潘家园东里9号（国家方志馆4层）
　　　　　邮编　100021
　　　　　网址　http://www.fzph.org
发　　行：方志出版社图书经销中心
　　　　　电话（010）67110500
经　　销：各地新华书店
印　　刷：山东黄氏印务有限公司

开　　本：889×1194　　1/16
印　　张：27.9印张
字　　数：689千字
版　　次：2018年10月第1版　　2018年10月第1次印刷
印　　数：001～1000册

ISBN 978-7-5144-3200-8　　定　价：280.00元

兰山区史志编纂委员会

名誉主任	赵晓晖					
主　　任	沈如茂					
副 主 任	刘爱友					
成　　员	尤元勋	孙钦仕	韩庆明	马永攀	陈胜年	胡梁勋
	臧艳丽	张　勇	密宗方	朱文明	刘相星	王加宾
	程明珣	程万里	毛士西	焦秀荣	雷贵松	赵德胜
	韩　东	王思华	管桂启	王金生	董　胜	刘英娣
	魏云广	陈宏图	王友存	孙星梅	王建华	陈　臣
	刘德祥	寇利明	杨晓娜	訾金刚		

《兰山年鉴》（第十八卷）编辑人员

主　　审	刘爱友					
副 主 审	孙钦仕					
主　　编	王友存					
执行主编	杨晓娜					
副 主 编	寇利明	訾金刚				
编　　辑	李　敏	郭景营	赵志祥	张秀娟	魏海荣	唐淑春
摄　　影	郭景营	刘笃龙	孙　昊	刘文涛	赵　磊	王　磊
	张庆飞	彭　丹				

兰山名片

- “书圣”王羲之故里
- 战争年代华东暨山东解放区首府
- 全国综合实力百强区
- 全国投资潜力百强区
- 全国新型城镇化质量百强区
- 全国创新创业百强区
- 全国双拥模范县区
- 全国“六五”普法中期先进区
- 全国科技进步先进区
- 全国文化信息资源共享工程示范区
- 全国国土资源节约集约模范区
- 全国义务教育发展基本均衡县区
- 全国农村社区建设试验区
- 全国法制县（市、区）创建活动先进单位
- 全国群众体育先进单位
- 中国市场名城
- 中国物流之都
- 中国板材之都
- 中国食品产业加工基地
- 国家级出口木制品质量安全示范区
- 省级生态区
- 省级文明区

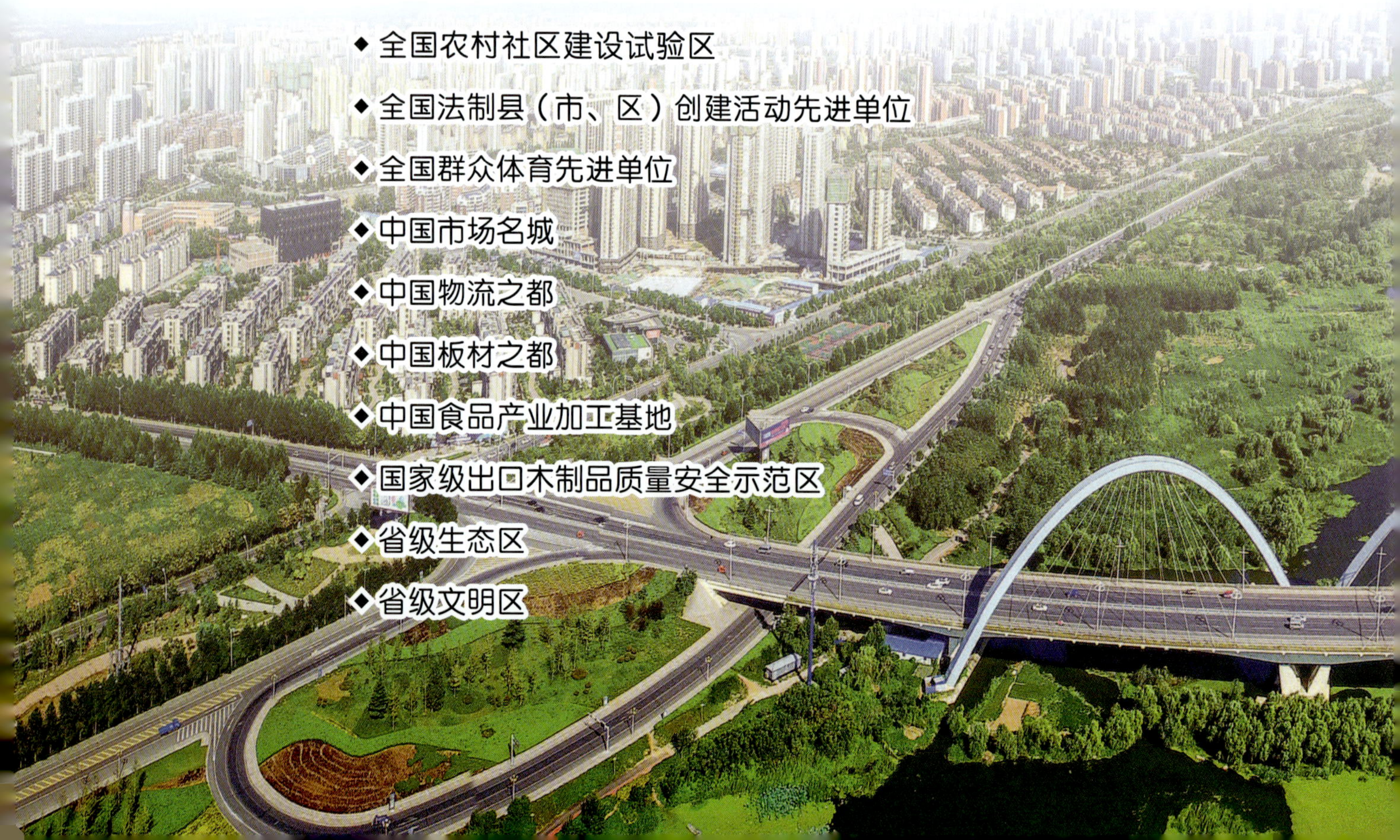

数字兰山 2017

◆ 土地总面积 891 平方公里

◆ 年末常住人口 136.14 万人

◆ 全区生产总值 936.8 亿元

◆ 第一产业增加值 8.5 亿元

◆ 第二产业增加值 438.3 亿元

◆ 第三产业增加值 490.0 亿元

◆ 粮食总产量 17.2 万吨

◆ 固定资产投资总额 669.3 亿元

◆ 社会消费品零售总额 619.7 亿元

◆ 金融机构存款余额 2238 亿元

◆ 金融机构贷款余额 1882 亿元

◆ 工业用电量 33.6 亿千瓦时

◆ 进出口总额 165.4 亿元

◆ 出口总额 107.6 亿元

◆ 进口总额 57.7 亿元

◆ 公共财政收入 73.1 亿元

◆ 公共财政支出 50.0 亿元

◆ 居民人均可支配收入 25940 元

兰山十大文化符号

羲之故里

兰山商城

银雀山汉墓竹简博物馆

华东革命烈士陵园

郯国古城遗址

琅琊王陵遗址

王祥卧鲤

金代孔庙

糁

百年天主教堂

美丽兰山

4月6-7日，中共山东省委书记、省人大常委会主任刘家义到兰山区视察

6月28日，省委常委、常务副省长李群，省委常委、政法委书记、临沂市委书记林峰海到兰山区调研

8 月 17 日，市委书记王玉君到兰山区调研

6 月 27 日，市人大常委会主任杜德昌带队到兰山区视察全国文明城市创建工作

9 月 5 日，市委副书记、市长张术平到兰山商城现场办公

6 月 28 日，市政协主席徐涛到兰山区走访

6 月 21 日，市委副书记张宏伟到兰山区视察“雪亮工程”

12 月 6 日，区领导在华东革命烈士陵园重温入党誓词

10月28日，区委书记赵晓晖，区委副书记、区长沈如茂带队调研重点项目建设推进情况

10月1日，区委书记赵晓晖视察国庆、中秋节日期间安全生产工作

10 月 27 日，区委副书记、区长沈如茂到银雀山街道看望百岁老人

9 月 19 日，区政协主席刘耀华参加加快推进全域旅游发展专题协商座谈会

5 月 11 日，区人大常委会主任王永哲视察全区老旧小区改造工作

4 月 25 日，区委副书记陈士贤督导全国文明城市创建工作

1 月 16—18 日，临沂市兰山区第十九届人民代表大会第二次会议在兰田教育用品采购基地四楼第一会议室召开

1 月 15—17 日，中国人民政治协商会议第十五届临沂市兰山区委员会第二次会议在临沂宾馆召开

2 月 13 日，全区科学发展总结表彰大会召开

11 月 24 日，全区第一书记工作观摩交流会议召开

编辑说明

一、《兰山年鉴》是中共兰山区委、兰山区人民政府主办的地方性、综合性、资料性年刊，编纂业务由区地方史志办公室承担。旨在全面反映兰山区情，为各级领导实施科学决策提供重要依据，为国内外各界人士了解兰山提供信息窗口，为编修地方志储备资料。从1996年起，连续编辑出版，此卷为总第十八卷。

二、《兰山年鉴》的编纂坚持以马克思列宁主义、毛泽东思想、邓小平理论、“三个代表”重要思想、科学发展观、习近平新时代中国特色社会主义思想为指导，紧紧围绕区委、区政府的中心工作，全面客观地反映各级党委、政府的主要工作和各部门、各行业取得的重要成就。力求做到观点正确、框架科学、资料翔实、记述准确、编写规范、特色鲜明，突出时效性，讲求实用性。

三、《兰山年鉴（2018）》主要记述2017年度全区自然、政治、经济、文化和社会生活等方面的内容，新增加《兰山区行政区划图》《兰山区城区图》。为方便读者了解兰山区基本情况，在卷首设置了兰山名片、数字兰山2017。正文采用分类编辑法，以条目为记述的基本单元，并在条目中插入了具有现实意义和存史价值的随文图片。行文采用语体文记述体，使用规范化汉字、标点符号和标准计量单位。

四、本年鉴分为彩页和文字两部分内容。卷首彩页为上级领导到兰山区调研和区主要领导活动时政图片。文字内容设有19个栏目：特载、大事记、概况、政党・政务、军事・法治、经济管理、农业・农村、工业、交通・邮电、建设・环保、商业・旅游、财政・税务、金融・保险、科技・教育・广播电视、文化・卫生・体育、社会生活、街道・镇概况、先进集体・先进人物、附录。为方便读者查阅，卷首编制了详细的中、英文目录，索引置于卷末。

五、本年鉴“先进人物”，主要收录2017年获市级（含市级）以上劳动模范与先进个人称号的人物；正文中领导成员，专指2017年在职的区级及镇、街道、区直各部门领导，年内离职者在姓名后加“*”。

六、本年鉴稿件由全区各部门、单位、镇（街道）专人撰写，并经撰稿单位领导审核，为示负责，文后署撰稿人、审稿人姓名。全区主要综合数据以区统计局公布的为准，但因个别供稿单位统计口径不同等原因，有的数据在不同条目中不尽一致，使用时请注意出处。

七、本年鉴的编纂出版凝聚着百余名编纂人员的辛勤劳动，并得到各级领导的大力支持，在此深表谢意。因水平所限，纰漏与不足在所难免，恳请广大读者批评指正。

编　者

2018年10月

目录

特 载

大事记

概 况

政党・政务

军事·法治

经济管理

农业·农村

工 业

交通·邮电

建设·环保

商业·旅游

财政·税务

金融·保险

科技·教育·广播电视

文化·卫生·体育

社会生活

街道·镇概况

先进集体·先进人物

附　录

索　引

CONTENTS

Special Report

Memorabilia

Overview

Political Parties·Government Affairs

Military Affairs·Rule by Law

Economic Management

Agriculture·Rural Areas

Industry

Traffic·Post and Telecommunications

Construction·Environmental Protection

Business·Tourism

Government Finance·Taxation

Finance·Insurance

Science and Technology·Education·Radio and Television

Culture·Health·Sports

Social Life

Overview of Streets and Towns

Advanced Collectives·Advanced Figures

Appendixes

Index

特　载

在区委十四届二次全体扩大会议上的讲话

（摘　要）

（2017年11月25日）

兰山区委书记　赵晓晖

中国共产党第十九次全国代表大会于10月18日至24日在北京召开。学习宣传贯彻中共十九大精神，是当前和今后一个时期的首要政治任务。在十九届中央政治局第一次集体学习时，习近平总书记强调，“学习贯彻中共十九大精神，要在学懂弄通做实上下功夫。”中央和省委、市委高度重视，分别召开会议部署安排，成立宣讲团开展宣讲。全区各级党组织和广大党员干部要按照中央和省委、市委的部署要求，特别是要按照习近平总书记“学懂弄通做实”的重要指示，迅速掀起学习宣传贯彻的热潮，切实把思想统一到中共十九大精神上来，把力量凝聚到中共十九大确定的目标任务上来。

一、在“学懂”上下功夫，深刻领会中共十九大精神，特别是深刻领会习近平新时代中国特色社会主义思想

中共十九大，是在全面建成小康社会决胜阶段、中国特色社会主义进入新时代的关键时期召开的一次十分重要的大会。大会通过的十八届中央委员会的报告，进一步指明了党和国家事业的前进方向。大会通过的中央纪委工作报告，明确了党风廉政建设和反腐败工作的总体要求。大会通过的党章修正案，体现了党的理论创新、实践创新、制度创新取得的成果。中共十九大和十九届一中全会选举产生的以习近平为核心的新一届中央领导集体，是新时代中国特色社会主义的坚强领导核心。全区各级党组织和广大党员干部要把学习贯彻中共十九大精神作为首要政治任务，充分认识中共十九大的里程碑意义，深刻领会中共十九大报告的丰富内涵，学深悟透，真学真懂，用习近平新时代中国特色社会主义思想武装头脑、指导实践。

一要深刻领会把握党和国家过去五年取得的“新成就”。十八大以来的五年，是党和国家发展进程中极不平凡的五年。以习近平为核心的党中央以巨大的政治勇气和强烈的责任担当，提出一系列新理念新思想新战略，出台一系列重大方针政策，推出一系列重大举措，推进一系列重大工作，解决了许多长期想解决而没有解决的难题，办成了许多过去想办而没有办成的大事。主要体现在：经济建设取得重大成就，生产总值稳居世界第二，对世界经济增长贡献率超过30%，城镇化率年均提高1.2个百分点；全面深化改革取得重大突破，推出1500多项改革措施；民主政治建设迈出重大步伐；思想文化建设取得重大进展；人民生活不断改善，6000多万贫困人口稳定脱贫，城镇新增就业年均1300万人以上；生态文明建设成效显著；强军兴军开创新局面；港澳台工作取得新进展；全方位外交布局深入展开；全面从严治党成效卓著。这些成就和变革，是全方位的、开创性的、深层次的、根本性的。

二要深刻领会把握中国特色社会主义进入新时代的“新论断”。中共十九大报告指出，“经过长期努力，中国特色社会主义进入新时代。”这是我们党基于世情、国情、党情做出的科学判断，有着充分的理论、实践和历史依据。一是十八大以来党和国家事业发生了历史性变革，我国发展站到了新的历史起点上，这个阶段既同改革开放近40年来的发展一脉相承，又有很大的不同，党的执政方式和方略有重大创新，发展理念和发展方式有重大转变，发展环境和发展条件发生深刻变化；二是党的理论创新取得重大成果，形成了习近平新时代中国特色社会主义思想；三是我们站在“两个一百年”的历史交汇点，肩负着“四个伟大”的历史使命，明确了从现在到2020年的决胜期，从2020年到21世纪中叶“两步走”的战略安排。四是我国社会主要矛盾发生了深刻变化，已经转化为人民日益增长的美好生活需要和不平衡不充分的发展之间的矛盾，经济建设依然是党和国家的中心工作。

三要深刻领会把握习近平新时代中国特色社会主义思想这一“新思想”。十八大以来，我们党围绕回答新时代坚持和发展什么样的中国特色社会主义、怎样坚持和发展中国特色社会主义这个重大时代课题，创立了习近平新时代中国特色社会主义思想。中共十九大报告用“八个明确”对新时代中国特色社会主义思想进行了系统阐述，即明确坚持和发展中国特色社会主义，总任务是实现社会主义现代化和中华民族伟大复兴；明确新时代我国社会主要矛盾，是人民日益增长的美好生活需要和不平衡不充分的发展之间的矛盾；明确中国特色社会主义事业总体布局是“五位一体”、战略布局是“四个全面”；明确全面深化改革总目标是完善和发展中国特色社会主义制度、推进国家治理体系和治理能力现代化；明确全面推进依法治国总目标是建设中国特色社会主义法治体系、建设社会主义法治国家；明确党在新时代的强军目标是建设一支听党指挥、能打胜仗、作风优良的人民军队；明确中国特色大国外交要推动构建新型国际关系，推动构建人类命运共同体；明确中国特色社会主义最本质的特征是中国共产党领导，中国特色社会主义制度的最大优势是中国共产党领导，党是最高政治领导力量。这一思想，是对马克思列宁主义、毛泽东思想、邓小平理论、“三个代表”重要思想、科学发展观的继承和发展，是马克思主义中国化最新成果，是党和人民实践经验和集体智慧的结晶，是中国特色社会主义理论体系的重要组成部分。为贯彻好习近平新时代中国特色社会主义思想，中共十九大报告提出了十四条基本方略，即：坚持党对一切工作的领导；坚持以人民为中心；坚持全面深化改革；坚持新发展理念；坚持人民当家做主；坚持全面依法治国；坚持社会主义核心价值体系；坚持在发展中保障和改善民生；坚持人与自然和谐共生；坚持总体国家安全观；坚持党对人民军队的绝对领导；坚持“一国两制”和推进祖国统一；坚持推动构建人类命运共同体；坚持全面从严治党。我们要认识到，“八个明确”是指导思想层面的表述，“十四条基本方略”是行动纲领层面的展开，两者在核心要义和精神实质上是一致的，不能将两者割裂开来，要统一学习、统一把握、统一贯彻，深刻领会这一新的伟大思想的时代背景、历史地位、科学体系、精神实质、丰富内涵、实践要求。

四要深刻领会把握人民日益增长的美好生活需要和不平衡不充分的发展之间的“新矛盾”。在1956年党的八大上就提出了我国社会主要矛盾。改革开放以后，十一届六中全会作了修改，指出“我国社会主要矛盾是人民日益增长的物质文化需要同落后的社会生产之间的矛盾”。中共十九大做出了“我国社会主要矛盾已经转化为人民日益增长的美好生活需要和不平衡不充分的发展之间的矛盾”的重大判断。对社会主要矛盾的判断历来具有根本性、关键性。我们要从以下几个方面理解：第一，从“人民日益增长的物质文化需要”到“人民日益增长的美好生活需要”，是因为随着生活水平显著提高，人们的温饱解决了，一般性的物质和文化需要已经得到满足，正在转向追求更加美好生活的新期待。数据显示，1978年我国人均GDP只有156美元，2016年超过8000美元；1978年城镇居民家庭可支配收入和农村居民家庭纯收入分别只有343元和133元，2016年城镇居民和农村居民人均可支配收入分别达到33616元和12363元；1978年人均储蓄存款只有22元，2016年达4.4万元。第二，从“落后的社会生产”到“不平衡不充分的发展”，是因为经过改革开放近40年的发展，我国社会生产能力在很多方面进入世界前列，我国长期所处的短缺经济和供给不足状况已经发生根本性转变，“落后的社会生产”的提法已经不能真实反映我国发展的现状。比如，我国经济总量自2010年开始稳居世界第二，货物进出口和服务贸易总额均居世界第二，对外投资和利用外资总额分别居世界第二、第三。高铁总里程、高速公路总里程、港口吞吐量均居世界第一。制造业增加值连续7年居世界第一，在世界500种主要工业产品中，中国有220多种产量居世界第一，2015年中国创新指数比2005年翻了近三番，在许多新兴制造业方面的创新已经开始引领全球。第三，“不平衡”是就发展的领域和范围而言，比如，在供需方面，我国当前经济的主要矛盾是供给与需求不匹配、不协调、不平衡，这也是我国当前实体企业效益下滑、工业品价格下降、金融风险加大等突出经济问题背后的根源。供需不平衡一方面造成产能过剩，另一方面导致有效供给不足，如钢铁、水泥等传统产业产能过剩，而老百姓对高品质产品、服务的需求，国内又无法实现有效供给，因而导致大量的境外购物潮。再比如，城乡、区域、贫富之间差距依然明显，不同区域、阶层和城乡之间享有的教育、医疗、文化以及其他公共产品不平衡。“不充分”指发展质量和效益还不高。比如，在产业方面，虽然我国服务业对经济增长的贡献超过制造业，但服务业占比依然低于发达国家70%的水平。不仅现代服务业发展不充分，并且在制造业中先进制造业发展也相对滞后。第四，中共十九大报告明确指出，我国社会主要矛盾的变化，没有改变我们对我国社会主义所处历史阶段的判断，我国仍处于并将长期处于社会主义初级阶段的基本国情没有变，我国是世界最大发展中国家的国际地位没有变。要牢牢把握社会主义初级阶段这个基本国情，牢牢立足社会主义初级阶段这个最大实际，牢牢坚持党的基本路线这个党和国家的生命线、人民的幸福线，以经济建设为中心，坚持四项基本原则，坚持改革开放，自力更生，艰苦创业，建设社会主义现代化强国。

五要深刻领会把握决胜全面小康、分两步走建设社会主义现代化强国的“新战略”。中共十九大报告强调今后五年我们面临两个重要时期，从现在起到2020年，是全面建成小康社会的决胜期；从中共十九大到二十大，是“两个一百年”奋斗目标的历史交汇期。报告综合分析国际国内形势和我国发展条件，做出社会主义现代化建设分两个阶段的总体设计，即第一个阶段是从2020年到2035年，基本实现社会主义现代化；第二个阶段是从2035年到21世纪中叶，把我国建成富强民主文明和谐美丽的社会主义现代化强国。这一总体设计，描绘了分两步走全面建设社会主义现代化国家的宏伟蓝图，明晰了我国未来发展的实施步骤，是新时代中国特色社会主义发展的战略安排。

六要深刻领会把握新时代推进各项事业发展的“新举措”。中共十九大报告明确以“五位一体”总体布局推进社会主义现代化建设，经济建设是根本，政治建设是保障，文化建设是灵魂，社会建设是条件，生态文明建设是基础，形成了系统完整的任务举措。在经济建设方面，把发展作为我们党执政兴国的第一要务，坚持质量第一、效益优先，推动质量变革、效率变革、动力变革。部署了建设创新型国家、实施乡村振兴战略、实施区域协调发展战略、形成全面开放新格局等举措。在政治建设方面，健全人民当家做主制度体系，深化机构改革和行政体制改革，把社会主义民主政治的优势和特点充分发挥出来。在文化建设方面，牢牢把握意识形态工作领导权，践行社会主义核心价值观，加强思想道德建设，推动文化事业和文化产业发展。在社会建设方面，坚持在发展中保障和改善民生，在发展中补齐民生短板，优先发展教育事业，加强社会保障体系建设，坚决打赢脱贫攻坚战，加强和创新社会治理，促进社会公平正义。在生态文明建设方面，既要创造更多物质财富和精神财富，也要提供更多优质生态产品，以满足人民日益增长的美好生活需要。这些任务举措，体现了改革创新精神和时代发展需要，体现了战略设计、宏观谋划与实施步骤、具体举措的统一。

七要深刻领会把握新时代党的建设的“新要求”。中共十九大报告对党的建设高度重视，报告总篇幅是3.2万字，党建部分占了4100多字，占了整个篇幅的1/8，可见分量之重。报告从党和国家事业发展全局出发，明确提出新时代党的建设总要求，部署了全面推进党的建设的八项工作。其中把党的政治建设摆在首位，这在党的代表大会上是第一次提出来；把思想建设作为党的基础性建设，这是十八大以来管党治党的一个鲜明特征；首次把纪律建设与政治、思想、组织、作风建设并列纳入党的建设中。对深化国家监察体制改革做出具体部署，将深化国家监察体制改革试点工作在全国推开，组建国家、省、市、县监察委员会，同党的纪律检查机关合署办公，实现对所有行使公权力的公职人员监察全覆盖。这既是对十八大以来管党治党经验的总结和升华，也是对新时代推进全面从严治党的新部署新要求，充分体现了党中央坚定不移推进全面从严治党的鲜明态度和坚强决心。

二、在“弄通”上下功夫，坚持融会贯通，全面系统地学习中共十九大精神

中共十九大精神内涵丰富、博大精深。习近平总书记强调，“学习贯彻中共十九大精神，要联系地而不是孤立地、系统地而不是零散地、全部地而不是局部地理解中共十九大精神，不能就事论事，不能搞形式主义。”我们要把学习贯彻中共十九大精神同把握中共十九大做出的各项战略部署贯通起来，同落实省、市、区党代会精神结合起来，同贯彻省委、市委全会精神和推进全区重点工作结合起来，统筹谋划，周密安排，采取多种形式，把中共十九大精神学习好、宣传好，学以致用、用以促学，内化于心、外化于行。

一要精心组织安排。全区各级党组织要根据区委的部署要求，制定科学合理的学习计划，有重点、

分步骤、多层次开展学习活动，把学习宣传贯彻中共十九大精神在面上铺开、向纵深推进，进机关、进学校、进农村、进社区、进企业，覆盖到全区所有基层党组织和每一名党员。区委组织部要把学习宣传贯彻中共十九大精神与干部教育培训、领导班子建设、基层党组织建设等工作结合起来，发挥区委党校主阵地作用，集中一段时间分期分批对全区党员、干部进行轮训。教育部门要切实抓好中共十九大精神进课堂的工作，把学习中共十九大精神作为学校思想政治教育和课堂教学的重要内容。区委统战部要引导各民主党派和工商联认真学习中共十九大精神。区工会、团区委、区妇联等群团组织要充分发挥自身优势，开展各具特色的学习教育活动。要加强督导检查，及时跟踪了解掌握各级各部门学习宣传贯彻情况，确保中共十九大精神学习宣传贯彻工作落到实处、见到实效。

二要坚持领导带头。领导干部要发挥表率作用，从区委常委做起，从区级领导、镇街部门领导班子成员做起，带头学习中共十九大、带头宣讲中共十九大、带头贯彻中共十九大，先学一步、深学一层，学用结合、学以致用，为全区党员干部做出表率和示范，带动本部门单位学习贯彻工作深入开展。要注重理论联系实际，集体学习与个人自学相结合，认认真真、原原本本地学习中共十九大报告、党章和其他大会文件，特别是习近平新时代中国特色社会主义思想。领导干部要带头到所在党支部，搞好各类形式的宣传宣讲。党委（党组）理论学习中心组要把学习中共十九大精神作为中心任务，制定系统学习计划，列出学习专题，以实际行动推动中共十九大精神学习贯彻工作不断深入。

三要广泛开展宣传宣讲。我们要按照中央和省委、市委的部署，按照“七个讲清楚”的要求，成立宣讲团开展宣讲活动。如何才能宣讲好中共十九大精神，关键是“上接天线，下接地气”，这才是宣讲中共十九大精神必须要抓牢抓实的两个关键。“上接天线”就是解读权威，方向不偏。宣讲团成员首先要“学懂弄通做实”中共十九大精神，确保宣讲内容是权威可靠，经得起推敲论证。“下接地气”就是通俗易懂，突出成效。如果宣讲的内容都是从理论到理论，从概念到概念，对于一般群众而言，极有可能听不懂，更不要说理解其精神实质了。所以，宣讲团成员要以群众喜闻乐见的形式，将中共十九大报告中的重要论述，转化为群众喜欢的通俗语言，把中共十九大精神讲清楚、讲明白，让群众听得懂、能领会。

四要营造浓厚氛围。宣传部门要围绕学习宣传贯彻中共十九大精神，充分发挥各类媒体特别是微信、微博等新媒体作用，全面准确宣传中共十九大精神，全方位报道学习贯彻情况，推出一批有分量有深度的报道和理论文章，在全区营造浓厚的学习宣传氛围。电视台、报纸要开设专栏，使得报纸上有文字、电视上有镜头。新闻工作者要深入基层一线，推出一批来自群众、生动鲜活的报道，及时宣传各级各部门在学习贯彻中共十九大精神过程中解决实际问题、推动工作的新成效新进展。

五要做到学以致用。习近平新时代中国特色社会主义思想是一个主题鲜明、逻辑严谨、系统完整的科学理论体系。学习过程中，决不能蜻蜓点水、浮在面上，不能单纯满足于读了多少篇目、做了多少笔记、谈了多少体会。要发扬理论联系实际的学风，把思想摆进去、把工作摆进去、把自己摆进去，坚持问题导向、目标导向，切实把所思所悟，转化为谋划工作的思路、推动工作的措施，切实把学习贯彻中共十九大精神激发出来的热情和干劲，转化为实实在在的行动，全力做好兰山各项工作。

三、在“做实”上下功夫，坚持知行合一，以中共十九大精神指导实践

学习宣传贯彻中共十九大，“学懂弄通”是基础，“做实落实”才是关键。要坚持知行合一，用中共十九大精神指导实践。“做实”中共十九大精神，要重点把握以下几个方面：

第一，坚持发展是第一要务。中共十九大报告

指出，我国社会主要矛盾已经转化为人民日益增长的美好生活需要和不平衡不充分的发展之间的矛盾。虽然矛盾发生了变化，但是没有改变我们对我国社会主义所处历史阶段的判断，我国仍处于并将长期处于社会主义初级阶段的基本国情没有变，我国是世界最大发展中国家的国际地位没有变。实现“两个一百年”奋斗目标、实现中华民族伟大复兴的中国梦，不断提高人民生活水平，必须牢牢把握社会主义初级阶段这个基本国情，牢牢立足社会主义初级阶段这个最大实际，牢牢坚持“一个中心、两个基本点”党的基本路线这个党和国家的生命线、人民的幸福线，聚精会神抓好发展这个党执政兴国的第一要务。在市委全会上，王玉君书记围绕临沂今后的发展，作了大篇幅的重要讲话，深入分析了临沂“大而不强”“大而不优”“大而不均”“大而不快”四个方面的问题，指出了发展不平衡不充分是临沂最大的矛盾，加快发展、转型发展是临沂最大的任务。明确提出要树牢战略思维、系统思维、创新思维、底线思维“四种思维”，聚焦产业转型、县域经济短板、提高开放水平、建设美丽城乡“四大重点”，强化基础设施、人才、平台、环境“四项支撑”，处理好抓发展与保稳定、借外力与活内力、想干事与会干事、守纪律与敢担当“四个关系”，体现了王书记来临沂工作后，对临沂发展的深入思考。具体到兰山，这些年来，在历届班子和广大干部群众的拼搏努力下，兰山经济实力大幅提升、位居全国百强，城镇面貌显著变化、城市建设成为靓丽的名片，人民群众获得感、幸福感持续提升，社会大局和谐稳定。但是，从总体上看，兰山发展还存在不平衡不充分的问题。比如，纵向比较发展较快，但是登高望远、横向比较，与先进县区、经济强区相比还有差距。去年兰山区财政收入位居全省第16位，从今年上半年来看，位居全省第15位的诸城市和第18位的荣成市，分别超出兰山4.6亿元、3.9亿元，可以说，标兵渐远、追兵渐近。一些主要经济指标增幅特别是人均指标不同程度地低于全市、全省平均水平。前三季度，生产总值增幅较全市、全省水平低0.8个百分点、0.4个百分点，人均GDP低于全省2000元，率先实现全面小康的目标任务还很艰巨。比如，镇域经济发展不充分，镇域经济的发展最直接的表现是地方财政收入。兰山街道、银雀山街道、金雀山街道、柳青街道4个街道财政收入占了所有镇街的70%，是7个镇和经开区总数的2.3倍，还有3个镇的财政收入未超过亿元。地方财政的差距反映出的是工业化、城镇化进程的差距，也体现了工业化、城镇化发展不充分。比如，产业发展不充分，结构还不尽合理，转型任务较重。前三季度，第三产业占比分别低于全省、全市0.4个百分点、0.9个百分点，服务业占比距离发达城市70%的占比差距较大，工业大而不强、附加值低、利润和财税贡献小。比如，城乡之间发展不平衡，从基础设施、公共服务来看，城市基础设施、公共服务相对完善，但镇村的基础设施和公共服务建设相对滞后。近年来，兰山区投入大量人力物力财力实施重点片区开发建设，城市功能和承载能力显著增强。相比之下，由于投资力度不够，镇村基础设施建设相对薄弱、欠账较多。再比如，商城业态提升不快，国际化起步较晚，内涵发展不充分，对比义乌，义乌的市场数量、经营面积均为兰山商城的一半，但市场交易额是兰山的1.7倍，电商交易额是兰山商城的3倍，出口额是兰山商城的25倍，等等。这些都是我们发展中遇到的困难和问题，解决这些困难问题以及化解各种矛盾和风险，从根本上讲还是要靠发展。发展是硬道理，是解决一切问题的基础和关键。不发展或慢发展，这些困难和问题将更加突出。大家要保持清醒的认识，增强“坐不住、等不起、慢不得”的责任感和紧迫感，坚持问题导向，提升标杆，加压奋进，聚精会神抓建设，一心一意谋发展。

第二，坚持质量效益导向。中共十九大报告指出，当前我国经济已由高速增长阶段转向高质量发展阶段，正处在转变发展方式、优化经济结构、转换增长动力的攻关期，必须坚持质量第一、效益优先。

对此，我们要深刻领会、准确把握，认真践行新发展理念，着力深化供给侧结构性改革，大力实施新旧动能转换重大工程，以“四新”促“四化”，实现有质量有效益的发展。在产业发展上，坚持“敲开核桃、一业一策”，改造提升食品、木业、医药、机械制造、有色金属等传统产业，培育电子商务、智慧物流、健康养老、文化创意、全域旅游等新兴产业。用好安全生产、环保、节能减排三个工具，倒逼产业转型升级，坚决关闭长期亏损、扭亏无望的“僵尸企业”，停产整顿能耗高、污染重、安全隐患大的“散乱污”企业，淘汰一批落后产业，实施“腾笼换鸟”，为发展先进产能腾出空间容量。在商城发展上，要围绕老市场提升、商城集约化，加快华强国际建材城、万泰商贸城二期、华丰鞋帽市场等市场改造提升项目建设。要围绕商城电商化，既要依托齐鲁e谷、新明辉等电商平台，培育一批电商经营业户，又要加强与阿里巴巴、京东等知名电商平台的合作，建设智慧商城，提升商城经营业态。要围绕商城国际化，加快国际商贸城建设，引进传化物流、林安物流、普洛斯物流，加快推进怡景丽家等“海外商城”项目建设，用好临沂港等平台和市场采购贸易方式试点政策，加快商城融入“一带一路”步伐。要用好兰山经济开发区、金锣科技园两大园区平台，延伸地产品产业链，提升地产品加工能力，打造商城升级版。在城市建设上，要立足中心城核心区的定位，抢抓高铁站建设的城市北扩机遇，加快老城棚户区改造、北城二期、高铁片区、西部新城开发建设，加大基础设施建设力度，提升城市功能和承载力，做好宜居宜业、产城融合文章。11月20日，市委常委会专题研究了《2018年中心城区基础设施及重点项目建设计划》。2018年市级新建项目65个，总投资191.3亿元，年度投资80亿元。高铁片区，投资11.2亿元，实施雄安路、沭河路北段、温凉河路北段等道路建设；北城二期，投资52.4亿元，实施长春路改造、黄白河路建设、8所学校等工程建设；商城片区，投资14.9亿元，实施武汉路祊河桥、临西九路、聚才六路、聚才八路等道路桥梁工程。投资2.8亿元，实施南涑河黑臭水体整治工程。投资1.2亿元，实施园林绿化工程。我们要坚持依市兴区、借势借力，全力以赴服务好市级重点项目建设。在项目招引上，坚决摒弃“剜到篮子里就是菜”的观念，实施精准招商、以企招商，立足产业特色、资源禀赋、平台支撑，紧盯世界500强、国内500强和行业领军企业，招引一批“四新”“四化”项目。积极引进“人才+资本”“技术+资本”项目，推动“以引资为主”向“引资与引智引技并重”转变。要发挥商流、物流、资金流聚集优势，在城市商业综合体、文化旅游、健康养老等项目招商落地上实现新突破，扩大城市消费，带动现代服务业发展。

第三，坚持以人民为中心的思想。中共十九大报告以“不忘初心，牢记使命”为大会主题，明确指出中国共产党的初心和使命，是为中国人民谋幸福，为中华民族谋复兴。报告始终坚持以人民的美好生活为党治国理政的奋斗目标。在中共十九大报告中，出现频次最多的两个词是发展和人民，其中提到发展232次，提到人民203次，充分体现了中国共产党始终如一的马克思主义群众观立场和“以人民为中心”的民众情怀。我们要深刻认识到，发展必须坚持以人民为中心，把经济发展作为民生改善的前提，把民生改善作为推动经济发展的重要动力与保障，在发展中保障和改善民生，在发展中补齐民生短板、促进社会公平正义。要把以人民为中心的思想落实到保障和改善民生上来。带着感情和责任，抓好各项民生工作，一件事情接着一件事情办、一年接着一年干，让群众看到变化、得到实惠。要健全完善稳定脱贫长效机制，推进城市扶贫试点工作，用好“四权分离”，加强扶贫资产管理，确保贫困群众真受益、真脱贫。要着力办好民生实事，聚焦教育、就业、医疗、居住和社会保障等重点民生领域，解决好“12345”市民服务热线群众反映的问题，特别是要用改革的办法解决好“大班额”等群众最关心最直接最现实的利益问题。要把以人民为中心的思想落实到城市管理工作上来。这些年，城市建设是兰山区一张靓丽的名片。城市不仅要建得好，更要管得好。“三分建，七分管”。我们要把城市管理作为一项重要工作,牢牢把握“以人民为中心”的思想和“为人民管理城市”的理念,下足绣花功夫,从街道、社区基层基础抓起，提升城市精细化、常态化管理水平。大家都知道，今年因发生全国文明城市测评体系中“一票否决”相关事项，临沂被中央文明办停牌。但是,明年又将是文明城市复检之年。创建文明城市绝不是为了一块“金字招牌”，更重要的是要通过文明城市创建，使城市管理水平得到提升、环境得到改善、精神面貌发生改变、文明素质得到提高。我们要以文明城市创建提升城市管理水平,以城市管理推动文明城市创建常态长效,坚持“创城为民，为民创城”，着力抓好群众身边的小事、城市发展的实事、社会治理的难事，让人民群众生活在这个城市中，有更多的获得感、荣誉感、幸福感。特别是无人管理小区既是城市管理的“老大难”，也是创城工作的短板。对此，我们出台了《加强无人管理小区党建工作的实施意见》。各镇街、有关部门要结合实际，抓好落实，以党建引领小区治理，夯实文明城市创建基础。要把以人民为中心的思想落实到信访稳定工作上来。今年,我们按照省、市“1+5”工作部署，始终把信访稳定牢牢抓在手上，从年初开展领导认领化解信访积案、书记面对面交办信访案件，187 起积案化解 112 起，打赢了多场维稳硬仗。中共十九大期间,实现了“六不双零”的目标。但是,中共十九大安保维稳结束，并不意味着信访稳定工作可以“松口气”。我们要清醒地认识到，信访稳定工作的长期性、复杂性、艰巨性、反复性，兰山区信访总量一直高位运行。“冰冻三尺，非一日之寒”。为进一步做好信访稳定工作，区里制定了《信访稳定长效机制的意见》。各级各部门要认真落实《意见》的要求，持续抓好积案化解、初信初访，从源头和根本上减少信访案件发生。对涉及群众切身利益的重点项目、重大决策，特别是棚户区征收改造、项目建设等工作，要落实社会稳定风险评估制度，充分听取群众的意见建议，对可能出现的不稳定隐患苗头早介入、早防范。近年来，随着临沂新城、老城 10 多年的持续开发建设，兰山区征收拆迁量大面广，涉及拆迁的矛盾问题突出，信访数量居高不下。从表面上看是工作方式方法的问题，根本上还是没有坚持以人民为中心的思想，心中有无群众，是否相信群众的问题。当前，兰山区正处于转型期，矛盾问题集中，不排除少数群众逐利动机凸显，甚至个别群众过度维权、漫天要价、违法乱纪，但是我们不能因此就把群众放到我们的对立面，这毕竟是人民内部矛盾。要学会换位思考，站在群众的立场考虑问题，坚决“不欠政策账、不欠经济账、不欠感情账”。尤其是对待上访群众，要把上访群众当亲人，把上访群众的事当家事，对群众反映的问题坚持“三有推断”。要坚持有理推断，相信群众的上访诉求总有一定道理；坚持有过推断，对群众反映的问题倒查追究；坚持有解推断，相信群众反映的诉求总有一定的办法解决。始终把维护人民群众利益作为一切工作的出发点和落脚点，把人民群众拥护不拥护、赞成不赞成、高兴不高兴、答应不答应作为衡量一切工作得失的根本标准。要把群众是否真正得到了实惠，群众生活是否真正得到了改善，群众权益是否真正得到了保障，作为衡量发展成效的根本标准。凡是群众反映强烈的问题都要严肃认真对待，凡是群众反映强烈的行为都要坚决纠正。

第四，坚持全面从严治党。兰山区有 4.69 万名党员、2100 多个基层党组织，管党治党责任重大。要按照新时代党的建设总要求，严格落实全面从严治党主体责任，不断提高党的建设水平。一要旗帜鲜明讲政治。中共十九大报告，首次将政治建设纳入党的建设总体布局，强调以政治建设为统领，统筹推进思想建设、组织建设、作风建设、纪律建设，抓住了党的建设的关键。中共十九大一闭幕，习近平总书记就带领中央政治局常委，集体瞻仰中共一大旧址，重温入党誓词，宣誓了新一届中央领导集体的坚定理想信念，为我们做出了表率。全区广大党员干部要按照中央和省委、市委统一部署，扎实推进“两学一做”学习教育常态化制度化，谋划开展“不忘初心、牢记使命”主题教育，用习近平新时代中国特色社会主义思想武装头脑，牢固树立“四个意识”，坚定“四个自信”。二要严肃党内政治生活。党要管党，首先要从党内政治生活管起；从严治党，首先要从党内政治生活严起。年底各级党组织要召开民主生活会和组织生活会，这是严肃党内政治生活的重要内容。今年，针对民主生活会查摆的问题，在全区开展了“亮承诺、抓整改、见实效”活动，以具体工作推动问题解决，下一步还要继续深入开展。要贯彻执行民主集中制，各级各部门党委（党组）要把民主基础上的集中和集中指导下的民主结合起来，进一步完善和落实民主集中制的各项制度。三要建设过硬基层党组织。兰山区有2100多个基层党组织，这些战斗堡垒坚强不坚强，对推进全区发展至关重要。要围绕提升基层党组织战斗力、凝聚力、组织力，区分不同领域、不同行业党组织特点，进一步细化过硬支部建设的具体标准，推动基层党组织全面进步、全面过硬。要加强后进村班子整治，确保顺利完成村“两委”换届。要加强城市基层党建工作，提升城市街道、社区区域化党建工作，加强无人管理小区党建工作，提升“三商”党组织覆盖率，进一步叫响“党旗红、市场旺”党建品牌。四要加强干部队伍建设。中共十九大报告指出，我们党既要政治过硬，也要本领高强。提出了增强学习本领、政治领导本领、改革创新本领、科学发展本领、依法执政本领、群众工作本领、狠抓落实本领、驾驭风险本领的“八个本领”。习近平总书记在十九届中央政治局第一次集体学习时强调，领导干部不仅要有担当的宽肩膀，还得有成事的真本领。我们要把政治标准放在首位，着眼事业发展和班子建设需要，在项目建设、片区征收、安全生产、信访维稳、生态环保、脱贫攻坚等工作一线锻炼干部，不唯年龄、不唯学历、不唯票、不唯分，真正把好干部选出来用起来。要用好激励干部担当干事的体制机制，省里出台了《关于激励干部担当作为干事创业的意见》，以及关心关爱基层干部、减轻基层负担的十条意见等文件，区里也出台了《干部实绩纪实评价办法》和《容错纠错机制》，目的就是旗帜鲜明为那些敢于担当、踏实做事、不谋私利的干部撑腰鼓劲，营造干事创业的良好环境。五要把纪律规矩挺在前面。中共十九大把纪律建设纳入党的建设总要求，党风廉政建设标准更高了，纪律更严了。党员干部如果跟不上、做不到，就可能触红线。作为领导干部，必须遵守党规党纪，守纪律、讲规矩是最起码的要求。但是，守纪律、讲规矩不能成为不担当、不作为的借口。守纪律与敢担当是一致的，守纪律的干部一定敢担当，不守纪律的干部才不敢担当。正所谓“无私者无畏”。今年，兰山区开展了整治“不作为”“乱作为”、优化发展环境专项行动，先后召开了3次推进会。11月18日，又召开了千人大会，既对专项行动进行了总结，也对作风建设进行了再动员、再部署、再安排。各级各部门要树立“作风建设永远在路上”的理念，把作风建设抓常、抓细、抓长，久久为功、持之以恒正风肃纪，紧紧围绕保持党同人民群众的血肉联系，增强群众观念和群众感情，不断厚植党执政的群众基础，凡是群众反映强烈的问题都要严肃对待，凡是群众反映强烈的行为都要坚决纠正。要强化监督执纪问责，坚持无禁区、全覆盖、零容忍，严肃查处群众身边的不正之风和腐败问题。扎实推进巡察工作，用好监督执纪“四种形态”，抓早抓小、防微杜渐，强化不敢腐的震慑，扎牢不能腐的笼子，增强不想腐的自觉，营造风清气正的政治生态。10月27日，中央政治局审议通过了《贯彻落实中央八项规定的实施细则》，省委、市委正在研究制定实施细则。市委已经做出明确要求，提出工作日禁酒，包括公务接待禁酒。下一步，区里也要研究制定《实施细则》，巩固拓展落实中央八项规定精神成果，整治“四风”问题。

第五，统筹抓好当前各项工作，认真谋划明年工作。现在，进入11月下旬，满打满算距离年底仅剩一个月的时间。各级各部门要把学习贯彻中共十九大精神与做好年底各项工作结合起来，系统梳理今年工作，认真谋划明年思路，以实际工作成绩来检验学习贯彻成效。一要保持经济平稳健康运行。当前，正处在年底收尾冲刺阶段，各项工作千头万绪，时间紧、任务重。各级各部门要对照年初确定的目标任务，逐条逐项查进度，实事求是找差距，确保完成全年目标任务。这里强调一点，各级各部门一定要把经济指标做实，决不能在数据上注水、造假、做文章。这不仅是工作问题，更是严肃的政治问题。二要用心办好各项为民实事。年初我们确立了一些民生工程，涉及方方面面，群众关心关注，能不能如期兑现，事关群众切身利益，事关党委政府形象。对这些为民实事，要严格按照时间节点，扎实有效推进落实。同时，组织开展好年底各项慰问帮扶和联系群众活动，深入基层访贫问苦，千方百计为群众办实事、解难题。三要巩固安全稳定良好局面。围绕中共十九大安保维稳，今年全区各级各部门付出了艰辛努力，特别是稳定战线的同志，做了大量工作，实现了“六不双零”目标。中共十九大已经胜利闭幕，但维稳工作不能松劲。中共十九大报告指出，要更加自觉地防范各种风险，坚决战胜一切在政治、经济、文化、社会等领域出现的困难和挑战。下一步，要认真总结经验，继续发扬好的作风，注重总结经验教训，把行之有效的机制办法固定下来、长期坚持，落实《信访稳定长效机制》，巩固和谐稳定的良好局面。坚持问题导向，树立底线思维，始终把安全稳定工作做在前头，牢牢守住安全生产、信访稳定、环保、金融、扶贫等底线工作，努力在最早环节、最低层级，以最小成本，解决影响安全稳定的最大问题。四要抓好项目建设。针对问题和薄弱环节，在确保安全的前提下，在建项目要加快施工、尽快竣工、投产达效。要抓紧谋划明年的重点项目，梳理确定重点项目库，统筹研究项目建设所需的土地、资金等问题。要筛选一批引领新旧动能转换的大好项目，集中向上推介，全力争取支持。五要抓好年终考核。现在，各项年终考核即将开始。各位区级领导和镇街、部门主要负责同志要对照市里的考核办法，紧盯考核项目、对照考核内容，查漏补缺，精准发力，强化与上级部门的协调沟通，防止不必要的扣分，尽量不失分、多得分，确保考核取得优异成绩。六要认真研究谋划明年工作。四季度既是今年工作的收官之季，又是谋划明年工作的关键节点。各级各部门要把学习贯彻中共十九大精神贯穿于谋划明年工作的全过程，围绕“目标怎么定”“思路怎么拿”“工作怎么干”，对今年的工作进行全面梳理总结，在此基础上，着眼明年，找准着力点和切入点，对明年工作早谋划、早部署，列出明年工作的重点难点，列出时间表、路线图，确保今年收好尾，明年开好局。

兰山区第十九届人民代表大会常务委员会工作报告（摘要）

——在临沂市兰山区第十九届人民代表大会第二次会议上
2018年1月17日

兰山区人民代表大会常务委员会主任　王永哲

2017年工作回顾

2017年是新一届区人大常委会换届履职的第一年。在区委的正确领导下，区人大常委会深入学习贯彻中共十九大精神，以习近平新时代中国特色社会主义思想为指导，认真行使宪法和法律赋予的各项职权，为推动全区经济社会发展和民主法治建设做出了积极贡献。全年共召开常委会会议7次，听取和审议“一府两院”专项工作报告25个，组织开展执法检查、视察、调研活动31次，撰写专题调研报告27篇，依法做出了33项决议、决定和审议意见，较好地完成了区十九届人大一次会议确定的各项任务，全区人大工作得到进一步提升和发展。

一、坚持党的领导，提高政治站位，把握人大工作根本原则

常委会始终把党的领导作为人大工作的根本政治原则，作为坚持正确政治方向的核心内容，有力发挥了国家权力机关的职能作用。

切实增强政治定力。常委会始终严明政治纪律和政治规矩，不断增强政治意识、大局意识、核心意识、看齐意识，切实做到思想认识到位、贯彻落实到位、监督保障到位，区委的重要会议、重大决策及时传达、迅速贯彻；人大的重要工作、重大事项及时请示、主动报告，使人大工作始终与区委决策部署保持高度一致。准确把握党委决策和人大贯彻党委意图与反映人民意愿的关系，推动区委决策部署以及提出的重要原则、理念、任务、举措贯彻落实到人大工作的全过程和各方面，实现人大依法履职的针对性和实效性。

审议决定重大事项。贯彻落实中央关于健全人大讨论决定重大事项制度的实施意见精神，结合省市人大有关规定，制定了区人大常委会讨论决定重大事项实施办法，对重大事项内容、坚持原则、提请程序、跟踪检查等方面做了进一步的明确和细化，为决议决定的更好落实提供了有效保障。常委会全年先后做出关于批准片区房屋征收、政府投融资等重大问题决议 7 个，从法律层面有力保障了重大事项的推进。

全力参与中心工作。重大项目是加快发展的重要载体和依托。常委会对此高度重视，坚持把保障重点项目建设作为人大监督的重心，依法及时做出有关项目建设的决议决定，认真组织代表开展视察、检查、评议，有力推进了重点工程和项目建设。按照区委工作推进机制，常委会班子成员分工参与北城二期、高铁片区、东风东关片区、火车站片区、银雀山片区、白沙埠片区等重点项目建设，积极跟进、毫不懈怠，较好地完成了各自担负的工作，加快了项目区的建设步伐。在工业经济、城镇建设、商贸物流、信访稳定等有关专线工作中，凝心聚力、敢于担当，全力推进区委重大决策和重要任务的落实。

严格依法任免干部。坚持党管干部和人大依法任免相统一的原则，进一步规范履行人事任免职责，依法按程序做好任命前任职资格和条件审查、法律考试、供职发言，任命时投票表决、颁发任命书、宪法宣誓等各环节的工作，提高被任命干部的责任意识和法治意识，加强对被任命干部的任后监督。根据区委安排和“一府两院”提请，依法对新一届政府组成部门和“法检”两院的审判、检察人员进行了任免，全年共任免国家机关工作人员 42 名，人民陪审员 21 名，为地方国家机关工作健康、高效运转提供了坚强的组织保障。

二、坚持围绕中心，突出发展要务，推动全区经济提质增效

着眼于全区适应经济发展新常态，坚持稳中求进的工作总基调，选准重点，强化推进，有力保障和促进了全区经济社会持续健康发展。

聚焦新旧动能转换。牢牢把握经济转型升级主线，深入到兰山经济开发区、地产品加工基地、小微企业集聚区开展调研，听取和审议全区工业经济发展情况报告，建议进一步坚持工业强区战略不动摇，细化产业发展方向和重点，加快形成集聚效应，促进实体经济提质增效，加快建设新的增长引擎，增强兰山经济发展后劲。着眼于服务业高端高质发展，结合商城“三化”并举、“五位”一体的工作布局，组织对全区商贸物流发展进行视察，听取和审议了推进商城国际化情况报告，形成了抓好传统市场改造提升，大力发展电子商务，做大做强现代物流，发展壮大会展经济、用足用好扶持政策的意见建议，推动了兰山作为国际化商贸名城核心圈层建设，加快全区发展深度融入国家“一带一路”建设。积极适应创新驱动态势，常委会关注全区科技创新情况，督促政府及有关部门大力实施创新驱动发展战略，强化载体平台建设，促进创新资源聚集和科技成果转化，加快形成以科技创新为核心，市场牵引、主体活跃、制度促进、环境优化的全面创新格局。

聚焦经济运行调节。计划和预算既是宏观调控的重要手段，又是关系国计民生和群众利益的重大事项。常委会通过前期调研和审议半年度国民经济和社会发展计划执行情况报告，全面了解统筹推进稳增长、促改革、调结构、惠民生、防风险形势下

的经济运行和社会发展状况，不断夯实经济和社会发展的基础。注重发挥公共财政对经济社会发展的保障、支撑和杠杆作用。发挥常委会预算工作机构的作用，出台预算审查工作办法，认真审查批准年度财政预算调整方案、财政决算和审计工作报告，组织开展税源培植和税收征管调研视察，要求优化支出结构，提高资金使用效益，依法规范征管行为，防范债务风险，加大审计整改力度。对提出的意见建议，区政府认真加以落实，着力破解矛盾和问题，全区经济在新常态下增添新动能，量增质更优。

聚焦城乡融合发展。着眼于坚持全域统筹和协调发展，常委会听取审议了区政府关于老旧小区改造情况的报告，组织了实地视察，提出要以小区改造为工作切入点，坚持从惠民生、增民利的小事做起，从打基础、利长远的工程干起，从矛盾多、问题大的地方抓起，创新城市管理模式，涵养城市文明程度，让城市活力和品质进一步提升。着眼美丽乡村建设，常委会对新型镇村建设进行调研视察，要求优化镇村布局，突出特色小镇建设，加快公共服务向农村延伸覆盖，积极构筑产业发展载体和创新创业空间。持续关注旅游产业发展，开展调研视察，听取审议工作报告，建议进一步打造旅游精品项目，挖掘景区文化内涵，完善旅游功能配套，力争全区旅游工作有新的提升。

三、坚持民生优先，致力公平正义，实现改革发展成果共享

常委会始终把保障改善民生事业、促进社会公平正义作为人大工作的出发点和落脚点，坚持问题导向、需求导向、效果导向，强化跟踪监督，维护群众利益，推动社会全面进步。

跟踪监督社会热点问题。为推动安全生产责任制有效落实，保障人民群众生命财产安全，常委会组织对安全生产工作进行视察，听取审议工作情况报告。视察中，既深入相关监管单位听取工作开展情况，又走进项目现场了解安全措施落实情况，找准源头促整改，要求政府及相关部门全面抓好安全生产监管工作，为全区经济社会发展提供有力的安全保障。教育是社会进步的基石，教育事业发展一直是代表关注、群众关心的重大民生问题。围绕“学有优教”目标，常委会积极回应群众期盼，专题听取审议区政府教育工作情况报告，督促政府把教育放在优先发展地位，加大投入保障力度，扩大优质教育资源覆盖面，积极推进教育现代化建设，努力办好人民满意的教育。

持续助力生态环境保护。围绕推进绿色发展理念，常委会注重从不同角度持续监督，推动生态文明建设。着眼于依法严格监管、铁腕治污的工作部署，组织对环保督查整改落实工作情况进行专项视察，指出环保工作与群众切身利益息息相关，要求政府以各级环保督查为契机，进一步明确任务，持续抓好水、气、土壤的污染防治工作，打好“组合拳”，解好“综合题”，打造优美宜居生态环境。着眼于生态建设系统化，常委会对全区贯彻实施水法情况进行执法检查，听取审议林业发展情况报告，有重点地提出了全面落实“河长制”，提升水资源管理水平；继续实施和完善林业重点工程，保障和促进生态环境健康发展等意见建议。区政府认真抓好生态文明建设的各项要求，围绕生态经济化、经济生态化，努力打通“绿水青山”向“金山银山”转化的制度通道，不断满足群众对环境和生活质量的新需求。

围绕社会事业强化监督。民政工作是社会服务管理的重要组成部分，常委会听取审议全区民政工作情况报告，提出要提高社会救助保障水平、完善养老服务体系、创新基层治理方式、加强优抚安置体系建设、积极落实各项民政惠民政策，不断提升群众满意度。提升卫计服务水平是创造更优质公共服务的重大事项，常委会听取审议全区医疗卫生和计划生育工作情况报告，督促政府有序推进医药卫生体制改革、强化卫生服务体系建设、积极提高卫计综合监督执法效能，助力“健康兰山”建设迈上新的台阶。

更加注重维护公正法治。坚持把民主和法治作

为理念追求和行为习惯。督促政府强化依法行政，将行政行为纳入法治框架内考量，施政方式、治理方式更加规范有序、公开透明。围绕深化司法体制改革，强化司法为民理念，常委会组织了庭审旁听活动，对全区法院规范化建设进行视察，听取和审议区法院执行工作情况报告，对法院工作提出牢牢抓住审判执行主业，发挥信息化建设优势，完善团队运行模式，不断提炼创新工作做法的建议。对全区检察机关工作进行视察，听取审议了区检察院关于加强侦查监督工作情况的报告，强调要全面履行侦查监督职能，健全完善侦查监督体制机制，用心打造和不断提升检察工作品牌，努力维护司法公正。围绕平安兰山建设，听取审议公安系统基层基础建设情况报告，要求公安机关加强队伍建设，狠抓科技强警，夯实基层基础工作，不断深化执法规范化建设，全力打造社会治理新格局。依法受理群众来信来访，促进群众合理诉求的解决，维护了群众合法权益。

四、坚持主体地位，强化服务保障，代表工作活力全面彰显

充分发挥代表作用，是人大及其常委会工作的出发点和立足点。常委会积极推进代表活动主题化、履职工作常态化、建言成果实效化，代表主体作用得到更好发挥。

拓宽代表联系群众平台。坚持每月组织代表接待选民群众，总结出的“三诊一监督”接待方式，在全市人大工作会议上推广。规范提升代表接待站建设，全年新增新建代表接待站12个。编印全区人大代表接待站工作案例汇编，收集案例56个，起到了很好的示范作用。打造站内与站外、定期与日常、当面与网上相结合的代表接待新模式，实现代表服务联系选民的全覆盖、全天候、零距离。一年来，代表接待活动参与代表263名，接待群众1828名，收集反映问题340件，转办建议42件。发挥“办实事、谋发展、促和谐”代表主题实践活动的统领作用，在全区各级人大代表中广泛开展“四联四助一深化”活动，凝聚起代表以主人翁姿态参与决策、开展监督、联系群众的强大力量，涌现了一批优秀人大代表，充分展现了人大代表的风采。

完善代表服务保障机制。组织好代表闭会期间活动，扩大代表对常委会工作的参与度，坚持邀请人大代表列席常委会会议、参加分组审议和调研视察、执法检查等活动。制订并实施代表履职考核管理办法，集中宣传报道代表履职先进事迹，开展代表“双优双先”评比表彰，提高代表履职的积极性和主动性。举办全区人大代表培训班，邀请市委党校教授专题授课。常委会就代表工作创新提升和基层人大规范化建设等课题，组织赴广州、浙江温岭等地区参观学习，开阔了眼界，启发了思路。

加大议案建议督办力度。关注“办成率”，修订出台办理代表建议、批评和意见办法，将代表接待选民反映问题纳入建议范围并随时交办，通过区人大常委会班子成员领衔督办、人大委室对口督办、镇街人大延伸督办等方式，对建议办理全过程进行督促指导。年底召开建议办理“面对面”座谈会，进行办理情况满意度测评，以此作为先进承办单位、优秀代表建议件评选的依据。新机制催生新变化，经过各方共同努力，十九届人大一次会议期间及闭会期间提出的建议109件，目前已全部办结，并面对面答复代表，其中发展健康养老事业、老旧小区物业管理、城区道路改造等一大批代表建议得到有效解决。代表的真知灼见越来越多地转化为加快发展的生动实践。

五、坚持夯实基础，注重联系指导，镇街人大工作出新出彩

发挥基层人大工作的基石作用，精力下沉，强化指导，探索整体化推进人大工作思路，力促镇街人大规范化建设目标全面实现，开创镇街人大工作新模式。

重建制，推进镇街人大规范化。制订完善镇街人大“一项规则、两个办法和十四项工作制度”，形成制度汇编，有效指导工作。重视基层人大规范化

建设，整合提出“八项规范工作”的要求，镇人代会“两会制”全面实行。代表视察、执法检查、听取审议政府工作报告、评议驻地部门工作等普遍开展，基层“代表之家”建设、代表向选民述职和代表履职登记建档等工作不断深入。丰富活跃的基层人大工作和代表活动，让选民群众真正感受到了人大的地位作用和人大代表的为民情怀。

重联动，实现镇街人大整体推进。积极探索镇街人大参与常委会工作的新方法。从确定常委会议题，到年初定期召开全区镇街人大工作会议，统筹区与镇街人大工作全盘，不断加大镇街人大参与常委会工作的频率。坚持“三会一调度”制度。通过年初全区人大工作会议、年中现场观摩推进会、年末镇街人大工作考核会，以及镇街人大工作定期调度会，加强交流指导，推动工作落实。大力开展镇街人大工作品牌化建设，努力实现每个镇街人大工作有看点、有特色。

重考评，激发镇街人大争先进位。以区委将镇街人大工作纳入全区科学发展综合考核范围为引领，制订镇街人大工作考核办法，对6大类工作职责中的23项具体内容进行分值量化，年底组织考核、排出位次，在区人代会期间进行表彰，激发镇街人大工作争先进位的活力。全面加强基层人大组织建设。各镇街均设立人大主席团或人大工委，人大主席、人大工委主任实现专职配备，各镇全部配齐了专职副主席。人大干部的主体责任和担当意识进一步增强。

六、坚持严实要求，加强自身建设，履职能力实现新的提升

常委会牢牢把握新形势下人大工作的政治方向和履职特点，全面加强自身建设，不断提高依法履职能力。

一是以过硬的素质增强执行力。强化顶层设计，划出工作标准和规矩。制定了加强常委会自身建设、常委会组成人员履职守则、专门委员会工作规则等多项工作制度规定，规范常委会组成人员履职行为和常委会工作程序，为更好依法行使职权提供了制度上的保障。加强学习培训，坚持常委会机关定期学习制度，做出关于深入学习贯彻中共十九大精神的决定，着力用习近平新时代中国特色社会主义思想武装头脑，指导工作。加强宪法及相关法律的系统学习，从思想观念、思路措施和操作办法上，全面提高履职能力，内生动力不断增强。

二是以务实的作风汇聚正能量。发挥党组领导核心作用，深入开展“亮承诺、抓整改、见实效”活动，落实区委整治“不作为、乱作为”优化发展环境专项行动要求，查找问题56条，整改落实47条，区级媒体公示6条。创新监督方式方法，实行跟踪审议，完善评议机制，公开征集议题，常委会依法履职的能力和实效得到提高。扎实开展结亲连心和精准扶贫活动，认真倾听解决群众诉求，人大工作的群众基础和社会基础得到夯实，机关干部甘于奉献、吃苦耐劳的作风得到锤炼。

三是以优良的机制实现新成效。以打造“精准高效、一流机关”为目标，持续正风肃纪，全面推行人大机关工作绩效考核，推进工作落实落细。注重加大交流宣传。全年接待各地人大工作参观团30多批次，在全国人大培训班上作工作经验交流，展示了我区人大工作成效和全区经济社会发展新成就。努力在宣传工作上下功夫，注重整体策划，实施量化考核，改版官方网站，及时更新信息，指导各镇街精心制作人大工作专题片，巩固和保持人大宣传工作领先位置，省市有关人大报刊、工作简报多次刊发我区换届以来人大工作的综合性报道，全区人大工作影响力得到有效扩展。

过去一年常委会所做的工作和取得的成绩，是区委正确领导，各方鼎力支持的结果。区委常委会专题听取人大党组工作汇报，提出重要意见和工作要求，有力指导和推进了全区人大工作。区政府和法检两院认真贯彻宪法法律，落实人大决议决定，自觉接受人大监督。全体代表、常委会组成人员和镇街人大尽职尽责、担当作为，全区各级各部门、

社会各界始终关注、积极支持人大工作。在此，我代表区人大常委会，向大家致以崇高的敬意和衷心的感谢！

在看到成绩的同时，我们也清醒地认识到，常委会重大事项决定权的有效行使仍需探索，监督工作中跟踪督查还不够有力，专题调研的广度和深度有待增强，常委会审议的质量和实效需要进一步提高，代表联系群众的制度尚需不断完善，常委会自身建设仍需加强。我们将以问题为导向，自觉接受人民监督，虚心听取代表意见，不断加强和改进常委会工作。

2018 年主要任务

2018 年是贯彻中共十九大精神的开局之年，是改革开放 40 周年，是决胜全面建成小康社会、实施“十三五”规划承上启下的关键一年。区人大常委会将秉持“以民为本、依法履职、务实创新、服务发展”的工作理念，在区委正确领导下，确保发挥好中共十九大报告提出的人大及其常委会工作机关和代表机关“两个机关”的作用，为推动中共十九大精神在兰山区落地生根、形成生动实践做出更大贡献。

一、把握新精神，进一步提升服务全区大局的效力

中共十九大对新时代中国特色社会主义政治建设做出了新部署，为新时代各级人大及其常委会依法履职提供了重要遵循和指导。我们要全面贯彻中共十九大精神，以习近平新时代中国特色社会主义思想为指导，充分发挥权力机关、工作机关、代表机关、民意机关的优势，坚持围绕区委总体工作思路，科学谋划制定人大工作要点，使人大工作计划与区委的工作思路合拍，与“一府两院”的工作合力，在推进全区高质量发展的进程中尽到人大的责任，发挥人大的力量，彰显人大的作用。做好区委安排的具体工作，集中优势力量，扎扎实实地干好，漂漂亮亮地完成，给全区增光。

二、落实新理念，进一步汇聚促进高质量发展的动力

坚持以人民为中心的思想，落实新发展理念，努力在保障改善民生、推动全区经济社会持续健康发展方面积极作为。坚持以供给侧结构性改革为主线，紧盯新旧动能转换，对产业转型升级、国际商贸城建设、城乡融合发展、培育新型农业经营主体、提升引资引智水平、重点项目建设等重大事项和决策部署，加大监督力度，务求监督实效，推动全区经济发展质量变革、效率变革、动力变革。加强对经济运行和全口径预算监督。听取审议区政府“十三五”规划纲要实施情况中期报告、财政预决算、审计和投融资、税收征管等工作报告，成立预算审查监督专家咨询委员会，实施人大预算联网监督中心建设。持续关注教育资源均衡发展、综合行政执法、安全生产、食品安全等工作，听取审议工作报告，开展执法检查，组织视察调研。坚持人与自然和谐共生的绿色发展理念，听取和审议全区环境保护状况和目标完成情况报告，开展专项视察，督促推动环保督查问题整改落实。着眼于乡村振兴战略，适时听取和审议精准扶贫脱贫工作情况报告，视察美丽乡村建设工作。加强对人代会确定目标任务的监督，对政府承诺惠民实事落实情况进行视察，全力助推文明城市创建工作，在发展中保障和改善民生，提升人民群众幸福指数。

三、承载新期待，进一步形成推进依法治区的合力

紧扣民主法治建设这一根本任务，把推动法治建设深深植根于人大工作之中，为加快推进依法治区、营造良好的发展环境发挥积极作用。一是弘扬宪法精神。积极探索保障和监督宪法实施的途径方式，监督促进“七五”普法规划实施，增强全社会法治观念，提升全民法律素养。二是强化法治监督。继续组织法院庭审旁听活动，在开展专项视察基础上，听取审议区人民法院司法责任制改革工作、区人民检察院“六型”基层检察院建设工作的报告，视察全区公安基层基础建设工作，不断深化司法体

制综合配套改革，推动提升司法公信力，加强和创新社会治理。依法有序参与国家监察体制改革试点，选举、任命好本级监察委员会组成人员，完善相关法规、制度，不折不扣落实目标任务要求。三是推动依法行政。助力政府深化“放管服”改革，降低制度性交易成本，加快推进政务云建设，努力使良好的发展环境成为全区经济社会健康发展的重要保证。

四、开拓新思路，进一步激活代表主体作用的潜力

准确把握代表工作的新情况和新特点，不断完善机制、拓展平台、巩固阵地，促进代表主体作用的有效发挥。一是提高代表建议质量和办理实效。规范代表建议提出、交办、督办、公开、跟踪督办等各环节操作流程，完善和强化代表建议督办与办理绩效评估机制，使建议办理工作切实做到代表和群众双满意。二是丰富代表履职载体。深化“四联四助一深化”代表主题实践活动，健全常委会联系代表、代表联系群众制度，推进代表接待站规范化、制度化，拓展代表主题活动广度和深度，实施人大代表约见国家机关工作人员制度，推行政府实事工程代表票决制、代表“一对一”监督等工作，不断增强监督实效。做好代表和人大工作者的履职培训，健全完善代表履职激励和约束机制，完善代表履职量化考核。三是夯实基层人大工作基础。将今年列为“镇街人大规范化建设推进年”，深化镇街道“一镇一品牌、一街一特色”活动创建，支持基层人大依法行权履职，不断推进基层民主政治建设。

五、适应新形势，进一步增强自身履行职责的能力

不断适应新形势和新任务的要求，积极加强自身建设，努力提升人大干部队伍履行职责的能力和水平。一是切实提升学习力。以中共十九大精神学习为统领，创新学习方式方法，培养专业能力，弘扬专业精神，着力将加强学习与提高素质结合起来。二是切实提升担当力。牢牢把握人大工作的正确方向和职责要求，强化能监督、敢监督、善监督的职责意识，不断增强履职能力，为有效开展工作提供坚实基础。加强组织架构建设，制定完善工作规则，切实发挥人大专委会作用，强化各工作机构的协调配合，进一步促进人大监督工作落实。三是切实提升服务力。按照新时代党的建设总要求，全面落实从严治党主体责任，认真组织参加“不忘初心、牢记使命”主题教育，以创建“学习型、服务型、廉洁型、创新型、法治型”机关为载体，扎实做好精准扶贫、结亲连心、文明单位创建等各项工作。深化调研工作实效，加强组织实施，做到接地气、察实情、出良策，争取出一批有质量、有分量的调研成果，为区委决策提供科学参考。加快推进人大信息化建设，巩固提升人大宣传工作水平，唱响人大声音，讲好人大故事，把我区人大工作的好做法总结出来，宣传出去。

政府工作报告（摘要）

——在临沂市兰山区第十九届人民代表大会第二次会议上
2018年1月16日

兰山区人民政府区长　沈如茂

一、2017年工作回顾

2017年是本届政府履职尽责的第一年。一年来，新一届区政府以迎接中共十九大胜利召开为精神动力，在市委、市政府和区委的坚强领导下，在区人大、区政协的监督支持下，紧紧团结依靠全区人民，务实求进，开拓创新，经济文化强、社会百姓富、生态环境美、文明程度高的新兰山建设迈出坚实步伐。全区生产总值936亿元，增长7.5%；地方一般公共预算收入73.1亿元，同口径增长12.4%；固定资产投资678亿元，增长8%；社会消费品零售总额621亿元，增长9.6%；进出口总额175亿元，其中出口额110亿元，增长25.6%；居民人均可支配收入25974元，增长8%。

商城发展迈向新水平。商城国际化深入推进，在规划建设、基础配套、电子商务、服务管理、市场贸易采购模式等方面有了新的突破。成立国有独资的兰山商城控股有限公司，政府推动商城转型的能力进一步加强。以华强建材仓储物流园、华东土杂市场为代表的20个重点商贸项目快速推进，完成市场改造提升面积50万平方米。全年实现市场交易额2620亿元，增长18%。国际博览中心建成启用，传化物流、普洛斯等一批商贸物流项目落户国际商贸城。物流规模化、标准化、智能化建设不断加快，实现物流总额5680亿元，增长16%。金运通支付平台在“临e商城”正式运营，线上优势进一步巩固，商城实现电商交易额960亿元，增长52%。我区荣获临沂市电子商务示范区称号，新明辉安全科技有限公司被评为国家级电子商务示范企业。外贸便利化政策有效落地，巴基斯坦瓜达尔港“海外商城”、吉达临沂商城等项目投入运营。举办各类展会80场次，实现会展交易额410亿元。强化市场消防安全监管，推广微型消防站建设，购买配置小型消防车116辆。

新型城镇化步伐加快。全年实现征收182万平方米、开工建设居民楼488万平方米、农房1.27万户，常住人口城镇化率达到81%。北城二期加快推进，城市功能不断完善。鲁南高铁征收工作推进有力，线路施工进展迅速。国际商贸城项目征收顺利，全力做好新西外环、临西十一路和西安路地下综合管廊等工程清障工作，重点城建项目加快实施。龙头沟3100米黑臭水体治理工程在全市率先完工。东风东关片区、国棉八厂片区、火车站片区等多年的征收尾子全部“清零”。完成78个老旧小区整治改造，惠及群众1.18万户。实施道路硬化、城镇美化工程，新增绿化200万平方米、硬化198万平方米、改厕1.7万户，创建省级美丽乡村示范村3个。改造开阳路、桃园路等道路，修补道板、路面20万平方米。农村公路和村级网化示范工程建设成效明显，新修农村公路187公里。柳青河第二污水处理厂建设完成，配套管网工程全面开工。推广金锣集团国际先进分布式污水处理技术，安装小型污水处理设备108台，北城全域治理效果初显。铁路沿线环境综合整治成效突出，成为全市唯一获得省级奖补的县区。城市精细化管理向镇村推进，“金雀山模式”在全市推广。城乡环卫一体化更加深入，年无害化处置生活垃圾57万吨。强力推进土地卫片执法检查工作，对新增违法用地实行“零容忍”。违法建设治理力度持续加大，拆违135.6万平方米。

新旧动能加速转换。创新平台建设成效明显，我区成为全省11个、全市唯一省级双创区域示范基地，鲁南制药集团同时成为全省11个、全市唯一省级双创企业示范基地。全区创新创业平台达到47家，高新技术企业32家。创新投入不断加大，申请发明专利、授权件数居全市第一。投资95亿元，完成技改项目369个。行业协调创新能力不断提升，与省科院联合开展6个“产学研引导基金”项目，新增智能仪表、数据智能2个产业技术创新联盟。市场活力有效激发，完成“个转企”2400户，新增市场主体3.1万户，达到12.9万户。新增挂牌企业4家，达到21家。义堂镇入选山东特色产业镇动能转换20强。新增金锣污水处理设备、福达木业胶合板等4个山东名牌产品，鲁南制药集团获得省长质量奖。全区用电量68.5亿千瓦时，工业用电量约占一半。以全市8.2%的工业综合能耗完成了全市20%的工业总产值。37个项目列入省市新旧动能转换项目库，35个市级重点项目全部开工，鲁南贝特、莱克科技等过10亿元项目建成投产。

产业发展的协调性不断升级。三次产业比0.9∶47.1∶52，第三产业占比提升1.2个百分点。入选“十三五”省级服务业综合改革试点，商贸物流产业集群被列为省级现代化服务业特色产业集群，获得省级扶持资金500万元。齐鲁园广场招商运营，亲和家源健康养老服务中心被评为全省医养结合示范企业，凯旋医养等项目带动医养健康产业发展。临沂文化创意产业园集聚效应不断显现，22个文化生产企业主营业务过亿元。新引进中信银行、浙商银行、青岛银行在兰山设立分行，全区金融机构达到106家，银行业存贷款余额分别达到2238亿元、1882亿元。工业经济提质增效，位列全国工业百强区第82位、山东省前10强。规模以上工业企业551家，实现产值2040亿元。五大主导产业完成产值1650亿元，全区100亿级、50亿级以及过亿元企业发展到2家、4家、361家。都市农业高效发展，提升优质农产品基地5万亩，市级以上标准化生产基地达到11处。

深化改革和扩大开放步伐加快。义堂镇国家级建制镇示范试点、省教育信息化试点等7个国家及省级试点深入推进、落地见效。着力“降成本”，调整取消区级行政权力事项170项，完成首批11个部门26项涉企证照事项整合，发展环境持续优化。商城范围内社区集体企业股份制改革扎实推进。开展城市公立医院改革，区级诊疗机构药品价格、急诊费用、人均住院药费均下降15%以上。农村集体产权制度改革进展顺利，完成37个村试点任务。成功举办“一带一路”国家科技商贸考察团沂蒙行活动，签订合作协议12项。成立临沂兰山·多伦多、蒙特利尔、柏林、首尔4家海外联络站，对外交流更加密切。引进世界500强项目4个，各类人才727名。实际到位市外资金120亿元，居全市第一。组织企业参加重点境外展会188个，兰山企业、兰山产品的外向竞争力不断增强。

发展的底线进一步巩固。狠抓安全生产基层基础，严格落实《兰山区党委政府及其部门安全生产职责规定》，镇街、经开区全部配备专职安监副主任，安全生产体制机制更加理顺。化工产业安全生产转型升级全面铺开，多年被省政府挂牌督办、存在重大安全隐患的鲁南化工市场关停取缔。“大快严”集中行动和消防安全综合治理强力推进，“痕迹化”“网格化”管理模式持续见效。安全事故起数、死亡人数分别下降62.9%、58.3%，火灾起数同比下降45%，全区安全生产形势总体平稳。坚决打赢环保攻坚战，办结中央环保督察信访件126件，取缔“散乱污”企业619家，完成125家重点企业深度治理。全区空气质量污染物主要指标$PM_{2.5}$、PM_{10}和二氧化硫分别同比改善10.8%、10.9%和17.9%。实施流域综合整治，全面落实“河长制”，市控重点河流水质稳定达标。优化矛盾纠纷排查化解机制，成功化解信访积案134起。加强重点领域金融运行监测，严密防范和化解金融风险，妥善解决临商银行集中取款事件。扶贫成效持续巩固，汪沟镇扶贫资产“四权分离”的做法受到国务院肯定。

民生保障和社会事业持续加强。全年民生支出占财政总支出的87%。新增城镇就业10400人、农村劳动力转移就业2800人。发放社会保险待遇21.9亿元、各类救助金4717万元。实施校建项目25个，完成投资7.1亿元。成功举办兰山区第七届运动会，体育工作综合成绩连续八年位居全市第一，我区被评为全国群众体育工作先进县区。投入2190万元，建设提升村社区综合文化服务中心65处。区康复中心投入使用，兰山区人民医院新院项目扎实推进，山东千佛山医院金锣分院等项目建设顺利。兰山区入选首批全省综合减灾示范区，成功创建全国慢性病综合防控示范区、山东省健康促进示范区，所有镇街、经开区全部成功创建省市级卫生乡镇，方城中心卫生院被评为“全国百佳乡镇卫生院”。新开通枣园、义堂两地镇村公交，全区镇村公交覆盖率进一步提高。整合惠民殡葬资金1400万元，公益性公墓建设扎实推进，移风易俗成效明显。食安兰山建设持续深入，入选首批山东省“食品安全先进区”。社会治理不断创新，全国“雪亮工程”建设推进会、全省人民调解现场会在我区召开。国防动员准备扎实推进，民兵预备役建设提档升级，全民国防意识不断增强，双拥共建、军民融合深度发展。对口支援青海海晏县、扶贫协作重庆城口县取得新进展。妇女儿童、民族宗教、物价、史志、档案等各项工作再上新水平。

新一届政府深知，打铁必须自身硬。处在经济社会发展的转型期，面对“既要、又要、还要”的多重选择，“两难、三难、多难”的繁重任务，“能干、会干、干好”的责任担当，一年来，我们深入贯彻区委决策部署，以服务型政府建设为着力点，咬定目标不动摇、攻坚克难不懈怠，一个问题又一个问题地解决，一件事情又一件事情地落实，发展的定力和自信不断增强。一年来，我们主动向人大报告工作、向政协通报情况，共办理建议、提案314件，办复率100%。出台《兰山区法治政府建设实施纲要》，完善规范化制度建设，政府科学决策、依法行政的

素养和能力不断增强。一年来，我们始终践行群众路线，畅通政务公开渠道，受理“12345”热线工单13万件，137项行政许可事项全部纳入政务服务平台，513项公共服务事项上线运行，政府服务群众、保障发展的能力和水平不断增强。一年来，我们廉政勤政一起抓，扎实推进“两学一做”学习教育常态化制度化，认真开展“亮承诺、抓整改、见实效”活动，深入实施整治“不作为”“乱作为”、优化发展环境专项行动。这一年来，系统内敢于担当、崇尚实干的共识得到进一步强化，开拓进取、干事创业的正能量不断积蓄并持续放大。

一分耕耘，一分收获。兰山区连续6年进入全国百强，位居全国综合实力百强区第52位，全国投资潜力百强区第14位，全国创新创业百强区第28位，全国新型城镇化质量百强区第29位。在全市新旧动能转换现场观摩评议和2016年度全市观摩项目效益评估中，取得“双第一”的好成绩。这些成绩的取得，是市委、市政府正确领导的结果，是市级几大班子和市直部门关心厚爱的结果，是区委总揽全局、科学决策的结果；得益于区人大、区政协和社会各界的有效监督、大力支持；靠的是全区上下团结一致、拼搏进取。在此，我代表区人民政府，向所有关心支持兰山区发展的各级领导，向辛勤工作在各条战线上的广大干部群众，向各位人大代表、政协委员和社会各界，表示衷心的感谢并致以崇高的敬意！

我们也清醒地认识到，全区经济社会发展还存在不少困难和挑战。主要是：发展不平衡不充分的问题比较突出，新旧动能转换需要持续加力。创新发展的能力不强，产业层次不高，结构性问题凸显，企业转型升级进入关键阶段。征收改造、基础配套等工作面广量大、历史欠账较多，社会治理、城市管理的精细化水平还不高。安全发展的任务繁重、责任重大，水、大气、土壤等环境质量还需改善，防范和化解各类风险的能力还需进一步提升。教育、医疗、文化等公共服务存在短板。财政收支矛盾仍然突出，增收压力持续加大。政府工作作风仍需改进，依法行政能力不够强，隐形变异的“四风”问题仍然存在。这些问题，必须着力加以解决。

二、2018年政府工作总体安排

2018年，是贯彻中共十九大精神的开局之年，是改革开放40周年，是决胜全面建成小康社会、实施“十三五”规划承上启下的关键一年。做好全年工作，对于加快建设大美新临沂政治经济文化中心功能区、鲁南苏北经济发展龙头区、全国革命老区率先发展标志区，打造商贸物流名城、历史文化名城，推进“全域发展、率先小康”，具有十分重要的意义。

今年政府工作的总的要求是：深入学习贯彻中共十九大精神，以习近平新时代中国特色社会主义思想为指导，坚持稳中求进工作总基调，紧扣社会主要矛盾的变化，围绕发展与稳定这个工作总要求，按照“走在前列”的目标定位，坚持高质量发展导向，坚持以人民为中心的思想，以深化供给侧结构性改革为主线，以新旧动能转换为统领，聚焦产业转型升级、商城国际化、新型城镇化、民生事业等重点工作，打造安全稳定、宜居宜业、政务高效的发展环境，奋力开创新时代大美新临沂建设的兰山新篇章。

综合考虑多方面因素，建议今年全区经济社会发展主要预期目标为：地区生产总值增长8%左右，地方一般公共预算收入增长9%左右，固定资产投资增长10%左右，社会消费品零售总额增长10%左右，进出口总额稳定增长，居民人均可支配收入增长8%左右，城镇登记失业率控制在3.5%以内。全面完成省市下达的节能减排降碳约束性指标。

为深入落实区委决策部署，实现经济社会发展的良好效果，需注意把握好以下原则：

——学懂弄通做实中共十九大精神，全面指导政府工作。政府系统必须把习近平新时代中国特色社会主义思想贯穿工作始终，坚定不移地维护核心。必须全面深刻领会“新思想”，把握“新矛盾”，贯彻“新方略”，更好指导兰山发展。必须树立战略思维、系统思维、创新思维、底线思维，正确处理强自信与戒自满、抓发展与保稳定、借外力与活内力、想干事与会干事、守纪律与敢担当的关系，聚精会神抓好经济社会发展。

——深入践行新发展理念，全力推进新旧动能转换重大工程。坚定不移把发展作为解决一切问题的基础和关键，一切围绕发展、一切促进发展、一切保障发展，转变发展方式、优化经济结构、转换增长动力。加快供给侧结构性改革，振兴实体经济，建设产业强区，发展新技术、新产业、新业态、新模式，推动产业智慧化、智慧产业化、跨界融合化、品牌高端化，改造提升传统动能，培育壮大新动能。

——坚决守住发展底线，筑牢“全域发展、率先小康”的防线。深刻理解守底线和抓发展的辩证统一关系，突出抓重点、补短板、强弱项，加快全域发展。始终将安全生产、生态保护、社会稳定、金融风险防控、精准扶贫牢牢抓在手上，担负硬任务、打赢攻坚战，保障率先发展。持续用好安全、环保、节能等底线倒逼工具，加快转型升级步伐，促进高效发展。强化应急管理，创新机制体制，积极防范和妥善处置突发事件。

——坚持以人民为中心，在发展中保障和改善民生。始终把增进民生福祉作为发展的根本目的，既尽力而为，又量力而行，一件事情接着一件事情办，让群众看到实实在在的变化，得到实实在在的实惠。聚焦教育、医疗、就业、居住等民生领域的短板和薄弱环节，用发展的理念、改革的办法，创新思路、突破瓶颈，不断满足人民日益增长的美好生活需要。

——发挥兰山特色优势，在更高层次上走在前列。坚持世界眼光、国际标准、山东优势、沂蒙特色，勇于担负起全市“中心城核心区”的发展重任，高点定位，规划引领，科学推进，在全省全国寻标杆、争位次、创一流。立足区情实际、产业特色、资源禀赋，用好先发优势，增创后发优势，练好“内功”，善借“外力”，培育和巩固竞争新优势。

围绕上述目标任务和指导原则，今年重点做好以下七个方面的工作：

（一）加快商贸物流转型升级步伐。贯彻落实全市商城发展“四三二一”总体部署，推进智慧兰山商城建设，实现市场交易额2900亿元、物流总额6200亿元，分别增长18%、17%。创新服务体系建设。依托兰山商城控股有限公司，加快物流管理、电子商务、会展经济、金融保险、学校医院等服务平台建设。推动商城范围内社区集体企业股份制改革，建立适应商城发展的企业制度。优化商城综合服务大厅，提升便利化服务水平。成立“山东省创业创新学院”、临沂市人力资源服务产业园，完成6000人次商城国际化人才培训，2万人次电子商务培训。推进集治安、消防、用电监测“三防合一”的消防管理中心建设，全方位抓好商城消防安全。加快现代商城建设。以商城国际化建设为抓手，推动商贸物流业改造升级。开工建设华强建材仓储物流园二期、灯具城二期、珠宝玉器市场二期、万泰商贸城二期、易通国际汽车城等项目工程，加快林丰国际物流城、临沂城际分拨物流园区等项目建设进度。启动国际商贸城内物流小镇建设，加快建设中谷海运、传化物流、林安物流、阿帕智慧仓储物流等高端项目。继续推进商城片区棚户区改造，完成临沂国际商贸城范围内征收扫尾。推进业态融合发展。围绕6.0智慧商城建设，加快线上线下融合，商城内所有市场物流园区全部普及电子商务，实现电商交易额1260亿元，增长30%。加快内贸外贸融合，年内规划布局6处海外商城和海外仓，不断扩大出口份额。加快市场和会展融合，全年举办展会82场次，实现会展交易额440亿元。发挥商城带动作用。按照“4个500亿”产业发展布局，推进体育用品等产业链建设，地产品市场占有率提升1.5个百分点。发挥物流成本洼地效应，支持商城交易大户、品牌商户建设地产品项目。用好互联网技术，鼓励商户企业探索新的经营业态和发展模式。依托临沂商城展览馆，宣传商城文化，提升辐射力、影响力和竞争力。

（二）大力实施产业强区。优先发展现代服务业。扎实开展“现代服务业突破年”活动，积极推进省

级服务业综合改革试点工作，年内服务业增加值占比提高1.5个百分点左右。鼓励农业、制造业由生产型向生产服务型转变，重点支持信息技术服务、研发设计、人力资源服务以及农村生产性服务业发展。以园区、企业、项目为载体，大力发展文化创意产业。着力发展银行、保险、证券等金融业态。引进高端商业品牌，发展壮大楼宇经济。投资20亿元，建成运营金锣健康小镇一期项目。全面开工建设鲁班精装智慧小镇。做好“沂蒙原乡、康养福地”文章，加快重点旅游项目布局建设，推进亲和家源、凯旋医养等项目建设，重点突破医养康疗、养老服务产业。整合提升临沂书圣文化城，创建国家4A级旅游景区。落实有关政策，平稳健康发展房地产业。加快产业升级步伐。坚持以“四新”促“四化”，推进现代产业体系建设。通过安全环保倒逼、产业整合集聚、融合改造提升等路径，清理取缔“散乱污”企业，加快推动产业智慧化发展。扶持100家重点企业信息化建设，发展智能制造。推进工业强基工程，实施新一轮“百企百项百亿”技改。鼓励传统骨干企业转型进入新兴产业领域，推动产业融合、跨界融合、军民融合。加快新材料、节能环保等新兴产业孵化落地，推动集聚发展。大力弘扬“工匠精神”，遴选100家质量标杆企业列入品牌重点培育目录。新增中国驰名商标1件、地理标志商标1件、山东名牌2家。支持企业健康发展。深入推进“清单服务”制度，着力构建“亲”“清”新型政商关系。大力扶持骨干企业，新增产值过10亿元企业5家。加强企业家培训，弘扬优秀企业家精神，培育企业文化，增强企业自信。充分发挥商会、协会作用，搭建交流平台，加强区内企业沟通联系，引导企业抱团发展，合力推进企业提质、行业增效、产业升级。引导中小微企业实施产业结构和治理结构融合升级，加快企业梯队建设。开展工业企业效益综合评价，提高企业加速转型升级的紧迫性、积极性和主动性。

（三）力促城镇一体化发展。进一步提升城区、园区、镇村等载体功能，推动产城融合，加速形成新的经济增长板块和增长极。推进发展空间拓展。积极承担全市中心城的核心区建设任务，加快北城二期开发建设和配套步伐，启动实施北城三期和高铁片区建设。致力于打造新的增长板块，强化空间规划和产业规划引领，在城区西部以义堂镇为主体、在城区北部以半程镇为主体，加快启动2个产业“卫星城”建设。以高端木业、健康食品、现代物流产业为支撑，五年内各吸纳集聚人口30–50万人，发展产业规模1200–1500亿元，形成“组团式、融合化、生态型”的核心区空间格局。加快以人为核心的新型城镇化建设步伐，有序推进外来务工人员、农村转移就业人口市民化，持续吸纳和释放人口、人才红利。推进市区重点城建项目建设。用好棚户区改造政策，推动片区模式下的棚改工作。加快推进临沂月星家居生活广场等片区征收，完成七里沟、翔龙钢铁厂等片区扫尾，全年完成征收150万平方米，开工建设居民楼300万平方米。围绕提升城区功能，坚持市区一体，推进京沪高速公路拓宽工程、长春路改造，加快雄安路、沭河路、温凉河路、滨河路涑河桥等54个市级重点项目建设。强化城镇全域发展，完成年度投资69.3亿元，加快推进41个区级重点城建项目。实施西城道路管网建设项目和水系改造治理工程、三维路提升及地下综合管廊建设工程等31个镇街、片区城建项目。提升园区承载力。坚持市场主导、政府引导、规划约束的原则，建立园区管理绩效考核制度，推动园区升级提质。兰山经济开发区紧扣机械、家具等产业，抓好重点项目布局建设，强化基础设施配套，快速膨胀规模、提升效益。金锣科技园依托龙头企业，坚定不移培大育强、招大引强，加快形成集团企业孵化地、集聚地。推进木业产业区规划建设，树立大产业链思想，着眼全市范围内配套，疏解城区工业，落地优质项目，承载木业产业高端高质发展。积极推进铁路物流园区建设，综合提升物流产业，形成带动效应。开拓新思路，注入新要素，推动林产工业科技示范园提质增效。完善临沂文化创意产业园区功能，加快孵化文创产业项目。贯彻乡村振兴战略。继续抓好新型农村建设，改善农村生活水平，全年建设农房 1.3 万户。强化农业复合功能,做好“三农”元素和旅游、电商、文创等产业结合文章，大力开展美丽田园创建活动，鼓励发展田园综合体、特色农庄。培育农业龙头企业，促进农业产业化发展。发展多种形式适度规模经营，新扩建优质农产品基地 2 万亩，争创市级以上农业标准化生产基地 3 家，知名农产品品牌 5 个。

（四）加速新旧动能转换。兰山区正处在提升发展质量的机遇期和关键期，必须以更大的力度深化改革开放，集聚资源要素，不断增强经济发展创新力。着力提升投资质量和效益。围绕推进供给侧结构性改革，强化政府投资的引导带动作用，提高土地、劳动和资本等传统要素投放精准度，激发以知识为特征的技术、智力、大数据等新型要素，加快培育壮大新动能。加强优势产业链分析研究，强化税收、就业、环境等综合评估，招引一批带动性强、成长性好的优质项目。新引进 10 亿元以上项目 10 个，到位市外资金 100 亿元以上。扎实开展“重点项目建设年”活动，完善重大项目协调推进机制，加快项目落地建设。加大科技创新力度。引导和鼓励企业加大研发投入，推动技术创新、产品创新、管理创新、商业模式创新。加大行业关键技术攻关，提高全社会研发投入占比，建成 3 个省级以上新型研发平台，3 个产业技术研究院，新增高新技术企业 25 家以上。注重知识产权保护，授权发明专利数量突破 200 件。深化与科研院所、著名高校的合作，完成产学研合作项目 30 个以上。坚持把人才作为第一资源，全年引进各类人才 800 名以上。大力支持创新创业。深入推进全省双创区域示范基地建设，不断强化省级创新型城市建设，启动创建国家级“一带一路”建设综合试验区。引导社会资本加强对众创空间、企业孵化器、创业平台的投入，建立健全双创生态体系。落地创新创业政策，新增城镇就业 7200 人以上。加强政务服务标准化建设，打造低成本创业环境。深化重点领域改革。持续深化“放管服”改革，推行企业登记全程电子化，提高注册登记便利化程度。加快企业改革，年底前基本完成国有集体改革改制任务。深化投融资体制改革，依法依规开展重点区域开发和政府投资项目融资，提高企业直接融资比重。防范各类金融风险，严厉打击金融领域违法犯罪。深化财税体制改革，加强财政资金绩效评价管理。加快对外开放步伐。引导和鼓励企业拓展欧美中高端市场，推进“一带一路”沿线经贸布局。鼓励企业参加国内外知名展会,扩大高技术、高附加值、自主品牌产品和服务出口，确保进出口质量提升、结构优化。加快对外交流平台建设，深化对外交流合作。年内新增实绩进出口企业 100 家，完成出口 120 亿元。

（五）提升城镇管理水平和内涵品质。以全国文明城市和国家卫生城市创建为抓手，市区融合、借势提升，全面加强城市管理。完善基础设施配套。扎实开展“基础设施提升年”活动，提升金源路、八一路、前十街等道路，硬化背街小巷和村内道路 100 万平方米，对沂河滨河西路、沂蒙北路等 20 条城镇交通干道、各镇驻地重点路段实施亮化提升。全面提升主次干道、农贸市场、城乡接合部等重点区域城建设施。建成城乡社区服务中心 29 个，力争全部城市社区达标验收。深化城镇智能管理。完成综合行政执法改革和城管执法体制改革，完善数字化平台建设，建立“互联网＋城市管理”新模式。健全垃圾回收和再利用体系，提高垃圾减量化、资源化水平，加快中环新能源生活垃圾焚烧三期项目建设，尽快解决垃圾积存问题。大力建设美丽示范街，全面提升物业管理水平。继续推进农村社区安保、保洁等市场化运作。保持“两违双控”高压态势，严厉打击违法用地和违法建设行为。倡树城市文明新风尚。深入践行社会主义核心价值观，持续深化群众性精神文明建设工作。加强社会诚信体系建设，建立激励守信、惩戒失信的联动机制。充分利用“志愿沂蒙”系统，广泛开展志愿服务活动。大力倡导

移风易俗，持续提高群众勤俭节约、婚丧简办的文明意识。深入开展爱国卫生运动，把全域卫生乡镇建设提高到新的水平。扎实推进文化兰山建设。增强公共文化服务能力，力争镇街道文化站全部达到三级以上标准，村社区综合性文化服务中心达标率85%以上。扎实开展文化惠民活动，实施乡村记忆工程，科学保护、合理利用古文化遗址。推进民办博物馆建设，每个镇街都要建成历史文化展室。挖掘运用好书圣故里、孝圣之乡等资源，传承历史文脉，提升文化底蕴，讲好兰山故事。加强和创新社会治理。深化平安兰山建设，健全立体化、信息化社会治安防控体系。扎实推进城乡网格化建设，健全矛盾纠纷排查化解长效机制。进一步完善社区治理机制和服务体系，在商贸物流市场合理设置人民调解员。依法做好村社区委员会换届工作，加强基层政权和群众自治组织建设。依法管理民族宗教事务，抓好铁路沿线综合治理等工作。推进军民融合创新发展，深化国防后备力量建设，做好国防动员准备，建成军地联合指挥机构，完成民兵训练基地升级改造，开展基层武装工作达标建设。

（六）推进美丽生态兰山建设。进一步转变理念观念和生产生活方式，着力促进绿色发展、集约发展、安全发展。打好污染防治攻坚战。铁腕整治环境污染，推进大气、水体、土壤污染三大治理，持续改善生态环境。不折不扣实施板材业“散乱污”治理方案，加快推进木业产业稳步升级。深入实施空气质量优化升级行动，完善重污染天气应对措施，加大工业废气整治、扬尘治理、机动车尾气防治。完善水域环境保护生态补偿考核机制，继续推进工业污水、生活污水、农业面源污染和污水“多污同治”。深入开展土壤污染调查和监测，提升危废固废处置能力。加强环保基层基础建设，对重点环保问题实行联合执法，确保环境安全。强力保障安全发展。从严从细落实责任，全面整治重点行业存在的突出问题。基本完成安全风险分级管控和隐患排查治理体系建设，全面推行“痕迹化”“网格化”管理机制，持续推进消防安全综合治理。加快“食安兰山”建设，坚决打击食品药品违法犯罪行为。实施安全生命防护工程，提高农村公路交通安全防护水平。切实保障全区粮食安全和群众饮水安全。力促集约节约和绿色增长。盘活整理闲置用地，推进低效用地再开发。加大力度处置批而未供土地，全面落实节约集约用地的各项任务。切实抓好土地综合整治，推进土地增减挂钩工作。加大散煤清洁化治理力度，抓好燃煤单位超低排放。严控新上项目能耗和水资源消耗、建设用地总量和强度“双控”关口，推广绿色清洁化生产。实施排污许可制度，大力发展循环经济。推进生态城镇建设。全面抓好全域绿化，实施园林生态镇建设，新增绿化面积210万平方米。深入落实“河长制”，加大水利工程建设力度，以沂河、孝河、柳青河为骨干，启动北城水系贯通工程。推进生态廊道和防护林带建设，新造林3000亩。继续推广海绵城市建设。实施生态修复工程，提升金锣万亩荷塘、柳青河湿地公园等项目，加强对河湖、森林、水源地和生物多样性的保护。

（七）扎实办好惠民实事。坚持以人为本、民生优先，全面落实惠民举措。构建更加公平可持续的社会保障制度，完善社会救助体系和社会养老服务体系，健全城乡居民基本医疗保险制度，提高公共卫生服务水平。持续推进公办教育、公立医疗机构均衡化发展，大力支持民办教育、民营医疗机构规范化发展。着力发展社会事业，统筹做好各项工作。

各位代表，人民群众的需要就是政府的工作任务。新的一年，我们将扎实办好以下10件民生实事：

一是改善居住条件，全年开工棚户区改造6619套，改造老旧小区142个。二是推进校建项目，完善基础配套，确保25所中小学投入使用，加快解决“大班额”问题；新开工新桥中学、第十五中学、第十六中学校建工程。三是提升医疗卫生和康养服务水平，加快兰山区人民医院新院建设，建成金锣健康小镇一期项目，建设区养老服务中心。四是保障食药安全，全面实施食品药品监督抽查，为全区22

个农贸市场以及600家学校（幼儿园）食堂、食品专业批发市场、大型超市建立食品安全追溯体系。五是加快镇街全民健身中心建设，实现自然村全民健身工程全覆盖。六是改善交通水平和出行条件，启动35个市区及镇街、片区道路桥梁新建提升工程；新建、改建农村公路及村级网化道路60公里；开通白沙埠、半程、方城3地镇村公交。七是全面开展环境综合整治，深化城乡环卫一体化，打造市容环境新秩序，大幅提升群众满意度。八是年内建设提升公厕41座，新建垃圾收集站8座。九是加快污水处理厂和配套管网建设，年内全区污水处理能力达到12万吨/天。十是完成9座塘坝和公家埝、孔林、小杏花3座水库除险加固。

三、深入推进服务型政府建设

认真践行全心全意为人民服务的根本宗旨，牢固树立“四个意识”，坚定“四个自信”，不断提高政府公信力、领导力和执行力。

要旗帜鲜明讲政治。用习近平新时代中国特色社会主义思想武装头脑，扎实开展“不忘初心、牢记使命”主题教育，坚定正确的政治方向。牢牢把握新时代坚持和发展中国特色社会主义的各项基本方略，自觉在中央、省、市工作全局中谋划和推动兰山发展，坚决贯彻区委决策部署，确保政令畅通、令行禁止。

要深入学习强本领。完善政府系统学习制度，提升理论素养和专业水平。学习践行新发展理念，准确把握产业发展、城乡建设、财政金融等方面的政策，提高政策执行、运用的效力和水平。努力克服本领恐慌，强化对新知识的掌握和运用，结合实际创造性推动工作。强化政府系统互联网思维，提高舆情风险意识和应对能力。开展公务人员法律知识培训，提升法治素养。

要依法行政促规范。严格执行区人大及其常委会决议决定，自觉接受人大、政协和社会监督，广泛听取各民主党派、工商联、无党派人士和人民团体的意见建议，认真办理人大代表建议和政协委员提案。坚持法治思维，完善政府依法行政运行机制，推进科学民主决策。畅通信息公开，提高政府行政透明度。引导群众合法合理表达利益诉求，化解行政争议。

要改进作风提效能。扎实开展“作风建设深化年”活动，完善考核评价体系，建立健全容错纠错机制，营造大胆探索、勇于创新、敢于担当的干事创业氛围。建设“12345”热线智能办理平台，提高热线办理水平。锲而不舍落实中央八项规定精神，坚决反对“四风”。继续精文简会，提高效率。严厉整肃庸政、懒政、怠政行为，下大力气克服不作为、慢作为现象。

要标本兼治抓廉政。坚持“一岗双责”，严格落实全面从严治党政治责任。严格财政预算执行，提高资金使用效益。发挥监审联动作用，强化对工程建设、政府采购、土地出让、产权交易等重点领域的审计监督。抓早抓小，动辄则咎。保持高压态势，严肃查处各种违法违纪行为，营造风清气正的政治生态。

中国人民政治协商会议第十五届临沂市兰山区委员会常务委员会工作报告（摘要）

——在政协第十五届临沂市兰山区委员会第二次会议上

2018 年 1 月 15 日

兰山区政协主席　刘耀华

一、2017 年工作回顾

2017 年，是全区上下深入学习中共十九大精神、贯彻中共十九大精神、“走在前列”迈出新步伐的一年。区委区政府团结带领全区人民，务实求进，开拓创新，经济文化强、社会百姓富、生态环境美、文明程度高的新兰山建设取得扎扎实实的成就。一年来，在区委的坚强领导下，区政协常委会坚持围绕中心，自觉服务大局，认真履行职能，推动各项工作提质增效、接续发展，实现了本届政协的良好开局。

（一）坚持思想引领，进一步坚定正确政治方向。常委会始终以理论武装坚定理想信念、加强党的领导。一是深入学习贯彻中共十九大精神。在政协系统迅速掀起学习热潮，深刻领会习近平新时代中国特色社会主义思想，深刻领会新时代人民政协工作的新使命新方向，自觉用马克思主义中国化最新成果武装头脑，不断增强政治意识、大局意识、核心意识和看齐意识，坚定道路自信、理论自信、制度自信和文化自信，提高了与以习近平同志为核心的党中央保持高度一致的思想自觉和行动自觉。二是建立健全经常性学习制度。通过会议传达、主题教育、界别活动、履职工作等形式，积极推动政协各参加单位、广大委员和机关干部学习领会人民政协性质定位、职能作用、工作原则等重要论述，增强做好政协工作的责任感和使命感。举办新任委员培训班，学习统战政协理论，提高思想认识，增强委员意识，为开展政协工作打下了良好基础。三是充分发挥政协渠道畅通优势。不折不扣贯彻落实中央和省、市、区委的会议精神，努力做到讲政治、学在高处，讲认真、学在深处，讲担当、学在实处，推动各项决策部署贴近群众、深入各界，增进认同、扩大共识，夯实了团结奋斗的共同思想政治基础。

（二）坚持协商格局，进一步增强献计出力实效。常委会充分发挥协商民主重要渠道和专门协商机构的作用，紧扣区第十四次党代会提出的目标定位，组织实施协商工作计划，努力谏诤言、谋良策、促落实。一是深层次议政建言。围绕全面贯彻落实市委“全面小康的突破在商贸，商贸活则临沂活”的发展理念，对打造商贸物流名城进行常委会议专题协商，形成《关于积极融入“一带一路”，加快商城国际化进程的建议案》，提出“商贸物流联动、线上线下融合、布局海外商城、加快三化并举”等符合区情、契合实际的建议，区委、区政府主要领导做出批示，相关部门积极研究工作措施，再创了开放发展新优势。着眼培育壮大新动能，重点调研全域旅游发展，开展专题协商，形成《关于加快推进全域旅游发展的建议案》。赵晓晖书记批示“此建议案质量很高，分析短板切中要害，‘六抓’工作思路，既全面又有可行内容，可作为推进我区旅游工作的重要参考”，提出明确工作要求，有关部门积极落实发展举措，有效推动了国家全域旅游示范区的创建。二是多领域调研视察。抓住事关全面深化改革、持续健康发展的重要问题，对建立政府法律顾问制度、品牌学校创建、板材业质量提升和集约利用土地资源等进行对口协商，对健全社会养老服务体系、完善“临 e 商城”运营和食安兰山建设等进行界别协商，对法检“两院”、财税、创城、司法公证、城市管理、国家慢性病综合防治示范区创建等进行调研视察，对“三去一降一补”、加快农业供给侧结构性改革、甲醛行业转型升级、特色小城镇建设、加强电梯安全管理等进行咨询论证。一年来，常委会开展监督性调研视察工作 24 次，形成《关于健全社会养老服务体系建设的报告》《关于加快农业现代化建设的报告》和《关于社区矫正工作的报告》等协商议政成果，提出的许多意见得到重视采纳，取得了较好成效。三是常态化办理提案。更加注重提案工作质量，积极争取把提案办理工作纳入科学发展综合考核，健全联合审查、交办、督办和评议的工作机制，把提案办理融入日常工作中。实施重点提案遴选办法，针对教育优先发展方面的 39 件提案，组织委员 2 次参与教育工作督导，对“改善农村学校办学条件”进行了调研，对“加强农村教师队伍建设，促进教育资源平衡”进行了提案办理协商。针对金融风险防控，联合区财政局对“加强投资担保公司监管”进行了提案办理协商。同时，组织委员对市交警支队直属二大队进行带案视察、带案监督。通过多方努力，一次全会以来 51 个单位承办的 205 件提案如期办结，促进了部门更好的转变作风、提升效能。

（三）坚持履职为民，进一步凝聚干事创业合力。常委会始终把政协工作放在全区大局中来谋划，主动结合、自觉融入、同步推进，鼓励和引导广大委员在服务发展中升华责任、在为民履职中体现价值。一是实抓实干力促发展。各位主席积极负责 13 条专线分工的工作，联系 7 个镇街道，在片区征收开发、重点项目建设、服务招商引资、帮包社会稳定、化解信访积案、履行社会责任等方面，在涉及全区重点性、攻坚性、应急性工作方面强责任、勇担当。政协机关积极参与“三引一促”、脱贫攻坚、文明城

市创建、治安薄弱小区整治、“结亲连心”等工作，完成了招商引资引智任务，委派23名委员担任各行各业监督员，推荐40多人次参加各类听证会、论证会、座谈会，协助党委政府做了许多协调关系、化解矛盾、推动落实的工作。广大委员自觉服从服务大局，着力在新旧动能转换的主战场上抢抓机遇上项目、快转型，在安全生产、生态环保、“百企精准扶贫联盟”、移风易俗等工作中积极争做有定力、有情怀、有担当、有作为的合格政协委员。二是尽心尽责服务民生。积极组织开展“喜迎十九大、争创新业绩、展现新作为”主题活动，推动委员“三个作用”更好发挥。积极搭建委员履职平台，连续三届成立区政协委员企业家协会，通过开展学习培训、座谈交流、联络联谊等活动，促进委员企业的携手共进。通过开展双拥共建、扶贫济困、光彩事业等活动，获得了社会的广泛赞誉。通过开展资源对接、银企合作、企业家“回归兰山”等活动，支持委员参与“二次创业”“三商党建”和“党旗红、市场旺”等工作，带动各类市场主体共赢发展。引导委员奉献爱心，回报社会，成立“惜慧奖学金”“沂蒙民间慈善基金”“冠蒙助学金”“润基金”等，累计捐款捐物2000多万元，让广大群众共享发展红利。同时，充分发挥民主党派的作用，开展“中山书屋”捐建、“爱心厨房”捐建、“民盟书屋”捐建、“同心·智力扶贫”“浓浓夕阳情”“成长路上·与法同行”及各类“三下乡”活动，做了很多顺民意、暖民心、惠民生的好事实事，让广大群众有更多的幸福感和获得感。三是知情知政反映民意。坚持把反映社情民意作为了解民生诉求、扩大政治参与的重要渠道，编发《社情民意》，报送信息208篇，被上级政协采用35篇。《建设临沂城备用水源的建议》《化解了“大班额”，也要防止“大校额”》和《关于优化我市各级政务大厅服务工作的建议》等9篇信息得到市委主要领导的批示。特别是《关于加快统筹规划茶山风景区，打造临沂“后花园”的建议》提出后，市委主要领导批示“要按照‘建设临沂为齐鲁红邦、中国水城、丝路商都的高度和鲁南苏北国际化大城市的要求’，考虑茶山风景区的规划建设”。有关部门结合高铁片区开发，编制《茶山风景区及周边区域概念性规划》，涉及面积120平方公里、核心景区4平方公里，优化了城市发展空间。同时，《谨慎以失信限制公民服兵役》《扶贫攻坚要谨防黑手攫取扶贫资金》等16篇信息被省政协采用、转报全国政协。区政协在全市反映社情民意信息工作考核中位居前列，连续四年被市政协评为反映社情民意信息工作“十佳集体”。

（四）坚持创新求实，进一步发挥独特优势作用。常委会始终坚持问题导向和底线思维相结合，制定实施《关于创新和完善区政协有关工作的意见》，主动探索开展工作的方式方法，更好地发挥政协的独特优势和重要作用。一是扎实推动协商民主。坚持把协商民主贯穿政协履职全过程，按照《委员视察办法》的要求，吸纳专家学者和住兰山的省、市政协委员参加，商以求同、协以成事。特别是在全市政协系统率先实施全委会议、常委会议、协商会议大会发言制度，每次会议安排10多名委员发言，拓展协商渠道，提高协商层次，确保了协商成果的有效管用。全年组织各类协商活动20余次，参加委员130余人次，列席群众代表35人次，提交书面交流材料94篇，营造了民主平等、生动活泼的参政议政局面，大大激发了委员的履职热情。同时，认真落实区委的部署要求，自觉做好民主法制领域改革工作，协助区委制定《关于加强和改进人民政协民主监督工作的实施意见》，明确会议监督、视察监督、提案监督、专项监督、反映社情民意监督、应邀委派监督等具体形式，健全知情明政、协调落实、办理反馈、督查评价、权益保障等工作机制，推动了政协民主监督工作的稳步开展。二是积极增进团结统战。充分发挥人民政协代表性强、包容性大的优势，最大限度地调动一切积极因素，为推进全区经济社会发展凝聚共识。重视发挥各民主党派、工商联和无党派人士的重要作用，加强与党外代表人士、党外知识分子和新社会阶层人士的联络交友，营造了良好的社会氛围。加强与少数民族、宗教界人士的联系，参加民族宗教工作专项督查、民族宗教界重大节日活动，开展民族团结进步教育，引导宗教与社会主义相适应，维护了民族宗教的和谐稳定。积极促进非公有制经济健康发展，完成了区工商联、11个镇街道和经济开发区商会的换届工作，成立了5个行业商会，山东省木材与木制品流通协会秘书处、兰山区木业商会、义堂镇商会党委同时揭牌，其中，义堂镇商会党委是全市第一家镇街道商会党组织，电商商会党总支的智慧党建平台是全市非公有制企业党建的一个亮点。三是广泛开展交流联谊。充分发挥联系广泛的优势，作为全市唯一县区参加省政协港澳台侨和外事委员会工作会议，配合上级政协和接待外县（区）政协开展的视察考察活动19次，加强了对外交往和交流推介。坚持以文史工作助推文化传承，完成史料征编和“文化兰山”的协作供稿任务，《临沂城街巷春秋》被省政协评为优秀文史书刊，起到了存史资政、团结育人的作用。同时，开展“全民阅读·委员立行”活动，加大宣传工作力度，区政协被省、市政协评为宣传工作先进集体。

（五）坚持强基固本，进一步提升政协工作活力。常委会立足更好地履行职能、发挥作用，主动适应新形势新要求，强化能力提升，持续推进自身建设。一是严格管理委员履职。积极打造懂政协、会协商、善议政的委员队伍，通过实施《委员管理办法》《界别活动暂行办法》，建立以21个界别为基础、17个界别活动组为纽带、5个专委会为保障的支撑体系，形成“专委会抓界别、界别抓委员、层层抓履职”的工作架构，切实增强了委员的认同感和事业心。健全委员履职激励和约束机制，实施《委员履职工作规则》《委员履职档案管理规定》，给委员履职设定“丈量尺”，营造了勤以参政、争先进位的良好氛围。二是充分发挥镇街道政协作用。加强对镇街道政协的工作领导和业务指导，制定《镇街道政协委员联络室工作考核办法》，建立综合调研、观摩交流、检查推进机制，推动政协工作重心下移、面上拓展。各镇街道政协创新“学政协章程、学系列讲话，做合格政协委员”“五个一”“三进三访，两带两联”等工作形式，积极开展党政需要、群众喜闻乐见的活动，有效发挥了“智囊团”“生力军”和“润滑剂”的作用。全市基层政协工作经验交流会现场观摩了银雀山街道政协委员联络室的阵地建设，其工作模式被市政协主要领导称赞为“经验中的经验，典型中的典型”。三是持续推进政协机关建设。牢固树立“抓好党建是最大政绩”的理念，积极落实政协党组管党治党主体责任，扎实推进“两学一做”学习教育常态化制度化，深入开展班子亮承诺、抓整改、见实效“3+4”活动和机关“3+3”活动，梳理整改个性和共性问题122条。严格执行干部实绩纪实评价办法，开展整治“不作为”“乱作为”、优化发展环境专项行动，提升机关的服务保障能力。完善政协工作机构，规范设置5个专门委员会，确保了上下贯通、协调一致地开展工作。在全省基层政协工作座谈会和全市基层政协工作经验交流会上，我区都做了大会典型发言。

各位委员，成绩的取得，是中共兰山区委正确领导的结果，得到了区人大、区政府的大力支持，得到了各级各部门、历届区政协老领导和社会各界的关心帮助。政协组织、政协各参加单位和广大政协委员，上下一心、勤勉履职，为发扬政协传统、发挥政协作用、发展政协事业做出积极贡献。在此，我代表区政协常委会表示衷心的感谢！

我们清醒地看到，全区政协工作还存在一些差距和不足，主要是：协商议政方式有待拓展深化，民主监督实效需要巩固提升，委员队伍和机关建设还有薄弱环节，等等。真诚地希望大家多提宝贵意见，帮助我们把工作做得更好。

二、2018年工作任务

2018年是全面贯彻中共十九大精神的开局之年，是改革开放40周年，是决胜全面建成小康社会、实施“十三五”规划承上启下的关键一年。新时代、新思想、新目标、新征程，区政协常委会总体工作

要求是：全面贯彻中共十九大精神，以习近平新时代中国特色社会主义思想为指导，紧紧围绕区委“全域发展、率先小康”的决策部署，团结一致干事业、同心协力促和谐，努力使政协各项工作更富活力和成效。

（一）提高政治站位，在维护核心上体现忠诚。学习贯彻中共十九大精神，是当前和今后一个时期的首要政治任务，政协组织和广大委员要在学懂弄通做实上下功夫，切实把党的指导思想和政策主张落实到思想和行动上。一是政治上忠诚维护。自觉把习近平新时代中国特色社会主义思想作为坚定信念的强大思想武器，在政治立场、政治方向、政治原则、政治道路上始终与以习近平为核心的党中央保持高度一致，做到绝对忠诚核心、坚决服从核心、始终紧跟核心。二是思想上高度信赖。组织开展区政协党组、政协委员、政协机关、镇街道政协四个层面的学习，把宣传解读运用中共十九大精神融入日常工作，加强与界别群众的联系，不断增进思想认同、理论认同、情感认同，确保坚定正确的政治方向。三是行动上保持一致。始终坚持党的领导，充分运用理论中心组集中学习、座谈研讨、辅导报告、专题培训等形式，深入学习中央和省、市、区委关于做好人民政协工作的新任务新要求，内化于心、外化于行，知行合一、以知促行，进一步打牢团结奋斗的共同思想政治基础。

（二）聚焦发展要务，在服务大局中展示作为。立足全区加快发展、创新发展、高效发展、绿色发展等方面的重大问题，不等不靠、立即行动，认真调查研究，搞好协商议政。一是增强针对性献策。坚持把加快新旧动能转换作为履职的着力点，结合“重点项目建设年、基础设施提升年、现代服务业突破年、作风建设深化年”活动开展，制定实施年度协商工作计划，聚焦全区经济工作会议提出的“抓重点、补短板、守底线、优环境、强党建”等高质量发展问题，积极建言献策，为党委政府决策提供参考。二是突出实效性监督。认真落实各级《关于加强和改进人民政协民主监督工作的意见》，制定实施年度民主监督工作计划，聚焦产业转型升级、商城国际化、新型城镇化等重点工作，努力做到在参与中支持、在支持中服务、在服务中监督，科学推动党委政府的发展意图转化为基层群众的广泛共识和自觉行动。三是体现制度性协商。坚持调研不深入不协商、准备不充分不协商，进一步构建以专题议政常委会、专题协商会为重点，以对口协商、界别协商、提案办理协商等为常态的工作格局，切实提高献智助力的科学性和实效性。

（三）践行为民宗旨，在增进共识上贡献智慧。坚持人民政协为人民，拓展“岗位创优”活动载体，围绕广大群众关心的事情履职尽责。一是关注民生，反映民意。牢牢把握社会主要矛盾发生变化的新特点，紧紧围绕“幼有所育、学有所教、劳有所得、病有所医、老有所养、住有所居、弱有所扶”的目标要求，积极了解民情，助力有效社会治理和良好社会秩序形成，使人民获得感、幸福感、安全感更加充实、更有保障、更可持续。二是理顺情绪，化解矛盾。密切关注人民群众日益增长的美好生活需要，积极做好矛盾纠纷、社会防控、救助救济等疏导工作，最大限度地为发展减少阻力、增添动力，营造心齐气顺、共谋发展的良好氛围。三是引导舆论，合作共建。坚持把培育和践行社会主义核心价值观融入经常性工作，积极弘扬沂蒙精神，全力做好文明城市创建复牌工作，丰富开展交流联谊活动，推进“文化强区”建设，引领新风尚，彰显正能量。

（四）发挥统战优势，在联络联谊中凝聚力量。牢牢把握大团结大联合的主题，充分发挥最广泛爱国统一战线组织的作用，找到最大公约数，画出最大同心圆。一是做好团结民心的工作。坚持把团结统战贯穿于政协工作的每个方面、每个环节，与调研视察、提案办理、协商议政有机结合，与联系群众、组织群众、服务群众有机结合，使之成为求同存异、求同缩异、求同化异的过程，成为凝聚力量、凝聚智慧、凝聚人心的过程。二是做好发扬民主的工作。

支持和保障各民主党派、工商联和无党派人士参加政协会议活动，深化合作共事。三是做好增进共识的工作。进一步拓展政协统战工作的范围、广度和深度，努力把统战工作延伸到委员所属界别、所在领域，延伸到基层、延伸到群众，努力扩大团结面、增强包容性，汇聚起改革发展的强大合力。

三、加强政协自身建设

人民政协作为中国共产党领导下的多党合作的政治组织，不断加强自身建设，既是贯彻中共十九大精神的必然要求，也是推动政协事业发展的客观需要，必须牢牢抓在手上、认真落到实处。

（一）着力推进基层协商民主。加强专门协商机构平台建设，突出委员主体作用，增加协商密度，提高协商实效。召开全区政协工作会议，开展“基层政协工作规范化建设提升年”活动，充分运用“委员社区活动室”“委员接待社区群众日”等形式，广泛协商沟通、加强对话交流、增进相互了解，使政协工作在服务群众中更接地气、更有活力。

（二）着力提高委员管理水平。坚持优质服务和规范管理相统一，积极实践履行职能的新方法新途径。创新履职理念，研究制定委员退出和暂停履职办法，探索开展政协专委会、镇街道政协委员联络室和委员述职工作，建立完善委员履职管理一体化网络平台，强化服务效能。

（三）着力加强机关作风建设。按照增强“八个本领”的要求，扎实开展“不忘初心、牢记使命”主题教育，旗帜鲜明讲政治，持之以恒反“四风”，共同维护政协组织的良好形象。完善工作运行机制，加强教育培训，努力建设一支政治过硬、能力过硬、作风过硬的高素质干部队伍。

大事记

2017 年

1 月

1日　双岭高架路主线通车，其东西出入口和6对匝道同时开通，方便市民上下高架路。

△　市委副书记、市长张术平视察中心城区城建和交通重点项目。

5日　市委书记、市人大常委会主任林峰海，市委副书记、市长张术平带领全市转方式调结构现场交流会与会人员到兰山区现场观摩。

6日　省农民工工资支付专项检查督导组在省司法厅巡视员吴溪清的带领下到兰山区督导。

7日　在全市经济工作会议上，兰山区荣获全市转方式调结构现场交流会评议第二名，绿爱4.0工厂项目荣获观摩优秀项目，兰山区和金锣集团作为县区和企业代表作交流发言。

9日　兰山区2016年度镇（街道）党（工）委书记抓基层党建工作述职评议会议召开。

△　鲁南制药集团申报的“瑞舒伐他汀钙及制剂产业化新制备体系的构建与临床合理应用”在2016年度国家科学技术奖励大会上荣获国家科技进步二等奖。

12日　《兰山大众》报道，截至2016年12月31日兰山区市场主体总户数首次突破10万户，达到107305户，占全市市场主体总量的1／5。其中，2016年，全区新登记市场主体27234户。市场主体总量和新登记数量均居全市各县区第一位。

16日　临沂首条BRT快速公交试运营，该快速公交由北城新区南京路与冠山路交会处BRT北城站运营至火车站，全长12.3公里，配备20台18米的天然气BRT专用车辆和48名驾驶员，运营时间为6:00—22:00。

17日　市委书记、市人大常委会主任林峰海带领检查组，到兰山区检查全面从严治党主体责任落实情况。

19—20日　中共兰山区第十四次代表大会在蒙山沂水大剧院召开。

20日　中共兰山区第十四届纪律检查委员会第一次全体会议召开。

22—25日　中国人民政治协商会议第十五届兰山区委员会第一次会议在临沂宾馆召开。

23—25日　兰山区第十九届人民代表大会第一次会议在兰田教育用品采购基地召开。

2 月

3日　在全市科学发展总结表彰大会上，兰山区获得2016年度科学发展综合考核先进县区二等奖、2016年度党建工作先进县区一等奖、2016年度“二次创业”工作先进县区一等奖、2016年度“三引一促”工作先进县区二等奖，柳青街道、兰山街道、银雀山街道被授予2016年度科学发展综合考核先进乡镇一等奖，鲁南制药集团股份有限公司、临沂新程金锣肉制品有限公司被授予2016年度贡献“大美新”临沂建设功勋企业一等奖。

6日　日照市考察团到兰山区考察。

8日　区委副书记、区长沈如茂到义堂镇调研化工产业转型升级和安全生产工作。

9日　兰山区商城国际化推进工作会议召开。

10日　《兰山大众》报道，金雀山街道小埠东社区荣获“山东省首批创业型社区”称号。

12日　区委书记赵晓晖调研重点项目建设工作，先后到沂河生态文化旅游区、齐汇肉制品、金锣医院、北城新区供暖热电联产项目、金昊钢化玻璃绝缘子项目、吉祥歌铝塑、沂河新能源二期、昊硕木工机械、世纪广场项目进行实地查看。

13日　全区“六五”普法总结表彰暨“七五”普法动员会议召开。

14日　兰山区村（社区）党组织书记培训班开班仪式举行。此次培训班共有全区322个行政村（社区）党组织书记及部分自然村党组织负责人，各镇（街道）党（工）委组织委员和组织干事474人参加培训。

△　区委书记赵晓晖围绕“当村支部书记是为了什么、怎样干好村支部书记”两个问题，为全区村（社区）党组织书记上党课。

15日　省委组织部副部长刘炳国到兰山区视察区域化党建工作。

△　《兰山大众》报道，经省食品安全委员会研究同意，兰山区被正式命名为“山东省食品安全先进区”。

21日　《兰山大众》报道，兰山区3月份启动公共自行车系统二期工程建设，兰山老城区计划新增70个公共自行车服务站点，市区共新增400个站点，1万辆公共自行车。2016年6月起，兰山区利用5个月时间，完成老城区公共自行车系统一期工程建设。共安装255个公共自行车站点、6040辆自行车。自2016年7月试运行到2017年1月，已提供近400万次的租车服务。

3月

1日　全区环城防护林带建设暨2017年度春季林业生产工作动员会议召开。

14日　市委常委、政法委书记王行华一行到兰山区调研“雪亮工程”建设工作。

15日　全区城镇建设管理工作会议召开。会议传达《兰山区2017年城镇建设管理工作实施方案》《兰山区城镇违法建设查处办法》。兰山街道、义堂镇、区住建局、区城管局代表作表态发言。

20日　市委副书记、市城市违法建设治理行动领导小组副组长张宏伟带队到兰山区督导城市违法建设治理工作。到八里屯村非法建设出租房和正大幼儿园无手续建设楼房等现场了解违法建设拆除情况，督促指导开展违法建设治理工作。

21日　省政法委副书记、综治办主任李娥带领调研组到兰山区调研社会治安综合治理工作。

22日　国家统计局贸易外经司综合处调研员严先溥带领国家统计局调研组一行到兰山区调研零售企业转型升级和线上线下融合发展工作。

△　国家土地督察济南局督察组在副专员孔维东的带领下，到兰山区就关于全面划定永久基本农田落实情况进行专项督察。

24日　省委老干部局教育活动处副调研员于艳虹带领调研组，到兰山区调研文化养老工作。

△　省民政厅救灾处检查组到兰山区，就综合减灾示范区创建工作开展复核评估。检查组一行到国家级综合减灾示范社区柳青苑社区、兰山区防灾减灾教育实践基地进行实地查看。

26日　临沂金锣医院(山东省千佛山医院临沂分院)开工奠基仪式举行。

△　国际商贸城片区征收集中攻坚动员会议召开。

27日　清华大学航天航空学院教授王兆魁到兰山区考察科技创业产业发展工作。先后到市规划展览馆、市科技馆、羲之文化产业园、鸿儒国际创意产业园、临沂国科鲁班创新小镇进行实地考察。

△　兰山区第十九届人大常委会第一次会议召开。

30日　省经信委副巡视员赵树岭到兰山区调研工业经济运行工作。

△　副市长常红军到兰山区调研中心城区重点工程推进工作。

31日　青海省海晏县党政考察团在海北州委常委、海晏县委书记董玉毅带领下到兰山区考察。

△　区政协十五届一次常委会议召开。

△　省委统战部常务副部长赵强一行到兰山区调研指导统战工作。

4月

6—7日　省委书记刘家义到兰山区调研，强调要深刻领会和贯彻落实习近平总书记系列重要讲话精神和治国理政新理念新思想新战略，旗帜鲜明讲政治，把习近平总书记关于山东的重要指示要求落到实处。

8日　全区环保突出问题治理攻坚行动推进大会召开。一季度，全区空气优良率达到52.8%，同比改善34.3%，4个市控断面水质持续好转，取缔“小散乱污”企业24家，立案查处环境违法行为46起。

12日　市委常委、宣传部部长任刚到兰山区督导创城工作。

18—28日　“中国体育彩票杯”兰山区第七届运动会举行。本届运动会本着“全民参与、人人共享”的办会理念，以“全民全运、健康兰山”为主题，共设置篮球、乒乓球、羽毛球、田径等7个大项52个小项，21个代表团、近2000名运动员参加。宣传口代表团等9个单位获得“兰山区第七届运动会优秀组织奖”，农业口代表团等9个单位获得“兰山区第七届运动会体育道德风尚奖”，临沂中小学生综合实践基地等9个单位获得“兰山区第七届运动会贡献奖”。

20日　省国土资源厅厅长李琥带队到兰山区调研国土资源执法工作。

25日　副市长常红军带队到兰山区调研解决城镇普通中小学大班额问题。

28日　副市长张玉兰带领全市农业产业化龙头企业发展座谈会与会人员，到兰山区新港企业集团观摩。

△　兰山区工商业联合会(总商会)召开第九届会员代表大会。选举产生区工商联第九届领导班子，宋敬华当选为执行委员会主席兼商会会长。

5月

3日　省民办学校、中小学校党建调研督查组在滨州市人才工作办公室副主任苏成国的带领下，到兰山区调研民办学校、中小学校党建工作。

△　全区治安保险工作会议召开。2016年，兰山区治安保险镇街道覆盖率为100%，参保居民14.8万户，居民覆盖率达到45.7%，累计承担风险责任13.7亿元，为1000余户出险居民理赔近70万元，最大限度地帮助群众减轻了负担。

7日　山东华苑企业集团有限公司成立暨揭牌仪式举行。区委副书记、区长沈如茂为股民代表颁发股权证，并为山东华苑企业集团有限公司揭牌。标志着前园社区华苑集团集体经济产权制度改革试点工作已经完成，也标志着兰山商城范围内社区集团集体所有制企业股份制改革工作取得突破性实质性进展。

△　中央综治办一室副主任徐龙刚带队到兰山区调研综治工作。

7—15日　区委书记赵晓晖率兰山商城“一带一路”考察团先后到白俄罗斯、俄罗斯、阿联酋进行考察。

8日　临沂首家通过简易注销登记的企业退出市场。

△　省环保厅厅长王安德一行到兰山区调研。

△　副市长张玉兰率全市环城生态防护林带建设工作第二次现场推进会与会人员到兰山区观摩。

9日　全区公共法律服务中心暨社区矫正中心建设推进会议召开。会议传达《关于加快全区公共法律服务体系建设的实施意见》。

13日　手牵手圆梦行动——兰山区孤贫儿童志愿者服务团成立仪式举行。

△ 山东省暨临沂市第十四届社会科学普及周开幕式在东北园社区泰和花园举行。

16日 齐鲁工业大学（山东省科学院）与兰山区人民政府深化院地协同创新助力新旧动能转换项目签约仪式举行。

17日 全市创城“六乱”治理工作现场会在兰山区召开。

△ 全区卫生计生暨秸秆禁烧与综合利用工作会议召开。传达《兰山区关于开展卫生乡镇创建工作实施方案》《兰山区2017年秸秆禁烧与综合利用工作实施方案》。

23日 中央综治办调研组到兰山区调研社会综治及“雪亮工程”建设工作，中央综治办综治一室主任陈小军，中央综治办综治秘书室副主任张韶华参加。

26日 市委组织部副部长、沂蒙干部教育基地管理办公室主任邵长来，到兰山区调度临沂商城党性教育基地深化提升工作。

28日 “中国体彩杯”第六届中国沂河龙舟争霸赛开幕。沂河龙舟争霸赛已成为具有临沂本土特色的水上运动品牌赛事。比赛现场设有200米和500米直道竞速赛。兰山代表队获甲组（县区组）直道竞速200米和500米第一名，东苗庄社区获乙组（兰山区社区组）直道竞速200米和500米第一名。

6月

2日 区综治委全体成员会议暨平安小区创建工作会议召开，传达《全区开展“平安小区”创建活动实施方案》《兰山区综治委成员单位联系帮扶治安基层薄弱小区工作方案》。

5日 鲁南高速铁路首孔箱梁架设仪式在中铁十四局鲁南高铁项目部临沂制梁场举行。

7日 全市美丽乡村示范片区第一次现场推进会与会人员到兰山区观摩。

△ 省委组织部副巡视员、组织二处处长崔海涛带队，到兰山区视察“三商”党建工作。

△ 兰山区举行“喜迎十九大·唱响中国梦”歌咏比赛，共有49位选手、50个曲目报名参赛。评选出一等奖1名、二等奖4名、三等奖7名。

8日 副市长、市公安局局长侯晓滨到兰山区调研涑河河长制工作。

△ 省政府督查室在省住建厅党组副书记、副厅长李兴军的带领下，到兰山区督导农村社区服务中心建设三年行动计划实施情况。

9日 兰山区与山东省科学院对接交流暨签约仪式在省科学院举行。

15日 义堂镇商会第五届会员大会暨义堂镇商会党委成立大会召开。

19日 兰山环保分局联合各镇街环保所，针对辖区内“散乱污”企业进行全面清理整顿，确保不留死角。

24日 “6·26”国际禁毒日禁毒宣传教育活动暨禁毒教育馆启用仪式在临沂市第三十四中学举行。

7月

2日 区佛教协会成立大会暨第一届会员代表大会第一次会议召开。审议通过《临沂市兰山区佛教协会章程》，选举产生佛教协会理事会、常务理事会、会长、副会长和秘书长。

7日 全市“关爱青少年平安校外行”活动启动仪式在银雀山街道东苗庄社区举行。

13日 兰山区工商联电商商会召开第二届会员大会。宣读成立电商商会党总支的批复，审议通过兰山区工商联电商商会章程(草案)，选举产生电商商会第二届领导班子。

19日 水利部淮委党组书记、主任肖幼到兰山区调研沂河防汛工作。

26日 省财政厅副厅长姜龙带领调研组到兰山区调研物流企业和工业企业发展情况。

27日 山东省海峡两岸交流示范点授牌仪式在

兰山区举行。省台办领导为银雀山街道东苗庄社区等全市三家成功创建“山东省海峡两岸交流示范点”单位授牌。

30日　2017“化氏杯”第四届中国·临沂(沂河)休闲垂钓大赛暨“凯迪威沙发杯”家庭亲子摸鱼比赛开幕式在兰山区沂河岸边举行。

8月

3日　省商务厅副厅长王洪平带领调研组到兰山区调研指导外经贸工作。

4日　由省委改革办专职副主任杨占辉带队的省委改革办督察组到兰山区调研“三商”党建工作及商城国际贸易综合改革试点推进情况。

5日　省人大常委会副主任温孚江带领省人大执法检查组到兰山区就贯彻实施安全生产“一法一条例”情况进行执法检查。

12日　吉林省德惠市党政考察团在市委书记左毅的带领下，到兰山区考察学习“雪亮工程”“网格化管理”和“综治服务中心建设”等工作。区委书记赵晓晖，区委常委、政法委书记纪丙坤陪同。

△　临沂市第七届全民健身运动会“金锣杯”美丽乡村万亩荷园迷你马拉松大奖赛开幕式在万亩荷塘荷美兰山广场举行。

16日　省发改委调研组到兰山区调研服务业创新发展情况。

△　交通部部长李小鹏一行到金兰物流基地就“零担”物流、信息化物流及诚信物流建设情况进行调研。

24日　国家宗教局二司司长戴晨京一行到兰山区调研天主教民主办教工作情况。

28日　青年团兰山区第十八次代表大会召开。

31日　新欧鹏教育城项目签约仪式举行。

△　兰山区工商局、兰山区质监局合并成立兰山区市场监管局。

9月

1日　兰山区全面施行“多证合一”，首批将涉及11个部门的26项涉企证照事项整合到营业执照上，实现“三十一证合一”。

4日　第十五届临沂书圣文化节在书圣阁开幕。全国政协委员、第九届中国文联副主席夏潮，省委宣传部副部长刘致福等出席开幕式。有关领导共同为本届书圣文化节启幕，并为第二届书圣书法大展获奖者和第二届“沂蒙墨香”青少年书法周“王羲之书法特色学校”颁奖授牌，为书法“四进”活动代表赠送作品；为中国检验检疫学会艺术品鉴证质量溯源评定机构、沂蒙文化传承发展专项基金筹备委员会、“同源”首届中国画作品展组委会、一得阁投资(山东)有限公司揭牌。

6日　市直机关干部到兰山区挂职见面会召开。市直机关选派11名年轻骨干到兰山区挂职锻炼。

△　全市“三引一促”招才引智项目集中签约仪式举行。

12日　全省人民调解工作会议与会代表到兰山区观摩。

16日　中共中央组织部全国组织干部学院副院长张新刚带领调研组，到临沂商城党性教育基地调研。

26日　2017“体彩杯”迎国庆中国沂河龙舟邀请赛开幕。

27日　市委书记王玉君到商城调研时强调，要以电商为龙头，强化支撑，创新举措，加快打造临沂商城升级版。

28日　兰山区区级党政班子成员向区纪委全会述责述廉会议召开。

△　兰山区第十九届人民代表大会常务委员会第五次会议召开。

29日　兰山区政协十五届三次常委会议召开。

△　省水利厅副厅长王祖利带领省环境保护突

出问题综合整治攻坚行动第七督查组到兰山区督导。区领导沈如茂、周兴金陪同。

30日　在全国第四个“烈士纪念日”到来之际，兰山区举行公祭烈士活动。

10月

9日　2017年中国中小城市科学发展指数研究成果发布，兰山区位列2017年度中国综合实力百强区第52位、全国最具投资潜力百强区第14位，创新创业百强区第28位和新型城镇化质量百强区第29位。这是兰山区连续6年跻身“全国百强区”。

11日　市人大常委会主任杜德昌带领视察组，到兰山区视察检察机关加强侦查监督、维护司法公正情况。

12日　中直机关工委委员、中直机关党校常务副校长周维现，到临沂商城党性教育基地调研。

△　青海省海北藏族自治州海晏县委副书记、县长苏东曲率党政考察团到兰山区考察。

17日　临沂城古城史学术研讨会举行。

21日　“一带一路”国家科技商贸考察团沂蒙行启动仪式暨洽谈会举行。

△　国务院安委会办公室安全生产大检查“回头看”检查组到兰山区检查。

30日　市交通运输局局长李献荣带领全市交通重点项目现场观摩会与会人员到兰山区观摩。与会人员到义堂镇公交集疏运中心实地观摩，听取相关工作开展情况汇报，对兰山区着力改善民生，加快交通运输重点项目建设，推动交通运输事业发展的做法给予充分肯定。

31日　省侨办国内处处长姜丽丽到兰山区调研社区侨务工作。

11月

1日　国家土地督察济南局副专员孔维东率督察组到兰山区，对2016年以来监测图斑占用永久基本农田，不实耕地、建设占用整改图斑以及空闲地整改图斑等现场进行实地督察。

△　市统计局指导组到兰山区现场指导1%人口抽样调查入户登记工作。

4日　全区750余名村（社区）主职干部接受培训，区委常委、政法委书记纪丙坤授课，区委常委、组织部部长张飞虎主持培训会。

7日　区政府副区长刘金波为临沂泰亨供应链管理有限公司颁发全区首份电子营业执照。

8日　全省检察机关“六型”基层检察院建设工作推进会与会人员，在省人民检察院党组成员、省纪委驻省检察院纪检组组长傅清卿带领下到兰山区观摩。

△　省残联调研组到兰山区调研残疾人精准扶贫和康复工作。

12日　全市新旧动能转换现场观摩评议会上，兰山区获得全市第一名，鲁南制药贝特扩建项目获得全市“十佳项目”第二名。同时，兰山区还获得市委、市政府对2016年度全市转方式调结构观摩项目评估第一名。

18日　市委宣讲团到兰山区宣讲中共十九大精神。市委副秘书长、政研室主任、改革办副主任李宗保作宣讲报告。

23日　中国社会科学杂志社常务副总编王利民一行到兰山区参观考察。

24日　市政协机关“为第一书记村办实事”捐赠活动在汪沟镇同富村举行。活动现场，市政协机关协调联系顺和集团向同富村无偿捐助6万元，用于韩家沟和下富彩之间的桥梁修复。

25日　中共兰山区第十四届委员会第二次全体扩大会议召开。

29日　中央党校校委委员、教育长罗宗毅到兰山区调研基层党建工作。

12月

4日　中组部组织二局副巡视员苏金鑫到兰山区视察城市基层党建工作。

△　中国国际经济技术合作促进会理事长杨春光一行到兰山区考察。

△　区委副书记、区长沈如茂会见南非自由省客人莫西迪·莫塞姆一行。

6日　省审计厅副厅长栾心勇率督查组到兰山区督导政务信息系统整合共享工作。

△　省政府办公厅发布《关于支持双创示范基地建设推进全省双创深入发展的实施意见》，并公布全省首批3大类26个省级双创示范基地名单，兰山区在全省县（市、区）中脱颖而出，成为11个区域示范基地之一，是全市唯一入选县区。

9日　全区村级班子研判会议召开。

12日　市委书记王玉君到兰山区调研人民调解工作。

13日　最高人民法院党组成员、审判委员会委员孙华璞到区人民法院调研。

14日　市委书记王玉君到金雀山街道金泰社区进行调研，向基层干部群众宣讲中共十九大精神。

△　全省推进企业工会与行政沟通协商机制建设现场会与会人员，在省总工会副主席王星海带领下到兰山区观摩。

15日　全区2017年度土地变更调查及卫片整改工作会议召开。

△　全区中共十九大安保维稳工作总结会议召开。

16日　中国临沂澄海(国际)动漫科技玩具城招商推介会在兰山区举行。

19日　第七届“温暖加衣·爱心助童”活动启动仪式在白沙埠中心小学举行。

21日　全区发展务虚会议召开。

22日　湖南省湘潭市岳塘区考察团在岳塘区委副书记郭勇的带领下到兰山区参观考察。

26日　市人民检察院检察长蒋万云到区人民检察院宣讲中共十九大精神，并围绕检察工作进行专题调研。

28日　兰山区消防装备列装暨模块化消防站投入使用仪式在兰山消防大队举行。

29日　兰山区棚户区改造工作现场推进会召开。

概　况

建置区划

【位置面积】 临沂市兰山区位于山东省东南部，临沂市境中部，是中共临沂市委、临沂市人民政府驻地。地处北纬 35°03′～35°23′，东经 118°06′～118°20′。周围与 5 个县、区相邻。东隔沂河与河东区相望，西邻费县，南接临沂高新产业开发区、罗庄区，北连沂南县。总面积 81758.38 公顷。

兰山区地理环境优越，是鲁南、苏北的交通枢纽，也是联结长三角、环渤海经济圈的新欧亚大陆桥东桥头堡枢纽，自古就有“齐鲁嘌喉”的称号。327 国道、205 国道、206 国道和数条省际干道纵横交织。京沪高速公路、日东高速公路、兖石铁路纵横穿越。建有临沂长途汽车站、临沂火车站、京沪高速公路义堂和汪沟出入口等大型交通枢纽设施。距临沂飞机场 3 千米，距日照港 150 千米、岚山港 110 千米，距济南市 280 千米、北京市 723 千米。区委、区政府驻地临沂城位于区境东南部，因东临沂河而得名，距今已有 2500 余年的历史，是临沂市的政治、经济、文化、商贸、交通中心和省级历史文化名城。市委、市政府驻北城新区。

【建置沿革】 兰山区历史悠久。早在 1 万～2 万年前，先民就已在这里辛勤劳作，创造了细石器文化。西周，境内有鄅国，其都城在今柳青街道鄅古城村。春秋末期属鲁国，有中邱、启阳等城邑。其中，中邱于鲁隐公七年（前 716 年）建，城址在今白沙埠镇诸葛城村；启阳于鲁哀公三年（前 492 年）建，城址在今临沂城，“启阳”为今临沂城最早的名称。西汉初期置启阳县，县治在前启阳邑，后避景帝刘启讳，改启阳称开阳，“开阳”为今临沂城第二个名称。元封五年（公元前 106 年）置临沂县，县治在前中邱邑，时南境属开阳县，北境属临沂县。东汉，建初五年（80 年）琅琊国迁都开阳，临沂自此有“琅琊”之称，区境仍分属开阳、临沂二县。南朝刘宋，属即丘县，县治在今兰山街道古城。北魏设北徐州，州治在今临沂城。北周改北徐州为沂州，“以州城东临沂水（河）以名之”，“沂州”之称自此始。隋开皇十六年（596 年），分即丘县置临沂县，属临沂县，县治在今临沂城，临沂城地名与地域始相符合；大业二年（606 年）省即丘入临沂，临沂为沂州（琅琊郡）治所。明洪武元年（1368 年）将州治临沂县省入沂州。清雍正二年（1724 年）沂州升为直隶州，十二年（1734 年）升为沂州府，同时以州衙所在地置兰山县，以为府治。1913 年废沂州府，同时改兰山县为临沂县。1936 年临沂为国民党山东省第三行政督察区专署驻地。

抗日战争时期，临沂沦陷，中国共产党在县西北境及邻县边区成立沂临边县抗日民主政府。抗战胜利后，成立临沂县。1947 年 10 月，适应战时需要，析临沂县沂河以西、祊河以南区域置临西县，1948 年 10 月并临西县入临沂县。中华人民共和国成立后，临沂县于 1958 年 12 月至 1963 年 3 月改为市，后又复为县。1983 年 9 月，恢复临沂市，为山东省辖县级市。1994 年 12 月，国务院批准撤销临沂地区和县级临沂市，设立地级临沂市，原县级临沂市区域分设为兰山、罗庄、河东 3 个县级行政区，均属地级临沂市。兰山区为临沂市人民政府驻地，辖区包括临沂城在内的原县级临沂市西北部。

【行政区划】 2017 年，全区有兰山、银雀山、金雀山、柳青 4 个街道，白沙埠、枣园、半程、李官、义堂、汪沟、方城 7 个镇，以及 1 个兰山经济开发区，共有行政村（社区）322 个，其中城市社区 38 个、农村社区 92 个、行政村 192 个。区人民政府驻金雀山街道。

2017 年兰山区行政区划一览表

序号	镇街道	城市社区（个）	农村社区（个）	行政村（个）	小计（个）
1	兰山街道	15	12	20	47
2	银雀山街道	8	5		13
3	金雀山街道	13			13
4	柳青街道	2	8	20	30
5	白沙埠镇		10	23	33
6	枣园镇		19	17	36
7	半程镇		12	20	32
8	李官镇		10		10
9	义堂镇		13		13
11	方城镇			53	53
12	汪沟镇		3	27	30
10	兰山经济开发区			12	12
合计		38	92	192	322

环境资源

【地质·地貌】 地处鲁中南山地的南缘和临郯苍冲积平原上，地貌以平原为主，丘陵次之。北部、西部为丘陵，海拔 80 ～ 250 米。中部及东南部为山前冲洪积平原，海拔 80 ～ 150 米。整个地势西北高、东南低，倾斜度 3 ～ 5° 。

地质构造复杂，北部和西部山前地带均为第四系沉积物覆盖，地层发育包括层的前震旦系，主要分布于半程镇的北部；震旦系，主要分布于李官镇的西北部；寒武系，在西部边缘地带及李官镇的西部有出露；奥陶系，主要分布于李官镇的东部和中部。新生代第三系亦有零星分布。新生代第四系地层境内出露较齐全，广泛分布于丘陵谷地、沂河沿岸的平原地带。

【山脉·河流】 境内大小山峰 10 余座，均为沂蒙山脉余脉。其中，西部艾山，海拔 254.6 米；北部镇山海拔 227.1 米，素有“临沂镇山”之称；东南部的金雀山与银雀山，东濒沂河，东西对峙，海拔 88 米，20 世纪 70 年代曾出土《孙子兵法》《孙膑兵法》、汉武帝元光元年历谱等竹简和汉代帛画。

域内水网密布，水量充足，拥有水面 36 平方公里，有沂河、祊河、涑河、柳青河、孝河、陷泥河

等大小河流10余条，均属淮河流域沂沭泗水系，流向自北向南或自西向东。沂河，主源发源于沂源、蒙阴、新泰交界处的老松山北麓，经沂南县入境为兰山、河东两区界河，境内流长34.9千米，流域面积64.93平方公里，河口最宽处1540米，最大流量为15400立方米/秒（1957年）。祊河，是沂河最大的支流，其上游的浚河和温凉河流经平邑县至费县城东万松山下汇流后称祊河，于义堂镇华夏村西北流入境内，在城区东北角入沂河，境内流长26.7千米，流域面积32.3平方公里，最大流量6600立方米/秒。柳青河，位于沂、祊两河之间的三角地带，源于汪沟镇双山子一带，在枣园镇陶家庄东北汇东支之水南下，在柳青街道东南入沂河，境内河道长20.75千米，流域面积218.4平方公里，最大流量531立方米/秒。北涑河，又名小涑河或新涑河，古称涑水，源于费县天井汪，流至义堂镇葛疃村西入境，在城区东北部入沂河，境内河道长30千米，流域面积126.77平方公里，洪峰流量529立方米/秒。北涑河南郭庄村以下河段系明嘉靖年间开凿的人工河道，在水田社区北引部分河水入护城河（又名青龙河）。孝河，又称孝感河、王祥河，因晋朝王祥事继母孝而得名，源于白沙埠镇，至柳青街道朱高村入沂河，河道全长10.5千米，流域面积15.5平方公里。

【气候·土壤】 属暖温带季风区半湿润大陆性气候。光照充足，雨量充沛，气候适宜，四季分明。年均降水量790～920毫米。历年平均气温13.3℃。日照时数为2357.5小时。无霜期平均202天。

土壤以潮土类为主，分为潮土、水稻土、褐土、砂姜土、棕壤土等5个土类11个亚类。潮土类，主要分布在沂河、祊河沿岸的柳青、枣园、义堂等镇（街道）和城区。水稻土类，主要分布在白沙埠镇。褐土类，主要分布在李官、兰山等镇（街道）。棕壤土类，主要分布在李官、半程等镇。

【土地资源】 截至2017年年底，全区土地总面积81758.38公顷，其中耕地总面积29263.94公顷，园地3920.72公顷，林地6673.01公顷，草地162.54公顷，城镇村及工矿用地28142.68公顷，交通运输用地4750.87公顷，水域及水利设施用地6107.38公顷，其他土地2737.24公顷。

【水资源】 地表水年径流量近20亿立方米，多年平均利用2.3亿立方米。地下水年均总储量6.2亿立方米，可采量1.7亿立方米，水质较好，是工农业和生活用水的主要水源。

【矿产资源】 矿产资源种类较为丰富。全区共发现14种（含亚矿种）矿产资源。金属矿产有金、铁、铜、铅锌，矿体规模较小。非金属矿产有石灰岩、白云岩、陶瓷土、砖瓦黏土、石英砂岩、煤、河沙等，探明储量有煤、石英砂岩、陶瓷土，其中煤为小型矿床，石英砂岩、陶瓷土为大型矿床，石灰岩、砖瓦黏土、河沙等储量丰富。

【旅游资源】 兰山区历史悠久，是“书圣”王羲之、“至孝”王祥的故里，文化底蕴深厚，旅游资源丰富。驻地临沂城建于鲁哀公三年（前492年），至今已有2500余年的历史，素有“鲁南古城秀，琅琊名士多”的美誉。1972年在银雀山汉墓出土的《孙子兵法》《孙膑兵法》竹简为新中国成立以来全国十大考古发现之一。名胜古迹有华东革命烈士陵园、金雀山银雀山汉墓群、王羲之故居、洗砚池晋代墓群、孔子庙、天主教堂、笃圣闵子骞故里、颜真卿祖籍孝悌里、临沂滨河景区、孝河风景区、临沂人民广场、临沂人民公园、东方红游园、临沂批发城、镇山风景区等。

【生物资源】 境内有种子植物600多种。粮食作物主要有小麦、水稻、玉米、谷子、地瓜及豆类等10多种。经济作物有花生、棉花、蚕桑、烤烟、油料、蔬菜等。主要树种有杨、柳、榆、泡桐、椿、松、柏、楸、刺槐等。经济林木有核桃、板栗、苹果、山楂、银杏、葡萄、桃、杏、梨、柿等。药材有柏子、枣仁、半夏、益母草、薄荷等 102 种。

养殖动物有牛、羊、猪、驴、骡、鸡、鸭、鱼等。野生动物中，兽类有狐、狸、黄鼬、刺猬、獾、野兔、野鸡等;鸟类有猫头鹰、啄木鸟、喜鹊、山雀、燕子等 50 多种；鱼类有 53 科 148 种。淡水鱼有 63 种，主要有鲤鱼、鲢鱼、鲶鱼等。此外，还有头足纲 2 目 5 种；甲壳纲 11 种；两栖纲 5 种；爬行纲 10 种，昆虫纲 12 目 541 种；蜘蛛纲 2 目 117 种。

人口·民族

【人口】 2017 年年末，全区常住人口 136.14 万人，较上年末增长 1.8%。

【民族】 2017 年，全区除汉族外，有回、满、朝鲜、蒙古、维吾尔、苗、壮、布依、土家、彝、傣、黎等共 35 个少数民族。少数民族总人口 11313 人，其中回族 6977人。

经济和社会发展

2017 年，积极践行新发展理念，坚持稳中求进工作总基调，以供给侧结构性改革为主线，积极培育发展新动能，全区经济发展迈上新台阶，改革创新展现新活力，发展质量得到新提升，社会民生事业加快发展，经济文化强区建设成效显著。

【综合】 全区实现生产总值 936.8 亿元，增长 7.5%，其中第一产业增加值 8.5 亿元，增长 3.6%；第二产业增加值 438.3 亿元，增长 4.3%；第三产业增加值 490.0 亿元，增长 10.7%。宏观经济运行呈现出三个特点：一是产业结构不断优化，三次产业增加值占比优化为 0.9：46.8：52.3，第三产业占比同比提升 1.8 个百分点；二是全年经济稳中有升，一季度、上半年、前三季度及全年的 GDP 增幅分别为 6.8%、7.2%、7.1% 和 7.5%，经济发展增幅呈整体上升趋势；三是运行质量不断提升，国税、地税收入占 GDP 比重由上年的 12.6% 提升到 13.1%，提高 0.5 个百分点。

【农业】 农业生产形势良好。粮食再获丰收，全区粮食总产量达 17.2 万吨，增长 6.6%。全区肉类总产量 31295 吨，下降 7.6%，其中：猪肉 18327 吨，增长 10.7%；牛肉 2092 吨，增长 46%；羊肉 306 吨，增长 35.3%；禽肉 10569 吨，下降 31.8%。禽蛋 8221 吨，下降 36%。

优质农产品基地品牌建设取得新突破。改造提升优质农产品基地 5 万亩，新建优质农产品标准园 5 处、现代农业示范园 6 处，创建省级标准化基地 2 处。

【工业】 工业生产平稳增长。全区规模以上工业增加值增长 3.8%，增速较上年回落 6.3 个百分点。551

家规模以上工业企业完成工业总产值 2041.9 亿元，增长 1.1%，其中轻工业完成产值 714.7 亿元，下降 3.7%；重工业完成产值 1327.2 亿元，增长 3.8%。全区规模以上工业 31 个行业大类中有 21 个行业总产值实现同比增长，增长面为 67.7%。

骨干企业支撑工业经济总量。产值 50 亿元以上企业 6 家，完成工业产值 641.5 亿元，增长 4.4%，占全区工业总产值的 31.4%；产值 10 亿～ 50 亿元企业有 17 家，完成工业产值 305.5 亿元，增长 3.4%，占全区工业总产值的 15.0%；产值 5 亿～ 10 亿元企业有 35 家，完成工业产值 227.5 亿元，增长 18.3%，占全区工业总产值的 11.1%。

五大主导产业二升三降。全区五大主导产业涉及规模以上企业 371 家，完成工业产值 1535.3 亿元，下降 2.1%，占规模以上工业总产值的 75.2%。其中，40 家农副食品及食品加工企业完成产值 448.2 亿元，下降 6.5%，占全部规模以上工业企业的 22%；258 家木业企业完成产值 632.8 亿元，增长 2.1%，占全部规模以上工业企业的 31%；21 家冶金企业完成产值 104.1 亿元，下降 24.1%，占全部规模以上工业企业的 5.1%；43 家机械企业完成产值 200 亿元，增长 13.8%，占全部规模以上工业企业的 9.8%；9 家医药企业完成产值 150.2 亿元，下降 3.4%，占全部规模以上工业企业的 7.4%。

【建筑业】 建筑业总产值增速加快。全区完成建筑业总产值 484.8 亿元，增长 19.7%，增速较上年提高 6.8 个百分点。全区建筑企业累计签订合同额 710.4 亿元，增长 22.9%，其中，上年结转合同额 230 亿元，增长 17%；当年新签合同额 480.4 亿元，增长 26%。

【贸易业】 市场消费运行平稳。全区实现社会消费品零售总额 619.7 亿元，增长 9.4%，增速较上年回落 1.3 个百分点。323 家限额以上法人企业实现销售额 609.1 亿元，增长 5.8%。其中，销售额过亿元的企业 76 家，实现销售额 540.8 亿元，增长 9.9%，占全部销售额的 88.8%；过 10 亿元的企业 8 家，实现销售额 361 亿元，增长 10%，占全部销售额的 59.3%。

四大行业三升一降。全区限额以上批发企业实现销售额 239.1 亿元，增长 8.6%，批发业的主要增长点来自博信国际贸易公司，该公司全年销售额增长 121.4%。限额以上零售企业实现销售额 363.1 亿元，增长 4.1%，其中汽车销售企业达到 46 家，实现销售额 238.8 亿元，增长 4.8%，是近几年全区零售行业平稳发展的重要支撑。限额以上住宿业企业实现营业额 0.6 亿元，下降 11.2%，9 家住宿企业，仅有如家、尚美酒店增长，形势低迷。限额以上餐饮业企业实现营业额 6.3 亿元，增长 8.3%，增长点主要来自临沂蓝海国际大饭店、临沂旅游服务中心有限公司、临沂宾馆和荣华大酒店。

【对外贸易】 对外贸易增幅放缓。全区实现进出口总额 165.4 亿元，增长 2.2%，增速较上年回落 2 个百分点。其中，出口 107.6 亿元，增长 25.8%；进口 57.7 亿元，下降 24.4%。

【服务业】 服务业增速平缓。全区规模以上服务业企业实现营业收入 123.8 亿元，增长 2.9%。其中，营业收入过 5 亿元企业 6 家，实现营业收入 85.9 亿元，占全部规模以上服务业企业营业收入的 69.4%。信息传输、软件和信息技术服务业营业收入 62.5 亿元，增长 2.5%，占全区营业收入的 50.5%。

【固定资产投资】 投资增速大幅回升。全区完成固定资产投资 669.3 亿元，增长 7.8%，增速较上年提升 8.9 个百分点。

第三产业投资占比提高。全区第一产业完成投资 9.1 亿元，第二产业完成投资 250.6 亿元，第三产业完成投资 409.6 亿元，三次产业投资占比为 1.4 ∶ 37.4 ∶ 61.2，第三产业投资占比较上年提升 3.2 个百分点。

5000万元以上投资项目（不包括房地产开发项目，下同）大幅减少。全区共有110个5000万元以上投资项目开工建设，比上年减少20个，完成投资238亿元，增长4%，增速低于固定资产投资3.8个百分点。

【房地产】 房地产投资增速加快。全区房地产企业共完成投资177亿元，增长15.8%，增速较上年提升27.4个百分点。其中，商品住宅完成投资131.7亿元，增长21.5%。

商品房销售增势稳定。全区商品房销售面积357.8万平方米，增长5.7%，增速较上年回落8.9个百分点；销售额为232.5亿元，增长24.6%，其中住宅销售额208.8亿元，增长24.4%。

【财政·税收】 财政收入增速平稳。全区实现地方财政收入73.1亿元，增长12.4%，增速较上年回落1.5个百分点。其中，税收收入占地方财政收入的比重为91.5%，较上年回落0.2个百分点。

税收收入增长较快。国税、地税收入122.6亿元（不含市属），增长32.5%，增速较上年回落4.0个百分点。其中，国税收入86.8亿元，增长29.3%；地税收入35.7亿元，增长40.9%。

【邮政·电信·通讯】 电信业持续发力。2017年末，邮政业务总量实现15020万元，增长35.4%。电信业务收入18.03亿元，增长6.6%；固定电话用户25.44万户，较上年减少0.15万户；移动电话用户254.15万户，较上年减少1.49万户；互联网获得高速发展，年末互联网用户达89.01万户，较上年增加39.36万户。

【科技·文化·教体·卫计】 科技创新不断发展。2017年度，全区专利申请2631件，增长10.5%，其中，发明专利申请573件，全省第32位；实用新型专利申请1408件，增长20.2%；外观设计专利申请650件，增长31%。专利授权1514件，增长37.9%，其中发明专利授权193件，全省第20位，增长22.2%；实用新型授权866件，增长36.6%；外观设计授权455件，增长48.7%。

文化事业健康发展。文化阵地建设不断加强，全区共建成综合性文化服务中心276处、镇级历史文化展示室11处，文化小广场实现行政村全覆盖。组织开展送戏下乡活动586场次，播放公益电影3384余场，观众人数达百万人次。至2017年，全区拥有区级公共图书馆1个，档案馆1个，群众艺术团1个，文化馆1处，文物所1个，文化艺术研究室1个。公共图书总藏书量33.2万册。

教体水平不断提高。兰山区是全国义务教育发展基本均衡县区、山东省教育工作示范区、山东省学前教育先进区。全区现有各级各类幼儿园748所，各级各类中小学159所（其中公办小学117所、初中26所、高级中学4所，区职业中专、教师进修学校、中小学生综合实践基地各1处，民办中小学9所），中小学在校学生25.9万人，在岗教职工10748人。全区现有省级规范化学校24处、市级规范化学校73处，省级教学示范校7处、市级教学示范校22处。

卫生与计划生育工作逐步加强。积极开展系列示范创建活动，兰山区成功创建“国家级慢性病综合防控示范区”“山东省卫生计生综合监督示范区”“山东省健康促进示范区”，年底全区辖区内拥有医院66家，卫生院9家，服务中心5处，共拥有病床床位14172张，卫生技术人员15075人。健康扶贫工作成效明显。为全区困难群众建档立卡9707份、免费体检7377人、制作并发放2017年兰山区“健康医疗惠民卡”9544张、制作发放兰山区居民健康卡、扶贫明白纸1万份，开展健康会诊28次、健康教育讲座128场、发放健康小处方2.17万份。计划生育工作顺利开展。截至9月，全区出生人口性别比为112.16，孕情跟踪及时率88.65%，已查处“两非”案件20例。

【居民生活·社会劳动保障·生态建设】 城乡居民收入同步增长。全区居民人均可支配收入25940元，增长8.1%。其中，城镇、乡村居民人均可支配收入分别为34696元和13335元,分别增长6.8%和7.8%。全区财政用于民生的支出43.53亿元，增长5.2%，占一般公共预算支出的比重达87.05%，同比提高0.1个百分点。

社会保障日益完善。就业和社会保障工作取得新进展，城镇新增就业再就业11489人，转移农村劳动力2679人次；全区参加企业基本养老保险10.42万人，机关事业养老保险1.78万人，城镇职工基本医疗保险13.68万人，失业保险4.33万人，工伤保险11.29万人，生育保险4.23万人，居民基本医疗保险85.6万人，城乡居民养老保险43.47万人；共征缴各类社会保险费19.47亿元。

社会更加和谐稳定。认真开展安全生产许可，完成583家烟花爆竹经营（零售）户许可办证和51家危险化学品生产经营企业换发证工作；配合开展加油站双层罐改造安全设施设计审查工作；完成50家企业职业危害检测和职业病危害因素申报，10000余人次进行职业病查体；完成73家危险化学品经营企业应急救援备案。认真办好“12345”市民服务热线，加强食品药品安全监管，群众安全感、社会和谐度不断提高。

环境质量持续改善。全区以大气污染防治、环保突出问题治理、流域污染防治等攻坚行动为抓手，深化重点行业污染治理，严厉打击环境违法行为，着力解决环境突出问题，各项工作取得较好成效，环境质量持续改善。空气质量综合指数同比改善6.4%，水环境质量综合指数同比改善23.4%。

兰山区经济社会发展走在全市、全省前列，连续6年进入全国百强，位列科学发展百强区第52位、投资潜力百强区第14位、创新创业百强区第28位和新型城镇化质量百强区第29位。

2017年兰山区主要经济指标完成情况一览表

指标名称	计量单位	实际完成	比去年同期±%
一、全区生产总值（初步核算）	亿元	936.8	7.5
其中：第一产业	亿元	8.5	3.6
第二产业	亿元	438.3	4.3
第三产业	亿元	490.0	10.7
二、规模以上工业总产值	亿元	2041.9	1.1
规模以上工业主营业务收入	亿元	1741.1	1.5
工业利税合计	亿元	149.4	1.0
其中：利润总额	亿元	107.5	2.3
三、资质内建筑业产值	亿元	484.8	19.7
四、社会消费品零售总额	亿元	619.7	9.4
限额以上销售额	亿元	609.1	5.8
其中：限额以上批发业	亿元	239.1	8.6
限额以上零售业	亿元	363.1	4.1
限额以上住宿业	亿元	0.6	-11.2

续表

指标名称	计量单位	实际完成	比去年同期 ±%
限额以上餐饮业	亿元	6.3	8.3
五、进出口总额	亿元	165.4	2.2
其中：出口	亿元	107.6	25.8
进口	亿元	57.7	-24.4
六、规模以上服务业营业收入	亿元	123.8	2.9
七、固定资产投资	亿元	669.3	7.8
其中：房地产	亿元	177.0	15.8
八、地方财政收入	亿元	73.1	12.4
其中：税收收入	亿元	66.9	占财政收入的 91.5%
财政支出	亿元	50.0	5.0
九、国税收入（含海关代征）	亿元	86.8	29.3
国税收入（不含海关代征）	亿元	82.3	33.5
地税收入	亿元	35.7	40.9
*2017 年全区生产总值为研发经费纳入 GDP 核算后数据。			

政党·政务

中国共产党临沂市兰山区纪律检查委员会
中国人民政治协商会议临沂市兰山区委员会
临沂市兰山区人民政府
中国共产党临沂市兰山区委员会
临沂市兰山区人民代表大会常务委员会

名胜·赏析

中国共产党兰山区委员会

区委领导成员

书　记　赵晓晖

副书记　沈如茂　陈士贤

常　委　赵晓晖　沈如茂　陈士贤　王永哲　李玉华　徐立娟（女）　曹　勇　田　海　王康亮　刘爱友　李建成　张飞虎

区委工作综述

2017年，兰山区深入学习贯彻中共十九大精神，认真践行新发展理念，深化供给侧结构性改革，加快新旧动能转换，推动经济有质量有效益的发展，社会大局持续和谐稳定。连续6年入围“全国百强区”，位居全国综合实力百强区第52位、山东省第5位，全国投资潜力百强区第14位、山东省第1位，全国创新创业百强区第28位、山东省第3位，全国新型城镇化质量百强区第29位、山东省第3位。荣获全市经济社会发展综合考核第1名，8个单项考核全部获奖，其中沂蒙党建获得全市第1名；在2017年全市新旧动能转换现场观摩评议和2016年度全市观摩项目效益评估中，取得“双第一”的好成绩。11个镇（街道）有10个分获全市先进镇（街道）综合考核一、二、三等奖。入选省级“双创”区域示范基地、省级服务业综合改革试点区，荣获文化强省建设先进县区。全国“雪亮工程”、全省人民调解、全市城市精细化管理等一批市级以上现场会在兰山区召开。干部实绩纪实、“三商”党建、“亮承诺、抓整改、见实效”活动和整治“不作为”“乱作为”、优化发展环境活动等工作得到省、市肯定，成为典型亮点。

注重把方向、谋全局，保持兰山工作的正确方向。区委常委班子牢固树立“四个意识”，旗帜鲜明讲政治，坚决维护中央和省委、市委权威。在理论武装上，学懂弄通做实中共十九大精神和习近平新时代中国特色社会主义思想，自觉用党的最新理论成果武装头脑、指导实践。推进“两学一做”学习教育常态化制度化，区委常委带头讲党课，开展学习研讨。举办中共十九大精神等培训班52期，培训党员、干部3.1万人。在核心作用上，区委常委班子总揽全局、协调各方，听取区人大常委会、区政府、区政协、区检察院、区法院党组和兰山商城党委工作情况汇报，支持各民主党派、工商联等参政议政，齐心协力抓落实，群策群力谋发展，发挥领导核心作用。把握意识形态工作的领导权和主动权，印发《落实意识形态工作责任制22条意见》，主流意识形态阵地不断巩固。在思路引领上，主动抬高标杆，跳出临沂看兰山，在鲁南苏北、全省、全国确立发展坐标，提出“建设大美新临沂政治经济文化中心功能区、鲁南苏北经济发展龙头区、全国革命老区率先发展标志区，打造商贸物流名城、历史文化名城”的目标定位，谋划以后五年“全域发展、率先小康”的发展路径，推动经济高质量发展，各项工作继续走在省、市前列。2017年，实现生产总值936.8亿元、增长7.5%，总量占全市的1/5；完成地方财政收入73.1亿元、增长12.4%，总量占全市的1/4，税收占比91.5%，居全市第1位；固定资产投资669亿元、增长7.8%，总量占全市的1/5；社会消费品零售总额620亿元、增长9.4%，总量占全市的1/5；出口额108亿元、增长25.8%，总量占全市的1/5；银行业存款余额为2238亿元、占全市的38%，贷款余额为1882亿元、占全市的42%。

坚决贯彻落实中央和省委、市委决策部署，推动经济实现有质量有效益的发展。经济发展提质增效。坚持质量第一、效益优先，以供给侧结构性改革为主线，落实新旧动能转换部署要求，以“四新”促“四化”，加快产业转型升级，三次产业占比为0.9∶46.8∶52.3。省级服务业综合改革稳步推进，文化旅游、医养健康产业蓬勃发展，商城物流业被列为省级现代服务业特色产业集群。工业总产值2040亿元，位居全国工业百强区第82位、山东省前10强。工业用电量33.6亿千瓦时，以全市1/10的用电量完成了全市1/5的工业总产值。鲁南制药荣获山东省省长质量奖，被评为省级“双创”企业示范基地。到位市外资金120亿元，引进各类人才727名，引进科技成果230项。37个项目列入省、市新旧动能转换项目库。35个市级重点项目快速推进。鲁南贝特、莱克科技等过10亿元工业项目建成投产，鲁南贝特扩建项目被评为全市“十佳项目”。城市建设内涵提升。北城二期、高铁片区、西部新城征收建设有序推进。鲁南高铁兰山段征收涉及白沙埠镇、枣园镇、方城镇，全部完成征收。东风东关、火车站、国棉八厂等老城区历时多年的几大片区棚改征收全面“清零”。七里沟片区征收建设快速推进。全力推进新西外环、西安路和临西十一路综合管廊拆迁清障，保障市级重点工程顺利推进。完成征收182万平方米、建设居民楼488万平方米，常住人口城镇化率达到81%。引进鲁商集团开发建设屠苏岛片区，鲁班精装小镇入选省级特色小镇。城市管理的“金雀山模式”在全市推广。拆除整改违法建设135.6万平方米。推进美丽乡村建设、移风易俗等工作，所有镇（街道）全部成功创建市级以上卫生乡镇，文明创建常态长效，金雀山街道荣获全国文明单位。商城转型步伐加快。坚持商城国际化、电商化、集约化发展，新建华强建材城，提升改造华东土杂市场等老市场。国际商贸城建设加快推进，国际博览中心建成使用，二期完成土地征收233.33公顷。怡景丽家“海外商城”招商运营。实现市场交易额2600亿元、增长18%。推进金运通智慧商城平台建设，新明辉被评为国家级电子商务示范企业，培育电商经营户3.3万户。完成电商交易额960亿元、增长52%。鲁南铁路物流园一期基本建成，传化物流、林安物流、阿帕物流落户国际商贸城。完成物流总额5680亿元、增长16%。举办展会80场次，实现展会交易额410亿元，商城会展品牌影响力得到提升。

坚持以人民为中心的思想，在共建共享发展中提升群众的安全感、获得感、幸福感。把人民对美好生活的向往作为奋斗目标，在发展中保障和改善民生、维护和谐稳定、促进公平正义。维护安全稳定的社会环境。坚决守住安全生产、信访稳定、金融风险防控等底线工作。安全事故起数、死亡人数分别下降60.9%、63.6%，火警起数比上年度下降45%。关停取缔鲁南化工市场。妥善处置临商银行集中取款事件。187起信访积案化解134起，其中区级领导认领化解96起。开展信访党员“六个一”教育活动，建立《信访稳定长效机制》，得到市委肯定。连续打赢多场安保维稳硬仗，中共十九大期间实现了“六不双零”的目标。打造优美宜居的生态环境。深入推进大气污染防治和水域环境整治，办结中央环保督察信访件126件，取缔“散乱污”企业619家，完成125家重点企业深度治理，$PM_{2.5}$、PM_{10}和

SO_2分别同比改善10.8%、10.9%和17.9%。72条河流落实“河长制”，安装金锣小型污水处理设备108台，市控重点河流水质稳定达标。优化创新创业的政务环境。深入推进“放管服”改革、商事制度改革，调整取消区级行政权力事项170项，在“五证合一”的基础上实现“多证合一”。做好“12345”市民服务热线工作，营造公平公正的市场环境、法治环境。新注册市场主体3.1万户、达到12.9万户。提升共建共享的民生环境。持续加大民生投入，民生支出42.5亿元，占财政支出比重达87%。投资7.1亿元实施25个校建项目。新增就业1.3万人，居民人均可支配收入25974元。在全市率先开展城乡统筹扶贫试点，扶贫资产“四权分离”经验做法受到国务院肯定。区人民医院新院落户北城二期，千佛山金锣医院建设快速推进。

履行管党治党责任，推进全面从严治党向纵深发展。坚持党建统领发展，围绕发展抓党建，抓好党建促发展。基层基础不断夯实。牢固树立一切工作到支部的鲜明导向，排查整治弱村86个，市级备案的26个后进村全部整治完成；持续抓好村级督查、第一书记等工作，顺利推进村（社区）“两委”换届。加强城市社区基层党建、无人管理小区党建，“三商”党建成为典型亮点，央视新闻联播予以报道。商城党性教育基地被列为山东沂蒙党性教育基地核心教学点。党风廉政建设深入推进。认真履行“两个责任”，制定《区委主体责任重点任务分工意见》，把主体责任细化为6大类27条，开展述责述廉、履责谈话、廉政谈话，对苗头性、倾向性问题及时提醒，压紧压实全面从严治党责任。扎实推进监察体制改革，组建区监察委员会。把握运用“四种形态”，从严执纪监督，开展四轮巡察工作，保持惩治腐败的高压态势。全区纪检监察机关立查案件186件、处分182人，查处违反中央八项规定精神案件24起28人，查处侵害群众利益的不正之风和腐败问题45起53人，营造风清气正的政治生态。干部队伍建设持续加强。把实干实绩作为推动工作、狠抓落实的重要导向，打出作风建设的“组合拳”。开展“亮承诺、抓整改、见实效”活动，常委班子带头每季度认领整改积案化解、后进村班子整治、市场安全、项目建设4项共性问题和3项个性问题，带动全区逐级开展，用具体工作推动问题解决。开展整治“不作为”“乱作为”、优化发展环境专项活动，配套制定《容错纠错机制》，旗帜鲜明支持担当作为。树立实干实绩、正向激励的用人导向，在全市率先创新实施《干部实绩纪实评价办法》，形成比担当、比实绩、比贡献的浓厚氛围。新华社《要情动态》《山东组工信息》刊发推广。镇（街道）、区直部门上报干部实绩2475条，根据干部实绩调整干部248人，做到“组织放心、群众满意、干部服气”。

重要会议

【企业座谈会】 1月8日，兰山区召开企业座谈会。区领导赵晓晖、沈如茂等出席会议。会上，区委副书记、代区长沈如茂通报兰山区2016年工作情况。建设银行临沂分行、兰田投资控股有限公司、绿爱糖果股份有限公司等8家企业代表进行发言。

会议指出，在经济下行压力持续加大的情况下，2016年全区预计实现生产总值856亿元，总量占全市的1/5；公共财政预算收入72.6亿元，总量占全市的1/4；金融机构存款总量突破2000亿元，贷款总量突破1600亿元，均占全市1/3多；市场主体总量

10.7万户，总量占全市的1/5。能取得这样的成绩，离不开广大企业的强力支持和企业家的积极贡献。

会议要求，加快企业转型升级、推动兰山发展，不仅是企业自身的事，更是全区各级、各部门义不容辞的责任。要站在经济与社会发展的前头，加快转变政府职能，推进服务型政府建设，搭建平台，更好服务企业，更优服务发展。要千方百计加大对企业，尤其是中小企业的服务扶持力度，帮助破解难题、挖掘潜力，扶持发展。要牢牢把握新常态下营商环境的新特征，打造审批事项最少、速度最快、收费最低、市场主体最满意的创新创业城区。要加大减税、降费落实力度，降低企业用能成本，推动资源要素、政策服务向实体经济集聚。要完善“五证合一”“先照后证”等改革措施，推动大众创业、万众创新。要探索营商环境问题线索收集和查处反馈机制，加大监察曝光力度，为企业发展营造公平公正的市场环境和法治环境。

【全区经济工作现场观摩会】 1月8日，全区经济工作现场观摩会召开。区领导赵晓晖、沈如茂等出席会议。与会人员先后对全区各镇（街道）、工业园区新上项目进行现场观摩，听取相关工作情况汇报。

会议强调，兰山区的发展是全域发展，每个地方都有各自的特点、独到之处，很多镇在条件不利的情况下，自力更生、谋求发展，城镇建设、产业发展呈现良好态势，高铁片区、新西外环的建设，又为北部镇带来新的发展机遇。各级、各部门要坚定信心，真抓实干，奋力进取，形成比学赶超、互促共进的局面，为兰山加快发展、跨越发展做出新的更大贡献。会议要求，各镇（街道）要找准定位，围绕发展，明确基础、优势和短板。要加快职能转变，着力打造服务型政府，为企业发展营造良好环境。要扶持新兴业态发展，积极培植新的项目，培养新的企业家。企业要加大科技投入，建立技术平台，增强创新动力，提升质量品牌，增强市场竞争力。要完善园区基础设施，不断提高承载力和吸引力，集聚更多优质项目。要巩固提升木业产业优势，发展壮大产业集群，推动木业产业向企业规模化、产品环保化、营销品牌化发展。要整合资源，坚持生态优先、合理开发利用的原则，保护好生态资源，维护好生态功能，发展好生态产业，推动经济健康可持续发展。

【区委常委班子 2016年度民主生活会】 1月17日，区委常委班子2016年度民主生活会召开。市委书记、市人大常委会主任林峰海到会指导，市委常委、秘书长范连生参加指导。

会议由区委书记赵晓晖主持。会上，区委书记赵晓晖代表区委常委班子通报2015年度民主生活会整改措施落实情况和2016年度民主生活会征求意见情况，并作对照检查，深刻剖析问题产生的根源，提出详细整改措施。各位常委逐一作对照检查，相互提出批评意见。在认真听取每人的发言后，林峰海作点评讲话，对兰山区区委常委班子2016年度民主生活会给予充分肯定。林峰海指出，深入学习贯彻党的十八届六中全会精神，推动党内政治生活规范化，是一项长期而艰巨的任务。开好民主生活会，是严肃党内政治生活的良好开端。要切实强化理论学习，坚定理想信念。把好世界观、人生观、价值观这个“总开关”，关键是领会精神、把握实质，兰山区委常委班子和班子成员要继续深入学习习近平总书记系列重要讲话精神，读原著、学原文、悟原理，做到学、思、用相结合，不折不扣地落实好中央各项决策部署。要以“钉钉子”精神抓好问题整改，释放出开创各项工作新局面的巨大能量。围绕中央有明确要求、工作中看得见摸得着、能收到明显成效的实际问题，自觉带头用心、虚心抓好整改，确保定一项改一项、改一项成一项，提升个人自身素质能力，增强常委班子的凝聚力和战斗力。要下决心加强领导班子自身建设，履行好党和人民交给的使命任务。新一届兰山区委领导班子作为全区的领导核心，要认真落实全面从严治党要求，切实担

负起管党治党的主体责任；坚持按照“二十字”好干部标准选人用人，营造良好的政治生态和干事创业环境；切实守住清正廉洁这条底线，把中央八项规定精神作为一项铁的纪律和刚性约束，清清白白做人、干干净净做事、坦坦荡荡为官；继续做好商城、商圈、商会“三商”党建创新发展工作，在永不停歇的新时期沂蒙党建路上一马当先。林峰海强调，要统筹抓好改革发展稳定各项工作，保持和巩固“十三五”发展的良好势头。响应习近平总书记“撸起袖子加油干”的号召，围绕市委、市政府决策部署特别是全市经济工作会议精神的要求，科学谋划今年经济社会发展的工作思路和具体举措，使兰山区在全市经济社会发展中继续保持前进。

【中国共产党临沂市兰山区第十四次代表大会】 1月19日，中国共产党临沂市兰山区第十四次代表大会开幕。区领导赵晓晖、沈如茂、徐志顺、庄廷敦、谢华东、刘耀华、陈士贤、王永哲、徐立娟、曹勇、李玉华、田海、刘爱友、李建成、张飞虎等在主席台前排就座。大会由陈士贤主持。本次大会代表350名，实到会341名。沈如茂致开幕词。大会的指导思想是：高举中国特色社会主义伟大旗帜，以邓小平理论、“三个代表”重要思想、科学发展观为指导，全面贯彻党的十八大和十八届三中、四中、五中、六中全会精神，深入学习贯彻习近平总书记系列重要讲话精神和治国理政新理念新思想新战略，认真总结十三届区委工作，紧密联系实际，研究确定今后五年兰山区推进“四个全面”战略布局、贯彻落实“五大发展理念”的工作目标、任务和措施；严格执行《党政领导干部选拔任用工作条例》等规定，坚持“二十字”好干部标准，着眼事业发展和领导班子长远建设需要，选举产生新一届兰山区委领导班子和区纪委领导班子，为顺利完成“十三五”规划目标任务，奋力开创大美新临沂建设的兰山新篇章提供坚强的组织保证。大会的主要任务是：听取和审查中共兰山区第十三届委员会的工作报告；听取和审查中共兰山区第十三届纪律检查委员会的工作报告；选举中共兰山区第十四届委员会；选举中共兰山区第十四届纪律检查委员会；选举兰山区出席临沂市第十三次党代表大会代表。沈如茂指出，今后的五年，是兰山区践行新理念、转型发展的重要五年，也是实现新跨越、赶超发展的关键五年。站在新起点、实现新发展，完成“十三五”规划确定的任务目标，在全面建成小康社会进程中“走在前列”，希望与困难同在，机遇与挑战并存。能否抓住机遇、乘势而上，关键在于一个坚强有力的领导班子、一个全区群众信任的领导核心，关键在于制定一个振奋人心的奋斗目标、一个切实可行的发展思路。全体代表一定要牢记党和人民的重托，以高度的政治责任感和历史使命感，认真履行职责，积极建言献策，审议好大会工作报告，选举好新一届区委和区纪委领导班子，同心同德、全力以赴，确保圆满完成大会各项议程。赵晓晖代表第十三届兰山区委向大会作了题为《全域发展率先小康奋力开创大美新临沂建设的兰山新篇章》的工作报告。赵晓晖指出，五年来，区委团结带领全区广大干部群众，认真贯彻中央和省、市委决策部署，积极应对新旧动力转换带来的压力和发展转型带来的挑战，圆满完成十三次党代会确定的目标任务。2016年实现生产总值856亿元，是2011年的1.5倍，年均增长9.8%，总量占全市1/5；公共财政预算收入72.6亿元，是2011年的2.4倍，年均增长12.3%，总量占全市1/4；居民人均可支配收入达到24050元。经济社会发展走在全市、全省前列，连续5年进入全国百强，位列科学发展百强区第51位、投资潜力百强区第10位、创新创业百强区第30位和新型城镇化质量百强区第29位。五年来，发展质效显著提升，工业经济做大做强，服务业繁荣发展，农业高效发展。五年来，发展动力不断增强，改革红利持续释放，创新要素集聚融合，开放水平不断提高，项目建设增强后劲。五年来，城乡一体协调发展，中心城区扩容提质，基础配套不断完善，管理服务创新提升。五年来，民生事业共享发展，脱贫攻坚成效显著，民生保障持续改善，生态环境有效改善，社会大局和谐稳定。五年来，党的建设全面加强，工作作风进一步转变，基层基础进一步夯实，选人用人导向进一步巩固，党风廉政建设进一步加强。赵晓晖指出，今后五年，是兰山区转型发展的机遇期、大有作为的窗口期，机遇与挑战并存，机遇大于挑战。当前，兰山区已经进入由量的积累向质的跃升新阶段，一大批市级重大基础设施布局实施，城市空间进一步拉开，产业集聚效应开始显现，必须主动适应新常态、引领新常态，因势而谋、应势而动、顺势而为，开创兰山发展新局面。今后五年的总体思路是：高举中国特色社会主义伟大旗帜，以邓小平理论、“三个代表”重要思想、科学发展观为指导，全面贯彻党的十八大和十八届三中、四中、五中、六中全会精神，深入贯彻习近平总书记系列重要讲话精神和治国理政新理念新思想新战略，全面落实“五位一体”总体布局、“四个全面”战略布局，积极践行“五大发展理念”，以建设“大美新”临沂政治经济文化中心功能区、鲁南苏北经济发展龙头区、全国革命老区率先发展标志区，打造商贸物流名城、历史文化名城为目标定位，全力推进现代服务业、中心城区扩容提质、新型工业化、都市现代农业、文化旅游、生态文明、民生事业等重点工作，全面深化改革，全面依法治区，全面从严治党，在大美新临沂建设中挑大梁，在全省全国争先进位，在全面建成小康社会进程中“走在前列”。

赵晓晖强调，要围绕科学发展这一主题，以供给侧结构性改革为动力，拓宽发展空间，挖掘增长潜力，培育发展动力，在鲁南苏北巩固优势，在全省全国争先进位。一要全力推进现代服务业发展，增创区域竞争新优势。顺应制造业与互联网融合、与服务业深度融合的趋势，促进生产性服务业发展。服务业增加值年均增长 10% 以上，到 2021 年达到 710 亿元，占比提高 6 个百分点。二要全力推进中心城区扩容提质，构建一体发展新格局。深入贯彻中央城市工作会议精神，适时召开全区城市工作会议，积极稳妥推进以人为核心的新型城镇化。三要全力推进工业转型升级，引领现代产业新发展。全面落实“中国制造 2025”战略，优化存量、引导增量。到 2021 年，工业总产值达到 3300 亿元。四要全力推进都市现代农业发展，拓宽农村发展新模式。大力推进农业供给侧结构性改革，优基础、接二产、连三产，实现由传统农业向现代农业转变。五要全力推进文化旅游融合发展，展现商都名城新内涵。深入挖掘历史文化资源，推动商文旅融合发展。六要全力推进生态环境改善，探索绿色增长新路径。守住资源消耗的上限、环境质量的底线、生态保护的红线，实现生产发展、生活富裕、生态良好的统一。七要全力推进保障改善民生，开创成果共享新局面。坚持发展为民、为民发展，让群众有更多获得感。赵晓晖强调，实现未来五年奋斗目标，核心在党，关键在人。要充分发挥党的领导核心作用，全面加强思想、组织、作风、党风廉政和制度建设，调动方方面面的积极性、创造性，为各项事业发展提供坚强保障。一要加强思想政治建设，筑牢全面建成小康社会的思想保障。二是全面深化改革，筑牢全面建成小康社会的体制保障。三是坚持依法治区，筑牢全面建成小康社会的法治保障。四是夯实基层基础，筑牢全面建成小康社会的组织保障。五是狠抓党风廉政建设，筑牢全面建成小康社会的作风保障。六是加强领导班子自身建设，筑牢全面建成小康社会的核心保障。赵晓晖最后强调，让我们紧密团结在以习近平为核心的党中央周围，按照中央和省、市委部署要求，以更加优良的作风，更加扎实的举措，不忘初心，继续前进，高点进位，一马当先，为率先全面建成小康社会、开启现代化建设新征程而努力奋斗。曹勇代表第十三届兰山区纪委向大会作了题为《忠诚履行职责坚守责任担当扎实推动全面从严治党向纵深发展》的工作报告。他指出，过去五年，是兰山区经济大发展、社会大进步、民生大改善的五年，也是落实全面从严治党取得突破性

进展的五年。五年来，在市纪委和区委的坚强领导下，全区纪检监察组织聚焦主责主业，强化监督执纪问责，不敢腐的目标初步实现，不能腐的制度日益完善，不想腐的堤坝正在构筑。曹勇指出，方向决定道路，必须坚持党的领导、提高政治觉悟，做维护纪律规矩的忠诚卫士；责任就要担当，必须增强管党意识、夯实治党责任，确保“两个责任”落实到位；治标更要治本，必须坚持纪在法前、践行“四种形态”，真正发挥纪律约束的关键作用；聚焦才能聚力，必须突出主责主业、持续深化“三转”，切实履行党章赋予的神圣职责；行动诠释忠诚，必须加强自我约束、坚持以身作则，用铁的纪律淬炼过硬干部队伍。曹勇指出，今后五年工作的总体要求是：全面贯彻党的十八大和十八届历次全会精神，坚持全面从严治党，忠诚履行职责，聚焦监督执纪问责，深化作风建设，巩固已经形成的反腐败高压态势，持之以恒推进纪检监察体制改革，加强干部队伍建设，努力构建不敢腐、不能腐、不想腐的有效机制，营造干部清正、政府清廉、政治清明的从政环境，为全区经济社会发展提供坚强纪律保障。要深入学习贯彻区第十四次党代会精神，确保各项决策部署全面落实；要坚定不移强化监督，落实全面从严治党重大责任；要坚定不移铁腕执纪，坚决维护党规党纪权威；要坚定不移树立清风正气，持续优化政治生态；坚定不移深化改革，激发纪检监察体制机制新动力；坚定不移严管队伍，打造纪检监察“铁军”。

【中共兰山区第十四届纪律检查委员会第一次全体会议】 1月20日，中共兰山区第十四届纪律检查委员会第一次全体会议召开。会议分两个阶段进行。会议第一阶段，选举产生中共兰山区第十四届纪律检查委员会常委、书记、副书记，曹勇当选为兰山区第十四届纪委书记，陈胜年、蒋楠当选为副书记，选举结果报中共兰山区第十四届委员会第一次全体会议通过。会议第二阶段，表决通过区第十四届纪委《关于加强自身建设的决定》。随后，曹勇作讲话。

针对当前纪委工作，曹勇提出四点要求：一是使命在肩、战鼓催征，深入学习贯彻区第十四次党代会精神。区第十四次党代会研究制定了今后五年全区经济社会发展的宏伟目标和指导方针，对全区党风廉政建设和反腐败工作提出了新任务、新要求。学习好、贯彻好、落实好区委党代会精神，是当前和今后一个时期全区的一件大事。我们要全面领会党代会精神实质，认真学习党代会工作报告及其他文件精神，要将贯彻学习党代会精神作为政治任务，切实提高学习意识、增强学习实效，将领会精神与钻研业务同步进行、同步提高，针对实际工作中出现的新情况、新问题，不断探索应对的新方法、新途径，不断提高分析问题和解决问题的能力，真正把会议精神落实到监督执纪问责各项工作中去。做到胸怀全局、心有方向，真正把思想和行动统一到区第十四次党代会提出的工作目标上来，统一到全区经济社会发展的大局上来，统一到全区党风廉政建设和反腐败工作上来。二是精准定位、顺时应势，准确把握纪检监察工作新常态。十八大以来，党中央统领全局、以上率下，持之以恒正风反腐，党风廉政建设和反腐败工作取得显著成效。在党风政风为之一新的同时，新形势下工作认识不到位、自身定位不准确等问题也进一步显现，这些问题，亟需我们努力去解决。要准确把握新形势下党风廉政建设和反腐败工作的新任务，持续保持正风反腐高压态势，坚持力度不减、节奏不变、尺度不松。要切实履行管党治党的政治责任，始终坚持把纪律和规矩挺在前面，运用好监督执纪“四种形态”，通过步步设防、层层过滤，减少违纪者、挽救失足者，最终达到惩处极少数、教育大多数的政治、法纪和社会效果。要着力营造风清气正的政治生态，在日常监督执纪中，把握好“树木”与“森林”的关系，“治病树、拔烂树、护森林”，维护党的肌体健康，营造风清气正、心齐劲足、干事创业的良好氛围。三是不负重托、恪尽职守，扎实推进党风廉政建设和反腐败工作不断向前。随着党风廉政建设和反腐败斗争的不断深入，纪委的监督和组织协调作用越来越重要。这就要求区纪委全委会要更加积极主动为区委当好参谋，及时进行总结分析，向区委提出意见建议，推动党委统一领导，党政齐抓共管，部门各负其责。每一位区纪委委员，都要牢记使命担当，自觉投身于监督执纪问责工作中。要敢于监督，立“明规矩”、破“潜规则”，不断完善不敢腐、不能腐、不想腐的体制机制；要敢于执纪，持之以恒落实中央八项规定精神，驰而不息纠正“四风”，坚持“老虎”“苍蝇”一起打；要敢于问责，把该打的“板子”狠狠打下去。坚持把维护好、发展好、实现好广大人民群众的根本利益作为纪检监察工作的出发点和落脚点，进一步发挥信访监督作用，认真听取人民群众的意见和建议，坚决纠正侵害群众利益的不正之风和腐败问题，切实维护社会公平正义。四是以身作则、当好表率，打造忠诚、干净、担当的纪检铁军。我们要自觉践行忠诚、干净、担当要求，时刻以政治纪律约束自己，以政治规矩要求自己，做勤奋学习的表率，做团结协作的表率，做争创佳绩的表率，做执政为民的表率，做勤政廉洁的表率。要牢固树立政治意识、大局意识、核心意识、看齐意识，紧跟中央的决策部署，用实际行动诠释对党绝对忠诚。要带头遵规守纪、清正廉洁，要求别人做到的、自己首先做到，要求别人不做的、自己坚决不做。要习惯于在监督下工作，加强自我监督，严格党内监督，接受社会监督，自觉做遵守纪律的模范。要秉持知行合一的工作态度，以党章修身、以党章律己，把党章要求内化于心、外化于行。要坚持笃行实干的工作要求，恪尽职守，秉公用权，以实际行动树立纪检监察干部忠诚、干净、担当的良好形象，永葆纪检监察干部队伍的先进性和纯洁性。

【中共兰山区第十四届委员会第一次全体会议】 1月20日，中共兰山区第十四届委员会举行第一次全体会议。全会选举产生中共兰山区第十四届委员会常委和书记、副书记；审议通过中共兰山区第十四届纪律检查委员会第一次全体会议选举产生的常务委员会委员和书记、副书记人选；通过区委《关于加强自身建设的决定》。会议指出，从现在起，十四届区委正式接过兰山发展的“接力棒”。新一届区委班子，履职于“十三五”发展的关键时期，受命于全面建成小康社会的决胜关口，心中承载着兰山百万干部群众的期待，手中紧握着薪火传承、继往开来的“接力棒”，肩上担负着全域发展、率先小康的历史重担，唯有担当实干、拼搏进取，才能不辱使命。今后五年，我们要倍加珍惜全区干部群众的信任和重托，倍加珍惜时代提供的机遇和舞台，倍加珍惜兰山发展来之不易的大好局面，在历届区委打下的良好基础上，继续发扬艰苦奋斗、顽强拼搏的作风，团结带领广大党员干部群众，一心一意谋发展、同心同德奔小康，努力完成党代会提出的各项目标任务，全力推动兰山事业迈上新台阶。会议要求，要带头锤炼党性，做对党忠诚的表率。对党忠诚，是领导干部必备的政治素质，是我们这支队伍发挥核心作用、经受各种考验的根本保证。新一届区委作为全区的领导核心，要严守政治纪律、政治规矩，着力增强“四个意识”，确保政治上永远合格、永远过硬。要带头加强学习，做勤学善思的表率。知识水平直接影响工作水平、领导水平和思想政治水平。新一届区委班子成员要自觉把学习作为一种政治责任、一种思想境界、一种精神追求。要带头履职尽责，做实干担当的表率。空谈误国、实干兴邦。实现区第十四次党代会确定的目标任务，关键在实干，关键靠担当。要带头践行宗旨，做执政为民的表率。人民对美好生活的向往，就是我们的奋斗目标。新一届区委要牢固树立宗旨意识，始终保持同人民群众的血肉联系。要带头维护团结，做合作共事的表率。团结是事业成功的保证。我们一定要像爱护自己的眼睛一样维护好班子的团结，保持和发扬以往的好传统、好作风、好局面，以区委班子的团结，带动全区各级班子、各个方面的团结，形成万众一心干

事业、群策群力谋发展的良好局面。要带头廉洁自律,做勤政廉政的表率。廉洁自律是为官从政的底线。作为区委常委、委员，大家的一举一动都是干部队伍的风向标，一言一行都是群众关注的聚焦点。

【全区科学发展总结表彰大会】 2月13日，全区科学发展总结表彰大会举行。表彰先进集体和先进个人，鼓舞士气、激发干劲，动员全区上下撸起袖子加油干,奋力开创“大美新”临沂建设的兰山新篇章。会议由区委副书记、区长沈如茂主持，区委书记赵晓晖出席会议并讲话。

会议指出，2016年，兰山区认真贯彻落实中央和省、市决策部署，主动引领新常态，积极应对新旧动力转换带来的压力和发展转型带来的挑战，统筹做好稳增长、调结构、促改革、惠民生各项工作，在发展中转型、在转型中发展，经济社会保持平稳健康发展的良好势头，实现了“十三五”良好开局。一年来,全区上下同心协力谋发展,团结一致干事业，在发展的道路上迈出了坚实步伐，在发展的动力上积蓄了赶超后劲，在发展的格局上拓展了承载空间，在发展的保障上夯实了基层基础。全区上下要进一步坚定提速发展的信心决心，激发干事创业的热情干劲,保持奋发有为的精气神,开创兰山发展新局面。会议要求，站在新起点，面对新局面。全区上下要科学研判形势，增强发展的责任感和紧迫感。要深化对上级决策部署的认识，始终坚持稳中求进的总基调，以“五大发展理念”为指导，围绕供给侧结构性改革这一主线，全力打好经济发展主动仗。要立足自身看兰山,站在全市看兰山,跳出临沂看兰山，深化对兰山发展短板的认识，做到看清、摸准问题，找出解决问题的办法，坚持问题导向，提升标杆、加压奋进，推动各项事业再上新台阶。要深化对面临重大机遇的认识，积极作为、主动出击，对接国家“一带一路”战略和“中国制造2025”“互联网+”行动计划、“供给侧”结构性改革、大众创业万众创新等一系列重大举措，把潜在的机遇转化为现实生产力。会议强调，全区上下要持续发扬担当作为、扎实苦干的精神，凝聚攻坚合力，推动兰山区发展任务落实到位。要进一步细化工作任务，强化责任担当，一级带一级，层层抓落实。全区党员干部要不断提升谋事干事能力，保持奋发有为的干事激情，在工作中要做到统筹谋划、创新思路、善于研究，严守纪律规矩，提升作风效能，高标准、严要求。全区上下要统一思想、着眼发展、干在实处、走在前列，以优异的成绩迎接中共十九大和省市党代会胜利召开。会议表彰了全区科学发展中涌现出来的先进镇(街道)、先进村(社区)、先进单位、十佳企业和先进个人,部分乡镇、单位和企业作了表态发言。

【全国文明城市创建工作现场推进会】 7月6日，兰山区组织召开全国文明城市创建工作现场推进会。区领导赵晓晖、陈士贤、徐立娟、冯学敏等参加。会议听取了相关街道、部门创城工作开展情况，并通报部署下一步工作任务。会议要求，全区上下要充分认识文明城市创建工作的重要意义，明确工作思路，坚持真抓、实抓、创新抓，坚定不移地推动各项创建任务落到实处。各部门要集中力量，继续开展专项治理行动，对存在的突出问题认真分析，抓紧整改，完善城市功能。各街道要借鉴成功经验、做法，进一步推广金雀山街道城管网格化管理办法，强化管理，把党组织建到无人管理小区，加大背街小巷、城乡接合部的保洁力度，提高群众的幸福感和获得感。要加大宣传力度，充分调动群众参与创建的积极性，新闻媒体要成立创城专栏，加大曝光力度和成功经验推广。各级、各部门要积极探索，创新工作方法，总结成功经验、做法，让创建工作真正动起来、活起来，确保圆满完成文明城市创建工作目标。会前，与会人员还对四个街道的创城工作推进情况进行实地视察。

【全区城镇精细化管理工作会议】 7月8日，全区城镇精细化管理工作会议召开。区领导赵晓晖、沈如茂、桑立杰、王翠宝出席。会上，与会人员观看了金雀山街道城市精细化管理工作专题片；金雀山街道作典型经验介绍，部分镇、街道作了表态发言。会议要求，城镇管理、城市化工作是党委、政府的主要任务、重要工作，要增强“党政一把手主动抓、我要抓”的自觉意识和责任感，坚持高起点规划、高标准建设、高效能管理，加强对城镇管理工作的组织协调、监督检查和考核奖惩。要认真学习，准确把握“金雀山模式”的实质和内涵，真学、真懂、真用，知行合一，在内容上、机制上、关键点上、体系上，结合自身实际，大胆探索，勇于实践，逐渐形成更富成效、更加成熟的经验做法，切实改进城镇管理工作机制，提升管理水平。各相关部门要全力支持，协调配合，主动争取上级政策、资金。区城管局要明确思路，找准目标，勇于改革创新，不断夯实城镇管理工作的基层基础，在全市争创典型、树立标杆。要继续开展专项治理行动，高起点引进成熟管理模式，结合党组织建设，完善属地管理、重心下移的城镇管理体制机制，提高全区城镇管理工作精细化、常态化水平。

【区级党政班子成员向区纪委全会述责述廉会议】 9月28日，兰山区区级党政班子成员向区纪委全会述责述廉会议召开。市纪委副书记、监察局局长贾伟华，区领导赵晓晖、沈如茂、陈士贤、曹勇、刘爱友、纪丙坤、桑立杰、张飞虎、王辉、周兴金、王翠宝出席会议。会上，区级党政班子成员依次向区纪委全会进行述责述廉。述责述廉环节中，区纪委委员向述责述廉对象提出询问质询，述责述廉对象现场就有关问题做出详细解释和说明。述责述廉完成后，区纪委委员以投票的方式对述责述廉对象进行民主测评。会议要求，要严守纪律规矩，做到以上率下；把述责述廉作为一次接受组织教育、帮助和监督的机会，自觉主动接受监督，为全区各级干部带好头、树榜样、做示范，做到勤政务实、清正廉洁。要履行“一岗双责”，落实全面从严治党责任；切实提高党风廉政建设责任制的自觉性和主动性，把管党治党作为分内之事、应尽之责，担负起抓发展与抓廉政的责任。要强化反馈整改，注重结果运用；坚持把述责述廉结果的运用作为衡量述责述廉工作成效的重要标准，抓好意见反馈、抓好督促整改、抓好结果运用，认真总结经验，及时建章立制，用制度巩固提升述责述廉成果。开展述责述廉工作，对于加强党风廉政建设、推进全面从严管党治党具有重要意义。要提高思想认识，以这次述责述廉会议为契机，认真落实党风廉政建设主体责任，严格自律，廉洁从政，扎实工作，努力营造团结和谐、风清气正的良好环境。

【全区领导干部会议】 9月30日，兰山区召开领导干部会议，对相关工作进行安排部署。赵晓晖、沈如茂、刘耀华、王永哲、陈士贤、顾文明、曹勇、刘爱友、纪丙坤、桑立杰、张飞虎、马凤印等领导出席。会议指出，各级、各部门要抓落实、真担当，把各项任务落实落细。关于安全生产工作，要时刻明责任、强监督，抓紧抓实安全生产大检查，突出危化品、消防、道路交通、校园安全、建筑施工、工贸等重点领域的专项整治，全面排查整改隐患，确保全覆盖无盲区。关于环保工作，用好环保督察倒逼机制，高度重视后督察，坚持问题导向，做到举一反三，确保问题整改成效。要深化生态文明建设理念，开展攻坚行动，全面做好环境保护的各项工作。要下大力气抓好小散乱污企业、秸秆禁烧、散煤清洁的治理等，确保空气质量持续好转。会议强调，各级、各部门要提高思想认识，树牢红线意识，克服麻痹思想，切实把工作做好，确保不出纰漏；要明确任务目标、理清工作思路，严格作风、创新工作方式方法，做到科学务实；要坚持问题导向、底线思维、结果评议，做到入耳、入脑、入心，从大局出发，树立“一盘棋”思想，通力协作、紧密配合，确保工作落实。认真做好国庆、中秋节日期间各项工作，确保社会大局和谐稳定，以优异成绩迎接中共十九大胜利召开。

【中共十九大精神报告会】 11月18日，市委宣讲团来兰山区宣讲中共十九大精神。市委副秘书长、政研室主任、改革办副主任李宗保作宣讲报告。区委书记赵晓晖主持报告会。区领导沈如茂、刘耀华、王永哲、陈士贤、顾文明、徐立娟、曹勇、刘爱友、纪丙坤、桑立杰、马凤印等出席报告会。李宗保在宣讲报告中首先阐述中共十九大的重大意义、主要成果，介绍中共十九大报告的起草过程，结合自己学习报告的体会，围绕习近平新时代中国特色社会主义思想这个主线，结合临沂市实际，运用大量数据和生动案例，就中共十九大的鲜明主题、习近平新时代中国特色社会主义思想的丰富内涵、过去五年的历史性成就和历史性变革、中国特色社会主义进入新时代、我国社会主要矛盾的变化、两个一百年奋斗目标战略部署、经济社会发展重大战略部署、坚定不移推进全面从严治党，以及全市深入学习贯彻中共十九大精神情况等方面作了深刻阐释和详细解读。他指出，要以中共十九大精神为指引，大力弘扬沂蒙精神，在各领域、各方面、各环节都体现新时代要求，贯彻习近平新时代中国特色社会主义思想，不忘初心、牢记使命，奋力开创“大美新”临沂建设新局面，为实现中华民族伟大复兴中国梦贡献临沂力量。赵晓晖在主持讲话时指出，李宗保的宣讲报告是对我们学习领会中共十九大精神的一次深入辅导，对于我们更好地理解和把握中共十九大精神、抓好学习宣传贯彻具有重要的指导意义。全区各级党组织和广大党员干部要以这次宣讲为契机，按照习近平总书记“学懂、弄通、做实”的指示要求，进一步兴起学习宣传贯彻中共十九大精神的热潮。他强调，要在“学懂弄通”中共十九大精神上下功夫，要把原原本本、认认真真学习中共十九大报告和贯彻落实省、市、区党代会精神结合起来，切实用习近平新时代中国特色社会主义思想武装头脑、指导实践、推动工作。要在宣传宣讲中共十九大精神上下功夫，各级、各部门要结合实际，分层面、分领域开展丰富多彩的学习宣传贯彻工作，领导干部要带头学习宣讲贯彻，推动中共十九大精神进机关、进学校、进农村、进社区、进企业，把中共十九大精神不折不扣地传达到每一个支部，每一名党员。要在“做实”中共十九大各项决策部署上下功夫，把中共十九大提出的新思想、新观点、新论断、新举措转化为兰山区经济社会发展的生动实践，坚持学以致用，以学促干，把学习成效转化为工作动力，全力以赴做好抓发展、促改革、保稳定、惠民生的各项工作，确保中共十九大精神在兰山落地生根、见到实效。

【全区整治“不作为”“乱作为”优化发展环境专项行动总结会】 11月18日，全区整治“不作为”“乱作为”优化发展环境专项行动总结会召开。区领导赵晓晖、沈如茂、刘耀华、王永哲、陈士贤、顾文明、徐立娟、曹勇、刘爱友、纪丙坤、桑立杰、马凤印等出席会议。会上，与会人员一起观看了警示专题片，汪沟镇、区民政局作了典型发言。会议指出，今年以来，兰山区把实干实绩作为推动工作、狠抓落实的重要导向，相继开展“亮承诺、抓整改、见实效”活动和整治“不作为”“乱作为”优化发展环境专项行动，配套制定《建立容错纠错机制激励干事创业的意见》，在全市率先创新实施《干部实绩纪实评价办法（试行）》。通过这一系列作风建设“组合拳”，全区形成了党员干部“比担当、比实绩、比贡献”的浓厚氛围，干部工作作风进一步转变，抓工作的热情明显上升，抓落实的力度明显增大，推动全区经济社会发展走在省、市前列。会议要求，要牢固树立作风建设永远在路上的观念，形成抓作风建设要深入学习贯彻中共十九大精神，要坚持以人民为中心的思想，要落实省委刘家义书记、市委王玉君书记要求的高度自觉。各级、各部门要压实党委（党组）全面从严治党主体责任，以责任落实推动工作落实，坚持把实干作为推动工作、狠抓落实的重要导向，促进全区党员干部敢于动真碰硬，担当作为，以刀刃向内的勇气向作风顽疾开刀，驰而不息推进作风建设，全面提升党员干部履职尽责、攻坚克难、服务群众、执行落实能力。要严明党的纪律规矩，加强党风廉政建设，继续以无禁区、全覆盖、零容忍的态度，推动正风反腐向纵深发展，让党员干部知敬畏、存戒惧、守底线。要大力弘扬争上争先的奋进之风，敢于负责的担当之风，雷厉风行的落实之风，提振全区上下干事创业的精气神，以卓有成效的工作提升人民群众的幸福感和满意度，为全域发展、率先小康营造良好环境。会议强调，要持之以恒抓好正风肃纪，增强全区党员干部转作风、提效能的责任感和紧迫感，努力营造风清气正、干事创业的良好氛围，做到持续用力、久久为功，锲而不舍地把作风建设向纵深推进。要高点定位、自我加压，不断强化主动意识和担当精神，以踏石留印、抓铁有痕的过硬作风，结合“亮承诺、抓整改、见实效”活动，着力优化政务服务，切实提高工作效能，扎实有效推进各项工作。要时时警醒、步步跟进，加快建立作风建设立体监督防控长效机制，为落实好新旧动能转换重大工程和安全生产、生态环保、社会稳定、金融风险防控、精准脱贫等底线工作提供坚实保障。各级、各部门要切实把全面从严治党的主体责任扛起来，以严的作风、实的作为推动全面从严治党取得新进展，不断优化发展环境，推动全区经济社会持续健康发展。

【中共兰山区第十四届委员会第二次全体扩大会议】 中共兰山区第十四届委员会第二次全体扩大会议于11月25日召开。出席这次会议的有区委委员36人，候补区委委员4人。不是区委委员、候补委员的区级相关领导，区纪委委员和镇街、部门负责人列席会议。会议由区委常委会主持。区委书记赵晓晖作重要讲话。全会深入学习贯彻中共十九大、十九届一中全会、习近平总书记在瞻仰中共一大会址时的重要讲话和省委十一届二次全会、市委十三届三次全会精神，听取赵晓晖受区委常委会委托作的工作报告，审议通过《中共兰山区委关于深入学习贯彻中共十九大精神的决议》，部署安排下一步工作。要求全区各级党组织和广大党员干部要深入学习贯彻中共十九大精神，用习近平新时代中国特色社会主义思想武装头脑、指导实践、推动工作。全会充分肯定区第十四次党代会以来区委常委会的工作。一致认为，区委常委会全面贯彻党的十八大、十八届历次全会和中共十九大精神，深入学习贯彻习近平新时代中国特色社会主义思想，认真落实中央和省委、市委决策部署，认真践行新发展理念，以供给侧结构性改革为主线，以新旧动能转换为统领，推动经济社会有质量有效益的发展，各项工作继续走在省、市前列。产业转型步伐加快，创新能力不断增强，项目建设快速推进，城乡一体协调发展，商城融入“一带一路”取得显著成效；坚持以人民为中心的思想，着力打造安全稳定的社会环境、优美宜居的生态环境、服务高效的政务环境、共建共享的民生环境，群众的安全感、获得感、幸福感持续提升；坚持党建统领发展，认真履行管党治党责任，注重发挥领导核心作用，加强干部队伍建设，夯实基层基础，推进党风廉政建设，营造风清气正的政治生态，推动全面从严治党向纵深发展。全会指出，兰山的发展是中央、省委、市委坚强领导和全区干部群众团结奋斗的结果，是贯彻落实习近平新时代中国特色社会主义思想的结果。推动兰山今后的发展，最根本的还要以习近平新时代中国特色社会主义思想为指引。全区各级党组织和广大党员干部要牢固树立政治意识、大局意识、核心意识、看齐意识，旗帜鲜明讲政治，把维护中央和省委、市委权威作为最重要的政治规矩，把学习贯彻习近平新时代中国特色社会主义思想作为首要的政治任务，以实际行动推动中共十九大精神和中央、省委、市委各项决策部署在兰山区落地生根、开花结果。

【区管干部学习宣传贯彻中共十九大精神专题培

训】12月5日，区委书记、区委党校校长赵晓晖为兰山区区管干部学习宣传贯彻中共十九大精神专题培训班第一期学员作专题辅导报告。区委常委、组织部部长张飞虎出席。赵晓晖带领学员认真研读中共十九大文件，原原本本学习中共十九大报告和党章，深刻领会蕴涵其中的精神实质和核心要义。深刻领会党和国家过去五年取得的历史性成就和变革。深刻领会中国特色社会主义进入新时代的重大政治论断。深刻领会习近平新时代中国特色社会主义思想。深刻领会决胜全面小康、开启现代化强国新征程的战略安排。深刻领会全面从严治党的新要求新部署。深刻领会中共十九大报告的丰富内涵，自觉用党的创新理论武装头脑。赵晓晖强调，学习贯彻中共十九大精神，领导干部是“关键少数”。全区各级领导干部要先学一步、深学一层，切实发挥好带着学、领着干、抓落实的表率示范作用。要提高政治站位自觉学,切实把这次学习作为强化“四个意识”的具体体现，始终保持良好的学习状态。要坚持问题导向深入学习，自觉以新时代、新理论、新判断、新要求诊断本地本部门工作，争取带着问题来，拿着钥匙走。要牢记使命努力学，深读细研，把中共十九大精神所蕴含的重大理论观点、重大战略思想、重大战略部署，融入自己的工作理念、工作思路和履职尽责的具体行动中。要严明纪律专心学，严守学习班的各项规定，排除干扰，静下心来，全身心投入，学有所成、学有收获、学以致用、知行合一，在武装头脑、指导实践、推动工作上取得新成效。

【全区新旧动能转换暨城镇建设管理现场观摩会】12月16—17日，全区新旧动能转换暨城镇建设管理现场观摩会召开，动员全区各级、各部门深入学习贯彻中共十九大精神，全域发展、率先小康，按照区委、区政府的总体发展部署，坚定不移地落实新发展理念，把新旧动能转换作为经济发展的统领，加快城镇建设步伐，扎实做好稳增长、促改革、调结构、惠民生、防风险等各项工作，奋力谱写社会主义现代化建设的兰山新篇章。区领导赵晓晖、沈如茂、刘耀华、王永哲、陈士贤、顾文明、徐立娟、曹勇、刘爱友、纪丙坤、桑立杰、张飞虎、马凤印等参加观摩。此次观摩会是对各镇街、经济开发区一年来的一次集中检阅，也是对实施新旧动能转换重大工程和城镇建设管理工作所取得成果的重要检验。经过现场观摩与交流，所有观摩人员开阔了眼界、受到了启发，既增强了加快发展的紧迫感和压力感，又坚定了赶超跨越、勇争一流的信心和决心。大家纷纷表示，要深入贯彻中共十九大精神，以习近平新时代中国特色社会主义思想为指导，在区委、区政府的坚强领导下，学先进，找不足，进一步振奋精神，鼓足干劲，坚持目标导向，强化创新引领，推进新旧动能转换重大工程，构建接续有力的重大项目建设格局，努力创造出实实在在的业绩，为全域发展、率先小康，奋力开创“大美新”临沂建设的兰山新篇章做出更大贡献。

【全区发展务虚会议】12月21日，全区发展务虚会议召开。区领导赵晓晖、沈如茂、刘耀华、王永哲、陈士贤、顾文明、徐立娟、曹勇、刘爱友、纪丙坤、桑立杰、张飞虎、马凤印等出席。会议传达全市明年和今后一个时期的工作思路。听取区委常委班子、区人大常委会班子、区政府班子、区政协班子、区商城班子关于“亮承诺、抓整改、见实效”活动、联系重点项目情况和专线工作情况汇报。听取了各镇街道、经济开发区工作情况汇报。

会议指出，要以中共十九大精神指导推动全区发展，认真贯彻落实市委十三届三次全会精神和市委提出的明年和今后一个时期工作思路，做到真学真懂真用，坚决扛起发展大旗，扎实推进新旧动能转换，打赢转型升级攻坚战。全区各级、各部门要按照市委坚持一切围绕发展、一切促进发展、一切保障发展“三个一切”目标，树牢战略思维、系统思维、创新思维、底线思维“四种思维”，补齐“八个短板”，处理好“五个关系”工作思路，找准优势、高点定位，理清思路、明确目标，坚持发展第一要务不动摇，坚持稳中求进工作总基调，坚持高质量发展导向，坚持以人民为中心的思想，认真践行新发展理念，以深化“供给侧”结构性改革为主线，以新旧动能转换统领经济发展，奋力开创新时代兰山发展新局面。

会议要求，全区上下要加强学习，把思想和行动统一到省、市、区委的决策部署上来，牢固树立“抓发展就是抓稳定，抓稳定就是抓发展”的思想认识，切实增强“等不起”的紧迫感、“慢不得”的危机感、“坐不住”的压力感，担当实干、跨越赶超，聚精会神抓建设、一心一意谋发展。各级、各部门要全面落实省委“1+5”工作部署，坚决守好安全生产、生态环保、社会稳定、金融风险防控和精准脱贫五条底线，持续深化改革扩大开放，着力保障和改善民生，不断强化民主政治建设，全面加强党的领导和党的建设，推动经济社会持续健康发展。会议强调，各级、各部门要进一步校准方向、细化目标，强化担当精神、赶超意识，自觉在全局中定位，自我加压、自抬标杆，用新思路引领新的发展举措，用新定位明确新的奋斗目标，围绕“四新促四化”，聚焦聚力、持续发力，确保新旧动能转换各项部署任务落实到位，形成推动发展的强大合力。要毫不懈怠、持之以恒抓紧抓实底线工作，通过坚守底线来纾解压力、倒逼转型、推动发展，为全区发展营造稳定和谐环境。要抢抓城市发展机遇，进一步巩固中心城核心区的区域化优势，加强老城更新、新城建设，推进城镇一体发展，着力加强产业园区建设，加快搭建科技创新平台，强化环境支撑，着力营造便捷高效的政务环境、公平公正的法治环境和宜居宜业的生活环境。出席会议的还有各镇街道、经济开发区和区直有关部门主要负责人。

撰稿：徐琳倩

审稿：窦润泽

兰发〔2017〕文件（目录）

兰发〔2017〕1号	中共兰山区委兰山区人民政府关于印发《2017年全区经济社会发展要点》的通知
兰发〔2017〕2号	中共兰山区委兰山区人民政府2017年度科学发展综合考核办法
兰发〔2017〕3号	中共兰山区委兰山区人民政府关于调整《区级领导专线分工、联系镇街道和联系学校安排表》的通知
兰发〔2017〕4号	中共兰山区委常委班子亮承诺、抓整改、见实效“3+4”活动方案
兰发〔2017〕5号	中共兰山区委兰山区人民政府关于反对“不作为”惩治“乱作为”建立容错纠错机制激励干事创业的意见（试行）
兰发〔2017〕6号	中共兰山区委兰山区人民政府关于印发《兰山区干部问责办法（试行）》的通知
兰发〔2017〕7号	中共兰山区委关于加强自身建设的决定
兰发〔2017〕8号	中共兰山区委关于印发《2017年度区委落实全面从严治党主体责任重点任务分工意见》的通知
兰发〔2017〕9号	中共兰山区委兰山区人民政府关于加强国土资源执法监管落实共同责任机制的意见
兰发〔2017〕10号	中共兰山区委兰山区人民政府关于做好东西扶贫协作和对口支援工作的意见
兰发〔2017〕11号	中共兰山区委兰山区人民政府关于印发《兰山区法治政府建设实施纲要（2017–2020年）》的通知
兰发〔2017〕12号	中共兰山区委兰山区人民政府关于印发《兰山区化工产业安全生产转型升级专项行动实施方案》的通知
兰发〔2017〕13号	中共兰山区委兰山区人民政府关于做好东西扶贫协作和对口支援工作的意见
兰发〔2017〕14号	中共兰山区委关于认真学习宣传贯彻中共十九大精神的通知

续表

兰发〔2017〕15号	中共兰山区委兰山区人民政府印发《关于建立健全全区信访工作长效机制的意见》的通知
兰发〔2017〕16号	中共兰山区委关于深入学习贯彻中共十九大精神的决议
兰发〔2017〕17号	中共兰山区委兰山区人民政府关于印发《兰山区深化城市管理执法体制改革实施方案》的通知

撰稿：徐琳倩

审稿：窦润泽

区委办公室工作

区委办公室领导成员

主　任　尤元勋

副主任　姜修伟　李　勇　韩　东

机要局

局　长　樊金亮*

副局长　刘　虎

保密办

主　任　尤元勋（兼）

副主任　曹　宁（女）

维稳办

主　任　李加利

副主任　李修余

改革办副主任　刘太力

农工办副主任　刘海波

【概述】 2017年，区委办公室围绕中心、服务大局，在办文办事办会“三服务”上担当作为、干事创业，保障区委各项工作开展。是年，被评为省级文明单位，在全市党委办公系统考核中始终位居前列，成为区委的“坚强前哨”和“巩固后院”。

【文字服务】 做好“精”字文章，优质高效服务。“精心”写文稿。围绕区委中心工作和阶段性重点部署，超前主动谋划，深入调查研究，吃透上情、把握下情、了解外情，自觉站在全区大局、领导角度出主意、当参谋，提高以文辅政水平。撰写综合性文稿等220余篇，在《山东通讯》《临沂工作》《动态与资料》等市级以上刊物发表领导署名文章10余篇。规范公文处理，强化审核把关，提高文件的权威性和严肃性，审核印发文件220余份。

【信息】 依托全区党政信息网络，加强部门沟通，主动向上报送、向下延伸、向外拓展，及时准确收集、选编各类信息，当好“智囊团”“参谋部”。印发《兰山信息》32期，上报信息681条，其中典型经验类被《山东信息》《临沂信息》采用28篇，干部实绩纪实评价、“三商”党建等信息成为典型亮点，被央视新闻联播等中央刊物予以报道。上报突发事件信息35条，没有发生信息上报延误。

【行政服务】 发挥桥梁纽带作用，坚持过程痕迹化，方案严把关、服务精细化、全程无差错，做好承上启下、联系左右、协调各方的工作。筹备全市观摩会、区党代会等会议活动150余次，接待参观学习团体1500余人次。

【督查】 扭住关键、精准发力，打好紧板、拧紧螺丝，采取随机抽查、专项检查、巡回督导等形式抓好落实，确保事事有着落、件件有回音。牵头迎接市专项督查组17次，办理领导批示、上级来文217件，下发督查通报37期，对贯彻落实中央环保督察组督查、省委巡视反馈问题整改等情况开展专项督查。

【机要保密】 发挥密码通讯的主渠道作用，增强安全通畅意识，规范电报办理流程，严格执行值班纪律，规范电报存档等级手续。做好上级密码通讯工作，指导好全区党委办公室系统机要传真工作，保持上下联络畅通。全力做好区级单位的保密指导、检查和协调，未发生一起失泄密事件，被评为2017年度全市密码工作保密优质无事故先进单位。

【信访维稳】 在全国两会和中共十九大期间，没有发生大规模人员聚集和丢丑滋事事件，实现“六不双零”的目标。及时落地核查上级通报重点人员活动信息80余条，现场查获堵截重点人员72人次，在京查找、劝返重点人员50余人次，处理“非访”人员73人次，为各项社会事务发展营造良好的外部环境。

【深化改革】 发挥区委全面深化改革领导小组办公室职能，统筹协调、监督指导，推进重点领域和试点改革工作。出台改革方案12个，开展季度、专项督察6次；报送典型案例9篇，市委改革办采用4篇，2篇纳入全市改革宣传典型案例，3篇作为地方改革案例报送省委改革办，全面深化改革工作连续3年位居全市前列。

【“三农”工作】 围绕全区“三农”工作开展调查研究、督促检查，抓好3个省级美丽乡村示范村和8个市级美丽乡村示范村创建工作，做好全区103个村（社区）的美丽乡村达标验收工作，确保完成46%的目标任务。完成全区37个试点村的改革工作，累计清产核资10亿余元。推进城乡环卫一体化，着力提升城乡环境面貌。

【自身建设】 坚持把抓好党建作为最大政绩，贯穿“严、实”要求，敢管敢严、长管长严，推动全面从严治党向纵深推进。“一把手”负总责、班子成员“一岗双责”，定期召开党组会议研究党建工作；制定党风廉政建设主体责任“三张清单”，以督促抽查倒逼责任落实。开展谈心谈话、述责述廉等活动，以正反“两面镜子”抓好教育引导，强化党内监督，抓早抓小抓苗头，办公室没有出现违纪违法案件。定期开展集体学习、“美文鉴赏”活动，办公室中层以上干部逐一上党课，全年集中学习时间达160小时以上。贯彻落实民主集中制，班子成员紧密团结，分工不分家、补台不拆台，凡是重大事项实行集体决策，召开主任办公会集体研究，做到决策民主化、科学化。坚持“20字”好干部标准，用好干部实绩纪实评价办法，以发展论英雄、凭实绩用干部，推荐调整科级以上干部15人。把实干作为推动工作、狠抓落实的重要导向，扎实开展整治“不作为、乱作为优化发展环境”专项行动，亮承诺、抓整改、见实效“3+4”活动，转作风、提效能、促发展。认真学习贯彻《准则》《条例》，完善办公室科室工作规范、公务用车管理等制度，落实中央八项规定精神、省市区委实施办法等，引导党员干部知边界、明底线，守纪律、讲规矩，用制度管人管事管权。做实“结亲连心”活动，定期联系服务义堂镇代庄村713户居民，帮助群众解决实际困难。

撰稿：徐琳倩

审稿：窦润泽

组织工作

组织部领导成员

部　长　张飞虎

常务副部长　胡梁勋

副部长　季　楠（女）　丰丙雨　刘恩龙　赵民庆

区委组织员办公室

副主任　韩贵峰　孟祥波

区委非公有制经济组织和社会组织工委

副书记　高　宝

区委组织部党员教育中心

副主任　赵民庆 *　陈广庆　孙建才

区人才工作领导小组办公室

主　任　丰丙雨（兼）

副主任　周莹莹（女）

省党员领导干部党性教育基地兰山教学点管理办公室

副主任　王磊伟

【机构设置】 2017 年，区委组织部下设办公室、研究室、干部科、组织一科、组织二科、组织三科、干部监督科、干部教育科、人才科 9 个职能科室，辖 3 个正科级事业单位：区委组织部党员教育中心、区人才工作领导小组办公室、省党员领导干部党性教育基地兰山教学点管理办公室。年底，部机关共有干部职工 28 人。

【概述】 2017 年，区委组织部全面落实省、市、区党代会要求，坚持围绕中心服务大局，把抓好党建作为最大政绩，开展“基层组织建设基础年”活动，从严从实抓好“两学一做”学习教育常态化制度化、领导班子和干部队伍建设、基层组织建设、人才队伍建设等工作，为奋力开创新时代大美新临沂建设的兰山新篇章提供坚强组织保证。

【“两学一做”学习教育】 召开全区“两学一做”学习教育常态化制度化工作座谈会，针对 7 个不同领域不同行业党员群体制定“1+7”工作方案。区委主要领导为全区党员干部讲党课，区委常委带头到联系点讲党课，带头开展亮承诺、抓整改、见实效“3+4”活动，并在全区各级各部门广泛开展，这一做法得到市委高度肯定并在全市推广，新华社《要情动态》予以刊发。坚持抓好村（社区）“民情日”活动，探索建立“党员活动日”“党员挂牌亮身份”制度，印发党员手册 4.6 万本。全面推行“主题党日”，开展“书记为我戴党徽”主题党日活动。印发《兰山区关于全面开展党员先锋指数评价管理工作的实施方案》，推行党员积分量化管理。

【干部工作】 出台干部实绩纪实评价办法，科学设置纪实内容，严格落实纪实程序，强化纪实结果运用，在全区形成党员干部“比担当、比实绩、比贡献”的浓厚氛围，相关做法在《山东组工信息》刊发。坚持实绩导向，本着人岗相适原则，分两批对区直部门进行调整理顺，共调整干部 214 人，提拔 131 人，重用 32 人，调任 16 人，平职交流或转任 35 人。按照“突出政治标准、注重优化结构、准确认定身份”要求，推荐全国、省人大代表、政协委员初步人选 21 名。拓宽选人用人视野，公开选拔 15 名副科级领导干部。启动干部“双向挂职”，11名市直机关干部来兰山区挂职。规范人员借用程序，完善中层干部管理办法，建立完善新版公务员信息库，形成科学完备的制度体系。

【干部监督】 做好换届风气监督工作，并开展“回头看”；完善“五位一体”综合举报查处机制，畅通渠道，开展组织部长公开接访活动。做好46名县处级领导干部2016年度个人有关事项报告工作。做好领导干部经济责任审计，委托离任审计9人，离任交接3人，任前告知18人。建立领导干部监督信息即时报告台账，全区57个单位零报告，27个单位上报46人、48条信息。

【教育培训】 举办全区区管干部学习宣传贯彻中共十九大精神专题培训班、青年干部素质能力提升培训班、村（社区）主职干部培训班等17个主体班次，累计培训党员干部3500余人次。举办兰山大讲堂、沂蒙干部大学堂兰山专场及赵志全、马建波先进事迹报告会，引导全区党员干部凝心聚力、干事创业。历时10个月，全面完成商城党性教育基地改造提升工作。7月1日开馆市委书记王玉君亲临视察指导，市委常委、组织部部长姜仕礼出席揭牌仪式。全年接待教学班次92个，培训党员领导干部4822人。区级、镇（街道）共举办村（社区）党组织书记、“两委”成员、党员培训班35期，培训党员干部26980人次，通过送学补学寄学，27464名村（社区）党员实现集中学习全覆盖。全面完成区、镇、村三级党建可视化信息平台建设。

【基层党建】 打牢夯实农村基层基础，集中整治完成86个后进村班子。开展村级党务巡查、村居干部经济责任审计，整改问题4729个，清查违规资金84.73亿元，移送处理人员27人。抓好“村霸”整治工作，处理“村霸”5名。强化党员队伍建设，共发展党员450名。排查外出党员435人，其中跨市128人，跨省367人。成立兰山区驻京流动党员党委和驻沪流动党员党支部，打造“在外务工党员（人员）之家”。在信访党员中开展“六个一”集中教育活动，教育转化党员75名，处理5名，化解信访积案16件。深化第一书记工作，用好“4+1”帮扶机制，落实“五抓五促”“四联八建”要求，强村强企累计投入帮扶资金物资合计1300余万元。全区第一书记累计协调利用帮扶资金5894万元，新上增收项目120余个，增加村集体收入443万余元。做实结亲连心，坚持“干部全参与、群众全覆盖”，全区6000余名机关干部春节、“七一”期间两次入户走访，答复群众诉求1767条，转交镇（街道）办理341条。创新发展城市社区党建。完成4个街道、1个开发区、54个社区区域党群服务中心建设打造任务。统一考聘社区专职工作人员100名，4500名在职党员到社区报到，联系社区单位174个，组建志愿服务队伍63个。下发加强城市街道社区区域化党建工作的实施意见，出台城市社区“六有一化”“经费管理”“专职工作人员管理”3个制度文件。设立城市社区党组织服务群众专项经费和工作经费338万元，新建城市社区办公服务用房建设经费200万元，争取省级财政补助城市社区服务用房建设专项资金281万元。8月，

承办全市城市基层党建工作交流座谈会，打造颐高上海街、豪森丽都、义堂商会等党建示范点，实施“党建+”工程，提高组织覆盖和工作覆盖，省委书记刘家义视察指导时给予肯定，央视新闻联播予以报道，中组部《组工信息》刊发兰山区“依托商圈市场统筹推进区域化党建工作”典型做法。

【人才队伍建设】 以“双百企业”和高新技术企业为重点，摸清人才需求，制定引才方案。全区共引进A类人才16名，B类人才370名，C类人才81名。举办海外高端人才洽谈会，邀请58名海外华人专家签订合作意向60余项。邀请南京林业大学、省科学院等31家高校、科研院所进兰山，建立产学研合作23家、科技创新平台6个、成果转化基地11个。组织3名专家参加“千人计划”候选人答辩，邀请6名院士、4名千人计划、1名万人计划、1名长江学者、1名泰山学者和2家院所负责人参加全市招才引智项目集中签约仪式。全面开展“泰山产业领军人才”“西部隆起带急需紧缺人才”等省级以上各类人才评选推荐工作，共上报评选对象15人、项目20余个。研究制定“乡村之星、和谐使者、乡土艺术人才”等人才选拔管理办法，先后评选30名优秀区级行业人才。兑现人才政策奖补资金369万元，做好各类人才跟踪服务工作。

【自身建设】 开展“比争创”活动，推进部机关党支部“两学一做”学习教育常态化、制度化。制定部机关全员信息制度，定期组织“调研周”活动，坚持“周五集体学习日”制度，着力加强组工干部能力建设。做好结亲连心、精准扶贫等工作，21名干部联系483户群众，12户贫困户，共收集办理群众诉求27件。加强组工文化建设，设计兰山组工标识，提炼32字兰山组工精神，健全部机关规章制度，转变机关作风、提高工作效能，叫响兰山组工品牌，打造模范部门和过硬队伍。2017年，兰山区沂蒙党建考核成绩位列全市第一名，基层党建考核成绩位列全市第二名，区委组织部被评为全省组工通讯信息工作先进集体。

撰稿：高　宝

审稿：胡梁勋

宣　传

宣传部领导成员

部　长　徐立娟（女）

常务副部长　臧艳丽（女）

副部长　袁春蕾（女）*　潘月胜　梁丰彩（女）*　王玉坤　颜　超

文化产业发展办公室

主　任　李文杰*　潘月胜

副主任　颜　超*　胡建欣　刘　杰（女）

新闻中心主任　张正直

网络管理办公室主任　任珊珊（女）

【机构设置】 区委宣传部内设办公室、理论科、新闻科、宣教科、外宣办、舆情科6个科室，辖区精神文明建设委员会办公室、区文化产业发展办公室2个正科级事业单位和区新闻中心、区网络办2个副科级事业单位。年底，共有干部职工33人。

【概述】 2017年，全区宣传思想文化战线围绕区委

“走在前列”目标定位，坚持稳中求进工作总基调，以迎接、宣传、贯彻中共十九大为主线，以全市“沂蒙精神弘扬工程、舆论阵地争夺工程、优秀传统文化传承工程、城市形象提升工程”为重点，推进宣传文化各项工作，为开创“大美新”临沂建设的兰山新篇章，营造良好理论氛围、舆论氛围、文化氛围、社会氛围。

【意识形态】 落实党委（党组）意识形态工作责任制。按照《关于进一步落实党委（党组）意识形态工作责任制的实施细则》和上级部署要求，制定印发《落实意识形态工作责任制22条意见》。强化网络舆情引导处置，在各大网站、论坛、微博发表评论2万余条，累计阅读量达200万次。印发《关于进一步规范新闻媒体采访报备的通知》，对接受新闻媒体采访进行规范。24小时监控网络，妥善处置临商银行集中兑付等一批重大舆情。关注社会舆情，全年共上报舆情7006篇，市委宣传部采用2162篇，省委宣传部采用457篇，中宣部采用48篇。对全区意识形态工作进行专题调研，全年形成《意识形态领域工作情况通报》2次。《推动基层意识形态工作责任制落细落实》入选中宣部宣传思想文化工作案例选编。

【理论教育】 结合“两学一做”学习教育常态化、制度化，推进理论学习常态化制度化。突出中心组带动作用，印发《全区党委（党组）中心组2017年理论学习安排意见》，开展全区“习总书记讲话学起来”理论学习活动，引导各级党员干部强化理论学习。印发《关于组织全区各级党委（党组）理论学习中心组学习中共十九大精神的通知》，动员全区各级理论中心组按照“学懂弄通做实”的指示要求，确保中共十九大精神入脑入心，学出实效。深化理论宣讲普及，组建区委中共十九大精神宣讲团，分赴各镇街、部门、社区、企业等基层单位，举办巡回报告会30场，受众1.25万人次。举办“中国梦·党在心中”百姓宣讲比赛，充实区百姓宣讲队伍，其中6人入选全市“草根”宣讲团。连续第二年承办全省全市社科普及周开幕式。

【新闻宣传】 围绕全区中心重点工作，深入实施舆论阵地争夺工程，用好用活传统新兴媒体阵地，不断增强舆论引导力。《兰山大众》、兰山新闻围绕区委、区政府的中心工作开设移风易俗、文化兰山、环境综合整治、文明城市创建等专题专栏20余个，刊播新闻4000余条。坚持上大报、上头条、上内参，在《农民日报》《科技日报》《大众日报》等主流媒体先后刊发兰山供给侧改革经验、移风易俗汪沟和义堂经验、医疗精准扶贫金雀山做法等。在新华社内参刊物《要情动态》报道兰山区“亮承诺、促发展、见实效”和整治“不作为、乱作为”专项活动。2017年，在全国各级网站共发表新闻稿件900余篇，其中国家级150余篇，省级90余篇，市级660余篇。开展“媒体行”活动10余次，邀请各级媒体就宣战执行难、违法建设治理、琅琊文化等主题开展集中采访报道。全区新闻宣传工作持续保持全市第一，全省前列。全年2篇新闻作品获评山东新闻奖，3篇新闻作品获评山东市地报新闻奖，《兰山大众》再次获“全省十强县市报”“全省优秀县市报”称号。政务微信公众号“兰山”获全市政务类微信公众号优秀奖。

【文化产业】 2017年，文化产业在全区产业比重为2.59%，增加值22.31亿元；规模以上文化产业企业62家，新增25家，主营业务收入过亿元企业22家。依托“书文化”，推进文化产业融合发展，全区共有从事书画艺术品收藏、创作、展示、销售相关企业300余家，约占全市总数的85%。加大重点文化产业项目扶持，协助有关重点文化企业更新省文化产业项目库企业数据，推荐东方符号文化有限公司等3家企业参评省级重点文化产业项目。参与第十五届书圣文化节，协助开展“第四届临沂百家画廊展示交易会”“‘欧洲风沂蒙情’俄罗斯油画交流展”等7个活

动。加快“文化兰山”建设，深入挖掘兰山区优秀文化资源，《兰山大众》、兰山电视台均开设“文化兰山”栏目，刊登临沂古城历史文化沿革、琅琊街巷等文化普及专题版面12期。启动《文化兰山系列丛书》(《兰山历史文化通览》《诗咏兰山选集》《兰山商文化》《兰山十大文化符号》等）编纂。

撰稿：胡建欣　李绍威

审稿：臧艳丽

精神文明建设

精神文明建设委员会办公室领导成员

主　任　张作伸

副主任　盛万莹　臧德三

【机构设置】 2017年，区文明办设综合科、创建科、志愿服务工作科和未成年人思想道德建设工作科4个科室。年底，共有在职干部职工5人。

【概述】 2017年，全区精神文明建设工作以培育和践行社会主义核心价值观为根本，以文明城市创建工作为抓手，做好公民思想道德建设、未成年人思想道德建设、乡村道德建设等工作。全年新增省级文明单位6个、省级文明村镇1个、省级文明社区1个，新增市级文明单位13个、市级文明村镇2个。

【文明城市创建】 组织召开14次创城推进会、调度会，分析研究创城形势，查摆问题，明确任务，压实责任。继续推进创城分线分类管理和城管网格化管理，全面推广金雀山街道城管网格化、管理精细化模式，把创城融入经常性、常态化管理工作。组织开展露天烧烤、马路市场、占道经营、伸缩棚、野广告、老旧无人管理小区、西部城区和城乡接合部等专项整治行动，整治规范烧烤点376家，清理违法广告2098起，更换路名牌广告1275块，清理“小白屋”400余处，全面完成78个老旧小区改造工程。成立11个创城督导组，对各级、各部门创建工作进行全天候督导，通过创城微信群揭短亮丑，狠抓整改，发放督办单470份，督促解决问题6000余个。发挥督导考核的导向作用，将创城工作纳入全区科学发展观工作考核和各级文明单位评选考核，对文明单位实行每月考核、季度通报制度，发挥文明单位的示范带动作用。组织各级、各部门累计投入1000余万元，分期分批打造社会主义核心价值观阵地，共设置社会主义核心价值观雕塑小品1300余处。将工业大道、临西十路、十一路、蒙山北路以及西外环、北外环的部分路段打造成为社会主义核心价值观主题街。在区电视台、《兰山大众》开辟创城专题专栏，加大正面宣传和负面曝光力度，营造明礼知耻、崇德向善的浓厚氛围。开展文明出行专项行动，组织开展“小手拉大手，文明一起走”主题活动，印制文明出行、图说我们的价值观、关爱未成年人公益广告3万份，并下发到各社区小区和窗口单位。探索推行“街长”管理制度，在全市率先招募一批热心市民作为城市管理的宣传员、监督员、信息员，调动市民参与创建的积极性。

【公民思想道德建设】 开展身边好人和道德模范评选活动。组织各级各部门每月定期推荐身边好人和好人线索，先后推出临沂好人5名、山东好人5名、

清理违法广告

山东好人之星1名、中国好人1名，有10人被评为第六届全市道德模范，各级好人入选数量位居全市前列。评选表彰全区第三届道德模范，并编辑成《道德楷模》一书，下发到各镇（街道）、各部门单位。深化“我们的节日”主题活动。春节期间组织开展传统节日民俗、“志愿有我·温暖兰山”等活动。清明节期间，组织广大干部群众开展主题缅怀、文明祭扫活动，组织未成年人参与“网上祭英烈”、经典诵读等活动。端午节期间组织开展第六届中国沂河龙舟争霸赛、“端午粽飘香文明好家风”传承等活动，引导群众弘扬传统文化。中秋节、重阳节期间，组织开展经典诵读、志愿服务、民俗活动、主题宣教等系列活动，丰富群众精神文化生活，提升文明素质。组织开展“弘扬兰山好家风、万条家训进万家”活动。将征集到的优秀家风家训、村风村训编印成册，并由书法志愿者现场书写赠予广大市民，以家风促政风、带民风。推进志愿服务活动。加强与民间志愿服务组织的联系，联合南北道救援队为全国宣传干部学院第44期地方党委宣传部部长培训班提供现场教学活动点。南北道救援队作为全市唯一代表，获得“全国‘四个一百’最美志愿服务组织”称号。创新开展网络文明创建活动。利用微信平台，开展不文明现象网络投票活动，点击量达到1万余人次，网友留言1000余条，并精选其中的100条给予奖励。组织实施“徽章在手价值观在心”微信答题活动，通过组织各单位开展集中学习、知识竞赛等方式，把创建知识传达到每名干部职工。开展“万名网友争做兰山文明城市创建代言人”大型倡议活动，提升文明城市创建知晓率、支持率。

【未成年人思想道德建设】 开展“我的中国梦”主题教育实践活动，举办兰山区第一届“国学小名士”经典诵读电视大赛，组织开展5期未成年人心理健康辅导工作人员培训班，义堂中学合唱团作为临沂市唯一一支代表队参加第八届中国少儿合唱节。协调综治、教体、公安、工商、城管、文化执法等部门，对学校周边环境秩序整治保持高压态势，为未成人健康成长营造良好的社会文化环境。围绕书法比赛和乒乓球比赛，组织开展乡村学校少年宫成果展示活动。为全区9所乡村学校少年宫争取上级扶

志愿服务活动

持资金35万元，其中中央彩票公益金支持项目8所，扶持资金30万元；市级彩票公益金支持项目1所，扶持资金5万元。兰山区被评为第五届全省未成年人思想道德建设工作先进县区。

【乡村文明行动】 以“四德工程”为平台，开展乡村道德建设，实现全区行政村（社区）善行义举四德榜全覆盖。推出“南北道救援队”省级榜上有名先模人物（集体），做好重大主题公益宣传活动。以移风易俗为重点，推进乡风民俗建设。通过健全工作体制、加强宣传引导、强化管理培训、严格兑现奖惩等措施，解决长效机制、群众认识、理事会作用发挥、基础设施建设等四大问题。全区569个村（社区）实现红白理事会全覆盖，并将村（社区）红白理事会人员纳入村级管理进行推广，红白理事会工作基本实现制度化、规范化、常态化。设立千万元奖补经费，制定下发《全区乡村文明行动移风易俗丧事简办奖补办法》，细化奖补标准和流程等，对工作开展以来的丧事简办个人、场所等进行定期奖补，为工作开展提供资金保障。村级公益性公墓和地下骨灰堂建设稳步推进，义堂镇建成5处骨灰堂并投入使用；出台殡葬惠民政策，自8月1日起，全面免除遗体接运、存放、火化、骨灰寄存及骨灰盒、公益性公墓安葬等殡葬服务费用，减轻群众负担。

撰稿：盛万莹　刘媛媛

审稿：张作仲

统战工作

统战部领导成员

部　长　李建成

常务副部长　密宗方

主任科员　郁　晓（女）

副部长　李文乾*李公学　齐宝进　包汉青

副主任科员　杜庄磊（女）

【机构设置】 2017年，区委统战部设办公室、党派科、经济联络科3个科室和社会组织联合会1个下属事业单位，与民族宗教事务管理局合署办公。年底，部机关有干部职工7人。

【概述】 2017年，区委统战部围绕区委重大决策部署和全区经济社会发展大局，抓好统战干部队伍建设、扎实开展民主党派工作、拓展新社会阶层人士统战工作、维护民族宗教和谐稳定、促进非公经济“两个健康”、加强党外代表人士队伍建设、深入开展党外知识分子工作、着力提升基层基础统战工作。是年，获“全国统战宣传工作先进单位”“全省统战信息工作先进单位”“全市统战调研宣传工作先进单位”“全市统战信息工作先进单位”“全市统战工作实践创新成果一等奖”等称号。

【民主党派工作】 完善各民主党派财务管理和监督制度。指导完成民盟兰山区基层委员会换届、调整工作。组织各民主党派观看爱国影片及中共十九大开幕式活动。制订《2017年度政党协商计划》，组织开展政党协商座谈会5次，各民主党派积极建言献策。引导各民主党派深入基层开展调研活动8次，形成高质量调研报告7件。其中，民革兰山支部提报的《以换届为契机提高参政党自身建设水平》获全省理论调研成果优秀奖，《关于促进新能源汽车产业健康发展的调研报告》获全市理论调研成果三等奖。

【新社会阶层人士统战工作】 建立新社会阶层人士统战工作实践创新基地，加强新的社会阶层党外代表人士队伍建设，探索建立有关部门单位共同参与的网络意见人士协调工作机制。开展“新阶层大讲坛”活动，加强对民营企业和外资企业中的管理和技术人员、中介和社会组织从业人员、新媒体从业人员和自由职业者的教育引导。开展社会组织党建工作，在启阳税务师事务所、三禾律师事务所打造“新阶层党旗红”新社会组织党建工作品牌；在金锣集团打造全市首家新的社会阶层人士统战工作示范点—“民科苑”，经验做法获全省统战工作实践创新优秀成果第一名。区社组联启动“十百千”工程，开展社会调研10次，开展医疗下乡、法律援助、精准扶贫等社会服务活动10次，捐款捐物折合人民币100余万元。

【非公经济领域统战工作】 4月，完成区工商联（商会）换届工作，开展“回归兰山”活动，召开“回归兰山”座谈会2次。上海金运通网络支付有限公司注资8400余万元完成对临沂商城电子商务科技有限公司并购重组。先后组织开展基层商会会长业务知识培训1次20人，企业家电子商务培训1次50人，组织非公企业党务工作者外出学习2次25人次，组织非公企业党员100余人次分别到刘少奇在山东纪念馆、沂蒙革命纪念馆接受红色教育。引导非公经济人士开展光彩事业，开展各类公益活动捐款捐物达1000余万元。

【民族宗教工作】 维护民族团结，集中开展第16个民族团结进步宣传月宣传活动。创建民族团结进步示范单位，成立区民族文化促进会，南关社区获全市“最美民族村居”称号。创新开展“宗教政策法规学习月”活动，集中开展“宗教法规下乡赶大集”活动，科学合理规划宗教场所2处。加强宗教界人士教育引领，开展培训1期。成立区佛教协会，指导天主教、基督教团体和教堂成立民主管理组织。

【党外代表人士工作】 完成政协换届人事安排工作和人大换届党外人事综合评价推荐工作，完成全区300名非公经济人士综合评价工作。根据人大、政府、政协换届情况，更新党外代表人士人才数据库，副科级以上党外干部36人，具有初中级职称以上的党外知识分子1.2万人。提高在政府组成部门领导班子中党外干部配备比例，在4个区政府组成部门中配备副科级领导班子成员。全区党外人大代表115名，占总数的34.3%；党外政协委员166名，占总数的60.8%，全部超过配备比例要求。

【统战干部队伍建设】 开展“亮承诺抓整改见实效”活动，制定《“2+2”工作方案》，抓好问题整改，组织统战系统干部到刘少奇在山东纪念馆进行参观，提升干部队伍整体素质。6月，在全区统战系统组织开展“喜迎十九大·唱响中国梦”歌咏比赛。7月，联合区委宣传部、区文联、区文广新局开展“魅力兰山·影像中国梦”摄影比赛活动。开通“兰山统战”微信公众号，发布讯息52条。在中央统战部发

表信息1篇，《山东统一战线》杂志发表文章2篇，山东统战简报发表信息5篇，临沂统战简报发表信息15篇。联合临沂大学、市委统战部开展“新社会阶层人士舆情分析调研”，形成《新的社会阶层人士舆情动态机制研究报告》，获全省优秀理论调研成果二等奖。

撰稿：刘　跃

审稿：密宗方

对台工作

台湾工作办公室领导成员

主　　任　冯才彬

主任科员　林祥栋

副 主 任　张录婷（女）

【概述】 2017年，全区有定居台胞1人，台属1300多户3000多人；有台资企业11家，涉及食品、板材、商贸、金融、餐饮服务等行业。是年，在市台办对各县区（开发区、高新区）台办综合考核中，兰山区排名第一。

【涉台经贸】 加强兰台经贸合作机制，精准发力，加快推进兰台经济融合发展。聚焦台商聚集地区，强化邀请和拜访对接。结合台湾核心优势产业和兰山区实际，加大现代服务业、高端制造业、高新技术产业、现代农业及文创产业等领域的精准对接，加强招商信息的搜集。2017年，先后组织人员参加鲁台经贸洽谈会、昆博会等活动，宣传推介兰山区的优势资源、优质服务、优良环境和台资项目情况。接待台湾农业专家团、上海部分台商等多个团组来兰山区考察。衔接协调山东凯源木业和台资上联国际公司合作事宜。大润发超市到位资金3000万元。

【交往交流】 拓展兰台交往交流领域，涉及经贸、文化、教育、旅游、农业和科技等。2017年，衔接兰山区段氏文化研究会赴台交流考察。东苗庄社区被批准为山东省海峡两岸交流示范点。协助金锣集团、鲁南制药、大金豆、典蒙教育等集团办理赴台手续，共帮助办理7批20余人次企业赴台商务考察手续审批事宜。

【对台宣传】 利用接待台商、交往交流等时机，发放各种宣传资料。加强对涉台宣传教育的引导，保持对台工作的正确舆论导向。以兰台合作成果、营商投资环境及涉台政策信息宣传为重点，广泛开展涉台宣传推介工作。利用国台办网站、华夏经纬网、中国台湾网、山东台办网等网络平台开展对台宣传，加大对国家级、省级新闻媒体及涉台刊物的组稿量。2017年，向省台办杂志《海峡时空》、市台办《临台讯息》和各大涉台网站投稿，被登载文章70余篇。

【涉台服务】 利用中秋、春节等重要节日开展“台资企业走访季”“重点活动推进月”等活动，加强联络，帮助协调在兰山工作生活的台胞台商遇到的各种困难和问题，做好“台商之家、台胞之友”角色，让企业感受贴心服务，提升满意度。利用传统节日，向岛内兰山籍重要台胞寄发慰问信，致电表示节日的问候。妥善处理每一起涉台纠纷、每一起台商投诉案件，维护好台商台胞台属合法权益，确保“零投诉”。

【“三引一促”工作】 发挥主观能动性，协调对接、服务北京一方集团来兰山区参观考察，招引山东首个健康综合体项目——临沂滨河万达健康城。招引中国中医科学院西苑医院程芳博士来兰山区开办临沂程芳肛肠专科门诊部，被认定B类人才创业。另外，招引2名C类人才来兰山区就业。

撰稿：张录婷

审稿：冯才彬

区直机关党建工作

区直机关工作委员会领导成员

书　记　陈卫中

副书记　魏晓静（女）　钱仲江　吉云涛

纪工委书记　钱仲江

副主任科员　陈维国　王　静（女）

【概述】 2017年，区直机关党建工作围绕“服务中心、建设队伍”两大核心任务，强化党建责任制，推进基层组织规范化建设，发挥机关党组织战斗堡垒作用和党员先锋模范作用，为全区各项事业发展提供坚强的组织保证。

3月17日，区直机关党的建设工作会议召开。

【思想政治建设】 以中共十九大精神和习近平新时代中国特色社会主义思想为重点，通过集中宣讲、辅导报告、研讨交流等形式，引导区直广大党员干部学懂、弄通、做实。采取走出去、请进来、专题讲解、学习交流等方式，对区直党务干部进行集中轮训，增强党务干部政治理论水平和履职能力。全年为直属党组织统一配发65台党建专用电脑、7000本党员学习笔记本以及中共十九大学习辅导书籍，不断推进“两学一做”学习教育常态化制度化。

【基层组织建设】 指导区直机关基层组织配优配强领导班子，年内新成立党支部9个，28个基层党组织按期完成换届。紧盯党建工作落实和巡察发现的问题整改，由工委副科级以上干部分4个片区对区直部门单位党建工作进行全覆盖、常督导，推动机关党建严在日常。推进区直机关党建品牌建设，推动党建和业务有机融合，兰山地税分局的“心行”品牌、区公路局的“路畅通、心随行”品牌、区电视台的“五好”党媒品牌在基层组织中起到示范效应。

【党建责任制】 3月，全区机关党建工作会议召开，印发《区直部门单位党组（党委）书记抓党建工作责任清单》和《区直部门单位机关党委（总支、支部）书记推进党建工作责任清单》。各部门党组（党委）书记、基层党组织书记围绕责任清单，结合单位工作实际，制定各自任务清单，细化措施推进落实，年底实施三级联述联评联考，进行述职测评工作。

【党员队伍建设】 规范党员发展程序，全年新发展党员94名。完成区直机关12548名党员信息采集和528个山东e支部注册及模块使用。开展“亮身份、亮承诺、做贡献，争做新时期兰山好党员”活动，实行党员奉献积分量化考核管理，强化党员的奉献意识。“七一”前夕，组织开展“双十佳”评选表彰活动，同步制作宣传展板，在兰山大众开辟专栏宣传报道，激发广大党员干事创业的热情。在全区重大项目建设、“第一书记”“三引一促”、征收还建、商城国际化、精准扶贫、安全维稳等中心工作中，广大机关党员干部积极参与、担当奉献，发挥先锋模范作用。

【党风廉政建设】 牢固树立反腐倡廉意识，贯彻落实中央“八项规定”精神，落实党组织书记抓党建述职述廉、组织生活会等制度。严肃党的纪律，按照《纪律处分条例》处理工委直属党组织的26名违法违纪党员，保持机关党员队伍的纯洁性。

撰稿：王　静

审稿：钱仲江

党校工作

党校领导成员

校　长　赵晓晖（区委书记兼）

党委书记　肖立军

党委委员　岳庆金　祝远洪　林凡杰　高辉良　杨玉明

副 校 长　岳庆金　祝远洪　高辉良

行政学校副校长　林凡杰　杨玉明

党校工作机构领导成员

办公室主任　尤洪军

组织处主任　曹兵强

教务处主任　李先耀

理论教研室主任　张　玲（女）

培训中心主任　王临霞（女）

继续教育科主任　周洪达

公务员培训科主任　李筱旭

信息科主任　张子龙

【机构设置】 2017年，区委党校下设办公室、组织处、教务处、政治理论教研室、信息科、培训中心6个中层科室。区行政学校下设公务员培训科和继续教育科2个科室。年底，全校共有在职人员41人，其中专业技术人员24名，按照或参照公务员管理人员15名，工勤人员2名。

【概述】 2017年，区委党校在区委、区政府的坚强领导下，坚持以马克思列宁主义、毛泽东思想、邓小平理论、“三个代表”重要思想、科学发展观、习近平新时代中国特色社会主义思想为指导，深入贯彻党的十八大、十九大和习总书记系列重要讲话精神及全国、全省、全区党校工作会议精神，严格按照《中国共产党党校工作条例》《2010—2020年干部教育培训改革纲要》《2015—2018全市干部教育培训规划》要求，围绕区委、区政府的中心工作，不断提高科学办校水平，顺利完成全年的工作任务。

【“两学一做”学习教育】 制订区委党校《关于加强和改进机关党建工作的方案》《关于党员奉献积分制管理办法》《关于召开“两学一做”专题组织生活会和开展民主评议党员的实施方案》等制度，确保“两学一做”制度化。各支部制定学习计划，每月第一、三周周五的党员活动日制度，定期组织开展集体理论学习等党员活动，实现“两学一做”常态化。

【主体培训】 完成主体班次培训任务。根据培训计划，先后举办全区村（社区）党组织书记培训班、全区优秀村（社区）党组织书记和优秀党员示范培训班、全区科级干部十八届六中全会精神专题培训班、全区组工干部素质能力提升培训班、区派第三批第一书记业务培训班、兰山区女干部培训班、2017年党员发展对象培训班、全区青年干部综合素质能力提升培训班、全区村（社区）主职干部培训班、兰山区宣传干部素质能力提升培训班、全区区管干部学习宣传贯彻中共十九大精神专题培训班等班次16个，共21期，培训干部4100余人次。

【送教下乡·异地培训】 利用“流动党校”开展送教宣讲。开展中共十八届六中全会、中共十九大、习近平总书记系列重要讲话精神及理论政策送教宣讲活动，以“流动党校”的形式到区直部门、镇（街道）、经发区和村（社区）送教50场次，培训党员干部2.8万余人次。承接部门班次和外来班次培训。利用党校现有场地设备，承接安监局、卫生局等部门培训，培训1500余人次。依托临沂市党性教育红色文化资源，独立承办省内外各级党校培训班40余批次，培训异地党员干部2000余人。配合市委党校、区委组织部，承接中央党校、国家行政学院、国家质监总局、部分省市委党校培训班30余批次，培训1800余人次。

【科研工作】 完成省委党校十八届六中全会专项研究课题12项、省委党校常规性课题1项、市社联课题2项、市委党校课题5项。其中，有17项课题成果获区领导签批。承担区委、区政府委派课题6项，完成市委宣传部、区委宣传部3项调研资料的搜集任务。组织4名教师先后参加山东省中国特色社会主义经济年会、山东省哲学年会，并提交论文4篇，获得3项一等奖，1项二等奖。组织参加市委党校“传承和弘扬沂蒙精神”研讨会，提交参评文章5篇，其中3篇文章分获一、二、三等奖。在省级以上刊物发表学术论文13篇。

组织完成省委党校中共十九大专项研究课题16项，并进入课题研究阶段。根据区委要求，立项三商党建、红色兰山、文化兰山、商城兰山等方面课题5项，并于近期组织开展专项社会调研活动，发挥党校科研资政作用。

【基础设施建设】 在组织部等相关部门的配合下，开展全区党校分校建设。召开全区党校分校建设工作座谈会，印发区委《关于明确区委党校分校校长、常务副校长兼职人员的通知》、区委办公室《关于加强区委党校分校建设工作的意见》，以及区委党校《关于开展“流动党校”送教下基层活动的实施意见》；组织分校负责人到莒南等地调研，参观学习分校建设经验；组织相关人员到各分校进行挂牌仪式，督导18个分校建设和党员干部培训业务情况。参与打造临沂党性教育基地商城教学点。其中，3名干部参与临沂党性教育基地商城教学点课题领导小组，6名骨干老师参与专题课和访谈课的打造，2名老师常驻临沂商城，全力打造临沂党性教育基地商城教学点。

【队伍建设】 举行2017年青年教师优秀课堂教学观摩竞赛，为青年教师提升执教能力提供机会，为主体班次优质课选拔提供平台。选派3人参加全市党校系统讲课比赛，1 人获二等奖，2 人获三等奖。为提升党校教学质量和现代办学水平，选派 1 人次到中央党校，6 人次到省委党校，20 余人次到其他省、市、县区党校及高校参观学习。调整充实党校中层队伍，为党校发展奠定组织保障。通过组织考核、民主评议、党委研究新提拔副科级干部 2 名；通过党委研究、民主推荐，充实科室中层副职 7 名。

为保障教学活动能够正常开展，对已有设施进行改造。先后投资 18 万元装修改造提升党校第一报告厅 300 余平方米，投资 7.8 万元更换两口大教室的桌椅板凳，投资 8.2 万元更换多个教室、办公室的空调、电脑、电教设备，投资 7.3 万元购入专业书籍 3000 余册，改善党校的办学条件。

撰稿：马学永

审稿：岳庆全

群众（信访）工作

群众工作部领导成员

部　长　姜开昌

副部长　徐孟军＊　李　伟　闫佳中＊　全志方　李发锋

信访局领导成员

局　长　姜开昌

副局长　徐孟军＊　李　伟　闫佳中＊　全志方　李发锋

区复查复核办公室主任　徐孟军＊　李　伟

副主任　李　生

主任科员　李　伟＊　高本海　闫佳中

副主任科员　孙延照

【机构设置】 区委群众工作部、区信访局合署办公，下设办公室、接访科、办信科、督查科、网信科、复查复核办公室、人民建议征集办公室 7 个职能科室，区政府信访事项复查复核办公室为正科级事业单位，编制 5 人。2017 年，部（局）机关共有干部职工 19 人，其中具有大专以上学历的 17 人，高中（中专）学历的 2 人，具有中级技术职称的 1 人，高级工 4 人。

【概述】 2017 年，全区信访工作在新上项目多、拆迁量大，矛盾纠纷多、维稳压力大的形势下，畅通和拓宽群众诉求表达渠道，及时、有效、妥善处理群众反映的问题，全力解决重点信访积案；促进诉访分离，规范信访秩序；继续实行领导公开接访、领导包案制度。区委、区政府推行抓整改、亮承诺、见实效“3+4”活动，使一批难案、积案得以妥善解决，大量社会矛盾得到及时化解，信访总量有所下降，越级重复访大幅下降。全区社会大局持续和谐稳定，特别是全国“两会”、中共十九大等重要敏感时期，没有发生有影响的信访案件和重大群体性事件，维护兰山区的外部形象，为全区社会经济发展做出贡献。2017 年，全区共发生群众来访 2579 起 7931 人次，总量较上年同期相比分别上升 55%、41%。其中，进京正常上访 185 起 288 人次，较上年同期分别下降 14.5%、0.7%。

【信访责任制】 区级几大班子领导带头落实“一岗双责”和“谁主管、谁负责”的要求，对重大信访问题都及时过问，亲手处理，亲自调度安排工作。特别是中共十九大安保维稳期间，成立以区委、区政府主要领导任总指挥的中共十九大安保维稳指挥部，把中共十九大安保维稳作为最大的政治，当作压倒一切的重大政治任务来对待。安保维稳期间，全体人员吃住在指挥部，保证工作时间、工作效率和工作效果。在区委、区政府的强力带动下，镇（街道、经济开发区）及区直各部门对信访工作的认识程度进一步提升，对信访工作更加重视，有力推动信访工作开展。

【领导接访】 开展领导大接访活动，制定区镇两级领导接访计划表，区级领导实行周一常委接访制，确保每天都有一名区级领导到区信访局接访大厅现场接访，镇级主要领导每周一次接待群众来访。接访领导面对面倾听群众诉求，当场解决群众信访问题，暂时不能解决的，与相关单位一起研究制定解决方案，限期办理，并由接访区级领导负责调度、督导案件处理进程，直至问题解决。2017年，区级领导共接待群众来访471起953人次。

【积案化解】 2017年，开展亮承诺、抓整改、见实效“3+4”活动，每一名区级领导每个季度都主动认领至少一起信访积案，与信访人所在的单位领导和工作人员对接，分析研究解决案件的渠道，积极靠上化解，案件化解进度每月通报一次。全年区级领导共认领162件（次）信访积案，化解96件。开展区委书记面对面交办化解信访积案活动，由各镇（街道）党委书记亲自包案处理本单位的信访积案，对案件化解进展情况每月发一期通报。书记面对面交办化解积案活动共交办积案101件，化解52件。

【矛盾纠纷排查】 坚持超前防范，多措并举，综合施策，在全区继续深化基层矛盾纠纷排查化解制度，把一批信访问题吸附在当地，解决在萌芽状态。开展化解信访积案集中攻坚活动，千方百计化解信访积案，坚决做到诉求合理的解决到位、生活困难的帮扶救助到位、诉求无理的思想教育到位、行为违法的依法处理到位。2017年，共排查矛盾纠纷224起，化解170起，集中解决一大批疑难复杂信访案件。

【非访整治】 各镇（街道、经济开发区）及有关部门把进京非访集中整治工作摆在重要位置，区委、区政府强化督查措施，加大接回劝返、教育疏导、问题化解力度。按照《关于依法处理信访活动及群体性事件中常见违法犯罪行为适应法律的指导意见》及市四部门《关于依法处理信访活动及群体性事件中违法犯罪行为的通告》规定，区政法机关保持对“非访”、闹访、缠访等信访领域违法犯罪活动的严打高压态势。2017年，对“非访”人员训诫120人次，有效规范信访秩序。

撰稿：盛日京

审稿：姜开昌

老干部工作

老干部局领导成员

局　长　季　楠（女）
副局长　单福昌　孙建如
老年体协办公室主任
师立军（兼任关工委办公室主任）
老年大学办公室主任
杨化芬（女）*
干部休养所所长　高德方

【机构设置】 2017年，区委老干部局下辖3个副科级事业单位：区老年体协办公室、区老年大学办公室、区干休所；3个股级事业单位：区老干部活动中心、区离退休干部服务中心、区关心下一代工作委员会办公室；局机关下设1个职能科室：办公室。

【概述】 2017年，全区有离休干部211人，退休干部5129人，离退休干部党员2775人，离退休干部党支部92个。区委老干部局以开展结亲连心活动为契机，改进工作方式方法，切实转变工作作风，在全面落实好老干部政治、生活待遇的同时，探索老干部工作转型发展期的新思路新方法，提升老干部工作水平，开创新时代老干部工作的新局面。

【政治待遇】 春节期间，召开老干部新春情况通报会，对全区经济社会发展及计划进行通报。按照分级负责原则，对全区离休干部进行普遍走访慰问。6月，组织副县级以上离退休干部参观视察大项目推进、城市建设等工作。“七一”期间，召开庆“七一”老干部通报会。

【生活待遇】 做好离休干部离休费、医药费保障机制、财政支持机制的有效运行、医疗待遇政策的贯彻落实，确保离休干部离休费及时发放、医药费按规定据实报销。转发《关于进一步规范组织离退休干部开展活动的通知》，对组织离退休干部学习、参观视察、文体活动、重大节日走访慰问、老干部生病住院看望、定期组织健康体检、离退休干部节日福利、经费保障渠道等都作明确要求，为组织老干部开展活动提供基本保障。5月，会同卫生局、区人民医院为全区离休干部进行健康体检。协调财政、医保等部门，为全区76名特殊困难企业离休干部医药费统筹金实行财政兜底解决。做好省、市离休干部“两费”专项转移支付资金的分配和使用，做到专款专用，确保离休干部“两费”落实到位。

【服务管理】 健全完善离退休干部网格化服务管理模式，在条件成熟社区设立老年人日间照料中心，探索建立社区养老与居家养老相结合的服务管理模式，为离退休干部就近学习、就近活动、就近得到关心照顾、就近发挥作用创造条件。做好国有改制重组和关停破产企业以及改制事业单位离休干部服务管理工作，确保离休干部在管理上有归属、在服务上有机构、有人员，政治生活待遇得到全面落实。做好老干部来信来访工作。坚持和完善老干部信访首问责任制、工作人员联系老干部、局长接待日制度，为老干部排忧解难。注意通过老干部信访，及时发现研究解决新情况新问题，加强和改进老干部服务管理工作。

【党组织建设】 发挥区离退休干部党工委的指导协调作用，以创建"离退休干部服务型党组织"为目标，着重在健全组织、完善制度、思想教育、发挥作用等方面下功夫，推进离退休干部党支部规范化、制度化建设。9月，承办全市城市社区离退休干部党建工作现场推进会，兰山区在会上作典型发言。中共十九大召开后，下发专题通知，对老干部系统学习中共十九大精神进行部署安排，与关工委联合举办学习中共十九大精神培训班。做好网上离退休干部党支部平台建设工作，规范引导离退休干部党组织网上登记注册，鼓励动员老干部积极发言发帖，传递正能量。

【老年体育】 发展基层组织，壮大老年体育队伍，发挥社区活动站点和老年体育骨干的带头作用，推广普及适合老年人特点的文体娱乐活动。3月，选派优秀队员参加全省中老年门球裁判员培训班。4月，组队参加全市老年人门球比赛。5月，组队参加全市2017年太极拳培训班。6月，举办全区"喜迎十九大·庆七一"老年人门球比赛；组队参加全市老年人排球比赛，获优胜奖；与老龄委、邮政局联合举办第三届邮政"银龄杯"中老年广场舞大赛，全区12支代表队200多名中老年人参赛。9月，组队参加全市老年人钓鱼比赛和全市老年人大众广场健身操（舞）比赛。10月，组织举办全区"庆祝十九大、欢度重阳节"第十九届老年人运动会。

【文化生活】 根据终身教育理念，坚持"教、学、乐、为"相统一原则，健全完善各项工作制度，加强老年大学规范化建设。区老年大学开设音乐、隶书、行书、花鸟及山水等课程，全年共培训学员300余人次。改造提升图书室、乒乓球室、多功能室，全年接待活动人员8000余人次。6月，举办全区老干部"喜迎十九大·庆祝建党96周年"书画展，并出版书画作品集。9月，组织区老年大学合唱团参加"心有力量歌声嘹亮""益安宁丸杯"首届山东省合唱大赛，并获得优秀组织奖。多次组织老干部参加省、市级书画展并获得优异成绩。

【干休所工作】 做好老干部服务工作。干休所里有老干部3名和遗属6名，年龄都在85岁以上。健全完善联系老干部制度，每名工作人员联系1名住所老干部，加强与老干部的交流谈心，开展"报纸杂志送到门、重要文件传阅到门、生日祝福祝愿到门"活动，为有困难的老干部提供力所能及的帮助。加强安全管理工作，与兰山保安公司签订保安合同，明确门卫安全保卫责任。加大对基础设施维修维护工作，购置更换路灯8杆，对所有线路和照明设施进行排查维护，并完善所内绿化工作，使老干部的生活环境得到改善。

【关心下一代工作】 开展青少年"两史一魂"和社会主义核心价值教育、青少年普法教育、特色关爱工程等工作。2017年，兰山区被中国关工委、司法部、中央综治委联合授予"全国青少年普法教育示范区"称号；区关工委、金雀山街道关工委被省关工委、省文明办授予"全省关心下一代工作先进集体"称号。省关工委常务副主任周玉华、张少军和市关工委领导班子到兰山区视察调研，并给予高度评价。全年承办市以上关工委活动10余次。中国关工委、省关工委网站多次对兰山区经验做法予以刊发。

【信息宣传】 开通“兰山老干部”今日头条的信息发布和平台维护工作。撰写的调研报告《关于老年教育发展现状与发展需求的调查与思考》获得2017年度全市老干部工作部门调研报告三等奖。在全市老干部工作部门离退休干部党建工作创新案例评选中，兰山区2篇调研文章荣获一等奖。被市委老干部局评为2017年度全市老干部工作部门调研信息宣传工作先进单位。

撰稿：王善勇

审稿：季　楠

档案工作

档案局（馆）领导成员

局（馆）长　王建华

副局（馆）长　李建国*　张开银　顾玉妮（女）

【机构设置】 2017年，区档案局（馆）内设办公室、征集管理科、法规业务科、教育培训科、开发利用科和政府信息公开中心，在职干部职工14人。

【概述】 2017年，区档案局（馆）加强档案资源建设、档案信息化建设、档案基础业务建设，开展档案年度调研和干部实绩纪实评价工作，持续推进档案工作科学化管理，着力提升档案工作服务水平，全区档案事业呈现良好发展态势，先后获评全省档案宣传工作先进集体、市级文明单位、全市综合工作先进单位、全区扶贫攻坚先进单位。

11月30日，市档案局到兰山区检查指导工作。

【征集管理】 3月，印发《全区2017年档案定期移交工作实施方案》，完成年度接收20个单位、310余卷、收档7800余件。重点接收婚姻、农机补贴等2类民生档案，其中婚姻档案155箱、1770盒、57028件；广泛征集地方特色档案资料，印发《关于2016年重大活动、现行文件、特色档案、电子文件、图书音像等资料收集征集计划的通知》，征集《永恒的记忆》《王小古传》《九曲店志》《孙氏族谱》等图书资料298册。创新推进纸质、数字双轨制移交模式，接收区民政局婚姻档案原文数据94634件、70万页、906GB，接收机读目录95154条，导入数据库57028条。开展存量数字化、增量电子化、利用网络化工作，著录目录数据库有资料2397万余条，档案案卷6.27万余条、文件61.8万余条。建设原文数据库114.7万余页，容量约492.4GB。区法院、区地税分局、区公路局、区统计局、区民政局等档案室数字化已全部完成，同步推进区法院借助物联网，实施智慧诉讼档案系统建设项目。

6月9日，区档案局在广场组织集中宣传活动。

【法规业务】 印发《关于推进全区依法治档工作的实施意见》，梳理制定行政权力清单和部门责任清单，编制公共服务事项目录及服务指南、“双随机一公开”抽查对象目录。参加省、市执法培训班，5人取得执法资格证书。对全区基层单位进行调查摸底和分类分析，确定区统计局、区公路局等20家为申报单位，进行精准指导。年底，区委党校、住建局、柳青街道等8个部门单位通过“先进单位”验收，区委政法委、物价局、白沙埠中小等14个部门单位通过“合格单位”。3月，区委办、区政府办联合下发《全区2016年度文书整理归档工作实施方案》，集中6个月完成全区87个单位的文书年度归档工作，累计归档3万余件。完善区、镇（街道）、村（社区）三级档案工作网络，实施建立婚姻、农机、扶贫、退伍兵和低保等民生档案分级分类规范管理机制。指导贫困户精准扶贫档案320余盒、万余卷（件），区级扶贫档案44盒、1300余卷（件）。完成全区29个重大建设、重大科研、重大技改、重大生态环境保护等重点建设项目档案依法登记备案。建立全区507家规模以上工业企业档案科学化管理目录库，分期分批推进示范项目，指导三维、金锣等企业101家规范档案8000余卷（件），约占总量20%，打造出企业档案“兰山升级版”。

【宣传教育】 建立以干代训、轮训等教育机制，举办档案业务培训班1期、140余人次。开展保密培训会议和消防安全培训会议，选派1人参加省档案学会培训班，14人参加市档案业务培训班。

制订《2017年度宣传计划》，开展面向中小学生、社会公众参观的档案专题宣传6次。与市档案局、市卫计委、市人社局和市城建档案馆等在“6·9”国际档案日集中开展民生与家庭档案宣传活动1期。全年在《中国档案》刊发1篇、中国档案资讯网2篇、《中国企业》1篇，省、市档案局网站3篇、临沂日报7篇、《兰山大众》15篇、《兰山信息》2篇、《兰山政务信息》2篇。探索“互联网+档案”模式，维护好网站，推送动态32条；开通微信公众号、新浪微博；编发《兰山档案》6期（总第9期）。

【开发利用】 推进好与区电视台、区新闻中心等重大活动双向备存共享机制，接收电子照片13.35万幅、110.78GB，区级重大活动视频584.7GB、6997.9分钟；申请编印《印象兰山》一书。与区人大、区政协合编会议文件汇编，与区党史委合作公开出版《兰山区政法组织史》《历届党代会文件汇编》。广泛征集城镇建设、人文历史传承等记忆档案，以“大数据和云”技术为依托，建立起视频11587.9分钟、2.86TB，新旧照片155224张、1.4TB的“三记忆一专题”记忆声像数据库体系。开展“最佳服务窗口”“最佳服务明星”创建活动，完善档案查阅中心配套，创新

应急预审服务机制，优化服务流程，适时启动实施分类查档，服务利用者逾千人次、服务698次、调档2860卷，复印6900余页；拓宽网上查询、电话查询、来函查询、假日预约查询等服务方式，提升服务能力；严格落实政务信息公开申请，依法依规按程序承接好公众诉求。

【年度考核】 全区档案工作首次纳入区委2号文件，明确对区直部门实行20扣分考核，赋予对镇（街道）民生指标5分考核，档案工作实现与依法管档治档的双轮驱动力。5月，印发《2017年度全区档案年度考核办法（试行）》，考核办法主要分定量指标和奖惩指标两大类，其中定量指标包括组织保障、档案室建设、基础业务建设、信息化建设和工作测评五大类。11月，对全区92家镇（街道）、区直部门等进行实地现场考核。通过实地考核，摸清全区档案底子，建立基本台账，为科学推进全区档案整体工作，提供第一手原始数据。

【安全保障】 利用数字化技术实现档案抢救保护工作，开展案卷质量差、毁损档案裱糊抢救。落实档案进出库管理登记制度；开展安全检查，及时排除安全隐患，组织消防培训，进行应急演练，杜绝安全事故发生。

【其他工作】 依托丰富馆藏资源，借助专业技术优势，发挥“为党管档、为国守史、为民服务”职能，完成退伍兵登记和商城党性基地建设及清理中华人民共和国成立以来失效的规范性文件等工作，为商城党性、史志编写调档近千卷件、约6000页。提升档案专业素养，参加市局组织的赴青岛市、江苏省苏州市等地考察学习。全年完成招商引资任务3603万元（分配任务数1600万元），引进B类人才2名、计分20分（任务目标值16分），高校、科研院所进兰山1个。

撰稿：张开银

审稿：王建华

党史工作

党史研究室领导成员

主　任　陈宏图

主任科员　苏振全

副主任　梁红星　李建国　胡晓蕾（女）

副主任科员　吴　蕾（女）

【机构设置】 2017年，区委党史研究室设办公室、宣教科、编审科、综合科4个科室，在职人员11人。

【概述】 2017年，区委党史研究室出版发行《中国共产党临沂市兰山区历次代表大会文件汇编》《中国共产党临沂市兰山区政法系统组织史资料》2部党史资料和4期《党史博览》。做好“社会主义建设时期地、县委书记口述史”兰山区部分征编等党史资料征集和管理工作。完成党史资料征编、发行和党史宣传教育工作。

【党史资料编纂和发行】 完成《中国共产党临沂市兰山区历次代表大会文件汇编》征编刊印工作。该书主要收录撤市划区后兰山区第九次至第十四次党代会的会议概况，工作报告及开幕词、闭幕词，历届一次会议上的讲话及历届大会选举产生的区委和区纪委书记、副书记、常委、委员及候补委员名单等。

出版发行《中国共产党临沂市兰山区政法系统组织史资料》。该书主要内容包括1995年3月—2015年12月期间，区直政法各部门及下属机构（科、室、庭、队、所）的沿革以及任职干部名录；全区市属政法单位驻兰山区分支机构的组织史资料。总结兰山区党组织在政法建设方面的成就和经验，研究探索政法系统党的建设的客观规律。

【党史宣传教育】 做好《党史博览》杂志的出版发行工作。《党史博览》杂志是全市第一份党史刊物，深受社会各界的赞许与好评。2017年，组编策划纪念邓小平逝世20周年、纪念孟良崮战役胜利70周年等专题，同时选编兰山区大事记，对兰山区政治、经济、社会等各方面工作进行系统宣传，发挥党史工作“以史鉴今，资政育人”的作用。全年出版发行4期，约37万字。

【党史资料征集和管理】 “社会主义建设时期地、县委书记口述史”兰山区部分征编工作于2016年启动，通过查阅组织史确定历任区（县）委书记名单，结合地方史、编年史等党史资料记载的重大历史事件对照梳理，共搜集整理领导讲话、回忆录、信件等相关材料27篇，共计30余万字。该书研究总结了兰山区党组织带领全区人民进行社会主义建设所取得的伟大成就和经验教训，抢救整理一批全区重大历史事件亲历者的口述资料。

完成第二批重点抗日遗址普查工作。确定中共费县委旧址（甘露寺）为临沂市第二批重点抗日战争遗址。完成《红军将士在山东》摸底工作。提供中华人民共和国成立后工作生活在兰山区内的红军将士资料3篇，土地革命战争时期参加革命工作的党员干部和革命群众资料11篇。

完成《改革开放实录（临沂卷）》（兰山专题）征编工作，组织9个镇（街道）、部门和企业共同参与，开展“改革开放的发展与成就、商贸物流发展、新型城镇化探索、基层党建探索、新型工业发展、文明城市创建长效机制探索、民营企业发展探索”7项课题的研究工作，高质量完成8篇课题成果的撰写，通过市编纂委员会审定。

【其他工作】 做好“三引一促”工作。区委党史研究室2017年引进项目1650万元，引进高端人才2名，引进“科研院所、高校进兰山”1所。配合区党性教育基地改造提升工作，深入挖掘提炼总结临沂商城发展的不同时期各级党组织及党员、群众中具有的沂蒙精神。

撰稿：李春笋

审稿：李建国

机构编制工作

机构编制委员会办公室领导成员

主　任　刘相星

副主任　陆洪强　刘玉存

事业单位监督管理局副局长　王　菲（女）

纪真真（女）

【机构设置】 2017年，区编办内设综合科、机构编制科、监督检查科、区政府行政审批制度改革办公室（副科级）；下设2个副科级事业单位：事业单位监督管理局和机构编制电子政务中心。

【概述】 2017年，区编办贯彻落实中央和省、市机构编制部门及区委、区政府工作部署，深化行政管理体制改革，创新体制机制，推进“放管服”改革工作，优化编制资源配置，全面提升机构编制工作水平，为全区经济、文化和社会发展提供强有力的体制机制保障。

【机构编制管理】 严控机构编制。执行“四个严禁”“五不准”规定，从紧从严规范机构编制管理，确保行政编制不突破中央下达的总额，事业编制不突破2012年年底总量基数，各级机关事业单位财政供养人员总量只减不增。盘活用好编制资源。按照“控制总量、盘活存量、优化结构、增减平衡”的要求，对现有的编制资源进行动态调整，对涉及民生的单位、新形势下需要加强的单位编制进行核增，对由于时代发展职能弱化的单位编制进行核减。2017年，共核查机构400余个，人员1.8万余人，维护更新数据122577余项。通过核查，做到部门单位信息与机构编制相关文件、人员实名制信息与个人档案信息两方面“一一对应”，实现机构、编制、职数、人员、业务范围“五清”目标。

【综合行政执法体制改革】 按照中央和省、市综合行政执法体制改革精神，将城市管理等11个领域的全部或部分区级行政执法权纳入综合行政执法范围。整合区工商局、区质监局的机构职责，组建区市场监督管理局。整合区农业局、区林业局等5个部门单位的相关执法权纳入农业综合行政执法领域。改革后，全区具有行政执法权的部门由30个减少到21个，专门执法队伍由14支减少为8支，其中1支为跨部门跨领域综合执法队伍，7支为部门领域内综合执法队伍。相对集中行政处罚权1382项，着力解决职责交叉、多头执法、重复执法问题，全面提升执法效能。编制资源和人员配备向基层和一线倾斜，基层执法力量增强。派驻基层执法中队增加12支，组建基层综合执法办公室11个，核增基层执法队伍编制116名，核增基层综合行政执法办公室编制55名，配齐配强基层执法力量，实现镇（街道）综合执法全覆盖。落实属地责任，发挥基层政府主体作用和管辖优势，着力解决基层执法力量分散薄弱、监管缺位问题。

【城市管理执法体制改革】 兰山区结合实际，深入推进城市管理执法体制改革。按照精简统一效能的原则，将市容环境卫生、综合执法、园林绿化、数字化城市管理等相关职能，整合到城市管理部门，实现城市管理执法机构综合设置。区园林管理办公室、区环境卫生管理办公室、区数字化城市管理中心等相关事业单位相应划转到区综合行政执法局（城市管理局）。将城市管理执法体制改革和全区综合行政执法体制改革相结合，与全区综合行政执法体制改革保持一致。科学界定区、镇两级城市管理职责分工，赋予镇街（经开区）相关城市管理职能。

【“放管服”改革工作】 编制区、镇两级公共服务事项目录和镇（街道）行政权力清单。5月，《兰山区区级公共服务事项目录清单》和《兰山区乡镇（街道）公共服务事项目录清单和行政权力清单》向社会公布。同时，为简化优化流程，对215项区、镇两级公共服务事项编制服务指南，为方便群众办事创业提供“明白纸”。清理无谓证明和盖章类材料。据《临沂市人民政府关于2017年第一批取消调整的证明和盖章类材料的通知》，及时与相关部门对接，第一批取消、调整区直部门证明、盖章类材料7项。全面推行“双随机、一公开”监管工作。5月，公布《区级随机抽查事项清单》，涉及25个区直部门单位246项随机抽查事项，逐一明确事项名称、抽查依据、抽查对象、抽查内容、抽查方式及联合抽查部门等相关事宜。通过强化监管，解决当前一些领域存在的检查任性和执法扰民、执法不公、执法不严等问题，为营造公平竞争的发展环境提供保障。动态调整权力清单。先后两次调整取消区级行政权力事项170项，其中取消66项、整合17项，新增列入区级行政权力清单事项36项，不再作为区级行政权力事项51项；承接省、市政府下放的行政权力事项20项；新增纳入《兰山区区直部门（单位）行政审批中介服务收费项目清单》管理的区级行政审批中介服务收费项目1项，不再纳入管理的区级行政审批中介服务收费项目3项。同时，要求各部门做好衔接落实工作，及时调整本部门行政权力事项目录并制定具体承接方案；对保留的权力事项加强监督制约，优化运行流程，规范自由裁量权，真正实现优权制权。完成村（社区）证明材料梳理工作。兰山区是全市村（社区）证明材料梳理试点县区之一，区编办采取区直各部门、镇（街道）同时梳理报送的方式，深入社区实地调研，做好摸底梳理等工作,为全市村（社区）材料清理工作提供一手资料，并多次参加市编办举办的集体研讨会议，对全市村（社区）材料保留、取消情况予以集体研究，完成试点任务。完成全区营商环境三项重要指标调查工作。兰山区是全市营商环境三项重要指标调查工作试点县区之一，区编办牵头及时组织相关人员成立营商环境调研组，先后3次召集区政务服务中心管理办公室、区工商局、兰山国土分局、区住建局和相关企业开展集体座谈，同时通过走访企业和发放调查问卷的方式，对8月1日前最新注册的10家内资企业、1个房地产项目、在本地购买二手普通住房并办理不动产登记的个人就开办企业、投资项目报建审批、不动产交易登记三项指标开展调查评价。通过调研，初步掌握全区营商环境的现状、存在的问题和不足，为全市营商环境调查工作提供一手资料，完成营商环境三项重要指标调查工作。完成山东省权力事项动态管理系统平台公共服务事项录入审核工作。按照有关要求，对全区公共服务事项录入事项予以审核，涉及43个区直部门和11个（镇街）1445条公共服务事项。

【事业单位监督管理】 按照“事业单位申报、举办单位初审、事业单位登记管理局终审”等程序，严格开展2016年度事业单位年度报告公开。对申报材料和数据填写不准确、不规范、不合逻辑以及漏填等问题，及时退回要求更改。3月，完成全区171个事业单位的年度报告公开工作。做好公立医院法人治理结构建设工作。区人民医院和区计划生育妇幼保健服务中心先后召开首届理事会，并审议通过工作章程，兰山区所有公立医院全面建立起以“理事会、管理层、监事会（监事）”为主要架构的法人治理结构。推进事业单位业务范围清单化工作。制定出台《事业单位业务范围清单化管理工作实施方案》，指导事业单位填报业务清单，全面梳理事业单位的业务事项，着力提高事业单位公益服务水平。

撰稿：吴亚坤

审稿：刘相星

兰山区人民代表大会常务委员会

人大常委会领导成员

主　任　王永哲

副主任　李玉华　王爱君（女）　徐金民　马学印　李云荣

人大各专门委员会主任委员

法制委员会

主任委员　胡忠良

财政经济委员会

主任委员　杨耀寰

教育科学文化卫生委员会

主任委员　李洪利

城乡建设与环境资源保护委员会

主任委员　路步强

农业与农村委员会

主任委员　王安申

人大常委会工作机构领导成员

办公室

主　任　韩庆明

主任科员　陈　彬　张明霞(女)　郑月彩(女)　刘锦红（女）

副主任　葛秀梅(女)

副主任科员　钱　英(女)

研究室

主　任　任俊杰

人事代表工作委员会

副主任　王志新（主持工作）　于松峰

法制工作委员会

主　任　李　鸣

财政经济工作委员会

主　任　曹雪莲(女)

预算工作委员会

主　任　王洪学

农村经济工作委员会

主　任　张明霞(女)*　曹德胜

城乡建设环境保护工作委员会

主　任　胡怀广

教育科学文化卫生工作委员会

主　任　田　慧(女)

信访室

主　任　郑月彩(女，兼)

重要会议

【兰山区第十九届人民代表大会第一次会议】　兰山区第十九届人民代表大会第一次会议于1月22—25

日召开，会议应出席代表335名，列席人员141名。会议听取并审议通过区政府、区人大常委会、区人民法院、区人民检察院的工作报告；审查并批准《兰山区2016年国民经济和社会发展计划执行情况与2017年国民经济和社会发展计划》《兰山区2016年财政预算执行情况和2017年财政预算》；选举产生兰山区第十九届人大常委会主任、副主任、委员，区人民政府区长、副区长，兰山区人民法院院长、区人民检察院检察长和出席临沂市第十九届人民代表大会的代表。会议选举王永哲为兰山区第十九届人民代表大会常务委员会主任，李玉华、王爱君、徐金民、马学印、李云荣为副主任，32人当选为区人大常委会委员，68人当选为出席临沂市第十九届人民代表大会的代表。沈如茂当选为兰山区人民政府区长，刘爱友、刘金波、王辉、周兴金、王翠宝当选为副区长。王胜当选为兰山区人民法院院长。苏波当选为兰山区人民检察院检察长。会议宣读区十九届人大一次会议关于代表所提议案处理意见的报告。表决通过《关于兰山区人民政府工作报告的决议（草案）》《关于兰山区2016年国民经济和社会发展计划执行情况与2017年国民经济和社会发展计划的决议（草案）》《关于兰山区2016年财政预算执行情况与2017年财政预算的决议（草案）》《关于兰山区人大常委会工作报告的决议（草案）》《关于兰山区人民法院工作报告的决议（草案）》《关于兰山区人民检察院工作报告的决议（草案）》。表决通过区人大各专门委员会组成人员人选名单。

【第十九届人民代表大会常务委员会会议】 2017年，区第十九届人大常委会共召开6次会议。

第一次会议于3月27日召开。区人大常委会主任王永哲，区人大常委会副主任王爱君、徐金民、马学印、李云荣出席会议。区委常委、副区长刘爱友，区政协副主席房士栋，区人民检察院检察长苏波，区人民法院院长王胜列席会议。会议听取审议并表决批准区政府关于采取政府购买服务方式推进兰山区解决普通中小学大班额问题等项目的报告。书面提交并表决通过《兰山区第十九届人大常委会关于加强自身建设的决定（草案）》《兰山区人大常委会组成人员履职规定（草案）》《兰山区人民代表大会代表履职管理办法（草案）》《兰山区第十九届人民代表大会常务委员会代表资格审查委员会组成人员名单（草案）》。听取审议并表决通过区政府关于全区安全生产工作情况的报告、关于全区大气污染防治工作情况的报告、区人民法院关于全区法院执行工作情况的报告。会议还表决通过有关人事任免事项，并向被任命人员颁发任命书。会议还就全区人大工作进行部署安排。指出，作为新一届区人大及其常委会工作的开局之年，要在区委正确领导下，着力贯彻好区党代会精神统筹推进人大各项工作、着力加强和改进监督工作、着力做好人事任免和任后监督工作、着力服务保障人大代表依法履职、着力加强监督指导和工作整体联动。

第二次会议于5月27日召开。区人大常委会主任王永哲，区人大常委会副主任李玉华、王爱君、徐金民、马学印、李云荣出席会议。副区长王辉、区政协副主席强军、区人民检察院检察长苏波、区人民法院院长王胜列席会议。会议听取审议并表决通过区政府关于全区老旧小区改造工作情况的报告、关于全区民政工作情况的报告、关于全区卫生和计划生育工作情况的报告；听取审议区人民检察院关于侦查监督工作情况的报告。表决通过《兰山区人民代表大会专门委员会工作规则（草案）》《兰山区人民代表大会常务委员会任命人员任前法律知识考试实施办法（草案）》《兰山区人民代表大会代表议案处理办法（草案）》。会议还表决通过有关人事任免事项，并向被任命人员颁发任命书。会上，有关拟任命人员作供职报告。区人大常委会主任会议组织有关被任命人员进行宪法宣誓仪式。

第三次会议于7月27日召开。区人大常委会主任王永哲，区人大常委会副主任李玉华、王爱君、徐金民、马学印、李云荣出席会议。区委常委、副区长刘爱友，区政协副主席王观利列席会议。会议听取审议并通过区政府《关于兰山区2017年上半年国民经济和社会发展计划的报告》《关于2017年上半年财政预算执行情况的报告》《关于兰山区2016年财政决算的报告》《关于兰山区2016年度本级预算执行和其他财政收支情况的审计报告》。

会议还表决有关人事任免事项，向被任命人员颁发任命书，举行宪法宣誓仪式。

第四次会议于8月31日召开。区人大常委会主任王永哲，区人大常委会副主任李玉华、王爱君、徐金民、马学印、李云荣出席会议。区政府党组成员、临沂三中党总支书记冯学敏列席会议。会议对区政府《关于将新兰山路建设项目纳入兰山区2017年国民经济和社会发展计划的报告》《关于将兵学广场建设项目纳入兰山区2017年国民经济和社会发展计划的报告》和《关于将双龙水岸片区项目纳入兰山区2017年国民经济和社会发展计划的报告》依法做出决议。

第五次会议于9月28日召开。区人大常委会主任王永哲，区人大常委会副主任李玉华、王爱君、徐金民、马学印、李云荣出席会议。区委常委、副区长刘爱友，区政协副主席房士栋，区人民检察院检察长苏波，区人民法院院长王胜列席会议。市公安局党委委员、兰山公安分局局长王行军参加有关议题汇报。会议听取审议区政府关于深化公安基层基础建设情况的汇报、区政府关于全区教育工作情况的报告、区政府关于全区林业发展情况的报告。表决通过兰山区人民代表大会代表述职制度（草案）、兰山区人大常委会关于聘请焦维克等199人为“人大代表接待站”义务咨询员的决定。会议表决有关人事任免事项，向被任命人员颁发任命书，举行宪法宣誓仪式。

第六次会议于11月29日召开。区人大常委会主任王永哲，区人大常委会副主任李玉华、王爱君、徐金民、马学印、李云荣出席会议；区委常委、副区长刘爱友，区政协副主席张豪轩，区人民法院院长王胜列席会议。会议传达中共十九大精神和全市人大工作会议精神；听取审议并批准区政府将国际商贸城片区项目纳入兰山区2017年国民经济和社会发展计划的报告；听取审议区政府贯彻实施《中华人民共和国水法》工作情况的报告、关于工业经济发展情况的报告、关于2016年度区级预算执行和其他财政收支审计查出问题整改情况的报告、关于全区政府债务融资管理使用情况的报告；通过区人民政府和区人民法院提请的人事任免事项。

【重要工作会议】 3月23日，区人大常委会机关召开全体人员会议，贯彻落实全区整治“不作为”“乱作为”优化发展环境专项行动部署会议要求，对区人大机关的专项整治工作进行动员和启动。会议集中观看区作风整顿专题片，传达区人大常委会机关整治“不作为”“乱作为”优化发展环境专项行动实施方案。

5月9日，区人大常委会举办区第十九届人大代表培训班。区人大常委会主任王永哲，副主任王爱君、徐金民、马学印、李云荣出席培训会议。培训班邀请中共临沂市委党校副校长杨建中作“代表法及代表履职相关内容”的辅导报告。区人大常委会主任王永哲主持培训班并在培训结束时，对包括代表工作在内的全区人大工作作了强调和部署。

5月11日，区人大常委会视察全区老旧小区改造工作。区人大常委会主任王永哲，区人大常委会副主任王爱君、徐金民、李云荣及其他常委会组成人员参加视察。区委常委、区政府党组成员、临沂工业园区管委会主任桑立杰及相关部门负责人陪同视察。

视察组一行先后到竹林桥小区南区、经信局家属院、金坛小区等，对老旧小区改造现场进行实地视察。在随后召开的座谈会上，听取全区老旧小区改造工作进展情况，视察组成员就相关工作提出意见和建议。

6月9日，市人大常委会城市供热立法调研组到兰山区就《临沂市供热条例（草案）》进行立法调研。市人大常委会主任杜德昌，区领导王永哲、桑立杰、王爱君、马学印及相关单位负责人出席相关活动。座谈会后，调研组一行到天元名筑小区、金雀山街道金坛小区就城市供热情况进行现场调研。

6月23日，区人大常委会对全区市级环保督察整改工作情况进行专项视察。区人大常委会主任王永哲，区人大常委会副主任王爱君、徐金民、马学印、李云荣参加视察，副区长周兴金陪同。

视察组先后到宝德新领域建筑工地、柳青河第二污水处理厂、慧迪自动化、小柳汪畜禽养殖清理现场，查看有关环保工作整改情况，并召开座谈会听取区政府工作情况汇报，提出意见和建议。

7月4日，区人大常委会视察全区商贸物流工作。区人大常委会主任王永哲，区人大常委会副主任王爱君、徐金民、马学印、李云荣参加视察。副区长王辉、兰山商城管委会副主任李顺峰陪同。视察组先后到国际商贸城、华强建材仓储物流园、临沂商城展览馆、中国教育用品基地等地进行实地察看，并召开座谈会听取全区商贸物流工作情况汇报。视察组指出，要强化责任意识，担当意识，勇于破解难题，紧紧围绕“三中心、两高地，三化并举、五位一体”的发展目标，充分发挥兰山区商贸物流优势，推动商城新旧动能转换和内外贸一体化发展，全面提升商城综合竞争力，加快推进国际化商贸名城建设步伐。

7月21日，全区人大工作现场观摩推进会议召开。区人大常委会主任王永哲出席会议并讲话。区人大常委会副主任李玉华、王爱君、徐金民、马学印、李云荣出席会议。会议现场观摩全区各镇（街道）的人大工作。随后召开的工作会议上，各镇（街道）人大汇报交流工作情况，常委会有关领导对观摩情况进行工作点评。区人大常委会主任王永哲作讲话。他强调，要理清思路，压实责任，全力推动人大工作实现新的跨越。要深入贯彻全国人大常委会推进县乡人大工作和建设经验交流会要求，在区委的正确领导下，突出“拉高标杆、争先进位”总要求，推进监督工作、代表工作、镇街人大、自身建设等各项工作，实现换届首年工作新跨越，为全区经济社会发展和民主法治进步做出新贡献。区人大各专门委员会主任，各镇（街道）人大主席（主任）、副主席、人大秘书，区人大常委会机关各委室负责人参加会议。

8月16日，省人大常委会委员、省人大内司委副主任委员韩军率省人大内司委立法调研组到兰山区调研禁毒、戒毒工作。市人大常委会副主任丁善余、区人大常委会副主任马学印陪同调研。

8月17日，区人大常委会组成人员对全区法院工作进行视察。区人大常委会主任王永哲、副主任王爱君、徐金民、李云荣参加视察。在对一起民事诉讼案件庭审进行观摩后，视察组实地就区法院司法公开及信息化建设、法院文化建设等进行视察，并听取相关工作汇报。

8月30日，省人大常委会代表资格审查委员会调研组在省人大常委会委员、代表资格审查委员会主任委员马平昌带领下到兰山区调研。市人大常委会主任杜德昌、副主任丁善余、秘书长尹云川，区委书记赵晓晖、区人大常委会主任王永哲、副主任马学印陪同调研。调研组一行到兰山街道中国(兰田)教育用品采购基地人大代表接待站进行实地考察。

9月8日，市人大常委会调研组由市人大常委会委员、研究室主任凌宗庆带队到兰山区调研镇街道人大工作和建设情况。区人大常委会主任王永哲，副主任李玉华、马学印及人大机关有关委室负责人陪同调研。

10月11日，市人大常委会主任杜德昌带队到兰山区视察检察机关加强侦查监督、维护司法公正情况，市人大常委会副主任张广敬、冯安、刘淑秀、李民参加，市、区领导蒋万云、赵晓晖、沈如茂、王永哲、马学印、苏波陪同。杜德昌一行实地察看刑检指导委员会工作室、红嫂检察官工作室、受案大厅及部分检察业务科室，听取兰山区人民检察院关于全面加强侦查监督、努力维护司法公正情况介绍。杜德昌一行对兰山区的检察侦查监督工作予以充分肯定并提出工作建议。

10月18日，中共第十九次全国代表大会在北京人民大会堂开幕，会上，习近平总书记代表十八届中央委员会向大会作报告。区人大常委会领导班子和机关全体工作人员认真组织收听收看大会开幕会。大家纷纷表示，要深刻理解中共十九大报告的重大意义、精神实质和深刻内涵，深刻理解把握推进新时代中国特色社会主义事业的重大战略部署，坚定不移沿着中国特色社会主义道路前进，同时联系县区人大工作实际，发挥好地方国家权力机关作用，奋力开创“大美新”临沂建设的兰山新篇章。

11月22日，区人大常委会主任会议成员和区人大有关专门委员会组成人员对兰山区旅游工作情况进行视察。区人大常委会主任王永哲，区人大常委会副主任王爱君、徐金民、李云荣参加视察。副区长王辉、王翠宝陪同。视察组分别对兰山区全域旅游集散中心、金锣生态农庄、临沂中小学综合实践基地、临沂海洋世界主题公园等旅游服务设施、重点旅游开发项目进行实地视察。座谈会上，视察组听取区政府工作情况汇报，并对全区旅游产业发展提出意见和建议。

11月24日，区人大常委会主任会议成员和区人大财政经济委员会组成人员对全区税收征管工作进行视察。区人大常委会主任王永哲，区人大常委会副主任李玉华、王爱君、马学印、李云荣参加。区委常委、副区长刘爱友陪同。视察组先后到地税局银雀山中心所、国税银雀分局、国税商城分局、地税兰山中心所进行视察，并听取工作汇报，提出意见和建议。

12月12日，全区人大工作会议召开。区人大常委会主任王永哲出席会议并讲话。区人大常委会副主任李玉华、徐金民、马学印、李云荣出席。会前，与会人员查阅各镇（街道）2017年人大工作档案材料，观看镇（街道）人大工作专题片。会上，各镇（街道）人大作交流发言。根据全区人大工作考核办法的规定,对各镇(街道)的人大工作进行投票联评。会议要求,全区各级人大要在区委领导下,不忘初心,牢记使命，把思想和行动统一到学习贯彻中共十九大精神上来，落实好中共十九大报告对人大工作赋予的职责和提出的要求,准确领会好新思想、新论断、新提法、新举措，贯彻落实好中央对人大工作的新要求、新部署，推动人大工作再上新台阶。

12月20日，受市人大常委会委托，区人大常委会组织驻兰山区的市级人大代表进行会前视察。代表们先后到鲁南贝特制药有限公司、莱克科技有限公司、绿爱糖果有限公司、润泓物流等地进行实地查看,并听取相关工作汇报。区领导王永哲、刘爱友、马学印、苏波、王胜等参加视察或陪同。

重要工作

【审议决定重大事项】 贯彻落实中央关于健全人大讨论决定重大事项制度的实施意见精神，结合省、市人大有关规定，制定区人大常委会讨论决定重大事项实施办法，对重大事项内容、坚持原则、提请程序、跟踪检查等方面作进一步的明确和细化，为决议决定的更好落实提供有效保障。常委会全年先后做出关于批准片区房屋征收、重点项目实施、政府投融资等重大问题决议7个，从法律层面有力保障重大事项的推进。

【视察调研】 常委会围绕全区整体工作思路和目标任务，在服务改革发展大局，推进民主法治进程，助力民生福祉提升，发挥代表主体作用等方面取得新的进展，实现人大工作新的提升。其中，着眼于全区适应经济发展新常态，坚持稳中求进的工作总基调，聚焦新旧动能转换，围绕全区推进现代产业体系培植，新型城镇化建设，“三引一促”，国际化商贸名城建设等重大事项，听取审议专项工作报告，开展重点视察和调研，持续监督问效，确保各项工作顺利推进。全年共组织开展执法检查、视察、调研活动31次，撰写专题调研报告27篇，依法做出33项决议、决定和审议意见。

【代表工作】 发挥代表作用是人大及其常委会工作的出发点和立足点。常委会推进代表活动主题化、履职工作常态化、建言成果实效化，代表主体作用得到更好发挥。

拓宽代表联系群众平台。坚持每月组织代表接待选民群众，总结出的“三诊一监督”接待方式，在全市人大工作会议上推广。规范提升代表接待站建设，全年新增新建代表接待站12个。编印全区人大代表接待站工作案例汇编，收集案例56个，起到良好的示范作用。打造站内与站外、定期与日常、当面与网上相结合的代表接待新模式，实现代表服务联系选民的全覆盖、全天候、零距离。全年代表接待活动参与代表263名，接待群众1828名，收集反映问题340件，转办建议42件。发挥“办实事、谋发展、促和谐”代表主题实践活动的统领作用，在全区各级人大代表中广泛开展“四联四助一深化”活动，凝聚起代表以主人翁姿态参与决策、开展监督、联系群众的强大力量，涌现一批优秀人大代表，充分展现人大代表的风采。

完善代表服务保障机制。组织好代表闭会期间活动，扩大代表对常委会工作的参与度，坚持邀请人大代表列席常委会会议、参加分组审议和调研视察、执法检查等活动。制订并实施代表履职考核管理办法，集中宣传报道代表履职先进事迹，开展代表“双优双先”评比表彰，提高代表履职的积极性和主动性。常委会就代表工作创新提升和基层人大规范化建设等课题，组织赴广州、浙江温岭、江苏句容等地区参观学习，开阔眼界，启发思路。

加大议案建议督办力度。关注“办成率”，修订出台办理代表建议、批评和意见办法，将代表接待选民反映问题纳入建议范围并随时交办，通过区人大常委会班子成员领衔督办、人大委室对口督办、镇街人大延伸督办等方式，对建议办理全过程进行督促指导。年底召开建议办理“面对面”座谈会，进行办理情况满意度测评，以此作为先进承办单位、优秀代表建议件评选的依据。新机制催生新变化，十九届人大一次会议期间及闭会期间提出的建议109

件，已全部办结，并面对面答复代表，其中发展健康养老事业、老旧小区物业管理、城区道路改造等一大批代表建议得到有效解决。

【加强基层联系指导】 制订完善镇（街道）人大“一项规则、两个办法和十四项工作制度”，形成制度汇编，有效指导工作。重视基层人大规范化建设，整合提出“八项规范工作”的要求，镇人代会“两会制”全面实行。坚持“三会一调度”制度。通过年初全区人大工作会议、年中现场观摩推进会、年末镇（街道）人大工作考核会，以及镇（街道）人大工作定期调度会，加强交流指导，推动工作落实。开展镇（街道）人大工作品牌化建设，实现每个镇（街道）人大工作有看点、有特色。以区委将镇（街道）人大工作纳入全区科学发展综合考核范围为引领，制订镇（街道）人大工作考核办法，对6大类工作职责中的23项具体内容进行分值量化，年底组织考核、排出位次，在区人代会期间进行表彰，激发镇（街道）人大工作争先进位的活力。各镇（街道）均设立人大主席团或人大工委，人大主席、人大工委主任实现专职配备，各镇全部配齐专职副主席。人大干部的主体责任和担当意识增强。

【自身建设】 常委会牢牢把握新形势下人大工作的政治方向和履职特点，全面加强自身建设，提高依法履职能力。强化顶层设计，划出工作标准和规矩。制定加强常委会自身建设、常委会组成人员履职守则、专门委员会工作规则等多项工作制度规定，规范常委会组成人员履职行为和常委会工作程序，为更好依法行使职权提供制度上的保障。发挥党组领导核心作用，开展“亮承诺、抓整改、见实效”活动，落实区委整治“不作为、乱作为”优化发展环境专项行动要求，查找问题56条，整改落实47条，区级媒体公示6条。创新监督方式方法，实行跟踪审议，完善评议机制，公开征集议题，常委会依法履职的能力和实效得到提高。开展结亲连心和精准扶贫活动，机关干部甘于奉献、吃苦耐劳的作风得到锤炼。以打造“精准高效、一流机关”为目标，持续正风肃纪，全面推行人大机关工作绩效考核，推进工作落实落细。注重加大交流宣传。全年接待各地人大工作参观团30多批次，在全国人大培训班上作工作经验交流，展示兰山区人大工作成效和全区经济社会发展新成就。在宣传工作上下功夫，注重整体策划，实施量化考核，改版官方网站，及时更新信息，指导各镇（街道）精心制作人大工作专题片，巩固和保持人大宣传工作领先位置，省市有关人大报刊、工作简报多次刊发兰山区换届以来人大工作的综合性报道，全区人大工作影响力得到有效扩展。

撰稿：任俊杰　葛秀梅

审稿：韩庆明

兰山区人民政府

区政府领导成员

区　长　沈如茂

党组副书记　顾文明

副区长　刘爱友　桑立杰　刘金波　王　辉（女）　周兴金　王翠宝　李向东（挂职）　韩庆典　冯学敏

政府工作综述

2017年，新一届区政府以迎接中共十九大胜利召开为精神动力，在市委、市政府和区委的坚强领导下，在区人大、区政协的监督支持下，团结依靠全区人民，务实求进，开拓创新，经济文化强、社会百姓富、生态环境美、文明程度高的新兰山建设迈出坚实步伐。全区生产总值936亿元，增长7.5%；地方一般公共预算收入73.1亿元，同口径增长12.4%；固定资产投资678亿元，增长8%；社会消费品零售总额621亿元，增长9.6%；进出口总额175亿元，其中出口额110亿元，增长25.6%；居民人均可支配收入25974元，增长8%。

商城发展迈向新水平。商城国际化深入推进，在规划建设、基础配套、电子商务、服务管理、市场贸易采购模式等方面有了新的突破。成立国有独资的兰山商城控股有限公司，政府推动商城转型的能力进一步加强。以华强建材仓储物流园、华东土杂市场为代表的20个重点商贸项目快速推进，完成市场改造提升面积50万平方米。全年实现市场交易额2620亿元，增长18%。国际博览中心建成启用，传化物流、普洛斯等一批商贸物流项目落户国际商贸城。物流规模化、标准化、智能化建设不断加快，实现物流总额5680亿元，增长16%。金运通支付平台在“临e商城”正式运营，线上优势进一步巩固，商城实现电商交易额960亿元，增长52%。兰山区荣获“临沂市电子商务示范区”称号，新明辉安全科技有限公司被评为国家级电子商务示范企业。外贸便利化政策有效落地，巴基斯坦瓜达尔港“海外商城”、吉达临沂商城等项目投入运营。举办各类展会80场次，实现会展交易额410亿元。强化市场消防安全监管，推广微型消防站建设，购买配置小型消防车116辆。

新型城镇化步伐加快。全年实现征收182万平方米、开工建设居民楼488万平方米、农房1.27万户，常住人口城镇化率达81%。北城二期加快推进，城市功能不断完善。鲁南高铁征收工作推进有力，线路施工进展迅速。国际商贸城项目征收顺利，全力做好新西外环、临西十一路和西安路地下综合管廊等工程清障工作，重点城建项目加快实施。龙头沟3100米黑臭水体治理工程在全市率先完工。东风东关片区、国棉八厂片区、火车站片区等多年的征收尾子全部“清零”。完成78个老旧小区整治改造，惠及群众1.18万户。实施道路硬化、城镇美化工程，新增绿化200万平方米、硬化198万平方米、改厕1.7万户，创建省级美丽乡村示范村3个。改造开阳路、桃园路等道路，修补道板、路面20万平方米。农村公路和村级网化示范工程建设成效明显，新修农村公路187公里。柳青河第二污水处理厂建设完成，配套管网工程全面开工。推广金锣集团国际先进分布式污水处理技术，安装小型污水处理设备108台，北城全域治理效果初显。铁路沿线环境综合整治成效突出，成为全市唯一获得省级奖补的县区。城市精细化管理向镇村推进，“金雀山模式”在全市推广。城乡环卫一体化更加深入，年无害化处置生活垃圾57万吨。强力推进土地卫片执法检查工作，对新增违法用地实行“零容忍”。违法建设治理力度持续加大，拆违135.6万平方米。

新旧动能加速转换。创新平台建设成效明显，兰山区成为全省11个、全市唯一省级双创区域示范基地，鲁南制药集团同时成为全省11个、全市唯一省级双创企业示范基地。全区创新创业平台达到47家，高新技术企业32家。创新投入不断加大，申请

发明专利、授权件数居全市第一。投资95亿元，完成技改项目369个。行业协调创新能力不断提升，与省科院联合开展6个“产学研引导基金”项目，新增智能仪表、数据智能2个产业技术创新联盟。市场活力有效激发，完成“个转企”2400户，新增市场主体3.1万户，达到12.9万户。新增挂牌企业4家，达到21家。义堂镇入选山东特色产业镇动能转换20强。新增金锣污水处理设备、福达木业胶合板等4个山东名牌产品，鲁南制药集团获得省长质量奖。全区用电量68.5亿千瓦时，工业用电量约占一半。以全市8.2%的工业综合能耗完成了全市20%的工业总产值。37个项目列入省市新旧动能转换项目库，35个市级重点项目全部开工，鲁南贝特、莱克科技等过10亿元项目建成投产。

产业发展的协调性不断升级。三次产业比0.9∶47.1∶52，第三产业占比提升1.2个百分点。入选“十三五”省级服务业综合改革试点，商贸物流产业集群被列为省级现代化服务业特色产业集群，获得省级扶持资金500万元。齐鲁园广场招商运营，亲和家源健康养老服务中心被评为全省医养结合示范企业，凯旋医养等项目带动医养健康产业发展。临沂文化创意产业园集聚效应不断显现，22个文化生产企业主营业务过亿元。新引进中信银行、浙商银行、青岛银行在兰山设立分行，全区金融机构达到106家，银行业存贷款余额分别达到2238亿元、1882亿元。工业经济提质增效，位列全国工业百强区第82位、山东省前10强。规模以上工业企业551家，实现产值2041.9亿元。五大主导产业完成产值1535.3亿元，全区100亿级、50亿级以及过亿元企业发展到2家、4家、361家。都市农业高效发展，提升优质农产品基地3333.33公顷，市级以上标准化生产基地达到11处。

深化改革和扩大开放步伐加快。义堂镇国家级建制镇示范试点、省教育信息化试点等7个国家及省级试点深入推进、落地见效。着力“降成本”，调整取消区级行政权力事项170项，完成首批11个部门26项涉企证照事项整合，发展环境持续优化。商城范围内社区集体企业股份制改革扎实推进。开展城市公立医院改革，区级诊疗机构药品价格、急诊费用、人均住院药费均下降15%以上。农村集体产权制度改革进展顺利，完成37个村试点任务。成功举办“一带一路”国家科技商贸考察团沂蒙行活动，签订合作协议12项。成立临沂兰山·多伦多、蒙特利尔、柏林、首尔4家海外联络站，对外交流更加密切。引进世界500强项目4个，各类人才727名。实际到位市外资金120亿元，居全市第一。组织企业参加重点境外展会188个，兰山企业、兰山产品的外向竞争力不断增强。

发展的底线进一步巩固。狠抓安全生产基层基础，严格落实《兰山区党委政府及其部门安全生产职责规定》，镇街、经开区全部配备专职安监副主任，安全生产体制机制更加理顺。化工产业安全生产转型升级全面铺开，多年被省政府挂牌督办、存在重大安全隐患的鲁南化工市场关停取缔。“大快严”集中行动和消防安全综合治理强力推进，“痕迹化”“网格化”管理模式持续见效。安全事故起数、死亡人数分别下降62.9%、58.3%，火灾起数同比下降45%，全区安全生产形势总体平稳。坚决打赢环保攻坚战，办结中央环保督察信访件126件，取缔“散乱污”企业619家，完成125家重点企业深度治理。全区空气质量污染物主要指标$PM_{2.5}$、PM_{10}和二氧化硫分别同比改善10.8%、10.9%和17.9%。实施流域综合整治，全面落实“河长制”，市控重点河流水质稳定达标。优化矛盾纠纷排查化解机制，成功化解信访积案134起。加强重点领域金融运行监测，严密防范和化解金融风险，妥善解决临商银行集中取款事件。扶贫成效持续巩固，汪沟镇扶贫资产“四权分离”的做法受到国务院肯定。

民生保障和社会事业持续加强。全年民生支出占财政总支出的87%。新增城镇就业10400人、农村劳动力转移就业2800人。发放社会保险待遇21.9亿元、各类救助金4717万元。实施校建项目25个，完成投资7.1亿元。成功举办兰山区第七届运动会，体育工作综合成绩连续八年位居全市第一，兰山区被评为全国群众体育工作先进县区。投入2190万元，建设提升村（社区）综合文化服务中心65处。区康复中心投入使用，兰山区人民医院新院项目扎实推进，山东千佛山医院金锣分院等项目建设顺利。兰山区入选首批全省综合减灾示范区，成功创建全国慢性病综合防控示范区、山东省健康促进示范区，所有镇街、经开区全部成功创建省市级卫生乡镇，方城中心卫生院被评为全国百佳乡镇卫生院。新开通枣园、义堂两地镇村公交，全区镇村公交覆盖率进一步提高。整合惠民殡葬资金1400万元，公益性公墓建设扎实推进，移风易俗成效明显。食安兰山建设持续深入，入选首批山东省“食品安全先进区”。社会治理不断创新，全国“雪亮工程”建设推进会、全省人民调解现场会在兰山区召开。国防动员准备扎实推进，民兵预备役建设提档升级，全民国防意识不断增强，双拥共建、军民融合深度发展。对口支援青海海晏县、扶贫协作重庆城口县取得新进展。妇女儿童、民族宗教、物价、史志、档案等各项工作再上新水平。

撰稿：王　征

审稿：孙钦仕　刘海波

区政府常务会议

1月26日，十九届兰山区人民政府召开第一次常务会议，研究区第十四次党代会精神贯彻落实意见、区政府领导成员分工，讨论审定《2017年区政府重点工作任务分解方案（修订草案）》《关于进一步加强政府自身建设的意见（草案）》。会议要求：全体政府系统要进一步统一思想、凝聚共识，承担建设“服务型政府”的重大责任，深入贯彻党的最新理论，增强党性修养，牢牢守住廉洁底线，自觉接受人大监督，主动加强民主协商，加强业务知识学习，不断提高推动发展的能力和水平。

2月12日，十九届兰山区人民政府召开第二次常务会议，研究全区环保工作，区直部门考核、表彰和记功工作，有关人事任免工作，全区安全生产工作。会议要求：全区各级有关部门要认真落实《大气污染防治法》《山东省大气污染防治条例》和国家、省、市大气污染防治行动计划，全面提升大气污染防治水平。以环境空气质量倒逼产业转型升级，推动全区经济社会全面、协调、可持续发展。要结合全区实际，以环境质量为核心，扎实推进水污染防治、水生态保护和水资源管理，全面构建覆盖全流域的“治－用－保”流域治污体系，逐步构建“政府统领、部门联动、市场投入、公众参与”的水污染防治工作大格局。

3月1日，十九届兰山区人民政府召开第三次常务会议，传达市党代会、人代会精神，研究全区安全生产工作，讨论审议《临沂市兰山区人民政府工作规则》和《2017年度全区政府系统重点调研课题和专项调研课题分工》，研究行政复议应诉工作、提高区级耕地占补平衡项目资金补偿标准、兰山区第七届运动会筹备工作。会议要求：调整充实后的各位安委会成员，要按照“管行业就要管安全”的要求，认真分析各专线存在的问题，切实牵好头、负好责。严格落实企业主体责任、部门监管责任和党政领导责任，切实织密安全生产的责任网。对发生安全生产责任事故的，按照“一票否决”的要求，严格追究事故责任单位、责任企业和相关人员的责任，确

保安全生产各项工作全面落到实处，全区安全形势持续稳定。

4月1日，十九届兰山区人民政府召开第四次常务会议，传达全市审计工作会议精神和临沂商城国际化推进会议精神，研究创建国家慢性非传染性疾病综合防控示范区等工作，听取关于一季度经济形势分析和区《政府工作报告》任务落实情况的汇报。会议要求：推进兰山商城国际化，必须更加有效地发挥政府作用，围绕改造市场、提升物流、发展地产和服务体系建设等四大板块，明确目标路径和任务重点，强化措施、加快突破，尽快取得实效。

5月15日，十九届兰山区人民政府召开第五次常务会议，听取关于全区安全生产工作、兰山区工业经济转型升级及企业家队伍建设等工作的汇报，传达全市木业转型升级工作动员大会精神，研究解决城区中小学大班额问题、兰山区村级道路网化等工作，讨论审定《兰山区安全生产十三五规划》《兰山区全面实施河长制实施方案》《兰山区推动工业转型升级实施意见》《兰山区厉行节约反对浪费制度汇编》等有关文件。

6月6日，十九届兰山区人民政府召开第六次常务会议，听取关于2017年兰山区义务教育招生情况的汇报，讨论审定《兰山区法治政府建设实施纲要（2017—2020）》。会议要求：按照《实施纲要》的规定要求，健全民主集中制，严格执行重大行政决策法定程序，集体研究，民主决策，切实加强决策合法性的审查把关。强化对政府行政权力的制约和监督，自觉接受党内监督、人大监督、民主监督和司法监督，积极拓宽畅通群众监督渠道，切实保障人民群众的知情权、参与权、表达权、监督权，确保政府权力依法、规范、高效运行。

8月5日，十九届兰山区人民政府召开第七次常务会议，听取全区服务业发展暨重点项目建设工作情况，省、市化工产业安全生产转型升级动员部署会以来兰山区工作情况和环城生态防护林带建设和柳青河湿地有关情况的汇报；研究全区道路安全，发放退休人员一次性补贴及人事任免工作；讨论审定《兰山区美丽乡村建设财政奖补资金管理细则（暂行）》。

8月28日，十九届兰山区人民政府召开第八次常务会议，听取关于在综合行政执法领域开展相对集中行政处罚权工作的汇报。

9月15日，十九届兰山区人民政府召开第九次常务会议，研究全区节能工作，关于鼓励和支持企业上市挂牌及有关金融工作，全区推进医养结合工作，当前全区重点工作。会议要求：加快发展为老年人服务的专业医疗机构，合理规划布局，逐步形成涵盖老年病医院、护理院、康复医院和综合医院、中医医院老年病科等在内的多层次老年医疗服务体系。

11月1日，十九届兰山区人民政府召开第十次常务会议，讨论审定《关于在市场体系建设中建立公平竞争审查制度实施方案》《兰山区党委政府及其部门安全生产职责规定》，研究有关人事任免事项和全区道路交通安全隐患整改工作。会议要求：各级各有关部门要注重通过在市场体系建设中建立公平竞争审查制度，营造更加公平的竞争环境和市场秩序，更加突出区位优势、集聚优势，不断提升市场活力。

12月4日，十九届兰山区人民政府召开第十一次常务会议，研究全区教育工作、全区安全生产工作、全区发改工作，听取关于全区整治非法集资百日集中行动，兰山区公立医院专业人才公开招聘，兰山区殡葬惠民政策，对临沂市油棉加工厂进行改制等方面的汇报，讨论审定《关于推进兰山商城范围内社区集团集体所有制企业股份制改革的实施方案》《兰山区深化城市管理执法体制改革实施方案》。会议要求：省委、省政府把防范金融风险和安全、环保、扶贫、维稳一起，作为五条重要的底线、五大硬任务来抓。当前，金融风险防范明确属地责任，全区各级各部门要高度重视，把防范金融风险同安全生产、环境保护摆到同等重要位置。下一步，要强化金融风险的方法和化解，加强对金融知识的掌握学习，增强敏锐性，用新知识、新思维来解决新难题。

12月30日，十九届兰山区人民政府召开第十二次常务会议，研究全区消防安全工作、全区盐业体制改革工作、职工长期护理保险试点工作、实行公务员医疗补助工作，听取关于给予区直部门表彰的汇报、关于提请先进村社区和先进工作（生产）者的汇报等，讨论审定《西部新城开发建设服务中心财政财务管理体制草案》。会议要求：进一步落实消防安全属地管理，明确党政领导责任，各行业部门要认真履行消防工作职责，坚持“谁主管、谁负责”和“管行业必须管安全、管业务必须管安全、管生产经营必须管安全”的原则，依法履行各自职责范围内的消防工作责任，落实消防安全监管，建立健全信息沟通和联合执法机制，形成强大工作合力。

撰稿：王　征

审稿：孙钦仕　刘海波

政府工作会议

1月3日，召开第三次农业普查清查摸底数据核查工作会议。

1月26日，召开兰山区政府全体（扩大）会议。

2月10日，召开全区安全生产工作会议。

2月16日，召开鲁南高铁拆迁工作调度会议。

2月17日，召开“地条钢”排查整治工作会议。

是日，召开全区第三次农业普查推进会议。

2月22日，召开全区卫计系统工作会议。

是日，召开木业企业交流座谈会。

2月23日，召开全区土地矿产卫片执法监督检查工作会议。

是日，召开全区解决城镇普通中小学大班额问题工作推进会议。

是日，召开生态文明宜居县区评选活动部署会议。

是日，召开全区村级督查集中推进第二轮村社区干部经济责任审计工作会议。

2月27日，召开环保有关工作调度会议。

3月1日，召开全区环城防护林带建设暨2017年度春季林业生产工作动员会议。

3月6日，召开环保有关工作调度会议。

3月9日，召开全区2017年度春季重大动物疫病防控工作会议。

3月10日，召开全区水利工作会议。

3月15日，召开兰山商城消防安全工作联席会议。

是日，召开全区第三次农业普查部门资料整理暨2016年度县域社会经济情况统计指标搜集工作会议。

3月23日，召开全区道路安全综合治理委员会“平安行·你我他”工作部署推进会。

3月24日，召开全区农业工作培训会议。

是日，召开全区消防工作会议。

3月28日，召开全区人大代表建议和政协提案办理工作会议。

4月6日,召开全区“银龄安康工程”工作会议。

4月8日，召开全区环保突出问题治理攻坚推进大会。

4月10日，召开全区统计工作会议。

是日，召开化工产业转型升级“三评级一评价”验收工作会议。

4月11日，召开全区创建国家慢性病综合防控示范区工作联络员会议。

4月14日，召开全区消防工作推进会暨人员密集场所消防安全标准化管理观摩会。

是日，召开全区创建国家慢性病综合防控示范区工作推进会议。

4月19日，召开全区违法建设治理工作现场推进会议。

4月28日，召开创建全域旅游示范区工作会议。

是日，召开全区环保督察领导小组会议。

5月3日，召开兰山区政府廉政工作会议。

5月9日，召开全区“地条钢”整治工作调度会议。

5月16日，召开全区夏季用电安全综合治理工作会议。

5月17日，召开全区卫生计生暨秸秆禁烧与综合利用工作会议。

是日，召开全区服务业发展座谈会议。

5月18日，召开全区政务公开工作培训会议。

5月22日，召开兰山区第七届运动会总结表彰会议。

5月24日，召开兰山区2017年普通高考和中考工作会议。

是日，召开全区推进2016年度企业年报公示工作视频会议。

6月2日，召开解决大班额问题工作调度会议。

6月7日，召开临沂市木业化工集中区总体规划及控制性规划专题汇报会。

6月9日，召开卫生乡镇创建工作培训会议。

是日，召开2017年兰山区义务教育阶段学校招生工作会议暨新闻发布会等有关会议。

6月16日，召开全区深化综合治税工作会议。

6月19日，召开城市综合交通调查协调会议。

6月27日，召开退役士兵信息登记核实工作调度会议。

6月30日，召开“森林乡镇”“森林村庄”创建活动动员会议。

7月22日，召开全区征兵工作会议。

7月24日，召开全区新旧动能转换工作调研座谈会。

7月26日，召开核实化工生产企业手续办理情况工作会议。

7月27日，召开落实部分暴走团活动场所工作会议。

是日，召开参加上半年节能目标责任完成情况督导考核工作会议。

7月30日，召开全区餐饮场所在用液化石油气瓶联合检查行动部署会议。

8月8日，召开“九小场所”摸底排查情况调度会议。

8月9日，召开第二季度安全生产考核工作部署会议。

8月11日，召开全区统计工作联席会议。

8月17日，召开全区“12345”市民服务热线工作推进会议。

8月18日，召开全区违法违规用地整改工作会议。

8月31日，召开全区政务信息工作培训会议。

9月5日，召开全区加快现代物流业发展重点任务推进工作会议。

9月6日，召开全区基层公共文化服务体系建设工作会议。

9月8日，召开全区清河行动暨沂河清河行动工作会议。

是日，召开迎接市政府质量工作考核工作会议。

9月15日，召开安监干部培训暨安全生产工作会议。

是日，召开全区散煤清洁化治理暨清洁型煤推广工作会议。

9月19日，召开全区安全生产委员会全体成员扩大会议。

9月21日，召开创建全域旅游示范区工作推进会议。

9月22日，召开全区卫生乡镇创建观摩会议。

是日，召开市交通安全委督导“平安行·你我他”会议。

9月25日，全区政务信息资源目录编制暨政务信息资源普查工作会议。

是日，召开全区散煤清洁化治理督导工作会议。

是日，召开全区秋季秸秆禁烧与综合利用工作动员会议。

9月29日，召开全区护航中共十九大加强道路交通安全工作会议。

是日，召开全区中共十九大消防安保工作暨冬春火灾防控工作会议。

10月13日，召开中心城区工业企业“退城进园”工作座谈会。

是日，关于召开动物疫病防控、秸秆禁烧等有关工作会议。

10月16日，召开全区护航中共十九大加强基层“两站两员”建设工作会议。

10月17日，召开临沂城古城史学术研讨会。

10月20日，召开环保重点工作会议。

10月31日，召开全区统计工作体系建设推进会议。

11月3日，召开全区物流实名制推进工作会议。

11月8日，召开散乱污企业整治工作调度会议。

11月10日，召开全区热线工作会议。

是日，召开京沪高速兰山段改扩建工程征地拆迁工作会议。

11月14日，召开东西扶贫协作工作推进会议。

11月16日，召开全区史志编修工作推进会议。

11月23日，召开全区今冬明春安全生产工作会议。

11月30日，召开全区化工产业安全生产转型升级专项行动工作会议。

12月4日，召开全区政务信息系统整合共享工作推进会议。

12月6日，召开解决城区普通中小学大班额问题专题研究会议。

12月14日，召开全区研发经费统计工作会议。

12月18日，召开京沪高速公路改扩建项目兰山段用地确界和地上附着物确认会议。

12月22日，召开全区消防和安全生产工作周调度会议。

撰稿：王　征

审稿：孙钦仕　刘海波

重要活动

1月1日，市委副书记、市长张术平到兰山区视察城建和交通重点项目，市、区领导边峰、谭庆功、赵晓晖、沈如茂、纪丙坤陪同。

1月5日，市委书记、市人大常委会主任林峰海，市委副书记、市长张术平带领全市转方式调结构现场交流会与会人员到兰山区现场观摩。市领导徐涛、杜德昌、左沛廷、尹长友、李沂明、姜仕礼、刘兴明、任刚及各县区、市直有关部门单位主要负责人和纳税50强企业主要负责人参加。区委书记赵晓晖，区委副书记、代区长沈如茂参加观摩，区领导谢华东、刘耀华、陈士贤、徐立娟、王辉陪同。

1月8日，全区经济工作现场观摩会召开。区领导赵晓晖、沈如茂、谢华东、刘耀华、陈士贤、顾文明、王永哲、徐立娟、曹勇、李玉华、田海、陈建宏、刘爱友、李建成、张飞虎等出席。

1月16日，市政协主席徐涛到兰山区走访慰问困难群众和“结亲连心”联系户，为他们送去党和政府的关怀及新春祝福，区委书记赵晓晖，区委常委、组织部部长张飞虎陪同。

1月17日，副市长边峰到汪沟镇长夫村走访慰问困难户，为他们送去慰问金及面粉、食用油等生活用品，副区长纪丙坤陪同。

是日，市委书记、市人大常委会主任林峰海带领检查组到兰山区检查全面从严治党主体责任落实情况，市委常委、秘书长范连生，市委副秘书长、维稳办主任杨晓东，区领导赵晓晖、沈如茂、谢华东、刘耀华、陈士贤、顾文明、徐立娟、曹勇、李玉华、田海、刘爱友、李建成、张飞虎参加。

是日，新春佳节到来之际，市委书记、市人大常委会主任林峰海到兰山区走访慰问建国前老党员、老复员军人和困难群众，送去党和政府的关怀和温暖，市委常委、秘书长范连生，区委书记赵晓晖，区委副书记、代区长沈如茂陪同。

是日，区委常委班子2016年度民主生活会召开，市委书记、市人大常委会主任林峰海，市委常委、秘书长范连生到会全程参加指导，区领导赵晓晖、沈如茂、谢华东、刘耀华、陈士贤、王永哲、徐立娟、曹勇、李玉华、田海、刘爱友、李建成、张飞虎参加。

1月18日，区委书记赵晓晖，区委副书记、代区长沈如茂走访慰问援青干部人才。

2月5日，市委常委、宣传部部长任刚到兰山区调研文化产业发展情况。区领导沈如茂、徐立娟、赵东明陪同。

2月6日，副市长常红军带队到兰山区调研中心城区基础设施及重点项目建设情况。区领导沈如茂、桑立杰、赵东明陪同。

2月8日，区委副书记、区长沈如茂到义堂镇调研化工产业转型升级和安全生产工作，副区长刘金波参加。

2月10日，临沭县党政企考察团在县委副书记、县长张雷的带领下到兰山区考察，区领导沈如茂、王永哲、陈士贤、徐立娟、刘爱友、李建成、张飞虎、王翠宝、强军、赵东明陪同。

2月12日，区委书记赵晓晖调研重点项目建设工作。区领导沈如茂、刘耀华、王永哲、陈士贤、顾文明、徐立娟、曹勇、田海、刘爱友、李建成、纪丙坤、桑立杰、马凤印、刘金波、王辉、周兴金、王翠宝、韩庆典、赵东明参加。

2月13日，全区科学发展总结表彰大会举行。表彰先进集体和先进个人，鼓舞士气、激发干劲，动员全区上下撸起袖子加油干，奋力开创“大美新”临沂建设的兰山新篇章。区委书记赵晓晖出席并讲话，区委副书记、区长沈如茂主持，区领导刘耀华、王永哲、陈士贤、顾文明、徐立娟、曹勇、田海、刘爱友、李建成、纪丙坤、桑立杰、张飞虎、马凤印等出席会议。

2月14日，省高级人民法院院长白泉民带队到兰山区调研基层法院工作，市、区领导林峰海、王行华、于晓东、赵晓晖、纪丙坤、王胜陪同。

2月15日，省委组织部副部长刘炳国到兰山区视察区域化党建工作。区领导赵晓晖、陈士贤、张飞虎陪同视察。

3月3日，区委书记赵晓晖会见临沂大学党委书记李喆一行，区领导沈如茂、刘耀华、王永哲、王辉、赵东明参加。

3月4日，区委书记赵晓晖到义堂镇调研，区委副书记陈士贤，区政府党组成员韩庆典参加。

3月14日，市委常委、政法委书记王行华一行到兰山区调研“雪亮工程”建设工作。区委书记赵晓晖陪同。

3月20日，市委副书记张宏伟到兰山区督导城市违法建设治理工作。市区领导常红军、赵晓晖、陈士贤、桑立杰、冯学敏陪同。

3月21日，省政法委副书记、综治办主任李娥到兰山区调研“雪亮工程”建设工作。市委常委、政法委书记王行华，区委书记赵晓晖，区委常委、政法委书记纪丙坤陪同。

3月22日，区委书记赵晓晖到临沂工业园区调研。赵晓晖先后到华星机械、绿爱糖果、易阳消防车、久典家居、新明辉安全科技、伊亲购母婴进行实地调研，与企业负责人现场交流，并深入生产车间实地查看生产工艺和流程，详细了解各企业生产经营情况。

是日，国家统计局调研组在国家统计局贸易外经司综合处调研员严先溥带领下到兰山区调研零售企业转型升级和线上线下融合发展情况。市统计局局长张凡春，区及兰山商城管委会领导赵晓晖、顾文明、刘爱友陪同调研。

3月26日，山东临沂金锣医院（山东省千佛山医院临沂分院）奠基典礼举行。省千佛山医院党委书记、院长孙洪军，市、区领导张术平、侯晓滨、赵晓晖、沈如茂、桑立杰、王翠宝、张豪轩参加。

3月27日，清华大学航天航空学院教授王兆魁到兰山区参观考察科技创业产业，区领导沈如茂、王辉、李顺峰陪同。

3月31日，青海省海晏县党政考察团在海北州委常委、海晏县委书记董玉毅的带领下到兰山区考察。区及商城管委会领导赵晓晖、陈士贤、刘爱友、张飞虎、王翠宝、李顺峰陪同。

4月6—7日，省委书记刘家义到兰山区调研。省委常委、秘书长于晓明，市、区领导林峰海、张术平、范连生、赵晓晖、沈如茂、张飞虎、王翠宝、王行军陪同调研。

4月15日，青海省祁连县党政考察团在县委书记韩向晖的带领下到兰山区参观考察。市、区领导范连生、赵晓晖、顾文明陪同。

是日，区委副书记、区长沈如茂带队调研区重点项目建设情况。区领导刘金波、王辉、赵东明陪同。

4月18日，市委副书记、市长张术平到老城区重点片区和火车站片区现场办公。市、区领导李民、常红军、李凤兰、赵晓晖、沈如茂、桑立杰陪同。

4月20日，区委书记赵晓晖到义堂镇调研西部新城建设工作，区政府党组成员韩庆典陪同。

是日，省国土资源厅厅长李琥带队到兰山区调研国土资源执法工作，市、区领导李沂明、赵晓晖、桑立杰陪同。

4月27日，“中国体育彩票杯”兰山区第七届运动会举行。市、区领导侯晓滨、赵晓晖、刘耀华、陈士贤、顾文明、徐立娟、徐金民、王辉、王翠宝出席开幕仪式。开幕仪式由区委副书记陈士贤主持。

4月28日，副市长常红军到兰山区调研北城二期开发建设推进工作。市、区领导谭庆功、沈如茂、徐立娟陪同。

5月4日，省政协调研组在省政协副主席翟鲁宁的带领下到兰山区调研基层人民法院执行工作。市、区领导林峰海、李凤兰、于晓东、赵晓晖、纪丙坤、房士栋、王胜陪同。

5月4—5日，云南省富宁县委副书记、县长陆勇带领党政考察团到兰山区考察。区领导沈如茂、陈士贤、顾文明、刘爱友、苏波、李顺峰、赵东明陪同。

5月8日，全市环城生态防护林带建设工作第二次现场推进会与会人员到兰山区观摩，副市长张玉兰带队。区领导沈如茂、周兴金、王翠宝、赵东明陪同。

5月7—15日，区委书记赵晓晖率兰山商城“一带一路”考察团先后到白俄罗斯、俄罗斯、阿联酋进行考察。区政府党组副书记、兰山商城党委书记顾文明参加考察。

5月18日，区委副书记、区长沈如茂就学校建设项目推进工作进行现场督导。兰山商城管委会副主任、区政府党组成员、办公室主任赵东明及相关部门负责人陪同。

5月21日，区委副书记、区长沈如茂到白沙埠镇调研重点项目推进情况。区领导王永哲、刘金波、宋敬华、赵东明等参加调研。

是日，在第27次“全国助残日”，市委副书记张宏伟到兰山区走访慰问残疾群众，给他们送去党委、政府的关怀和温暖。副市长张玉兰，区领导赵晓晖、王辉参加走访。

5月26日，市人大常委会副主任丁善余率市人大教科文卫委员会调研组到兰山区调研体育产业发展情况。区领导赵晓晖、王永哲、徐金民、王辉陪同。

5月31日，市委副书记、市长张术平到兰山区调研污水处理设施和铁路物流园建设等情况时强调，积极推广新技术、新模式，全力加快新旧动能转换重大工程建设，确保项目早建成、快见效，让群众早受益。区领导赵晓晖、沈如茂、陈士贤、刘金波、周兴金、王翠宝、韩庆典、赵东明陪同。

6月1日，市委书记林峰海带队到兰山区视察全国文明城市创建工作，并召开调度会议，安排部署相关工作。他强调，要坚持问题导向，敢于担当，攻坚克难，把创城变成为群众办实事的过程。市、区领导任刚、范连生、任兴业、赵晓晖、陈士贤、徐立娟、王行军参加。

6月3日，省委政法委常务副书记李占国一行到兰山区调研政法工作，市、区领导王行华、赵晓晖、纪丙坤陪同。

6月4日，区委副书记、区长沈如茂就鲁南高铁和新西外环项目建设进行现场督导，区领导王永哲、刘金波、赵东明参加。

6月5日，区委书记赵晓晖带队调研兰山区防汛、三夏生产和秸秆禁烧工作。副区长周兴金参加调研。

6月5日，区委副书记、区长沈如茂带队督导解决城镇普通中小学大班额和学校建设问题。区领导王辉、赵东明参加。

6月7日，市委常委、常务副市长李沂明到兰山区调研河长制工作开展情况。区领导沈如茂、周兴金陪同。

6月8日，副市长侯晓滨到兰山区调研涑河河长制工作。区委副书记、区长沈如茂，区委常委、副区长刘爱友及相关部门负责人陪同调研。

6月8日，省政府督查室在省住建厅党组副书记、副厅长李兴军的带领下到兰山区督导农村社区服务中心建设三年行动计划实施情况。市区领导张玉兰，沈如茂、王辉陪同。

6月9日，兰山区与山东省科学院对接交流暨签约仪式在省科学院举行。省科学院党委书记、院长王英龙，区领导沈如茂、刘金波、李向东出席活动。

6月20日，市委副书记张宏伟带队到兰山区观摩督导违建拆除集中攻坚工作开展情况。市、区领导常红军、赵晓晖、陈士贤、桑立杰、冯学敏陪同。

6月21日，省统计局调研组在省统计局副局长马金栋带领下到兰山区调研商城发展情况，市统计局局长张凡春，区委常委、副区长刘爱友陪同。

6月27日，市人大常委会主任杜德昌带队到兰山区视察全国文明城市创建工作，市人大常委会副主任冯安、刘淑秀、李民、丁善余参加，市、区领导任刚、赵晓晖、沈如茂、王永哲、徐立娟陪同。

6月28日，区委副书记、区长沈如茂走访慰问困难老党员。副区长王翠宝陪同。

是日，副市长刘贤军带队到兰山区督导大气污染防治工作。区委副书记、区长沈如茂陪同。

是日，省委常委、常务副省长李群，省委常委、政法委书记、市委书记林峰海在兰山区调研。市委副书记、市长张术平，市委常委、秘书长范连生，区领导赵晓晖、沈如茂、王翠宝陪同。

7月1日，山东沂蒙党性教育基地商城教学点揭牌仪式举行。市委常委、组织部部长姜仕礼，区领导赵晓晖、沈如茂、刘耀华、王永哲、陈士贤、顾文明等出席并为教学点揭牌。

7月2日，全国宣传干部学院第44期地方党委宣传部部长培训班到兰山区观摩。市、区领导任刚、赵晓晖、徐立娟陪同。

7月8日，区委副书记、区长沈如茂带队督导兰山区防汛工作。区领导张飞虎、周兴金、房士栋参加督导。

7月11日，根据推进“两学一做”学习教育常态化制度化工作方案的安排，围绕“弘扬和践行新时期沂蒙精神，凝聚起老区人民全面建成小康社会的强大精神力量”这一主题，市委副书记、市长张术平，市委副书记张宏伟带领市级领导班子成员，集体到临沂商城展览馆接受党性教育。区领导赵晓晖、沈如茂、王永哲、陈士贤、顾文明、张飞虎陪同。

7月12日，区委书记赵晓晖到部分镇街调研环保工作。副区长周兴金及相关部门负责人陪同。

7月13日，省远程教育中心副主任金海明率全省推进“两学一做”学习教育常态化制度化和基层党建重点任务督导调研组到兰山区调研并座谈。区领导赵晓晖、陈士贤、张飞虎出席座谈会。

7月19日，水利部淮委主任、党组书记肖幼到兰山区调研沂河防汛工作，区委书记赵晓晖及有关部门负责人陪同。

7月26日，省财政厅副厅长姜龙带领调研组到兰山区调研物流企业和工业企业发展情况。区领导沈如茂、刘爱友、王翠宝等陪同。

7月27日，在“八一”建军节到来之际，赵晓晖、沈如茂、刘耀华、王永哲、陈士贤、徐立娟、张飞虎、强军、王志胜等领导，带着全区人民的嘱托和深情厚谊，走访慰问驻军部队官兵，感谢人民子弟兵为支持地方建设和服务人民群众所作的贡献。

7月30日，2017“化氏杯”第四届中国·临沂（沂河）休闲垂钓大赛暨“凯迪威沙发杯”家庭亲子摸鱼比赛开幕式在兰山区美丽的沂河岸边举行。市、区领导张玉兰、沈如茂、周兴金出席开幕式。

8月3日，省商务厅副厅长王洪平带领调研组到兰山区调研指导外经贸工作。区委副书记、区长沈如茂，副区长王翠宝陪同。

8月12日，区委副书记、区长沈如茂会见社会学博士、日本玉川大学终身教授朱浩东一行，双方就合作发展文化产业相关事宜进行洽谈。副区长王辉参加会见。

8月17日，市委书记王玉君到兰山区督导解决中央环保督察组转办信访问题时强调，要以中央环保督察为契机，压实责任，强化措施，迅速开展拉网式排查，推动环保工作上水平。市委常委、秘书长范连生参加督导，区领导赵晓晖、沈如茂、周兴金、王翠宝陪同督导。

是日，市委书记王玉君到兰山区调研。他强调，要加快产业转型升级，壮大产业集聚区规模，推动中心城区健康可持续发展。市委常委、秘书长范连生参加调研，区委书记赵晓晖，区委副书记、区长沈如茂等陪同。

8月24日，交通运输部部长李小鹏到兰山区调研。副省长王书坚，市、区领导王玉君、张术平、范连生、赵晓晖、沈如茂陪同调研。

8月31日，新欧鹏教育城项目签约仪式举行。市、区领导常红军、谭庆功、沈如茂、徐立娟出席仪式。

是日，市委副书记、市长张术平到老城区重点片区和火车站片区现场办公。他强调，要加大力度、乘势而上，精准施策、破解难题，确保片区重点项目按计划完成建设任务。市领导李民、常红军、李凤兰参加，区领导赵晓晖、沈如茂、桑立杰陪同。

9月4日，由省委宣传部、省文化厅、省文学艺术界联合会和市委、市政府共同主办的第十五届临沂书圣文化节在书圣阁开幕。全国政协委员、第九届中国文联副主席夏潮，省委宣传部副部长刘致福，市、区领导王玉君、徐涛、杜德昌、张宏伟、边峰、任刚、范连生、常红军、王晓嫚、谭庆功、赵晓晖、沈如茂等出席开幕式。

9月5日，市委副书记、市长张术平到临沂商城现场办公。他强调，要切实增强危机感紧迫感，着力推进国际商贸城建设，改造提升老商贸城，科学布局海外临沂商城，发展电子商务和会展经济，提高外贸出口水平，以重点工作突破加快临沂商城国际化步伐。市政协副主席、临沂商城管委会主任李宗涛参加。区领导赵晓晖、沈如茂、顾文明陪同。

9月7日，在第33个教师节到来之际，区委书记、区委党校校长赵晓晖到区委党校走访慰问，向区委党校全体教职员工致以亲切的问候和节日的祝福。区委常委、组织部部长张飞虎及相关部门负责人陪同。

9月12日，全省人民调解工作会议与会代表到兰山区观摩。省委常委、政法委书记林峰海带队，市、区领导王行华、于晓东、赵晓晖、沈如茂、纪丙坤、王胜陪同。

9月21日，兰山·多伦多、蒙特利尔、柏林、首尔海外联络站授牌仪式举行。区领导沈如茂、陈士贤、王辉出席。

是日，市委书记王玉君到北城新区二期和高铁片区调研时强调，要不断完善城市功能布局，坚持高起点规划，高标准设计，突出城市亮点，打造精品城区，努力实现城市建设又好又快发展。市、区领导常红军、谭庆功、赵晓晖、沈如茂、桑立杰、刘金波、周兴金陪同调研。

9月24日，区委副书记、区长沈如茂就2018年中心城区基础设施及重点项目建设情况进行调研，区委常委、区政府党组成员、临沂兰山经济开发管委会主任桑立杰及相关部门负责人陪同。

9月26日，2017“体彩杯”迎国庆中国沂河龙舟邀请赛开幕。副市长侯晓滨，区领导赵晓晖、徐金民、王辉、强军出席。

9月27日，市委书记王玉君到商城调研时强调，要以电商为龙头，强化支撑，创新举措，加快打造临沂商城升级版。市、区领导范连生、李宗涛、赵晓晖、顾文明、张飞虎参加。

9月30日，在全国第四个“烈士纪念日”到来之际，市、区两级举行公祭烈士活动。市、区领导王玉君、张术平、徐涛、张宏伟、李沂明、王行华、边峰、姜仕礼、刘兴明、任刚、范连生、赵晓晖、沈如茂、刘耀华、王永哲等，及全市各条战线的干部、群众代表齐聚华东革命烈士陵园，怀着无比崇敬的心情，悼念革命烈士，缅怀先烈功绩。

10月1日，区委书记赵晓晖调研国庆、中秋节日期间安全生产工作，区领导顾文明、纪丙坤、刘金波、王行军参加。

是日，区委副书记、区长沈如茂带队调研“散乱污”企业整治及企业安全生产工作。区领导刘金波、周兴金参加。

10月5日，区委副书记、区长沈如茂到枣园镇、李官镇、白沙埠镇调研环保、秸秆综合利用和高铁片区项目推进工作。

10月12日，青海省海北藏族自治州海晏县委副书记、县长苏东曲率党政考察团到兰山区考察。区领导沈如茂、刘耀华、王翠宝陪同。

10月13日，副市长张玉兰到兰山区就安全生产工作进行督导。沈如茂、刘金波、李顺峰及相关部门负责人陪同。

10月15日，区委副书记、区长沈如茂督导商城消防安全工作。区领导刘金波、洪剑参加。

10月17日，区委副书记、区长沈如茂就食品药品安全工作进行实地视察，相关部门负责人陪同。

10月19日，区委副书记、区长沈如茂调研督导道路交通安全工作。副区长刘金波及相关部门负责人陪同。

10月21日，“一带一路”国家科技商贸考察团沂蒙行启动仪式暨洽谈会举行。省科学院国际合作处处长杨合同，区领导赵晓晖、沈如茂、刘金波出席启动仪式。

10月21日，国务院安委会办公室安全生产大检查“回头看”检查组到兰山区检查。国家安全生产应急救援指挥中心信息部副主任孔亮带队，区领导沈如茂、刘金波陪同。

10月23日，“一带一路”国家科技商贸考察团沂蒙行合作协议签订仪式在兰山区举行。副市长刘贤军，区领导沈如茂、李向东出席。

10月28日，区委书记赵晓晖带队调研重点项目建设推进情况。区领导沈如茂、刘耀华、王永哲、顾文明、徐立娟、纪丙坤、桑立杰、刘金波等参加。

10月30日，市交通运输局局长李献荣带领全市交通重点项目现场观摩会与会人员到兰山区观摩。区领导赵晓晖、刘金波陪同。

10月31日，市委副书记张宏伟带领全市优质农产品基地品牌建设现场观摩总结交流会与会人员到兰山区观摩。市区领导张玉兰、赵晓晖、沈如茂、陈士贤、周兴金、王翠宝参加。

11月1日，国家土地督察济南局副专员孔维东率督察组到兰山区，对不实耕地占用基本农田，2016年以来监测图斑占用永久基本农田，不实耕地、建设占用整改图斑以及空闲地整改图斑等四类现场进行实地督察。区领导沈如茂、桑立杰及相关部门负责人陪同。

11月28日，区委副书记、区长沈如茂带队督导解决城区大班额工作。副区长王辉参加。

12月4日，区委副书记、区长沈如茂会见南非自由省客人莫西迪·莫塞姆一行。副区长王翠宝参加。

12月8日，区委副书记、区长沈如茂督导沂河“清河行动”重点任务进展情况。副区长周兴金及有关部门负责人陪同。

12月16日，中国临沂澄海（国际）动漫科技玩具城招商推介会在兰山区举行。市、区领导李沂明、李宗涛、赵晓晖、沈如茂、李顺峰等出席。

12月16—17日，全区新旧动能转换暨城镇建设管理现场观摩会召开，动员全区各级、各部门深入学习贯彻中共十九大精神，全域发展、率先小康，按照区委、区政府的总体发展部署，坚定不移地落实新发展理念，把新旧动能转换作为经济发展的统领，加快城镇建设步伐，扎实做好稳增长、促改革、调结构、惠民生、防风险等各项工作，奋力谱写社会主义现代化建设的兰山新篇章。区领导赵晓晖、沈如茂、刘耀华、王永哲、陈士贤、顾文明、徐立娟、曹勇、刘爱友、纪丙坤、桑立杰、张飞虎、马凤印等参加观摩。

撰稿：王　征

审稿：孙钦仕　刘海波

政府文件（选目）

1月10日，兰山区人民政府办公室发《关于进一步加强农村和社区消防宣传工作的通知》（临兰政办发〔2017〕1号）

1月18日，兰山区人民政府办公室发《关于印发〈2016年度兰山区政务公开工作考核实施方案〉的通知》（临兰政办发〔2017〕2号）

1月26日，兰山区人民政府发《关于公布区政府领导成员工作分工的通知》（临兰政字〔2017〕1号）

2月9日，兰山区人民政府办公室发《关于建立常态化火灾隐患排查整治工作机制的通知》（临兰政办发〔2017〕3号）

2月15日，兰山区人民政府发《关于区政府班子亮承诺、抓整改、见实效“3+3”活动方案》（临兰政字〔2017〕2号）

2月17日，兰山区人民政府办公室发《关于建立兰山区困难群众基本生活保障工作协调机制的通知》（临兰政办发〔2017〕4号）

2月20日，兰山区人民政府办公室发《关于印发兰山区重点区域大气污染源综合整治工作方案的通知》（临兰政办发〔2017〕5号）

是日，兰山区人民政府办公室发《关于印发兰山区环境空气质量生态补偿暂行办法的通知》（临兰政办发〔2017〕6号）

2月22日，兰山区人民政府办公室发《关于印发兰山区2017年土地卫片执法检查工作方案的通知》（临兰政办发〔2017〕7号）

2月28日，兰山区人民政府办公室发《关于印发〈兰山区地方史志事业发展规划纲要（2016—2020）〉的通知》（临兰政办发〔2017〕8号）

是日，兰山区人民政府办公室发《关于印发兰

山区木本油料产业发展实施方案的通知》（临兰政办发〔2017〕9号）

3月13日，兰山区人民政府发《关于举办兰山区第七届运动会的通知》（临兰政字〔2017〕3号）

3月14日，兰山区人民政府发《关于表彰2016年度农业农村工作先进单位的决定》（临兰政字〔2017〕4号）

是日，兰山区人民政府办公室发《关于印发兰山区2017年城镇建设管理工作实施方案的通知》（临兰政办发〔2017〕10号）

是日，兰山区人民政府办公室发《关于印发兰山区城镇违法建设查处办法的通知》（临兰政办发〔2017〕12号）

3月17日，兰山区人民政府发《关于提请任命区人民政府组成人员的报告》（临兰政字〔2017〕6号）

3月27日，兰山区人民政府办公室发《关于认真做好人大代表建议和政协提案办理工作的通知》（临兰政办发〔2017〕13号）

3月31日，兰山区人民政府办公室发《关于印发兰山区2017年“银龄安康工程”实施方案的通知》（临兰政办发〔2017〕14号）

4月7日，兰山区人民政府办公室发《关于印发〈兰山区统计工作联席会议制度〉的通知》（临兰政办发〔2017〕15号）

4月12日，兰山区人民政府办公室发《关于加快推进“国科鲁班·精装智慧小镇”建设的意见》（临兰政办发〔2017〕16号）

4月13日，兰山区人民政府办公室发《关于印发〈兰山区人员密集场所消防安全标准化管理实施方案〉的通知》（临兰政办发〔2017〕17号）

4月19日，兰山区人民政府办公室发《关于转发区民政局等部门关于做好农村最低生活保障制度与扶贫开发政策有效衔接实施方案的通知》（临兰政办发〔2017〕18号）

4月27日，兰山区人民政府办公室发《关于印发〈2017年度全区统一组织审计（调查）项目计划〉的通知》（临兰政办发〔2017〕19号）

4月28日，兰山区人民政府发《关于上报2017年临沂市自主创新重大专项项目的报告》（临兰政字〔2017〕9号）

5月4日，兰山区人民政府发《关于印发〈兰山区危险化学品安全综合治理实施方案〉的通知》（临兰政字〔2017〕10号）

5月13日，兰山区人民政府发《关于公布兰山区区级公共服务事项目录清单的通知》（临兰政字〔2017〕11号）

5月16日，兰山区人民政府发《关于公布兰山区镇街道公共服务事项目录和行政权力清单的通知》（临兰政字〔2017〕15号）

是日，兰山区人民政府办公室发《关于印发兰山区2017年秸秆焚烧与综合利用工作实施方案的通知》（临兰政办发〔2017〕20号）

5月17日，兰山区人民政府办公室发《关于印发〈兰山区机关事业单位公务卡管理办法（暂行）〉的通知》（临兰政办发〔2017〕21号）

5月23日，兰山区人民政府发《关于提请任免区人民政府组成人员的报告》（临兰政字〔2017〕17号）

5月25日，兰山区人民政府发《关于兰山区人大常委会对区人民政府〈关于全区安全生产工作情况报告〉的审议意见贯彻落实情况的报告》（临兰政字〔2017〕18号）

是日，兰山区人民政府办公室发《关于印发〈兰山区安全生产应急管理工作制度〉的通知》（临兰政办发〔2017〕22号）

是日，兰山区人民政府办公室发《关于印发〈临沂市兰山区安全生产“十三五”规划〉的通知》（临兰政办发〔2017〕23号）

5月26日，兰山区人民政府发《关于兰山区人大常委会对区人民政府〈关于全区大气污染防治工作情况报告〉的审议意见贯彻落实情况的报告》（临兰政字〔2017〕19号）

5月27日，兰山区人民政府发《关于转发〈临

沂市人民政府关于2017年第一批取消调整的证明和盖章类材料的通知〉的通知》(临兰政字〔2017〕20号)

6月8日，兰山区人民政府办公室发《关于开展企业自用LNG设备等燃气安全专项整治行动的通知》(临兰政办发〔2017〕25号)

6月9日，兰山区人民政府办公室发《关于印发兰山区2017年老旧住宅小区综合整治改造实施方案的通知》(临兰政办发〔2017〕24号)

6月16日，兰山区人民政府办公室发《关于印发兰山区全域土地督察通报问题整改实施方案和兰山区闲置低效用地盘活利用专项行动实施方案的通知》(临兰政办发〔2017〕26号)

6月23日，兰山区人民政府办公室发《关于印发兰山区农村公路安全生命防护工程综合验收实施方案的通知》(临兰政办发〔2017〕27号)

是日，兰山区人民政府办公室发《关于开展“全省第三批村级公路网化示范县建设活动”实施方案》(临兰政办发〔2017〕28号)

6月30日，兰山区人民政府办公室发《关于印发〈兰山区加快推进“互联网+政务服务”实施方案〉的通知》(临兰政办发〔2017〕30号)

是日，兰山区人民政府办公室发《关于印发2017年兰山区政务公开工作要点的通知》(临兰政办发〔2017〕31号)

7月6日，兰山区人民政府办公室发《关于2017年1–5月份全区经济运行情况的通报》(临兰政办发〔2017〕32号)

7月7日，兰山区人民政府办公室发《关于印发“兰山和谐使者”选拔管理办法的通知》(临兰政办发〔2017〕33号)

7月12日，兰山区人民政府办公室发《关于加强和改进值守应急和突发事件信息报告工作的通知》(临兰政办发〔2017〕34号)

7月13日，兰山区人民政府发《关于公布区政府规范性文件清理结果的通知》(临兰政字〔2017〕31号)

是日，兰山区人民政府发《关于整合组建兰山区综合行政执法局的通知》(临兰政字〔2017〕33号)

是日，兰山区人民政府发《关于整合组建兰山区市场监督管理局的通知》(临兰政字〔2017〕34号)

7月25日，兰山区人民政府发《关于临沂市兰山区西北片区热电联产规划(2017–2030年)的批复》(临兰政字〔2017〕39号)

7月28日，兰山区人民政府发《关于将新兰山路建设项目纳入兰山区2017年国民经济和社会发展计划的报告》(临兰政字〔2017〕40号)

是日，兰山区人民政府发《关于将新兰山路建设项目纳入兰山区2017年国民经济和社会发展计划的报告》(临兰政字〔2017〕40号)

8月3日，兰山区人民政府办公室发《关于印发兰山区违法违规用地整改工作实施方案的通知》(临兰政办发〔2017〕35号)

8月7日，兰山区人民政府办公室发《关于印发兰山区违法违规用地和涉地涉矿信访问题集中整治工作方案的通知》(临兰政办发〔2017〕36号)

8月15日，兰山区人民政府办公室发《关于印发兰山区“12345”市民服务热线暂行管理办法的通知》(临兰政办发〔2017〕37号)

8月18日，兰山区人民政府办公室发《关于印发〈兰山区小旅馆、群租住房等“九小场所”消防安全专项整治行动实施方案〉的通知》(临兰政办发〔2017〕38号)

8月21日，兰山区人民政府办公室发《关于印发临沂市兰山区政府性债务风险应急处置预案的通知》(临兰政办发〔2017〕39号)

8月23日，兰山区人民政府办公室发《关于印发兰山区财政专项资金管理暂行办法的通知》(临兰政办发〔2017〕40号)

是日，兰山区人民政府办公室发《关于印发兰山区重点建设项目管理办法的通知》(临兰政办发〔2017〕41号)

9月15日，兰山区人民政府办公室发《关于印发〈2017年兰山区散煤清洁化治理工作方案〉的通知》（临兰政办发〔2017〕42号）

9月18日，兰山区人民政府办公室发《关于公布兰山区2017年政府投资项目建设计划的通知》（临兰政办发〔2017〕43号）

是日，兰山区人民政府办公室发《关于推进医养结合工作的实施意见》（临兰政办发〔2017〕44号）

9月19日，兰山区人民政府办公室发《关于加强全区红十字会基层组织建设的实施意见》（临兰政办发〔2017〕45号）

9月22日，兰山区人民政府办公室发《关于印发〈兰山区首席技师选拔管理办法〉的通知》（临兰政办发〔2017〕46号）

9月28日，兰山区人民政府发《关于2017年第二批调整取消区级行政权力事项等项目的通知》（临兰政字〔2017〕58号）

是日，兰山区人民政府办公室发《关于印发〈2017年全区中共十九大消防安保工作暨冬春火灾防控工作实施方案〉的通知》（临兰政办发〔2017〕47号）

9月29日，兰山区人民政府办公室发《关于印发兰山区入河排污口综合整治工作方案的通知》（临兰政办发〔2017〕48号）

10月16日，兰山区人民政府办公室发《关于印发〈兰山区电动车火灾防范专项治理行动工作方案〉的通知》（临兰政办发〔2017〕50号）

10月19日，兰山区人民政府办公室发《关于印发兰山区开展基层政务公开标准化规范化试点工作实施方案的通知》（临兰政办发〔2017〕51号）

10月20日，兰山区人民政府办公室发《关于印发兰山区乡村之星选拔管理暂行办法的通知》（临兰政办发〔2017〕52号）

12月1日，兰山区人民政府办公室发《关于加快推进社区教育发展的通知》（临兰政办发〔2017〕53号）

12月4日，兰山区人民政府办公室发《关于印发兰山区政务信息系统整合共享工作推进方案的通知》（临兰政办发〔2017〕54号）

12月15日，兰山区人民政府办公室发《关于进一步推进“食安山东”品牌建设工作意见》（临兰政办发〔2017〕55号）

12月18日，兰山区人民政府办公室发《关于印发临沂市兰山区医疗联合体建设方案的通知》（临兰政办发〔2017〕56号）

12月22日，兰山区人民政府办公室发《关于印发〈兰山区出租屋、群租房消防安全专项治理行动实施方案〉的通知》（临兰政办发〔2017〕57号）

是日，兰山区人民政府办公室发《关于印发〈兰山区商贸物流园区消防安全专项治理工作方案〉的通知》（临兰政办发〔2017〕58号）

12月28日，兰山区人民政府办公室发《关于推进全区应急保障能力建设的通知》（临兰政办发〔2017〕59号）

12月29日，兰山区人民政府办公室发《关于全面推行惠民殡葬政策的实施意见》（临兰政办发〔2017〕60号）

12月31日，兰山区人民政府办公室发《关于印发职工长期护理保险制度试点工作方案的通知》（临兰政办发〔2017〕61号）

撰稿：王　征

审稿：孙钦仕　刘海波

政府办公室工作

政府办公室领导成员

主　任　赵东明* 孙钦仕

副主任　吴景伦　朱文明　刘海波　刘新坤
　　　　林祥宁

党组成员　李　震　郑　峰　苗润华　袁中兴

研究室主任　李　震*

副主任　商济俭（女）张克存　邢　刚*
　　　　刘存华

应急办主任　朱文明

副主任　林祥宁*　薛　冰

镇域办主任　孙佰祥

副主任　杜艳波

【概述】 2017年，区政府办公室贯彻落实中共十九大精神，围绕区委、区政府的决策部署和中心工作，发挥参谋助手作用，恪尽职守，勤勉敬业，完成全年工作，保障政令畅通。

【文秘工作】 做好各种会议材料的起草工作，严格履行文件登记、传阅、发文等公文处理程序，全年共办理国家、省、市级各类公文、电报5800余份，制定下发820份文件、通知，保证公文质量，提高办理效率。

【信息调研】 围绕服务领导决策，开展调查研究，完成调研报告27篇，上报市政府研究室5篇，多篇文章发表在《临沂经济》《决策参考》等刊物。编发《兰山政务信息》38期，向省、市报送信息1250余篇，其中被国务院办公厅、省政府办公厅采用51条，市政府办公室采用198条。

【督查工作】 做好领导批示件的督办工作，市委、市政府和区委、区政府领导批示的197个文件均按时办结。承办区长信箱91件，109件人大代表建议、205件政协提案均圆满答复。

【后勤工作】 做好会务服务，组织筹备各类会议活动280余次，其中区政府常务会12次。接待区外参观学习团体1700余人次，严格执行中央八项规定，加强对车辆、采购、接待等的管理，做好各项行政后勤服务。

【政务服务】 做好“12345”市民服务热线工作，共受理热线工单113813件，办结率保持在100%。搞好电子政务建设，主动公开各类政府信息14970条。完成政务服务中心搬迁和提升改造工作，全年累计受理行政审批和服务17.5万件。确保政府高效、协调、有序运转。

【应急管理】 严格应急值守，加强应急管理规范化制度建设；完善应急预案体系，提升突发事件应对能力；认真抓好应急预案编制、修订工作，不断适应新变化；加强应急预案演练，提高预案针对性和适用性；加强应急宣教培训，提高各单位应急处置能力和公众灾害防范、应对能力；调整充实突发事件应对领导小组，组织开展领导干部应急培训2次。

【自身建设】 以深入推进“两学一做”常态化制度化学习教育活动为抓手，健全学习计划，抓紧抓牢学习活动开展，调动提升党员宗旨意识和党性修养。以开展整治“不作为乱作为”专项行动和落实党员奉献积分制管理为督促，严抓作风建设，激发党员发挥先锋模范作用。开展“创新提升年”活动，引导办公室全体人员强化学习意识、服务意识、落实意识、精品意识，增强以文辅政、参谋助手、督促检查、应急值守能力，发挥办公室参与政务、管理事务、综合服务职能，打造规范、优质、高效的服务环境。

撰稿：王　征

审稿：孙钦仕　刘海波

调查研究

2017年度全区政府系统重点调研课题

序号	课题名称	联系领导	牵头单位	参与单位	完成时限
1	关于整合资源要素推动文化创意产业深度融合发展的调研	沈如茂	区文广新局	区人社局、区旅游局、区科技局、兰山商城管委会等	2017年6月
2	坚持工贸融合依市兴工打造商城特色地产品产业链的调研	沈如茂	兰山商城管委会、区经信局	临沂兰山经济开发区等	2017年6月
3	加快物流示范企业建设引导物流行业规范发展的调研	顾文明	兰山商城管委会	区工商局、兰山街道、义堂镇等	2017年7月
4	关于融入“一带一路”加快商城国际化的调研	顾文明	兰山商城管委会	区商务局、兰山街道等	2017年8月
5	关于深化综合治税的研究	刘爱友	区财政局	市区国税局、兰山地税分局等	2017年6月
6	进一步提高12345市民服务热线办理群众满意率的调研	刘爱友	区政务服务中心管理办公室	区人社局、区住建局等有关政府职能部门	2017年9月
7	关于创新违法建设联合管控机制的研究	桑立杰	区城管局、兰山国土分局	区工商局、市区国税局、区供电部等	2017年7月

续表

序号	课题名称	联系领导	牵头单位	参与单位	完成时限
8	论义堂镇化工产业整合对木业产业发展的影响	桑立杰	义堂镇	兰山国土分局、区经信局、商城规划分局等	2017年8月
9	关于加大市场主体培育激发经济发展活力的调研	刘金波	区工商局	区经信局、区质监局、区科技局等	2017年6月
10	关于发展壮大实体经济提高经济发展质效的调研	刘金波	区经信局	区质监局、区科技局等	2017年9月
11	兰山区幼儿教育研究与分析	王　辉	区教体局	区发改局、区卫计局、消防大队等	2017年7月
12	关于居家和社区养老服务体系建设的调研	王　辉	区民政局	区人社局、财政局等	2017年8月
13	关于改善空气质量的调研报告	周兴金	兰山环保分局	区城管局、区住建局、区农业局、区农机局、交警一二三大队等	2017年9月
14	加快医疗卫生体制改革提升群众就医看病环境的调研	周兴金	区卫计局	区人社局、区财政局等	2017年9月
15	科学定位特色发展打造新型科技园区的调研	王翠宝	金锣科技办	区经信局、半程镇、枣园镇等	2017年6月
16	关于推动中小企业供给侧结构调整的研究	王翠宝	半程镇	区经信局、枣园镇等	2017年7月
17	关于义堂区域木业产业创新情况的调研	李向东	区科技局	区经信局、义堂镇、方城镇、工业园区等	2017年9月
18	关于工业园区科技提升及信息化建设的调研	李向东	区科技局	区经信局、工业园区等	2017年8月
19	义堂镇新型城镇化路径探析	韩庆典	义堂镇	商城规划分局、区住建局、兰山环保分局、兰山国土分局等	2017年7月
20	西部新城基础设施建设现状与思考	韩庆典	义堂镇	商城规划分局、区住建局、兰山环保分局、兰山国土分局等	2017年8月
21	关于城区垃圾上门收集的调研报告	冯学敏	区城管局	各镇街道、临沂兰山经济开发区等	2017年6月
22	关于推行城市管理社区自治、居民自治的调研报告	冯学敏	区城管局	各镇街道、临沂兰山经济开发区等	2017年9月

2017年度全区政府系统专项调研课题（镇街道、工业园区）

序号	课题名称	承担单位	完成时限
1	对接商城国际化推动地产品加工业规模发展的调研	临沂兰山经济开发区	2017年6月
2	加快科技研发平台建设推动园区创新发展的调研	临沂兰山经济开发区	2017年9月
3	商城国际化对兰山街道传统商贸物流产业和社区村发展影响的研究	兰山街道办事处	2017年8月
4	关于老旧小区管理与治理的研究	银雀山街道办事处	2017年7月
5	完善城市拆迁协调机制的思考和建议	金雀山街道办事处	2017年6月
6	关于城市绿化及黑臭水体整治的调查研究	柳青街道办事处	2017年6月
7	白沙埠镇仪表科技产业园建设的调研	白沙埠镇政府	2017年7月
8	关于农村道路提升改造工程的调研	枣园镇政府	2017年8月
9	关于半程镇加快基础设施投入的调研报告	半程镇政府	2017年6月
10	关于农村基层土地流转情况的调研	李官镇政府	2017年9月
11	义堂镇产城融合路径思考	义堂镇政府	2017年8月

续表

序号	课题名称	承担单位	完成时限
12	对“生态义堂”建设的思考	义堂镇政府	2017年9月
13	加快汪沟乡村旅游发展的调研	汪沟镇政府	2017年6月
14	关于巩固脱贫成果增加农民收入的调研	方城镇政府	2017年8月

2017年度全区政府系统专项调研课题（部门）

序号	课题名称	承担单位	完成时限
1	关于开展“创新提升年”活动提高“三服务”水平的调研	区政府办公室	2017年7月
2	关于推进政务服务标准化建设提高政务服务科学化水平的调研	区政务服务中心管理办公室	2017年8月
3	关于加强基层公务员应急能力建设的调研	区应急办	2017年6月
4	依法依规对违法建设实施强拆的程序规范研究	区法制办	2017年9月
5	关于科技型中小企业发展情况和扶持政策的调研	区科技局	2017年6月
6	关于精准识别兰山大气污染来源制定针对性防治措施的研究	兰山环保分局	2017年7月
7	理顺体制狠抓监管促进旅游业健康发展的调研	区旅游局	2017年6月
8	立足基础发挥优势扎实做好“三引一促”工作的调研	区“三引一促”办公室	2017年7月
9	关于临沂市兰山区社会组织综合监管机制研究的调研	区民政局	2017年8月
10	关于推动城市老旧小区改造的研究	区住建局	2017年9月
11	关于建筑行业安全生产监管的调查研究	区住建局	2017年8月
12	兰山区建设用地征收供应情况的分析与研究	兰山国土分局	2017年6月
13	关于城市垃圾分类处置的调研	区城管局	2017年6月
14	关于职业学校校企合作深度融合的研究	区教体局	2017年9月
15	城镇中小学“大班额”问题研究	区教体局	2017年8月
16	深挖兰山文化资源推动产业化开发与保护的研究	区文广新局	2017年7月
17	关于建立健全文化市场信用监管制度的研究	区文化执法局	2017年8月
18	兰山区体育产业发展现状、问题与对策研究	区体育办	2017年6月
19	关于鼓励社会办医促进民营医疗机构规范健康发展的调研	区卫计局	2017年8月
20	兰山区网上食品经营现状及监管对策研究	区食药监局	2017年7月
21	关于对农民专业合作社现状、问题及发展方向的研究	区农业局	2017年6月
22	兰山区农村饮水安全调研报告	区水务局	2017年7月
23	关于提高服务供给质量拓宽服务业发展空间的调研	区发改局	2017年9月
24	新常态下加强重点项目管理与服务工作的研究	区发改局	2017年8月
25	关于全区返乡农民工创业情况的调研	区人社局	2017年6月

续表

序号	课题名称	承担单位	完成时限
26	兰山区服务业面临的挑战及对策研究	区统计局	2017 年 9 月
27	关于用好市场采购贸易方式扩大外贸出口的调研	区商务局	2017 年 6 月
28	关于扎实推进企业改革改制助推企业“二次创业”的调研	区经信局	2017 年 7 月
29	做好新形势下电梯安全监管工作的调研	区质监局	2017 年 7 月
30	关于开展企业安全生产社会化托管服务的分析与探究	区安监局	2017 年 9 月
31	推进公共设施建设的 PPP 融资模式研究	区财政局	2017 年 8 月
32	新形势下地方法人金融机构支持当地实体经济发展的调研	区金融办	2017 年 7 月
33	关于市区商品房销售价格的调研报告	区物价局	2017 年 6 月
34	兰山区房地产业“营改增”政策效应的分析与探究	市区国税局	2017 年 7 月
35	现行税收政策对地方税收影响的调研	兰山地税分局	2017 年 9 月
36	关于兰山区“双随机、一公开”监管的实践与思考	区工商局	2017 年 7 月
37	村社区干部经济责任审计在推动基层治理中作用的研究	区审计局	2017 年 8 月
38	关于扎实推进公安基层基础建设的研究	兰山公安分局	2017 年 9 月
39	关于社会立体化火灾防控体系的研究	消防大队	2017 年 6 月

撰稿：王　征

审稿：孙钦仕　刘海波

区政府各类临时指挥机构

区农产品质量安全管理工作领导小组
区社会信用体系建设工作领导小组
区道路交通安全综合治理委员会
区食品安全委员会
区水土保持委员会
区深化医药卫生体制改革领导小组
鲁南高铁兰山段项目建设领导小组
区政务公开领导小组
区国土资源执法监管领导小组
区体育彩票工作领导小组
区全民健身工作领导小组
区法治政府建设工作领导小组
区政府信访事项复查和听证委员会组成人员
区防治艾滋病工作委员会
区公立医院管理委员会
区农村土地承包经营纠纷调解仲裁委员会
区秸秆禁烧与综合利用工作领导小组
区质量强区工作领导小组
区深化企业改革工作领导小组
区现代渔业工作领导小组
区深化国有企业负责人薪酬制度改革工作领导小组
区地名委员会
区油气输送管道管理工作领导小组
区打击和处置非法集资工作领导小组
区企业“二次创业”工作领导小组
区突发公共事件应急管理工作领导小组
区基础教育综合改革工作领导小组
区推进政府职能转变领导小组
区扶贫小额信贷工作领导小组

区解决城镇普通中小学大班额问题工作领导小组

区人民政府信访事项复查委员会

区禁毒委员会

区文物保护管理委员会

区“12345”市民服务热线工作领导小组

区住房公积金管理工作领导小组

区现代农业产业规划编制工作领导小组

区社会养老服务体系建设工作领导小组

区政府部门机构编制评估小组

区退役士兵安置工作领导小组

区减灾委员会

区语言文字工作委员会

临沂商城消防安全工作联席会议领导小组

撰稿：王　征

审稿：孙钦仕　刘海波

招商引资

商务局领导成员

局　长　王　力

主任科员　万胜新

副局长　刘彦明（女）　耿　杨（挂职）

副主任科员　张洪庆

国际商会

会　长　刘彦明（女）

副会长　于国涛　徐士娟（女）

境外招商促进中心

主　任　张会东

【机构设置】 区商务局下设办公室、市场管理科、商贸服务科、外资外贸外经管理科、招商审计科5个职能科室。辖一个正科级事业单位：区国际商会；一个副科级事业单位：区境外招商促进中心。年底，全局共有干部职工31人。

【概述】 2017年，全区实际利用市外资金120.6亿元，完成全年任务的104.9%；引进过亿元项目44个，完成全年任务的110%；招商引资项目备案42个。在全市科学发展观考核中招商引资工作位列全市第二名，获“全市招商引资先进县区”“全市利用外资工作先进县区”“全市外经贸工作先进县区”“全市商贸流通先进县区”称号；在区直部门年终考核中成绩优异，被区委、区政府授予“先进单位”称号。

【招商思路】 围绕优势产业，通过引进核心企业、核心技术带动全区优势产业的扩张发展，加快提升全区产业规模和企业档次，瞄准世界500强和行业龙头企业招商，通过兼并联合、股权转让等形式引进核心企业、核心技术带动全区产业的扩张发展。发挥特色园区“筑巢引凤”的功能，加快产业集聚区软硬件要素建设，探索资源整合、异地托管、项目共建、税收共享等机制，承接发达地区产业转移。

【招商宣传】 精心制作招商宣传资料。用好招商网页、招商光盘、《投资指南》和易拉宝等载体，宣传全区的招商优势。2017年，重新编写《中国兰山投资指南》，《投资指南》除宣传全区的投资优势、招商平台外，更突出投资服务等服务内容。

【招商方式】 创新招商方式。利用本地商会、协会资源，与已投资客商、浙江商会、江苏商会等商会保持紧密联系，发挥商会及投资客商对行业情况熟、人脉资源多、路子广的优势，以其实绩和亲身感受带动其他客商来兰山投资、考察。加强同市直有关部门的联系，发挥市政府委托招商顾问的作用。在重点区域选择有实力、有能力的工商联合会、中介机构、知名企业和关系广、有经验的专业人员进行委托招商。主动“走出去”，千方百计“请进来”，围绕京企、沪企、深企和青企，强化小分队招引。放大优势，突出特色，在城市服务业项目、商贸物流项目和工业项目上实施精准招引，拓宽招引渠道。

【招商活动】 4月，赴深圳参加市招商局组织的深圳招商引资洽谈会并顺利签约2个项目。7月，赴上海参加市招商局组织的上海新旧动能转换项目洽谈会并顺利签约3个项目。9月，在临沂召开的2017商博会新旧动能转换项目对接会邀请多名客商赴临沂参会并签约3个项目。22日，协助区政府促成新疆乌苏市、兰山区缔结友好区市签约仪式。26日，促成大连万达广场与临沂世纪信投置业有限公司合作签约，全市首个万达广场落户兰山区。10月，协助区政府与鲁商置业成功签署西城屠苏岛片区开发协议。项目涵盖高端物流、商贸综合体产业、文化旅游地产、房地产、先进装备制造等多个产业。

【招商服务】 提高服务品质，完善公路、绿化、市政管网、电网线路、无线网络、公交线路等相关配套设施，确保客商投资到哪里，基础设施就配套到哪里，实施“放管服”改革，全面推行“店小二”式服务，推行“一站式审批”和“一条龙服务”，完善重大项目审批“绿色通道”，打造高速、快捷、优质的服务环境。对通过评审的项目，由落地单位负责选址，落地服务领导小组负责综合协调、手续办理等工作。加强区级领导班子成员联系企业制度，各部门保持无缝衔接、密切协作，确保形成合力，为项目落地建设开辟绿色通道，解决企业生产运营中存在的困难问题。

撰稿：王兴华

审稿：张洪庆

机关事务管理

机关事务管理局领导成员

局　长　袁中兴

副局长　杜庆贵　陈向阳　姜春雷

【机构设置】 2017年，区机关事务管理局下设办公室、财务科、资产管理科、水电暖科、节能科、房产科、物业管理科、通信科、节能科、绿化保洁科、会务科、保卫科、车管科13个科室，年底共有在职在编干部职工26人。

【概述】 2017年，区事管局履行机关后勤服务保障职能，改进工作作风，优化服务方式，做好公务用车和办公用房使用管理、公共机构节能、保洁绿化、安全保卫、会议服务等工作，保障机关工作高效有序运转。

【公务用车和办公用房使用管理】 深化办公用房清理整改，健全完善办公用房统一维修改造、统一调

配使用、统一登记等管理制度。全区67个区直部门办公用房全部建立台账，并严格按照每年上报的要求，及时完善更新。巩固公务用车制度改革成果，坚持多措并举，加强和规范车改后的公车管理。为221辆车改保留车辆加装GPS定位，纳入全市公务用车车辆监管系统平台。对71家单位126辆公车喷绘公车标识。对全区事业单位未参改车辆进行备案登记。严格八项规定精神，抽调多名工作人员配合区纪委、区财政局对全区镇街和区直部门办公用房、公务用车、公务接待检查。

【公共机构节能】 组织召开全区重点用能单位节能工作会议，强化节能目标责任管理，促进各项节能目标落实。开展示范单位创建工作，1个单位被评选为省级节约型公共机构示范单位，4个单位被评选为市级节约型公共机构示范单位。加强全区公共机构节能管理，有序推进节能办公。参与全市公共机构能源资源消费统计数据会审会议，组织各部门及时上报2017年能耗使用情况，做到能耗统计全覆盖。组织实施全区公共机构电动汽车充电基础设施需求调查。组织干部职工参加全国公共机构节能管理远程培训，高质量完成学习任务。开展节能宣传周活动，加大节能宣传力度，发放宣传图册1000余份。

【安全保卫】 对机关办公区4号楼周边的绿化带、道路、排水系统、照明设备、自行车棚进行提升改造，规划停车位138个，新增停车位87个。倡导绿色出行，方便群众办事，协调市住建局在6号楼和北大门西侧设置公共自行车60余辆。

【保洁绿化】 配合区园林办对会议中心前绿化区域和2号楼前花坛进行园艺设计并完成施工。提升改造绿化面积2500余平方米，新增10余种绿化植物。

【会议服务】 完成第一、第五会议室会议系统的提升改造。新设备具备高智能，高数字化的特性，对整体会场啸叫点全自动检测，智能高速反馈，全数字最大限度消除回音。传输信号升级为高清数字化信号，通过主机会议终端并入市联通机房高清数字化会议系统，实现数字信号双向传输，与上级会议系统对接，音频、视频实时接收和传输，视频会议质量大幅度提升。完成会议服务500余场次。

【通信】 缴纳全区67家单位通信费、新装电话40余部、移机120余部、报障维修电话80余部。

【机关宿舍区提升改造】 协调蓝天热力公司完成八小集、北关干休所机关家属区716户暖气串联改并联工程，并交由热力公司管理。对沂州花园机关家属区安保系统进行提升，升级改造监控系统、更换智能门禁系统、电梯安装五方通话系统，提高小区的安保水平。

【三引一促】 开展招才引智工作，引进江苏省“333高层次人才培养工程”中青年科学技术带头人、农学博士陈志德和江苏农业科技奖一等奖获得者沈一博士与区海平花生种植农民专业合作社签订引进高端人才协议书，增强兰山花生种植业的自主创新力和核心竞争力。

撰稿：苏凯凯

审稿：张佩敬

史志工作

史志办公室领导成员

主　任　王友存

副主任　寇利明　杨晓娜（女）　訾金刚

【机构设置】 2017年，区史志办公室内设人秘科、年鉴科、志书编审科、区情科4个科室，加挂方志馆牌子，年底在职工作人员10人，均具有大专以上学历。

【概述】 2017年，区史志办坚持依法修志，科学记载历史，履行部门职能，在史志资政、年鉴编纂、区志编纂、方志馆建设、区情网建设等工作均取得较好成绩。年内，出版发行2016年版《兰山年鉴》，编纂并出版发行2017年版《兰山年鉴》；推进《兰山区志》编修工作；完成省年鉴、省史志年鉴、市年鉴的供稿任务；加强方志馆服务功能，年内接待来访500余人次，提供有价值信息1800余条，其中为临沂市商城党性教育基地建设提供图片140余幅、文字资料20余篇；加强对区情网的建设和管理，区情网发布信息100余条；加强对《兰山区半程镇志》编修工作的协调服务和业务指导，多次组织修志业务专家，对志书编修进行业务指导与授课。是年，被评为2017年度全市史志工作先进单位、2017年度全市地方史志工作信息宣传先进单位，2017年版《兰山年鉴》被山东省优秀史志成果奖评为优秀年鉴，在山东省档案工作科学化管理工作中被评为先进单位。

3月7日，市史志办主任刘志强到兰山区调研，区委书记赵晓晖陪同。

【年鉴编纂】 4月10日，区委办公室、政府办公室联合印发2017年版《兰山年鉴》组稿方案，对组稿方案做出调整和完善。5月，按照组稿方案的要求，编辑人员对《兰山年鉴》初稿进行反复修改，按照内容材料完成图片资料的搜集与制作，增加年鉴的存史性，提升《兰山年鉴》质量和档次。2016年版《兰山年鉴》修改校对工作同步推进。8月，出版发行2016年版《兰山年鉴》。12月，出版发行2017年版《兰山年鉴》，全书由20个栏目调整为19个，增加英文目录和索引。每个栏目前插入具有兰山特色的彩色照片，并在条目中插入具有现实意义和存史价值的随文图片。

【省市供稿】 保质保量完成2017年版《山东年鉴》“兰山”条目700字、《山东地方史志年鉴》兰山区部分1000字、《临沂年鉴》兰山区部分3300字的供稿任务。

区志主笔人员座谈会

【区志编纂】 做好业务培训，提高主笔人员业务水平。从1月6日开始，集中利用一个半月的时间，按照承编篇目和系统单位，先后组织召开主笔人员座谈会9次，参会人员近120名，通过面对面交流，探讨业务，分析问题，解决难题。按照职责分工，加强对接，调度进展情况，并提出工作要求，调度情况以史志工作动态形式下发到区级领导和承编单位负责人。全年共编发史志工作动态10期。加强业务指导，提高初稿质量。在部分单位稿件撰写过程中，责任编辑全力靠上，采取“请进来、走出去”方式，对供稿单位主笔人员进行一对一业务指导，反复修改，从严要求，提高稿件质量和上报速度。11月16日，召开全区史志编修工作推进会，传达学习全市地方史志工作“三全目标”推进会议精神，通报兰山区志编修工作进展情况，28个初稿质量落后的区直部门主要负责人参加会议。会议要求各供稿单位严格按照时间节点要求，保质保量完成初稿上报工作任务，确保年底前完成征求意见稿。年内，全区117个承编单位已全部完成初稿上报。30%的初稿已进入二轮修改，70%的初稿处于三轮修改中。其中，合格稿件52个，基本合格35个，不合格稿件30个。

【方志馆和区情网建设】 2017年，区方志馆新增志鉴150余套（册），馆内志、鉴、史、记类藏书达500余种，2200余套（册），年内接待来访500余人次，提供有价值信息1800余条，其中为临沂市商城党性教育基地建设提供图片140余幅、文字资料20余篇。同时，为加强服务功能，完善方志馆各项规章制度，做好馆藏资料归类整理工作，逐步实现方志馆管理制度化、科学化、规范化。5月，对单位人员分工进行调整，明确专人负责区情网站及区情资料库建设，要求及时更新充实区情网及区情资料库，向广大用户提供合理、适时、有效信息，使地方史志信息资源更好地为全区建设服务。年内，区情网发布信息100余条，2016年版《兰山年鉴》上传至区情资料库。截至年底，12部《兰山年鉴》及《临沂市志》（县级）部分资料已实现网上查阅。

【精准扶贫】 2017年，出资2万元为杨家峪、安固庄便民场所各配备电脑2台、打印机1台。出资4000元走访慰问汪沟镇竹园村和临沂兰山经济开发区郭庄村贫困户20户。协调黄果树爱心团队为竹园小学捐赠复印机2台、学生书包100个，价值800元；

协调社会爱心团体为汪沟镇敬老院捐大衣70件、各类生活用品180余件，折合人民币1.4万元；协调金锣集团出资30万元用于竹园村户户通工程，新增户户通1万平方米；协调区文广新局道路1万元资金用于安固庄图书室建设。

撰稿：张秀娟

审稿：杨晓娜

政协兰山区委员会

政协委员会领导成员

主　席　刘耀华

副主席　王观利　张豪轩　强　军　朱海燕（女）　宋敬华（女）　房士栋

秘书长　马永攀

政协工作机构领导成员

办公室

主　任　马永攀（兼）

副主任　王依峰*　李士荣

主任科员　杨　丽（女）　董勤法*

副主任科员　刘林征

提案委员会

主　任　孙　倩（女）

社会联络和法制委员会

主　任　董勤法*　王依峰

委员活动工作室

主　任　单风香（女）

副主任　张剑非

科教文卫体委员会

主　任　郝凤君（女）*

经济委员会

主　任　王利道*　李文乾

人口资源环境委员会

主　任　李桂芳（女）

重要会议

【政协十五届一次全委会议】 1月22—25日，政协第十五届兰山区委员会第一次会议在临沂宾馆召开，会议应到政协委员273名，因事因病请假8名。出席大会的有中共兰山区委、区人大、区政府、区纪委、区人武部、区法院、区检察院、区公安分局、兰山商城管委会、临沂工业园区管委会的负责人，十五届区政协主席、副主席、秘书长，区政协历届主席、副主席，区直有关部门、单位领导班子中没有政协委员的行政第一副职等。开幕式由十四届区政协副主席、党组副书记孙汉富主持，区委书记赵晓晖作重要讲话，区政协主席、党组书记刘耀华作《政协第十四届临沂市兰山区委员会常务委员会工作报告》，区政协副主席王观利作《政协第十四届临沂市兰山区委员会常务委员会提案工作情况的报告》。委员们列席区十九届人大一次会议，听取并讨论《区政府工作报告》及其他报告。会议选举政协第十五届临沂市兰山区委员会主席1名、副主席6名、秘书长1名、常务委员53名，通过《区政协十五届一次会议决议》和《区政协十五届一次会议提案审查委员会关于提案审查情况的报告》，新当选的十五届区政协主席刘耀华作讲话。

【政协常委会议】 2017年，区政协常委会议共召开4次。

十五届一次常委会于3月31日在临沂宾馆举行。会议书面传达学习全国“两会”精神；分组讨论《政协临沂市兰山区委员会常务委员会关于加强自身建设的意见（草案）》《政协临沂市兰山区委员会常务委员会工作规则（草案）》《政协临沂市兰山区委员会关于进一步发挥界别作用的意见（草案）》《政协临沂市兰山区委员会关于加强政协委员学习联络活动小组工作的意见（草案）》《政协临沂市兰山区委员会优秀提案和承办提案先进单位评选办法（草案）》和《政协临沂市兰山区委员会2017年协商工作计划（草案）》；审议通过上述文件；刘耀华作讲话。

十五届二次常委会于7月20日在临沂宾馆举行。会议书面传达全省基层政协工作座谈会议精神；听取区政府关于上半年经济社会发展情况通报；听取区政协《关于积极融入“一带一路”，加快商城国际化进程的建议案（草案）》起草情况说明；政协常委、委员发言；审议通过《关于积极融入“一带一路”，加快商城国际化进程的建议案》；审议通过《委员管理办法》和《界别活动暂行办法》；区政协主席刘耀华作讲话。

十五届三次常委会于9月29日在临沂宾馆举行。会议主要议程听取区政府关于全域旅游发展工作情况的通报；听取区政协《关于加快推进全域旅游发展的建议案（草案）》起草情况说明；审议通过区政协《关于加快推进全域旅游发展的建议案》；区政协主席刘耀华作讲话。

十五届四次常委会于2018年1月3日在临沂宾馆举行。会议主要议程听取区政府工作报告起草情况的说明；听取区委关于有关人事事项的说明；审议通过关于召开区政协十五届二次会议的决定（草案）；审议通过区政协十五届二次会议议程、日程（草案）；审议通过区政协常委会工作报告（草案），并推举报告人；审议通过区政协常委会提案工作报告（草案），并推举报告人；审议通过区政协十五届二次会议常委轮值和秘书长名单（草案），各组召集人名单（草案），列席人员范围（草案）；审议通过区政协2018年协商工作计划（草案）；审议通过关于表彰2017年度优秀提案和承办提案先进单位的决定（草案）；审议通过政协第十五届临沂市兰山区委员会常务委员会关于设置专门委员会的决定（草案）。

重要工作

【政协提案工作】 2017年，区政协提案委员会共收到提案229件，经提案委审查，立案205件。其中，各民主党派、人民团体提案19件，交由51个部门单位办理，未立案的24件提案改作委员意见，交由区政府相关部门解释答复。提案内容涉及全区经济社会发展的各个领域，至2017年9月中旬已全部办理完毕。

【调研视察工作】 2017年，区政协围绕全区中心工作和群众关注的热点焦点问题，出台《关于创新和完善区政协有关工作的意见》，开展调研和视察活动，形成《关于积极融入"一带一路"，加快商城国际化进程的建议案》和《关于加快推进全域旅游发展的建议案》等一批具有前瞻性、针对性和可操作性的建议，受到区委、区政府主要领导的签批肯定，多项意见纳入党政的科学民主决策。

【文史资料工作】 坚持以文史工作助推文化传承，完成史料征编和"文化兰山"的协作供稿任务。《临沂城街巷春秋》被省政协评为优秀文史书刊，起到存史资政、团结育人的作用。

撰稿：李士荣

审稿：马永攀

中共兰山区纪律检查委员会

纪律检查委员会领导成员

书　记　曹　勇

常务副书记　陈胜年

副书记　蒋　楠

常　委　蒋　楠*　邵珠玲（女）　赵富军　刘　健　乔洪庆

纪律检查委员会工作机构领导成员

办公室主任　侯　磊

组织部部长　王帅军

宣传部部长　杨银叶（女）

党风政风监督室主任　梁　勇

信访室主任　朱新峰

案件监督管理室主任　管向阳

第一纪检监察室主任　张传宝

第二纪检监察室主任　刘瑞军

第三纪检监察室主任　王　莹（女）*　王云忠

审理室主任　邵珠玲（女，兼）*　张　超（女）

纪检监察干部监督室主任　巩　翔（女）

监察局领导成员

局　长　蒋　楠
正科级监察员　李　昕（女）
副局长　蒋　楠（兼）*　邵珠玲（女，兼）
　　陈　辉（兼）
廉政教育中心
主　任　梁　勇（兼）

派驻派出纪工委、监察分局领导成员
派驻第一纪工委、监察分局领导成员
书记、局长　张志武
正科级纪检员、监察员　任建梅（女）*
　　杨秀玲（女）
副书记、副局长（正科）　刘同刚*
副书记、副局长　张华芳（女）

派驻第二纪工委、监察分局领导成员
书记、局长　周春鹏
正科级纪检员、监察员　于文厚
副书记、副局长　朱长青
副书记、副局长　王　珍（女）

派驻第三纪工委、监察分局领导成员
书记、局长　岳孝臣
副书记、副局长　路　冰（女）
副书记、副局长　赵希红

派驻第四纪工委、监察分局领导成员
书记、局长　刘建学*　徐孟军
正科级纪检员、监察员　刘建学　王芳吉（女）
副书记、副局长　田增达

派驻第五纪工委、监察分局领导成员
书记、局长　李　军
正科级纪检员、监察员　张金平*　王雪梅（女）
副书记、副局长　王雪梅（女）*

派驻第六纪工委、监察分局领导成员
书记、局长　王朝杰
正科级纪检员、监察员　姜宝平
副书记、副局长　姜宝平*
副书记、副局长　王维永

派驻义堂纪工委、监察分局领导成员
书记、局长　张西兴
副书记、副局长　郭海德

派驻半程纪工委、监察分局
书记、局长　陈　辉
正科级纪检员、监察员　闫俊清
副书记、副局长　闫俊清*

驻金雀山纪工委、监察分局
书记、局长　刘德传
正科级纪检员、监察员　刘素琴（女）
副书记、副局长　张　斌

区委巡察办
主　任　赵富军
副主任　王　莹（女）

区委第一巡察组
组　长　任建梅（女）
副组长　李　明

区委第二巡察组
组　长　刘同刚
副组长　马鸿宇（女）

区委第三巡察组
组　长　张金平
副组长　孙金凤（女）

区委第四巡察组
组　长　王永华
副组长　张立峰

【机构设置】区纪委、监察局合署办公，下设办公室、组织部、宣传部、党风政风监督室、信访室、案件监督管理室、纪检监察一室、纪检监察二室、纪检监察三室、案件审理室、纪检监察干部监督室11个部室，均为副科级内部机构；廉政教育中心为正科级事业单位，设有9个派驻（派出）纪工委、监察分局。

2016年12月，区委设立巡察工作领导小组办公室（简称巡察办），为区委巡察工作领导小组日常办事机构，列入区委工作部门序列，设在区纪委，机构规格为正科级。同时，设立区委第一、第二、第三、第四巡察组。2017年4月人员配备到位。

【概述】2017年，全区各级纪检监察组织以迎接、学习、贯彻中共十九大为主线，按照区第十四次党代会的部署要求，坚持挺纪在前、标本兼治，两个责任同步落实，纪检监察工作在作风建设、纪律审查、队伍建设等方面取得新发展。

【作风建设】严格落实中央八项规定精神和省、市委实施办法，针对隐形变异"四风"问题，通过明察暗访、交叉暗访、区镇村三级联动等方式，加强对重点领域、关键节点的监督检查。全年共查处违反中央八项规定精神问题24件28人，给予党政纪处分24人，通报曝光典型案件18件。坚持由点及面，深入开展"整治'不作为、乱作为'优化发展环境"专项行动，对照"不作为""乱作为"11个方面的突出表现，重点挖根源、破难题、补短板，督促全区各级各部门整改问题753个，查处"不作为""乱作为"问题105件，追究相关人员责任227人次，建立健全规章制度359个。

【纪律审查】严明政治纪律，把违反政治纪律问题作为执纪审查、政治巡察和派驻监督重点，严肃查处违反政治纪律问题。严明组织纪律，从严监督检查区第十四次党代会换届纪律和会风会纪执行情况，严把政治关、廉洁关。注重严在小、严在早，发现苗头及时纠正；对严重违纪涉嫌违法的党员干部，坚决查处、决不姑息，保持和巩固兰山区反腐败工作良好势头。全区纪检监察组织共受理群众举报2259件，函询谈话14人次，核查实名举报农村党员干部举报件40件；立查案件186件，给予党纪政纪处分182人，同比增长25.7%、13%，其中涉及乡科级干部20人，一般干部35人，农村干部86人；相互移送案件、线索9件，移送司法机关处理3人，收缴违纪款137万元。运用监督执纪"四种形态"处理204人次，其中运用第一种形态批评教育、谈话函询33人次，占16.2%；第二种形态纪律轻处分、组织调整96人次，占47%；第三种形态纪律重处分、重大职务调整72人次，占35.3%；第四种形态严重违纪、涉嫌违法立案处理3人，占1.5%。全区共查处群众身边不正之风和腐败问题45起，处分53人。做好执纪审查后半篇文章，深入剖析兰山街道毛庄村原出纳挪用养老保险金等案件，拍摄制作警示教育片，深化警示教育。全面排查扶贫领域问题线索，对2015年以来受理的扶贫领域信访举报情况进行大起底，对发现的问题全部纳入台账，实行销号管理；畅通投诉举报渠道，安排专人24小时值守信访举报电话；联合财政、审计等部门加大专项检查力度，督促镇街纪委深入一线、进村入户，组织开展扶贫领域明察暗访8次，对261个贫困村、贫困群众1201户2004人实现全面覆盖。加大扶贫领域监督执纪问责工作力度，对方城镇新古城村党支部书记违规套取危房改造补助金问题进行严肃查处，在全区层面给予通报曝光。

【主体责任落实】 区纪委履行监督责任，紧抓“关键少数”，强化压力传导；区纪委常委同镇（街道）党政正职和区直部门主要负责人进行廉政谈话，11名区级党政领导班子成员向区纪委全会述责述廉，镇（街道）和部门单位领导班子成员向同级党委（党组）进行述责述廉。严格执行问责条例，开展党内问责49起，问责党组织1个、党员领导干部52人，给予党政纪处分18人，发挥问责的“利剑”作用。

【建立健全监督体系】 建立巡察机构，开展巡察工作。制定《中共兰山区委巡察工作五年规划》，高质量推进首轮涉农领域、二轮异地交叉、三轮教育领域、四轮重点扶贫村社区巡察工作，发现问题502个，移交问题线索81件，督导整改问题307个，增强巡察震慑效果。稳妥推进国家监察体制改革试点工作，明确“路线图”“时间表”，在方案制定、人员转隶、业务培训、机构组建和选举挂牌等关键环节统筹谋划、精心组织，按时完成监委成立各项任务。持续深化党的纪律检查体制改革，强化派驻监督，重新分配区直部门派驻纪工委和镇（街道）派出纪工委的比例，严把“入口”、畅通“出口”，优化派驻机构队伍结构，着力提升派驻干部履职能力，发挥派驻监督职能作用。

5月26日，区纪委纪检监察工作会议召开。

【队伍建设】 新一届区纪委常委会以身作则，制定加强自身建设意见，严肃党内政治生活，严格执行民主集中制，整个班子的凝聚力、战斗力明显增强。在全区纪检监察干部中开展“学思践悟、一人一课”活动，搭建展示才能、互相交流的平台。加强干部队伍建设，开展中层干部竞争上岗，9人受到提拔重用。实施“两抓一建三联动”党建工程，打造兰山区十佳先进党支部。开展文明单位创建活动，区纪委机关获“全省文明单位”称号。加强制度建设，建立健全干部监督工作机制，规范完善个人有关事项报告制度，建立纪检监察干部廉政档案和内部监督网络。

撰稿：张建庭

审稿：侯　磊

民主党派

【概述】 2017年，全区有民主党派组织7个，其中基层委员会1个、总支部2个、支部（社）4个，成员292人。

7个民主党派基层组织的7名主委中，有市政协常委2人，市政协委员2人，区政协副主席1人，区政协常委5人；8名副主委中，有省政协委员1人，市政协常委1人，市政协委员1人，区政协副主席1人，区政协常委6人。

年内，各民主党派开展“送医下乡”“送教下乡”“义务献血”“爱心厨房”“中山书屋”“民盟书屋”“光明义诊”“关爱老人”“贫困高考学子捐助”等社会服务活动30余次，服务群众4万余人次，捐助资金220万元。

【民革兰山支部】 思想建设。开展创优活动，组织支部党员自学两会精神及习近平一系列讲话精神。开展“不忘合作初心继续携手前进”主题学习实践活动，加强爱国主义教育，增强民族自豪感和国家荣誉感。为每位党员免费订阅《团结报》，使《团结报》成为民革党员思想建设的重要阵地。

组织建设。对新党员发展工作始终本着“发展与巩固相结合，注重政治素质”的要求，严把考察关。2017年新发展党员1名，共有党员18人，分布在文化科技、教育法律、经济交通、企业等界别。党员中有市政协委员1名（其中市政协常委1名），区政协委员3名（其中区政协常委2名）。

参政议政。2017年“两会”期间，共上交兰山区政协各类提案10余篇，以兰山支部名义提交的集体提案6篇，上交临沂市政协的提案8篇，作为民革市委集体提案的2篇。其中，兰山支部集体提案《关于发挥农村党员在新农村建设中作用的几点思考》被兰山区政协评为优秀提案奖。支部党员张恒志就撰写的调研报告《补足短板，推动临沂物流全面发力》在兰山区政协常委会上作典型发言。8月24—25日，民革临沂市委会兰山支部与民革青岛市市南区第一支部联合开展《关爱失独困难家庭在行动的调研报告》调研活动并撰写报告。党员张恒志撰写的社情民意信息《“山寨食品”泛滥应引起高度重视》，田增胜撰写的社情民意信息《关于加大农业科技供给侧改革引领农业发展新动能的建议》和《关于全面提升农产品质量安全的建议》被兰山区政协报送到山东省政协，省政协报送到全国政协。张恒志被民革临沂市委评为参政议政先进个人，田增胜、李洁被民革临沂市委评为临沂市优秀党员。民革兰山支部获2017年度省统战理论调研宣传“四新工程”优秀理论调研成果优秀奖，2017年度市级先进集体，被民革市委评为先进集体，被兰山区统战部评为统战信息宣传先进单位。

社会活动。3月8日，民革兰山支部、九三学社兰山支社联合临沂146战友医院到枣园镇开展“共献爱心·上门义诊”活动，对贫困患者实施各类免费手术20多例。3月12日，20多名党员参加由兰山支部牵头、民革临沂市委组织的市民植树活动。8月，民革临沂兰山支部赴青岛市与民革青岛市市南区第一支部联合开展“博爱齐鲁行”调研，并就做好民革基层组织工作进行交流。9月27日，在北城小学举行捐建“中山书屋”活动仪式，捐献价值5000多元的图书。

撰稿：夏昭凤

审稿：夏昭凤

【民盟兰山区基层委员会】 思想建设。组织全体盟员观看中共十九大会议并召开专题学习会。学习民盟各级会议精神，加强理论学习与实践相结合，不断提高盟员思想政治素质。

组织建设。9月，召开换届会议，选举新一届基层委员会领导班子，充实调整所属支部，年底有支部4个。新发展盟员3人，共有盟员62人。其中，县级领导干部1人，区政协委员9人，区政协常委2人。2017年，民盟兰山区基层委员会被民盟山东省委评为2017年度盟务工作先进基层组织，被兰山区统战部评为2017年度全区民主党派工作先进单位。

参政议政。区人大及政协会议期间，就科技、文卫、经济、生态环境等问题，提交《关于加快推进分级诊疗制度落实的提案》《关注民生，抓好社区组织管理和服务工作》集体提案2件；盟员个人提交《关于解决当前经济环境下中小企业融资难的建议》《关于打造兰山区高端专业书画市场的提案》等提案4件。围绕群众关心的热点、难点、焦点问题和事关国计民生的重大问题，向盟市委、区政协、

民盟兰山基层委员会换届合影留念

区委统战部报送活动信息、社情民意信息30多篇。盟员张庆华撰写的《杜绝幼儿园虐童现象亟需严把幼师从业关》被市政协采用并上报到省政协；《保护城市规划区内沟塘，杜绝城市“看海”》被盟省委采用。集体撰写的《加强党外人士思想政治引导研究》调研报告被统战部采用。

社会活动。1月24日，基层委员会联合市作协等单位到河东区八湖镇李家魏林村走访慰问17名孤寡贫困老人，捐赠价值6500元的物资。由盟员出资7万元，购买图书3000余册、书架12个，在方城镇墩头小学捐建“民盟书屋”。“六一”国际儿童节前，联合老年大学艺术团、兰山区艺术团赴方城镇墩头小学，开展“走进校园，关爱青少年”文艺演出活动，邀请10多名书画家现场创作书画作品40余幅，赠予墩头小学师生。

撰稿：杨晓娜

审稿：陈正义

【民进兰山总支】 思想建设。2017年，民进兰山总支带领全体会员学习贯彻十八届六中全会、中共十九大精神和民进山东省第七次代表大会精神，加强自身建设，提高履行职能水平。参加民进各级组织的学习培训、交流研讨等活动，全年累计200余人次。组织各支部开展“不忘合作初心　继续携手前行”系列专题学习研讨会。6月19—22日，会员王淑清参加民进山东省第七次代表大会，并被选为民进省委教育工委委员。

组织建设。民进兰山总支下设6个基层支部。共有会员86人，涉及教育、农业、卫生、商业等社会各行各业。其中市人大代表1人，市政协委员4人；区政协委员17人。年内发展新会员5人。会员张豪轩、王淑清为民进临沂市委第五届市委委员，赵荣良当选市青联委员。

参政议政。2017年，在市、区“两会”上提交提案、议案80余件，全年共提交社情民意近90余篇。会员王淑清撰写的《尽快增加临沂主城区普通高中学校的调研报告》引起市委重视。在区政协十五届第二次会议上，会员王淑清《兰山商贸物流发展现状及建议》、刘晓颖《依托历史文化名城打造兰山文化品牌》和高树梅《关于我区弘扬民族民间音乐教育的建议》4篇提案均入选大会发言材料。贺方秀等7名会员被民进临沂市委评为优秀会员，孙成友等11名会员被民进临沂市委评为参政议政先进个人会员，王淑清荣获民进中央先进个人、民进省委参政议政先进个人。总支被评为2017年度统战工作先进单位。

社会服务。6月7日，民进兰山总支到方城小学举行“爱心课桌”捐赠仪式，向方城小学捐赠300套爱心桌椅。会员高义峰积极参加社会公益志愿服务活动，被志愿者协会授予“优秀志愿者”和“沂蒙最美慈善人”称号。

撰稿：高义峰

审稿：王淑清

【民建兰山支部】 思想建设。支部把政治学习作为一项基础来抓，通过学习贯彻中共十九大精神，培养广大会员牢固树立正确的人生观、价值观、世界观，增强政治意识、大局意识、核心意识，坚定道路自信、理论自信、制度自信、文化自信，提高思想觉悟和政治素质。

组织建设。2017年底,兰山支部共有会员33人,其中年内新增会员2人。会员林凡儒为全国第十三届政协委员,马骋为山东省第十三届人大代表;市政协委员4人,市人大常委1人,区政协委员6人,区人大常委1人。

参政议政。在区政协十五届一次会议上,提交提案12件,其中《关于加强校园周边食品安全监管的建议》提案被评为优秀提案。在市政协十五届一次会议上提交提案5件,其中《关于“法律进村,一村一顾问”,促进我市法律健康发展》在市全委会上作为发言材料,引起较大社会反响。会员凌思法荣获“2017年度知名品牌人物”;宋金贵被国家关工委评为关心下一代先进工作者;张萌苗获市政府表彰。

社情民意。发挥参政党职能,关注群众关心的民生问题,深入基层调研。全年上报社情民意20余篇,其中市政协采用12篇,省政协采用4篇。

社会活动。6月19日,兰山支部出资8万余元到汪沟镇王埝小学捐建“民建爱心厨房”。11月24日,到兰山区天缘益智培训学校开展“爱心家园·送温暖”活动,送去价值5000余元的生活用品。12月5日,承办民建市委会赴莒南岭泉中学送教下乡活动,为学生们送去学习用品。会员宋长飞捐款1万元参与统战部精准扶贫活动;会员凌思法向方城镇凤凰岭村捐助款精准扶贫8.6万元;会员林凡儒向临沂慈善总会捐赠500万元设立创始基金,向临沂市总工会捐赠2万元用于帮扶贫困人群。

撰稿:马　骋

审稿:宋金贵

【农工党兰山总支】 思想建设。坚持学习制度,规定各支部每季度至少召开一次全体党员会议,2017年各支部共组织开展集中学习活动12次。4月、8月两次组织党员前往红色革命教育基地进行专题教育活动。11月16日,到孟良崮战役遗址接受革命传统教育、缅怀革命烈士,增强党员对共产党领导的多党合作的共识。

参政议政。农工党兰山总支就群众关心的难点、热点问题,深入调查研究,积极建言献策。在区政协十五届二次会议上,农工党员提交提案20篇,总支提交3篇,上报社情民意信息20篇,被上级采用10篇。

社会活动。5月20日,组织部分党员到李官镇玫瑰湖社区进行义诊,服务群众200余人次,赠送价值3000余元的药品。6月14日,组织15名党员参加“世界献血日”义务献血活动。6月17日,参加兰山区委统战部组织的“喜迎十九大,唱响中国梦”歌咏比赛,党员聂涛、王燕荣获优秀奖。8月15日,组织党员企业家向临沂三中10名贫困学生捐赠助学金及物品共计6万元。10月14日,组织20名党员带着医疗设备和药品,到半程镇赵村开展义诊活动,免费发放价值2000余元的药品。10月27日重阳节前,新党员柏建钦、杨美峰、凌思一到李官镇看望部分贫困老人,并赠送慰问金、牛奶等价值8000余元。12月5日,部分党员参加农工党市委组织的“国际志愿者”活动,到银雀山梨杭社区为群众开展免费医疗。

撰稿:钱　英

审稿:王观利

【致公党兰山支部】 思想建设。致公党兰山支部注重理论学习,通过开展座谈会的形式组织全体党员学习中共十九大会议精神,学习各级统战工作会议精神,开拓党员的知识面和视野,提高党员的政治素养。

组织建设。2017年新发展党员2人,因工作需要调离至其他支部3人。年底,兰山支部党员总数12人。其中,省政协委员1人,市政协委员3人,区政协常委2人,区政协委员1人。

参政议政。支部召开专题会议,发动全体党员开展调查研究,了解社情民意,撰写提案建议。党员朱孔山撰写的《关于促进农村书屋有效使用的建

议》《关于当前精准扶贫工作存在问题和几点建议》《关于当前农村低保工作存在的问题及建议》《关于优化镇域交通而已助推工业园区腾笼换鸟的建议》《关于临沂市幼儿园建设发展存在的一些问题及建议》得到政协重视。担任各级特约监督员和行风监察员的党员，在行风评议、党风廉政建设、效能检查督查工作中，切实担负起民主监督职责，为兰山区经济社会发展提出意见建议。

社会活动。3 月 15 日，在 IEC 国际企业中心举办中小企业法律知识讲座，对小企业在经营过程中容易出现的法律风险进行详细讲解，并针对临沂市中小企业的现状提出可行性法律建议。5 月 13 日，致公党兰山支部专项法治宣传活动之模拟法庭在临沂大学举办。5 月 31 日，与人民医院支部联合举办健康医学查体进教堂服务活动，为全国政协常委、中国天主教爱国会主席房兴耀等 30 余名修女进行健康查体。8 月 24 日，山东省银监局副局长解晓非一行莅临党员企业龙盛集团参与调研。11 月 19 日，在新蓝海国际饭店举办法律智慧与企业发展公益论坛。11 月 25 日，致公党兰山支部到新桥中小学，开展“扶志助飞”资助贫困学生活动，捐助资金 8000 余元。

撰稿：殷学妮

审稿：刘彦明

【九三学社兰山支社】 思想建设。2017 年，九三学社兰山支社通过多种形式组织全体社员学习贯彻习近平“七一”重要讲话精神和中共十九大精神，开展坚持和发展中国特色社会主义学习实践活动。加强全体社员的思想理论学习，增强社员对中国特色社会主义的道路自信、理论自信、制度自信和文化自信。学习贯彻全国政协副主席、九三学社中央主席韩启德到临沂市调研活动精神，扎实做好支社各项工作。

组织建设。牢固树立“四个意识”，坚定“四个自信”。围绕市、区中心工作，按照“走在前列”的要求，加强自身建设，提高履职实效，全面推进九三学社兰山支社各项工作。年底，九三学社兰山支社有社员 7 名，入社积极分子 1 名，其中省人大代表 1 名、市政协常委 2 名、区政协委员 5 名。

参政议政。年初在区政协会议上提交《切实加强无人管小区的用电安全管理》《关于推广农作物使用植保无人机进行病虫害统防统治的建议》2 篇提案。向社市委会上报《关于搭建物流综合服务平台引导公路运力规范经营的提案》《关于规范学校周边托管机构的建议》和《进一步完善我市地方文化旅游品牌建设的建议》3 篇提案。兰山支社提交的《建设基层阵地团结凝聚青年》一文入选社省委主办的齐鲁九三青年论坛论文集。

社会活动。2017 年元旦前后，兰山支社与临沂战友医院开展精准扶贫义诊活动，为汪沟镇 10 个省定贫困村、3732 个贫困户提供上门义诊，进行免费体检。7 月，为推动全区创建国家慢性非传染性疾病综合防控示范区工作，九三学社兰山支社组织中医药专家到银雀山街道陆王庄社区举办中医药养生保健知识讲座，免费为社区 60 岁以上的 50 余名居民进行 24 项体检，为新中国成立前的老党员上门体检。组织社员参加区统战部组织的“喜迎十九大·唱响中国梦”歌咏比赛，参赛节目获三等奖。

撰稿：高晓燕

审稿：宋敬华

总工会

总工会领导成员

主　席　李洪利
主任科员　徐孟光
副主席　李建梅（女）　赵玉启　胡　波
副主任科员　娄延鹏

【机构设置】 2017 年，区总工会设办公室、组织部、宣教部、生产保障部、法律工作部、女职工部、财务部、经审办、职工服务中心等部室。年底在职工作人员 17 人。

【概述】 2017 年，全国总工会和省总工会分别到兰山区开展调研和召开工作现场会，推广兰山区工会工作新经验。6 月 27 日、8 月 23 日《山东工人报》头版头条《为职工装上找隐患的“火眼金睛”》和《兰山工会：让职工文化孕育企业魂》，报道兰山区“查保促”工作和丰富职工文化的新做法。区总工会被省总工会评为山东省职工体育工作先进单位，被省档案局评为山东省档案工作科学化管理先进单位，被市委、市政府评为文明单位。

省、市工会领导到兰山区开展工作调研

【组织建设】 抓好工会组建工作，夯实工作基础。新成立临沂批发商联合会工会、玩具市场工会联合会、大洋通用机械工会等 14 家工会，发展会员 1200 多人。积极推动在商贸市场、物流企业建立工会，把更多流动职工、农民工吸引到工会组织中来。7 月 19 日，全国总工会调研组专程到临沂商城调研物流货运司机入会情况。

3 月，临沂市批发商联合会工会联合会成立。

【工会活动】 组织协调全区 30 多家企业举办职工技能大赛，43 名创新能手、39 个创新型班组和 10 家创新示范企业获得上级表彰。配合安监部门，采取“三纵两横”的模式，全年累计举办安全教育培训班 125 期，培训 3.5 万人次；发现安全隐患 1376 条，完成整改 1310 条。开展丰富多彩的文体活动。投资 2 0 多万元，支持职工书屋建设。建成全国职工书屋示范点 1 个，省级职工书屋示范点 3 个，市级职工书屋示范点 5 个。在全省第七届职工运动会上，兰山区健步走代表队代表临沂市参加比赛，获得女子个人第 1 名，男子个人第 5 名。在庆“元旦”职工文艺会演中，获得 2 个一等奖。

【工资集体协商】 坚持完善工作机制，构建和谐劳动关系。编发《山东省企业工资集体协商条例》《工资集体协商操作指南》《工资集体协商优秀案例选编》等材料，组织开展 200 余场次专题培训，引导企业依照政策法规、规范流程开展工资集体协商工作。调整充实厂务公开民主管理工作领导小组，确定 6 家示范企业，把 33 个非公企业、2 个国有集体企业和 16 个事业单位作为第一批企业工会与行政沟通协商机制单位。

【扶贫帮困】 强化精准扶贫意识，有效帮扶困难职工。各级工会筹集送温暖资金 330 万元，慰问困难职工 3675 人次、困难劳模 95 人次。在“夏送清凉”活动中发放慰问款 37 万元，“金秋助学”活动中救助困难职工家庭学生 221 人，发放救助金 68 万元。为近 300 名劳模健康体检，为 1788 名困难职工建立意外伤害保险，投资 7 万余元为 221 名在档困难职工每人购买意外伤害险一份，为困难职工的解困脱困加道保险。

1 月 12 日，区委副书记、代区长沈如茂走访慰问困难职工。

【先模评选】 大力弘扬劳模精神、劳动精神、工匠精神，开展先模人物评选工作。本着一线职工优先，突出贡献者优先、新领域优先的原则，严格把关，将荣誉授予忠于职守、爱岗敬业的优秀工作者。4 月 28 日上午，召开全区庆“五一”暨振兴兰山劳动奖章表彰大会，41 名先进人物被授予振兴兰山劳动奖章，10 人获得市振兴沂蒙劳动奖章，1 人获得省富民兴鲁劳动奖章。

“五一”前夕，区总工会隆重表彰“振兴兰山”劳动奖章获得者。

【干部培训】 5 月 16—20 日，在青岛市总工会干部学校举办 2017 年度工会干部培训班，区直部门及各乡镇（街道）工会专职干部、部分企业工会负责人 60 余人参加培训。系统学习工会组织建设、厂务公开民主管理、工资集体协商、劳动法规、班组建设等方面的内容，并实地学习黄岛经济开发区辛安街道办事处工会工作方法，参观青岛港全国劳模许振超技能大师工作室。

撰稿：屈　宁

审稿：李洪利

共青团兰山区委员会

团区委领导成员

书　记　赵　童（女）
副书记　李学正

【机构设置】 2017年，共青团兰山区委下设办公室、组织宣传部、工农青年部、学校少年部、社区和维护青少年权益部5个职能科室，下辖区青年就业创业指导中心1个股级全额预算管理事业单位，区希望工程领导小组办公室（简称区希望办）和中国少年先锋队临沂市兰山区工作委员会（简称区少工委）设在团区委。年底，机关共有干部职工6人。

【概述】 2017年，团区委践行“服务青年、服务社会、服务大局”的职能，开展“两学一做”教育实践、“喜迎十九大向习爷爷说句心里话”“动感中队”创建、“金晖助老”扶贫攻坚和“希望工程圆梦行动”等系列主题活动，先后荣获省“助力县域科学发展工程示范县（市、区）团委”、临沂市红旗团委和“少先队工作创新项目”评选一等奖。

【青少年思想道德建设】 以迎接、宣传、贯彻中共十九大精神为主线，在建团95周年、建军90周年之际，开展“青春喜迎十九大　不忘初心跟党走”“寻找红色印记”等主题宣传教育活动，带领团学骨干深入学习习近平系列讲话精神，引导青少年听党话、跟党走。

1月12日，联合区法院、区关工委、区教体局、临沂山青社工机构等部门开展“青春暖冬结伴成长”公益活动。5月27日，团区委组织开展“童在蓝天下益起过六一”关爱青少年成长公益活动，邀请40名方城镇小学生到市区参观。

组织全区学生参加“国学达人”网络挑战赛；在少先队员中开展“沂蒙成童礼”活动，让少先队员接受知礼、懂仪等方面的思想熏陶，学会感恩立志，增强责任意识和担当意识。8月20—25日，全省农村少先队辅导员培训班、全省骨干少先队辅导员培训班先后到兰山区观摩学习少先队建设工作。9月18日，召开少先队改革工作座谈会暨重点工作推进会议。区少工委在省少工委七届三次全委会议上作《做好三道加法实现中学团队一体化无缝衔接》典型发言。10月13日，召开纪念建队68周年表彰大会暨“喜迎十九大　我是光荣的少先队员”主题队日活动。

【基层团组织建设】 共青团代表大会。8月28日，召开青年团兰山区第十八次代表大会。团区委书记赵童作《不忘初心跟党走　奋发有为勇担当　为开创大美新临沂建设的兰山新篇章贡献青春力量》的

8月28日，共青团兰山区第十八次代表大会召开。

5月3日，全市举行纪念建团95周年暨新团员入团仪式。

工作报告。大会选举产生共青团兰山区第十八届委员会委员、候补委员。

党建带团建。以“亲青汇”为工作品牌，加强青年之家建设，将青少年服务阵地向楼宇、商圈、商城推广。8月9日，团区委书记赵童在全省共青团基层组织建设工作研讨班上作《楼宇党建带团建共聚青春正能量》的典型发言。市委改革办以《兰山区探索楼宇团建工作新途径实现“单兵作战”向“组团联动”转变》为题，向全市推广兰山区共青团改革探索楼宇团建取得的成果、成效。

团员发展管理。严格标准程序，严控发展数量。2017年，发展团员2300名。5月3日，承办临沂市新团员入团仪式示范活动，343名新团员宣誓加入中国共青团。“五四”期间，在全区范围内开展红旗团委、优秀团员、团干部、青年志愿服务先进集体和先进个人评选表彰活动，学校团委组织少先队员离队暨新团员入团宣誓仪式30场次。

【服务改革发展大局】 兰山志愿扶贫计划。重点启动“金晖助老”青春扶贫志愿者行动，结对帮扶贫困老人。5月初，争取省扶贫资金3万元，招募100个青年志愿者或红领巾志愿家庭，结对帮扶100户70岁以上不集中供养的贫困老人。7月4日，开展“夏日送清凉”志愿扶贫活动，为汪沟镇张家沟村50户贫困老人赠送电风扇50台。9月30日，组织青年志愿者120余人到李官镇开展“金晖助老——中秋送月饼”志愿扶贫活动，到36名老人家中走访慰问。联合区扶贫办、区青年志愿者协会开展“志愿帮户计划”兰山志愿扶贫计划表彰活动，评选出28个先进集体和76名先进家庭（个人）。累计走访慰问贫困老人260余次，捐赠各类物资20余万元。

青年志愿服务。3月3日，开展“小手拉大手 文明一起走”亲子志愿服务活动，倡导市民养成良好的出行习惯，营造安全、畅通、文明的城市环境。世界环境日期间，开展旧书换绿植活动，增强市民节约意识、环保意识、生态意识。全区累计开展环保、文明出行等志愿服务700余场次，参与人数达3万余人次。

投身经济建设。开展“山东青创板”挂牌推报工作，对挂牌并且直接融资成功的企业给予10万元奖励资金，共推荐7家小微企业申报“青创板”挂牌；联合区安监局开展创建2017年度青年安全生产“六个一”主题教育活动，提高广大青年职工的安全素养；开展兰山区第九届“十大杰出（优秀）青年”评选活动，表彰奋战在各条战线上的优秀青年代表；同时，推报2名青年企业家为第十届“临沂市杰出青年企业家”。

【共青团品牌活动】 青少年社工服务品牌。先后在银雀山街道东苗庄社区、金雀山街道东北园社区、兰山街道后园社区落地服务项目，打造专业化“青出于兰”社工服务。2月20日，召开全区“1＋

兰山区“希望工程·圆梦行动”助学金发放仪式

100”“最美青春故事”分享会暨青少年事务社工座谈会。

希望工程。团区委联合有关部门进行宣传工作，利用社会资源为弱势青少年群体提供帮助。8 月 23 日，开展希望工程圆梦行动，募集助学金 35 万元，帮助 84 名贫困大学新生圆梦大学。

撰稿：庞洪振

审稿：赵　童

妇女联合会

妇联领导成员

主　　席　张晓静（女）
主任科员　李兆叶（女）
副 主 席　杨秀玲（女）*　张克英（女）
　　　　　　王　莹（女，挂职）

【机构设置】 2017 年，区妇女联合会机关设办公室、组宣部、发展部、维权儿童部 4 个部室。区妇女儿童工作委员会办公室设在区妇联。年底，机关共有干部职工 9 人。

【概述】 2017 年，全区各级妇联组织围绕区委、区政府中心工作和上级妇联要求，坚持服务大局、服务妇女，聚焦重点领域，延伸工作触角，创新服务方式，推动妇女工作迈上新台阶。区妇联先后荣获“全省妇女儿童工作先进集体”“全省平安家庭示范区”“全省幸福进家活动示范单位”“全市实施女性安康工程一等奖”等称号；在全区科学发展综合考核中被评为先进单位。

【深入推进妇联改革】 兰山区作为全省妇联组织改革试点县区，切实落实妇联改革任务，探索村（社区）“会改联 3+”模式，做好村（社区）“会改联”工作。实现区域内妇女组织良性互通、资源有效整合。在村（社区）“两委”换届选举中，推动落实选举女性进村“两委”工作，提高妇女参选参政比率。创新“三商”区域化大妇联建设，在商城、商圈、商会进行组织扩覆盖，建设妇联组织、各类妇女小组。大力发展女商联谊会、广场舞联谊会、巾帼志愿服务团等社会组织，形成纵横交融的妇女组织网络。妇联组织改革典型经验在《山东妇女工作》推广报道，中国妇女报专题报道兰山区“三商”妇建工作典型经验。

【引领巾帼创业】 深化巾帼创业创新行动，强化技能培训，举办家政服务、电子商务等各类培训班。加强妇女创业就业帮扶，设立快捷、低息小额贷款绿色通道，为创业女性发放贷款。2017 年，区妇联创建省级巾帼居家创业就业脱贫行动“大姐工坊”7 处、市级沂蒙大姐居家创业就业示范基地 5 处、区级妇女居家创业就业示范基地 15 处，为创业就业示

范基地争取市级就业补助20万元。依托各类创业就业示范基地、“大姐工坊”等，带动妇女居家创业就业脱贫。组织女企业家参加全市农村妇女创业带头人培训班、全省“创业齐鲁训练营”活动，与对接单位重庆市城口县妇联签署扶贫协议并提供精准帮扶和就业岗位。在商城实施“三引领三服务”工程，通过创业引领、红色引领、责任引领，为女商户搭建外贸服务平台，推动创业女性在商城国际化发展中发挥“半边天”作用。

【深化家庭文明建设】 举办全区基层妇女干部综合素质提升培训班，召开妇联系统中共十九大精神宣讲报告会，举办“巾帼心向党建功新时代”主题教育活动。开展“三八”红旗手（集体）、“巾帼建功标兵”等评选表彰活动，激励广大妇女干事创业、创先争优。围绕“益家风、益家庭、益家园、创益家、爱益家”5个主题，共绘“五彩益家”服务项目。实施好家风“双百四进”特色项目，开展各类主题活动，营造家风好、政风清、民风纯的良好社会氛围。承办山东省“最美家庭”故事巡讲走进兰山活动，举行兰山区“幸福家庭·最美瞬间”摄影展、常态化寻找表彰最美家庭。兰山区2户家庭当选全国最美家庭、1户入选全国五好文明家庭、3户家庭当选全省最美家庭，最美家庭的事迹先后被中央电视台、大众日报报道。围绕乡村振兴行动，深化提升“美在农家”品牌活动，创新实施“让美驻我家”特色项目。开展“四个一”宣传活动，培树市区级示范村、美丽家庭、美丽庭院，举办优秀母亲大讲堂、新农村新生活培训，改善村居家庭生活环境，提高村民文明素养。

【维护妇女儿童权益】 加强幸福家庭服务引导机制建设，加大婚姻家庭矛盾调解力度，在村（社区）设立幸福家庭服务室，做好日常信访接待，有针对性开展思想疏导和矛盾化解工作，调解处理来电来访。承办市妇联开展的“建设法治中国巾帼在行动”“三八”维权周活动，举办齐鲁巾帼维权志愿者“进家庭、进社区、到身边”百场巡讲活动。在兰山区率先实施临沂市女童保护项目，启动临沂市女童保护启动仪式并举办首场女童保护公开课。联合区教体局、区法院出台《兰山区女童保护实施方案》，招募志愿者经考核培训正式成为女童保护宣讲师，在中小学开展宣讲活动，为女童保护筑起安全屏障。完善妇女儿童关爱救助机制，实施“爱心温暖妇女真情传递健康”女性安康工程。全年共参保2.3万人，赔付259人，为2.14万农村适龄妇女进行“两癌”检查。新建区级妇女儿童家园，开展“温暖加衣爱心助童”暨贫困母亲关爱救助、巾帼送暖等品牌活动。走访慰问贫困两癌母亲，救助贫困儿童，发放慰问救助金、生活用品70.2万元。

撰稿：段瑞红

审稿：张晓静

科学技术协会

科协领导成员

主　任　刘登吉

主任科员　陈正义　张学昌

副主任　姜兆恒　史庆德　杨化芬（女）

【机构设置】 2017年，区科学技术协会机关内设办公室、科普部、学会部、组宣部4个部室，辖科技咨询服务中心、实用技术培训办公室、兰山区科普图片社3个股级事业单位。年底，科协机关共有在职人员11人，其中中级技术职称2人，大专以上学历11人。

【“两学一做”学习教育活动】 根据推进“两学一做”学习教育常态化制度化的部署要求，按照《区科协关于推进两学一做学习教育常态化制度化的工作方案》，党支部严格学习要求，健全学习制度，明确全体党员按照“四讲四有”标准，做到政治合格、执行纪律合格、品德合格、发挥作用合格。学习领会中共十九大精神对科协工作提出的新要求，学习习近平新时代中国特色社会主义思想，结合科协系统改革，明确科协工作要求和工作目标。

【科协系统改革工作】 召开专题会议传达学习中央、省、市实施方案，成立科协深化改革工作领导小组，深入镇街科协、农技协开展走访调研。按照区委、市科协改革的总体部署，起草形成兰山区科协系统改革实施方案。12月29日，区委召开全面深化改革领导小组会议，研究通过《兰山区科协系统改革实施方案》。

【全民科学素质行动计划】 围绕推动全民科学素质提高，开展社区科普系列活动。在银雀山街道东苗庄社区开展“科普志愿服务社区行”主题科普志愿服务活动。5月，开展全国科技工作者日活动，在兰山区报、临沂在线网站、微信平台发布《致全区科技工作者一封信》，组织区医学会会员在后园社区开展义诊活动。9月，组织开展“创新驱动发展，科学破除愚昧”为主题的全国科普日系列活动，邀请区人民医院专家在后园社区作题为《老年人常见疾病与预防》的科普讲座。12月5日，在柳青街道金润社区开展“国际志愿者日”主题活动，组织专家义诊和科普大篷车展览。柳青街道金润社区被评为市科普示范社区。在13个社区举办“弘扬科学文化共建和谐家园”为主题的反邪教科普巡展。编印《移风易俗树新风文明言行来推动》宣传册1万本。全年共开展各类活动35次，科普讲座6期，发放各类宣传资料2万余份。

推动科普信息化建设，推广新媒体传播手段在科普工作中的应用。4—6月，班子成员分工带队对全区103个站点进行检查督导，查找问题，增强管理人员责任心。8月，在汪沟镇丰硕、三义等贫困村扶贫安装8台科普数字终端。开通兰山正风微信公众号，每周推送2篇以上科普信息。参与中国科协“科技工作者交流终端——科猫”平台建设，组织基层科协和广大科技工作者注册认证。

开展青少年科学教育活动。联合区教体局组织参加市第32届青少年科技创新大赛评选活动，在活动中兰山区获省一等奖20项、二等奖16项、三等奖28项。做好第三届临沂市科技创新市长奖推荐评选工作，推荐临沂四中2名学生参评。10月，与区教体局、市科技馆联合下发《兰山区中小学生科普研学活动实施方案》，组织全区57所小学1.6万名师生到科技馆开展研学活动。11月23日，在临沂第三十四中学举行山东省青少年科普报告百校行暨山东省科普专家团走进兰山启动仪式。11月30日，组织开展山东省老科学家科普报告会，中国老科学家科普报告团成员焦国力为临沂十六中和沂河实验学校中1200余名师生作题为《航母的秘密和战斗机的秘密》的科普报告会。

【服务科技工作者】 开展企业科协组织建设，起草制定《关于做好2017年度企业科协组织建设工作的通知》，成立企业科协11家。向市科协申报海智工作站，10月获审批，成为临沂市首批4个海智工作站之一。开展第六届优秀科技工作者推荐工作，李洁、朱彦芳获表彰。

【“三引一促”工作】 对全区重点企业和农技协进

行调研，摸底科技人才、技术难题和企业需求情况。招商引资：金雀便民农超项目，追加投资2000万元。招才引智：招引2名B类创新人才，兰山区云朵农作物种植农民专业合作社与泰安市泰山林业科学研究院张林研究员和东营市林科所刘全全博士签订合作协议。“产学研”合作：儒房融科网络科技股份有限公司与临沂大学签订产学研合作协议。引进科技成果：山东华源锅炉有限公司引进中国科学院热物理研究所一种循环流化床锅炉技术。

撰稿：郑宗宇

审稿：刘登吉

归国华侨联合会

侨联领导成员

主　席　李永玉＊　樊金亮

副主席　孙　刚　李恩军

副主任科员　王玉梅（女）

【机构设置】 2017年，区侨联下设办公室、经济联络部2个科室，年底共有干部职工8人。

【概述】 2017年，区侨联牢记为侨服务宗旨，切实履行“群众工作、参政议政、维护侨益、海外联谊”的基本职能，拓展和深化侨联工作领域，提高为侨服务水平，年底在临沂市侨联系统综合考核中排名第一，荣获“2017年度全市侨联系统先进县区”称号。

【组织建设】 通过多种形式组织全体人员学习贯彻中共十九大精神和习近平系列重要讲话精神，加强党员领导干部学习教育，提高党员干部思想认识。学习《中华人民共和国归侨侨眷保护法》《山东省归侨侨眷权益保护条例》，提高业务工作能力。

【为侨服务】 全面把握区侨情信息，为各界人士出国访问、考察、留学等提供信息；维护归侨侨眷权益，印发《山东省归侨侨眷权益保护条例》300余份，宣传涉侨政策，在子女升学、创业就业、寻人访亲等方面为近10户归侨侨眷提供帮助；筹措资金3万元，对20余户困难归侨侨眷进行重点帮扶救助。联系澳洲魏基成慈善列车向李官小学和敬老院捐赠价值3万元的棉衣160套。结合侨情调研工作，将挖掘留学生资源与摸查涉侨企业情况作为工作重点，掌握全区307名留学生信息，建立兰山区留学人员人才库，推荐兰山区3家涉侨企业加入临沂市侨商联合会。

【对外联谊】 成立临沂兰山·多伦多、蒙特利尔、柏林、首尔4家海外联络站，致力搭建有关国家侨胞、留学生与兰山区商贸、投资、文化交流平台。通过设立海外联络站，宣传兰山、推介兰山，广泛联谊、

沟通交流，组织开展考察访问、探亲访友、商务交流等活动，加强与海外华侨、华人社团的交流与往来，凝聚侨心、汇聚侨智、发挥侨力、维护侨益。

【参政议政】 加强侨联界别委员政治理论学习，提高参政议政能力。兰山区政协十五届二次会议期间，组织7名侨界委员提交《关于瓜达尔港临沂商城建设过程中注意事项的建议》《关于“老城区医院门口交通”的现状与建议》等7篇提案。

【“三引一促”工作】 配合市侨联参加商贸洽谈3次，接待外地侨商考察团4次15人次。引进项目1个，2017年到位资金1800万元；招引B类创新人才2名；“科研院所、高校进兰山”活动中达成意愿高校1家。

撰稿：王立云

审稿：樊金亮

工商业联合会

工商联领导成员

党组书记 齐宝进

主　席 宋敬华（女，兼）

主任科员 刘秀娟（女）

副主席 周维平　邵明全

【机构设置】 2017年，工商联下设办公室、会员宣传科、经济联络科3个科室，干部职工10人。

【概述】 2017年，区工商联学习贯彻习近平系列重要讲话精神，围绕两个健康主题，以创建全国“五好”县级工商联为抓手，推进理想信念教育，加强对商会的指导、引导和服务，不断优化服务手段，改进工作作风，各项工作稳步推进。年底，被中华全国工商联评为2017年全国“五好”县级工商联，被区委、区政府授予“先进单位”称号。

【组织建设】 建立每周五“两学一做”学习教育常态化制度。按照《关于开展整治“不作为”“乱作为”优化发展环境专项行动实施方案》要求，对照问题清单、责任清单，制定落实整改，加强考核。制定《区工商联党组班子亮承诺、抓整改、见实效“3+2”活动方案》《区工商联党员积分制管理实施办法》《关于对机关干部工作实绩进行能力印证计分评价的通知》，分层次对党组成员、党员、机关干部进行量化考核，每月进行干部实绩纪实报备。

【教育培训】 以理想信念教育为抓手，加强对非公经济人士的教育引领。先后开展商会会长业务、非公党建等知识培训以及电子商务、木业产业论坛等活动12次560余人次。3月，组织20名商会会长及机关全体人员赴临沭县刘少奇纪念馆参观学习。5月，与金升集团党委联合举办到大青山战役纪念馆、孟良崮战役纪念馆、沂蒙红嫂纪念馆的“红色之旅”活动。6月，与连胜体育联合举办中国（临沂）体育用品城“连胜杯”2017临沂全民健身活动。7月，与华泰集团联合举办“华泰杯”兰山区“喜迎十九大唱响中国梦”歌咏比赛。10月，举办酒类食品商会第五届“九九重阳我陪父母去旅游”等活动。

【服务基层】 强化政策信息服务，通过联合有关部门定期举办政策宣讲及走访调研活动，为会员企业宣讲、解读中央和省市有关非公有制经济领域政策措施；及时通过微信群、QQ群、微信公众号发布工作动态。2017年，与环保局、安监局、经信局联合举办环保、安全生产、中小企业发展新经济培育新动能知识宣讲3场；组织30家会员企业在兰山农村商业银行召开银企联谊会,成功为2家企业牵线搭桥，邀请财经专家王宗岭帮助企业家解放思想，开拓发展理念。

【商会建设】 做好非公有制经济代表人士综合评价工作，对2017年的“两代表一委员”、市工商联执常委的推荐人选、区工商联领导班子成员做到凡进必评。选举产生兰山区工商联（总商会）新一届领导班子42人，其中39名企业家任副主席和副会长。制订出台《关于镇街商会换届实施意见》，分3个组督导基层商会换届工作，全区16个商会全部完成换届工作。按照《章程》及“四好”商会建设要求，对直属商会进行综合考核。根据考核取缔5个成绩偏低、作用发挥不明显、商会班子严重缺职、会员认可度低，且在规定的整改时限内不达标的行业商会。年底，半程镇、枣园镇、义堂镇商会和区工商联电商商会4个商会被授予“临沂市工商联系统2017年度五好商会”称号。

兰山区工商（总商会）第九届会员代表大会

【对外联络】 加强经贸交流与东西部扶贫协作工作，与省内外各级工商联组织进行联谊交流，通过考察学习，为民营企业搭建发展平台。先后接待泰安市岱岳区、宁波海曙联、日照市等工商联考察团，并签订友好商会协会。与云南阜宁招商分队对接，在木业商会召开推介会，组织板材企业家到广西南宁、贵港、云南富宁考察。9月，组织金锣集团、金升集团相关负责人赴重庆参加山东·重庆工商联东西部扶贫协作座谈会，并考察城口县民营企业，签订兰山区、城口县友好工商联合作协议。

【参政议政】 开展“面对面、心贴心、原汁原味”大走访活动，收集建议126条，形成调研报告报送区委、区政府。在2017年的中央环保督查中鼓励商会抱团发展、共克时艰，积极维护会员权益。义堂镇商会组织领导班子分组走访板材企业170多家，摸清存在的问题，并提出建议；枣园镇商会召开环保专题座谈会，引导企业家加快升级转型，并召开银企座谈会，要求银行部门支持企业，共渡难关，维护会员权益；半程镇商会通过开展调研、组织部分企业家到江苏、浙江学习等活动，提出分类整治的建议及措施。

【非公党建】 以“服务党员、服务商会、服务发展”为重点，推动商会党建工作，不断扩大党的工作覆盖面。2017年，新建商会党组织6个，其中商会党委1个、党总支2个、党支部3个。义堂镇商会党

兰山区木业商会第一届会员大会

委是全市第一家镇街商会党组织，电商商会党总支的智慧党建平台成为全市非公企业党建的一个亮点。

【光彩事业】 组织兰山区各商会和广大会员参与文明城创建、百企精准扶贫联盟、助学助残等活动，履行社会责任。2017年，在助学助老、扶贫济困等公益事业中，全区工商联及义堂镇商会的“惜慧奖学金”、枣园镇商会的“沂蒙民间慈善基金”，冠蒙集团的“冠蒙助学金”，佳润热力的“润基金”共捐款捐物达2000余万元。

【“三引一促”工作】 结合“三引一促”工作，先后召开座谈会2次。金运通网络支付有限公司注资8600余万元对临沂商城电子商务科技有限公司并购重组；新明辉公司引进一名年薪70万元的兰山籍人才。

撰稿：刘桂敏

审稿：邵明全

文学艺术界联合会

文联领导成员

主　席　尹卓文*　李永玉

副主席　訾金行*　马咏梅（女）　宋全荃（女）

【机构设置】 2017年，区文联下设办公室、组联科2个科室，年底共有干部职工7人，其中具有高级技术职称的1人。

【概述】 2017年，区文联立足工作特色，调动广大文艺工作者的积极性和创造性，带领各艺术家协会开展文艺创作、展览、会演等活动。兰山区文联被临沂市文明委评为市级文明单位；被临沂市文联评为市级文联先进集体。

【组织建设】 通过坚持中心理论组学习，深入学习中共十九大精神，注重党员教育、队伍建设，确立每周一例会和学习日制度，规定学习内容，及时交流心得体会，确保学习效果。年内，增补协会副主席2人。

【文艺活动】 2017年，区文联组织各协会开展多种文艺活动，举办老年人艺术大赛1次，举办“幸福家庭，最美瞬间”摄影展1次，“魅力兰山摄影大赛”1次。联合举办兰山区中小学生书法大赛1次，“喜迎中共十九大、丹青绘兰山”职工书画大赛1次，广场舞1次。区美术家协会先后承办“凝固的耕耘”等画展4次，组织笔会、艺术采风写生等群众性艺术交流活动30余次。区书法家协会组织老年书画展1次。区音乐家协会和舞蹈家协会联合文广新局、文化馆、艺术团编排节目，送文艺节目下乡演出6场次。

音协主席孙建美和会员秦鹏楠分别举办个人原创专场音乐会。区作家协会组织深入群众体验生活走访活动，参与“书法志愿者结对帮扶乡村学校少年宫”活动。组织开展“到人民中去”文艺志愿主题活动6次。组织书协会员参与送春联下乡、进社区和送文化进企业活动3次。摄影家协会举办培训班3期。

【精品工程】 为鼓励兰山区文学艺术工作者创作出优秀的文艺作品，设奖金7万元用于兰山区“羲之文艺奖”，并出台评选细则和奖励办法。在临沂市第六届沂蒙文艺奖评选中，兰山区作协会员孙艳梅的《幸运》和刘晓峰的《晓峰故事》分获文学类一、二等奖；音协会员赵润泽的歌曲《临沂好地方》获得音乐类二等奖；另有两部作品分获电影、电视类三等奖。书法家协会、美术家协会和摄影家协会参加省市各类比赛，多次获得一二三等奖和优秀奖。会员邵剑、王德圣等作品在中国书协、中国美协举办的全国性书画展览中入展，徐庆战、寇俊宝等近100人次参与市级以上举办的展览并获得不同奖项，付迎东等10余人次在省级以上摄影大赛中获得优秀奖。

撰稿：陈明勇

审稿：李永玉

残疾人联合会

残联领导成员

理事长 路金华

副理事长 赵树海 张丽华（女）

【机构设置】 2017年，区残疾人联合会内设组织联络部、维权部、教育就业部、康复部、宣传文体部、办公室等5部1室，辖股级事业单位1个：兰山区残疾人劳动就业服务部，共有干部职工14人。

【概述】 2017年，以实施“整体赶平均、共同奔小康”计划为切入点，着力解决残疾人最关心、最直接、最现实的利益问题，全面推进残疾人组织建设、康复、教育就业、社会保障、信访维权、宣传文体等各项工作，全区残疾人事业取得新的成绩。

【组织联络工作】 规范强化残疾人证核发工作，严格标准，规范流程，办理残疾人证1149个。落实“办证程序一次告知”和“领证即宣传”制度，从源头上加强对办证流程和惠残政策的宣传。做好市残联综合信息平台和全市综合治税系统两大平台的残疾人基础信息录入工作，调查残疾人17303人，完善残疾人基础信息和动态更新，为惠残政策制定和残疾人工作开展提供数据支撑。区政府残工委、柳青街道被市残工委评为全市残疾人工作先进单位，朱文杰、杜静、王文红3人被市残工委评为全市残疾人工作先进个人。做好励志人物宣传学习工作，组织20名残疾人代表、10名助残志愿者参加陈州励志报告会。开展学雷锋志愿服务活动，注册登记学雷锋助残志愿者370名。

【康复工作】 开展0～9岁残疾儿童抢救性康复项目，救助残疾儿童208名。实施贫困白内障患者免费复明救助项目，为860名患者实施复明手术886例。实施贫困精神病患者救助项目，对39名患者给予住院治疗救助，为502名患者提供免费服药救助。实施“爱心辅具”工程，免费配发轮椅、助行器等辅助器具1672件。区残疾人康复中心坚持“一切为了特殊儿童、为了特殊儿童一切”的思想，规范运营管理，为接诊儿童提供热情周到、个性化、亲情化的服务。承接全市残疾人“四个平台”建设现场会“康复平台”建设现场参观活动。完成所承担的全市康复博览会筹备组织工作，邀请3家专业的参展商、5家专业采购商参展，组织200余名观众参加博览会启动仪式。联合妇幼保健院举办“爱在路上”全国儿童康复巡回公益讲座和儿童康复诊疗进展培训班，省内各市地和周边省市350名专业康复人员参加。在“爱耳日”“全国残疾预防日”等节日开展康复知识宣传活动。

【教育就业工作】 做好残疾人学生和贫困残疾人家庭子女就学补助工作，为46名残疾学生和130名贫困残疾人家庭子女发放就学补助金36.9万元。加大培育力度，新增残疾人就业扶贫基地2处，创建省级、市级优秀基地各2处，培育省级创业标兵、致富能手各1人，发放奖补资金21.5万元。落实扶持政策，为1家企业发放新安置残疾人就业补贴9.725万元，为20家盲人按摩院发放扶持资金6.8万元，为10名网上创业的残疾人发放补贴2万元。配合市残联举办残疾人专场招聘会，组织2家用人单位参加，提供工作岗位20余个。举办盲人按摩、电子商务、瓜菜种植等培训班3期，培训残疾人200余人次。组织18名残疾人技术能手参加临沂市第十届“劳动之星”残疾人职业技能竞赛，荣获团体奖、总分第三名。

【扶贫救助工作】 完成残疾人参保城乡居民医疗保险及养老保险数据核对、残疾人两项补贴申请初审工作。为10612名残疾老年人投保意外伤害保险。继续依托乡镇敬老院开展残疾人机构托养服务，采取政府购买服务的方式，依托（12349养老机构）开展居家托养服务，扶持新建善爱之家2处，共为150名残疾人提供托养服务。开展节日助残活动，春节、助残日、中秋节期间走访慰问贫困残疾人375户、残疾人服务机构7家，发放慰问金、慰问品等总值28万元。

【宣传文体工作】 加强助残日宣传工作，在《兰山大众》专版刊发残疾人事业发展情况，在区电视台滚动播出残疾人事业宣传口号，推荐7名残疾人参与“最美励志人物”微信投票评选活动，组织开展惠残政策宣传、免费义诊、免费按摩等活动，营造扶残助残的浓厚氛围。组织残疾人参加“喜迎十九大，共筑中国梦——残障人士书画艺术作品展”、残疾人文化周活动、最美残疾人家庭评选等多项活动。在全市残疾人艺术会演活动中荣获团体奖和组织奖，选送的节目荣获一等奖和三等奖各1个；选送节目参加省艺术会演获银奖1个。组织48名残疾人参加全市残疾人运动会暨迎备省十届残运会选拔赛，荣获团体总分第二名的优异成绩。

【维权工作】 做好矛盾排查化解和法律援助工作，研究出台残联系统“十三五”期间法治宣传工作规划，集中组织开展惠残政策法规宣传活动3次。加强无障碍环境建设，为113户残疾人家庭实施无障碍改造，为60名残疾人发放机动轮椅车燃油补贴。

撰稿：桑玉蓉
审稿：路金华

军事·法治

人民武装

武装部领导成员

部　长　周永前＊　王志胜

政治委员　田　海＊　祝传民

副部长　赵　新

【民兵预备役】 抓基础性训练，分批组织现役军官、专武干部、民兵干部骨干集训考核。并进行年度军事考核，年度训练任务有效落实，官兵军事素质得到提升。

6月，邀请区地震局、红十字会专家授课辅导，组织抗震救灾分队专业集训；7月，组织部分镇街分别开展城区和水库河道防汛演练，组织民兵应急分队检验性拉动，应急应战能力显著提升，区人武部被市军分区表彰为“军事训练先进单位”。

坚持把征兵工作作为战斗力生成的基础工程来抓，按照“科学组织、严格标准、确保质量”的原则，严格挑选参加征兵工作的人员，认真培训业务，升级设备仪器，严格体检政审等征集工作的各环节。

【战备管理】 聚焦“能打仗、打胜仗”要求，抓好应急应战准备。组织召开区国防动员准备任务部署会，成立区国防动员联合指挥机构，建立军地情报信息互通机制，修订完善计划方案，依案组建应急维稳、抢险救援、网络舆情、车辆维修等多支民兵任务分队。区政府投入270余万元，为任务分队配备近5000件（套）装备器材。落实战备值班制度，坚持24小时作战值班。全面展开国防动员潜力调查，对职能机构、行业系统、物资储备、装备制造、人防工程、公路运输、信息产业等157项动员潜力进行数据收集及汇总上报。推进国防动员准备检验评估各项任务，基本建成国防后备力量体系。

【思想政治建设】 以学习贯彻中共十九大精神为首要政治任务，认真学习习近平系列讲话精神、国防和军队建设重要论述，坚决贯彻军委主席负责制。扎实推进“两学一做”学习教育活动常态化制度化，接受省军区学习教育活动专项检查，得到充分肯定。坚持把沂蒙精神融入思想政治教育，“维护核心、听从指挥”主题教育深入扎实，干部职工维护核心、看齐追随的政治自觉更加坚定。组织全区专武干部参观沂蒙革命纪念馆，开展“不忘初心·重温入党誓词”活动，党性修养进一步增强。参加“强军路上斗志扬”文艺创演和“得象杯”国防知识竞赛，被省军区表彰为先进单位。

撰稿：刘　奇

审稿：王加宾

政法与综治工作

政法委领导成员

书　记　纪丙坤
常务副书记　王友前*
副书记　曹　莉（女）*　徐淑永　石增辉　王忠臣
主任科员　李建全　史兰书

综治办领导成员

主　任　曹　莉（女）
副主任　刘　磊　王欲晓（女）

【概述】 2017年，政法综治系统以维护社会稳定、提升群众满意度为目标，深入推进“雪亮工程”建设、严打整治违法犯罪、矛盾纠纷排查化解、涉法涉诉信访改革、中共十九大安保维稳、“平安小区”建设、基层网格实体化、各项秩序整治、见义勇为等工作，全力营造平安稳定的发展环境。兰山区被省委、省政府表彰为“全省社会治安综合治理先进区”；政法委被市委、市政府表彰为“2016年度人民满意政法单位”；区护路办被省铁路护路联防领导小组表彰为“全省铁路护路联防工作先进集体”。全国“雪亮工程”现场会、全市“平安小区”创建现场推进会实地观摩了兰山区有关工作现场。

【组织领导】 2017年，组织2次全面检查考核，进行多次重点督导。2月23日，召开平安兰山建设总结表彰暨美丽兰山建设动员大会，表彰先进单位和个人，对部分村（社区）、单位实行一票否决或黄牌警告，与各镇（街道）和综治成员单位签订新一轮综治平安建设责任书。6月7日，召开全区社区矫正和安置帮教安全稳定工作会议，动员部署专项整治活动任务和目标，下发全区专项活动实施方案，确保对社区服刑人员监管到位，维护全区社会稳定。7月初，召开全区排查安全隐患防范四类风险专项行动动员部署会。

【“雪亮工程”建设】 在全区大力推进区、镇、村三级综治中心规范化建设，建设综治信息化平台，深入推进视频监控联网应用，鼓励群众参与社会治安综合治理，提升动态化、信息化条件下的治安防控能力。区综治信息平台建设完成，纵向贯通全区12个镇街道、322个行政村，接入视频监控探头1814个；横向集成公安分局、法院、刑警大队、食药监局4个单位，实现视频监看、监督考核、视频会议、一键报警、智能运维、指挥调度、收集研判、网格化管理8大功能。4月，中央综治办召开全国综治工作视频座谈会，柳青街道作为全国唯一一个乡镇代表，就“雪亮工程”建设工作作典型发言。6月29—30日，全国“雪亮工程”现场会在临沂召开，兰山公安分局刑警大队指挥作战平台进行现场连线汇报，并实地观摩柳青街道综治中心。中共十九大期间，在区综治中心成立以区委、区政府主要领导任总指挥的安保维稳指挥部，利用“雪亮工程”信息平台调度各镇（街道）、区直有关部门，为确保全区大局和谐稳定做出贡献。

【排查安全隐患防范四类风险】 成立由区委副书记陈士贤任组长的全区排查安全隐患防范四类风险专

项行动领导小组，负责全区开展专项行动的组织领导、统筹协调、指挥调度等工作。领导小组下设办公室和4个专项办公室，负责全区开展专项行动的组织协调、部署推动、工作调度、督导考核和四类风险隐患的排查建档、分析研判、处置化解以及工作台账、工作进展、经验做法等情况信息的收集整理上报等工作。

【矛盾纠纷排查化解】 全区共建立322个基层人民调解组织，有1280名人民调解员活跃在基层。同时，创新工作思路，拓宽化解矛盾纠纷的渠道，在矛盾纠纷集中的领域设立13个专业性、行业性调委会，不断推进诉调、检调、公调、交调、信调、医调、劳调等“多调对接”深入发展。2017年，全区各级各类调解组织累计调解各类矛盾纠纷4614件，走在全省前列。

【“平安小区”创建】 在全区选取16个小区作为试点，涵盖综治委单位帮扶小区、棚户区改造小区、破产企业改造小区、城中村改造小区等类型，进行重点提升改造，探索建立“雪亮工程+综治网格”智慧平安小区模式。高标准建设“雪亮工程”分平台6个，建设改造视频监控750路，并与区、镇（街道）、派出所进行联网共享。组织市、区综治委成员单位结对帮扶治安薄弱小区。市直43个综治委成员单位共落实帮扶资金165万余元；区直60个综治委成员单位共落实帮扶资金75万元。9月27日，全市“平安小区”创建现场推进会在兰山区召开，实地观摩银雀山街道金阳花园小区、银河湾社区、煤山社区三孔桥小区和金泰社区金雀新城。

【基层基础网格实体化建设】 按照“横到边、纵到底、不留空白、不交叉重叠”的要求，将全区划分为“区—镇街道—村社区—基础网格”四级网格。其中，区级网格1个，镇级网格12个，村级网格441个，基础网格1316个，并绘制网格化管理地图，直观显示区网格结构。已将网格内退役人员登记、重点人员稳控、涉法涉诉人员和四类风险等工作纳入网格化管理。

撰稿：孙立英

审稿：刘　磊

政府法制工作

法制办领导成员

主　任　苗润华

主任科员　庄乾文

副主任　王绘萍（女）　朱孟华

【机构设置】 区法制办为正科级行政机关，内设综合科、法规科、执法管理科、行政复议应诉科4个职能科室，下设事业单位区政府法制服务中心1个。

【规范行政行为】 2017年，区法制办共审查并登记备案区政府规范性文件10件、审查合同（协议）21件；组织并安排区委区政府法律顾问团参与各类法律论证会、讨论会3次；组织法律顾问团进行主题法制宣传活动2次；根据市法制办安排，对2012—2016年出台的区政府规范性文件进行清理，对镇（街道）出台的文件进行首次登记整理；开展全区规范性文件清理工作3次。

【行政执法监督】 着眼于“促进依法行政，推进法治政府建设”的根本工作目标，全面强化执法监督，提升行政执法水平。严格行政执法人员资格管理，做好全区176人申领《山东省行政执法证件》的统计上报、资格审查和统一培训工作。组织全区行政执法人员证件年审培训和考务工作，对全区630名持到期行政执法证件的行政执法人员进行证件年审、资格审查工作，并组织年审考试培训。推动各行政执法部门严格按照法定权限和程序行使权力、履行职责，从源头上规范行政权力运行，配合区编办开展区级行政权力清单和责任清单的审核确认工作。组织开展案卷评查活动，对全区21个行政执法部门的106本行政处罚案卷进行评查，召开案卷评查通报会和业务培训会，进行现场执法办案技能培训。继续开展“依法行政大讲堂”活动，延续上年活动主宗旨，以“依法行政”为主题，通过到依法行政工作开展较好的单位观摩学习、召开现场观摩会，邀请专家、市法制办业务骨干授课培训，到法院观摩行政诉讼庭审等方式，不断增强全区行政执法部门依法行政观念，规范行政执法行为，提高依法行政水平。

【行政复议应诉】 由于新《行政诉讼法》的实施以及镇政府大规模开展农村违法建筑清理活动，行政复议案件和行政诉讼案件数量激增，案件范围和难度都有显著增加。2017年共办理行政复议案件106件，其中受理101件，不予受理5件。在受理的101件行政复议案件中，行政复议案件综合纠错率为62%，有效规范区行政执法行为。共办理区政府为第一被告的行政应诉案件71件，已审结29件，其中胜诉27件，败诉2件，胜诉率为93%。强化制度建设，提升复议案件办理质量，建立并落实行政复议案件全程负责制，落实机关负责人出庭应诉制度，以区政府为被告的一审、二审行政诉讼案件，法制办分管负责人均出庭应诉。

【推进依法行政创新项目】 应对日趋加大的法治工作压力，创新方式扩充全区法治工作人才力量，同时注重发掘内部人员潜力，不断提升法制办工作效率、质量和外部影响力。完成年度依法行政创新项目，率先建立公职律师队伍。通过建立“倒金字塔领导体制”“目标管理工作法”“行政复议首接负责制”等工作机制，提高体制机制效率，靠制度化解矛盾，切实保证工作质量。

撰稿：凌　晨

审稿：苗润华

公安工作

公安分局领导成员

局　长　王行军（市公安局党委委员）

政　委　尹华卫

副局长　李　琪　管　涛　崔金华（挂职）

李守东（挂职）

纪委书记　刘秀伟

指挥中心主任　丁雪健

北京路派出所所长　张红磊

【概述】 2017年，公安分局围绕中共十九大安保维

配发城区街面合成化巡防车辆

稳、基层基础建设、提升群众安全感满意度三大攻坚战，以“队伍建设深化年”“规范执法攀升年”为载体，始终以“创先争优、唯旗是夺”的工作姿态，精诚团结，负重奋进，坚守“六个坚决防止”的工作底线，公安工作和队伍建设再次取得新突破、新提升。群众安全感满意度取得5年来最好成绩，分局连续2年被授予“省级文明单位”称号，执法质量综合考评连续两年保持全市第一，在2017年度全市县级公安机关综合考核中位居全市第一，被评为2017年度全市优秀公安局。

【安保维稳】 围绕中共十九大安保维稳这一主线，细化群体性事件处置工作流程，完善车站、高速临检、到省进京沿途布控勤务机制，妥善处置临商银行集中取款等各类突发案件，依法打击非访人员70余名，先后打赢全国“两会”“一带一路”高峰论坛、省党代会和中共十九大等一系列安保硬仗。特别是在中共十九大安保维稳中，广大公安民警发扬敢打硬仗、勇打胜仗的作风，以最高标准、最硬措施、最严要求，用无私的奉献、辛勤的汗水，筑起一道坚实的屏障，完成省委“五个不发生”、市委“六不双零”和公安部、省厅“三个不发生”的工作目标，分局被市局授予中共十九大安保维稳“突出贡献奖”、被区委、区政府授予全区唯一一个集体三等功。

【打击犯罪】 以“打黑除恶、打霸治痞、打击盗抢骗、三年禁毒人民战争”等专项行动为主线，大力践行“打击就是服务”的理念，建立实施小案侦防新机制，通过持续不断的开展各类打击整治行动，15起命案全部及时告破，现行命案侦破继续保持100%，全年缉捕网上逃犯700余名，抓获潜逃10年以上命案逃犯2名，侦破“7.12”黑客入侵案等7起部督案件和10起省督案件，三年禁毒人民战争整体工作考核全市第一，“云端2017行动”、打击治理电信网络诈骗犯罪工作考核全市第一，且在省厅组织开展的情报追逃竞赛中，抓获逃犯数高居全市第一。小案侦破数同比提升11%，八类案件同比下降15%，破获“11.26”邪教专案、制售假冒品牌压缩机案等一系列大要案，公安部、省厅通令嘉奖、发来贺电，禁毒大队作为全区三年禁毒人民战争攻坚指挥部办公室，被市政府荣记集体二等功。

“迎接十九大忠诚保平安”誓师大会在兰山区召开

在全国雪亮工程现场推进会上作经验介绍

完善和7个派出所的还建、改建任务。刑事科学技术室顺利通过省级资质认定，电动车智能防盗管理和旅馆业“像证通”助推治安管理创新发展，全省反恐工作、市委四德工程建设和全市“规范警务”品牌建设、经侦信息化建设、治安重点行业管理现场推进会先后在分局召开，在全市攻坚每月考核中成绩始终名列前茅，并代表市局完成省厅攻坚考核迎查任务。

【治安防范】 围绕社会治安形势和反恐工作需要，推动“天网工程”增点扩面，实行特巡警与派出所专职巡防队伍“四统一”（统一勤务、统一保障、统一训练、统一考核）巡防联勤模式，新布建12处特警工作站和36处巡防驻勤点，整合街面专职巡防力量600余人和巡防车辆150余辆，在背街小巷、偏僻地点建设安装360余处治安报警灯箱，通过开展实施街面合成化巡防等工作，全区刑事警情同比下降22.7%，其中“两抢一盗”警情下降40.3%，刑事警情实现4年连续大幅下降。在全国“雪亮工程”现场推进会上，分局代表全市公安机关就天网和雪亮工程互联共享的实战应用作经验介绍。坚持严管重罚，火灾起数同比下降45%，全区公共安全形势持续平稳。

【基础建设】 将基层基础建设三年攻坚战上升为党政工程，“1+2+N”“一村一警务助理”新型社区警务全面铺开，协调4个街道为城区所每月增加2万元社区警务专项经费。建成智能化、数字化分局执法办案中心和全省首家公检法共用的涉案财物管理中心，大大提升规范办案效能，杜绝、减少执法安全隐患。深化“放管服”改革，户籍、消防管理等一批改革举措落地实施，向97个市场配发130余辆小型消防车，在颐高上海街建成全国首条集娱乐警示于一体的消防宣传街。先后完成民警训练中心改造

【队伍建设】 以“正风肃纪”纪律作风整顿和整治“不作为”“乱作为”优化发展环境专项行动为载体，制定出台受案立案“十不准”规定和案件审批委员会制度规定，学习贯彻中共十九大精神，落实分局党委“3+3”工作督导机制，持续不断的开展警务大督察，持之以恒正风肃纪树形象，民警和警辅队伍建设更加规范有序、风清气正。广泛宣传兰山公安正能量，多形式、多渠道开展“兰山公安在你身边”主题宣传活动，进一步扩大兰山公安影响力，提升群众安全感满意度。年内，拘留所被评定为全国标兵拘留所和全国公安监管工作成绩突出集体，禁毒大队被评为全国优秀公安基层单位，消防大队被评为全省标兵大队，兰山路派出所被省总工会授予“山东省富民兴鲁劳动奖状”，指挥中心信访督查科被表彰为“全省公安机关信访积案集中攻坚化解活动成绩突出集体”，北京路派出所被评为全市十佳政法单位和全市人民满意优秀派出所；王焕增先后当选为“我心中的警察英雄”“全国优秀人民警察”“全市十佳政法干警”,顾益寿获选为“齐鲁最美警察”提名奖，石登超当选为“兰山区十大杰出青年”，侯晓东被推荐为荣记个人一等功，全局共有106个集体、413名个人立功受奖。

撰稿：李建银

审稿：丁雪健

检察工作

检察院领导成员

检察长 苏 波

副检察长 支良美（女）*

董金伟 王明文

刘坤岘 郭英亮

政治处主任 韩善宏

反贪局局长 刘全林*

副局长 姜 涛* 刘 强*

纪检组长 王金红（女）

反渎局局长 刘晓英（女）*

副局长 乔洪庆* 杜家田 *

检委会专职委员 吴海南 张恩楼 李 东*

6月27日，区检察院举行首批员额检察官宪法宣誓。

【概述】 2017年，区检察院深入学习贯彻中共十九大精神，围绕服务全区经济社会发展大局，不断强化法律监督、强化自身监督，努力建设卓越队伍、奉献卓越业绩、树立卓越形象，“六型”基层检察院建设取得明显成效。4月，检察院检察长吴鹏飞在莅临区检察院调研指导时，对区检察院“六型”基层院建设成效给予充分肯定；11月，全省检察机关“六型”基层检察院建设工作推进会观摩组第二组一行40余人，到区检察院现场观摩，对区检察院各项工作成绩给予充分肯定和高度评价。

【打击刑事犯罪】 对影响群众安全感的严重暴力犯罪和多发性侵财犯罪保持高压态势，维护人民群众安居乐业的良好治安环境。办理审查批捕案件1410件1809人、移送审查起诉案件2253件2990人，批捕1094人，提起公诉2275人。办理的徐某等非法吸收公众存款案，刘某等11人组织、领导传销活动案等一批有社会影响的案件，均取得较好的法律和社会效果。

11月6日，“六型”基层检察院建设工作推进会在兰山召开。

【查办和预防职务犯罪】 全年立查各类职务犯罪案件29人,其中科级干部4人,立查安全生产监管领域失职渎职案件3人，有效维护安全生产秩序。依法办理区畜牧兽医局原局长涉嫌贪污罪、受贿罪、挪用公款案，发挥对腐败犯罪的有效震慑作用。

【诉讼监督及法律监督】 全年共监督立案9件，监督撤案7件，提起刑事抗诉6件，追诉漏犯67人；办理再审检察建议、提请或建议提请民事抗诉案件8件，办理行政执法监督案件26件，审判违法行为监督案件2件，提起行政公益诉讼案件1件；办理羁押必要性审查案件44件；发出纠正社区矫正违法通知书13件。

宪法宣传

【司法责任制改革】 严格按照上级部署要求，遴选员额检察官41人，按期完成人员分类定岗工作；全面运行新的办案机制，取消原有“三级审批”，坚持谁办案、谁负责，检察官权责更加明晰，入额领导干部办案成为常态；结合司改措施的推进，继续推行卓越人才计划，依托“兰检卓越学苑”，从干警办案基本功入手，全力提升干警综合素能，有10人入选省市级人才库，3人获评省市级业务能手，队伍专业化建设稳步推进。

撰稿：宋伟龙

审稿：董金伟

法院工作

法院领导成员

院　长　王　胜

副院长　马志晓（回族）　庄　岩（女）　郝中勇　李培青　刘西刚

纪检组长　张秀军

党组成员　张朝霞（女）　杨继秀（女）　卢海涛　王永涛

政治处主任　蔡丽霞（女）

执行局局长　周　军

【概述】 2017年，区人民法院收案39558件，同比上升17%；结案37649件，同比上升18%，为全区经济社会发展提供有力的司法保障。被最高人民法院授予“全国优秀法院”“全国法院案件繁简分流机制改革示范法院”称号，被中华全国妇女联合会授予“全国维护妇女儿童权益先进集体”称号，3项自主开发的应用软件获国家版权局颁发的“计算机软件著作权登记证书”，自主研发的非结构化数据中心管理平台软件被中国信息产业商会、中国信息产业协会授予“2017年度法检信息化最佳实践奖”，信息中心被最高人民法院评为全国法院信息化工作先进集体，王丽被评选为“全国法院先进个人”“全国法院办案标兵”。《瞭望》新闻周刊刊登区人民法院司法责任制改革的创新探索，第二十四次全省法院工作会议在临沂召开，对区人民法院司法责任制改革、信息化建设等方面的经验做法进行了推广。

【审判执行】 依法惩治刑事犯罪，全力维护社会稳定。审结刑事案件1868件，判处2734人。切实保障未成年人合法权益，完善圆桌审判模式，邀请未成年被告人亲友参与法庭教育，提升感化效果。

坚持“调解优先、调判结合”的原则，探索新型家事审判模式，妥善处理民间借贷、追索劳动报酬、物业、保险、合同等纠纷，调处社会矛盾，鼓励市场交易，审结民商事案件21694件。

立足实质化解行政争议、保护相对人合法权益、监督行政机关依法行使职权，审结行政案件698件；扩展行政诉讼服务职能，为全市行政执法人员开展专题讲座11期，受众3100余人次。

6月4日下午，兰山法院举行首批员额法官宪法宣誓仪式。

成立执行指挥中心，与公安110、交警、银行联动，先行控制被执行人88名，协助查扣车辆49辆，实施网络司法冻结3074件；组织开展“春雷”等专项集中执行行动11次；对“百日执行攻坚”专项活动进行全媒体直播，3600万网友围观互动；执结案件13389件，标的额29亿元，最大限度保障当事人的胜诉权益。

【司法为民】 延伸司法服务职能，设立驻商城法官工作室，服务商城国际化发展；有序推进农机公司、商务公司等企业破产清算整顿盘活工作；依法妥善审理涉及全国1.3万被害人的刘某组织领导传销活动案。在高铁片区、铁路物流园区等项目推进，群体性事件稳妥处置，避免金融行业发生系统性风险等方面做了大量工作。

推动行政机关负责人出庭应诉工作，市政府办公室组织县区政府、市政府有关部门及直属机构负责人，到兰山法院参加全市首例“网络预约车”行政处罚案等相关案件的庭审观摩；与区中小学生社会实践基地结合，在半程法庭建设600平方米青少年法治教育基地，为争创“全国青少年普法教育示范区”持续加力；发起“青柠计划”普法项目；举行法院开放日、关爱留守儿童、法治教育进职校等活动，结合“女童保护”项目，打造覆盖全区中小学生的系统化普法体系，开展校园普法800多次，受教育学生逾7万人。

加强诉讼服务，全力开展诉调对接；推行“一站式”窗口服务，年接待群众17万余人次；强化网上诉讼服务功能，全年网上立案2560件，占民事案件立案的14%；发放司法救助资金28万元；坚持公开接访、预约接访、巡回值班制度长效机制，接待来访群众；发挥律师在判后释法说理和化解涉法涉诉信访、代理申诉工作中的重要作用，21名律师

9月11日，兰山法院人脸识别系统上线使用。

参与接待当事人720人，化解案件51件。

接受纪委党内监督、检察机关法律监督和上级法院审判监督；建立律师服务微信群，对2000余条咨询、建议一一互动回复；多次召开新闻发布会，主动接受舆论监督；发挥人民陪审员的作用，来自各行业的193位人民陪审员参审6623次；加强与13位特约监督员的联系沟通，回应社会关切。

【司法改革】 深化司法责任制改革。成为全市唯一一家对知识产权案件有管辖权的基层法院；完成首批员额法官入额工作，全面取消机关业务庭架构，成立62个法官团队，主审法官自主签发法律文书，真正实现"让审理者裁判，由裁判者负责"；落实院庭长带头办理重大疑难复杂案件制度，全年结案7688件；设立5个专业法官会议，发挥资深法官作用，压缩审委会讨论案件的数量和范围，全年召集专业法官会议67次，讨论案件1265件。

打造"三段式"管理格局。诉讼服务实体化：整合立案、诉调对接、信访、材料收转、再审审查、管辖权异议、送达等事项，设立再审审查、管辖权异议团队，送达团队，辅以专业化服务窗口，提供全面实体化的诉讼服务；重组民事速裁团队，过滤全院简易民事案件予以快速审理。审判执行主业团队化：务求高效，组建刑事速裁团队、速执团队；强调专业，设立借款合同、劳动争议等6个类型化团队；突出品牌，设立少年审判，驻交警三个大队法官工作室，驻商城法官工作室，驻金兰物流法官工作室等6个特色团队；立足便民，在法庭设置19个综合审判团队；注重协同，在执行局设立保全团队、执行裁决团队和7个执行实施团队；保障机动，在院机关设立4个民事、3个商事、4个刑事、2个行政综合类审判团队。案件管理精细化：创设案件监督管理中心，组建4个案件质量监督团队，为法官提供办案参考和指导，避免"同案不同判"；研究制定案件绩效考评办法，严格流程节点管控，总结审判规律。

全年结案37649件，员额法官人均结案627件，均居全省基层法院首位；办案节奏明显加快，庭审效率提高41%；审判执行团队平均结案周期由2015年的103天，缩短至56天。

12月27日下午，兰山法院半程青少年法治教育基地迎来第一批参观者。

【信息化建设】 集约分流，提升案件流转速度。推行立案“线上线下分流”，案件信息自动填充至诉调对接系统，实现诉前调解与诉讼程序的无缝对接；根据案件类型、诉讼标的、诉讼人数等因素，由系统智能推荐繁简分流；将立案分为“收审、扫转、立分”3个环节，通过OCR识别，自动提取卷宗要素，快速完成立案登记。

流程重塑，突出法官中心地位。团队主审法官统揽案件运行全程，通过系统向相关辅助团队发送协作事务，向法官助理和书记员分配工作任务；为法官提供智能语音助手、庭审语音识别、文书自动生成等功能支撑，方便法官便捷高效办案。

全程留痕，提升科学管理水平。通过人脸识别、窗口留痕、庭审视频、执行单兵等数据采集，形成访客记录，对敏感人群、失信人员等特殊来客进行预警；推行“一案一账户”，便于掌握款项进度，提升过付效率；实行“一物一码”，执行案物流转全程留痕；实时生成审执业务数据报表、实时监控业务流程环节、实时向业务团队推送动态报告，提升审判管理效能。

撰稿：杨翠云

审稿：沈秀俊

司法行政

司法局领导成员

局　长　王成杰

副局长　周树欣　李兆叶（女）*　董　超　王利道

纪检组长　刘存山

主任科员　孙　丽（女）

副主任科员　徐林田　王连超

普法办主任　周树欣（兼）

副主任　房振强　王　飞

【概述】 2017年，区司法局先后被评为2017年度全国人民调解宣传工作先进单位、市级文明单位、全区公正执法先进单位、全区信访工作先进单位、全区党外知识分子工作先进单位，荣获全国第三届“关爱明天、普法先行”青少年普法教育活动优秀组织奖。

【法制宣传教育】 突出领导干部、青少年“两个重点”和法治宣传阵地、法治文化“两项建设”，开展“七五”普法工作。按照“谁执法、谁普法”的工作机制，开展法治宣传活动。组织全区30余家单位集中开展“国家宪法日”法治宣传活动。全年共开展各类法治宣传40余次，发放宣传材料10万余份，

2月13日，兰山区召开“六五”普法总结表彰暨“七五”普法动员会议。

9月12日，全省人民调解工作会议在兰山区召开。

法律权利。全年共指派办理法律援助案件609件，其中民事案件504件，刑事案件105件，已结案532件，发放法律援助办案补贴32.54万元，接听并解答“12348”法律咨询电话1600余次，超额完成市局制定的年度目标。为脱贫攻坚提供优质高效的法律服务，11月1日，在汪沟镇竹园村举行法律援助深度参与精准扶贫活动启动仪式，为全区6个贫困村和32个经济薄弱村贫弱群众提供更加优质、高效的法律服务，服务全区脱贫攻坚战。

受教育群众达15万余人。继续开展民主法治示范村（社区）建设，东苗庄社区被推荐为国家级民主法治示范社区、李庄社区被评为省级民主法治示范社区，临沂九中等5个单位被评为全市法治宣传教育示范基地，汪沟镇丰硕村等11个村（社区）被评为市级民主法治村（社区）。

【法律服务】 在巩固金融公证的基础上，大力拓展新案源，增加公证办案数量。2017年，兰山公证处共办理各类公证事项73021件，同比增长5%。

在“法律服务工作进基层”工作的基础上，动员部署“一村（社区）一法律顾问”工作开展，按照省、市要求，选派119名律师、41名法律服务工作者及4名其他人员到全区322个村（社区）担任法律顾问，在全市率先实现法律顾问全覆盖。推进法律顾问人才储备库建设，成立兰山区法律顾问人才储备库。共储备法律顾问人才256名，其中律师120名、法律服务工作者136名。不断完善“律师参与化解和代理涉法涉诉信访案件工作模式”，为信访群众提供优质、高效的法律服务。

【法律援助】 拓展法律援助工作覆盖面，开展各项法律援助业务，使更多的社会弱势群体享有平等的

【基层工作】 稳步推进公共法律服务体系建设。兰山区公共法律服务中心已完成选址，正在招标建设和设计规划中，12个镇（街道）、经济开发区公共法律服务站和322个村（社区）司法行政工作室已全部建设完成，建设完成率达100%。6月30日，中央政法委全国“雪亮工程”建设推进会观摩柳青街道公共法律服务站和柳青司法所，中央综治委副主任、中央政法委副秘书长、中央综治办主任陈训秋、山东省委常委、政法委书记林峰海等150名代表参加观摩，肯定了兰山区公共法律服务平台建设。

加强司法所规范化建设。对照省级规范化司法所建设标准，按照人员、场所、制度、卷宗、司法标识规范“五达标”要求，加强司法所规范化建设，确保司法所工作有序、高效运转。

继续发挥人民调解工作效能。完善“三调联动多调对接”工作机制，推进多元化矛盾纠纷化解机制建设。突出基层网格化、行业专业化两个重点，拓展行业性专业性人民调解领域、矛盾纠纷化解平台，深入开展矛盾纠纷排查调处行动，着力化解矛盾纠纷。9月12日和12月12日，全省人民调解工作会议和全市人民调解工作座谈会观摩兰山区各调解委员会，省委常委、政法委书记林峰海和市委书记王玉君对兰山区人民调解工作给予高度评价，林

11月1日，兰山区司法局在汪沟镇竹园村举行法律援助深度参与精准扶贫活动启动仪式。

峰海书记专门要求对兰山区诉调中心的“五字”工作法进行总结推广。11月7日，市委常委、政法委书记王行华对专门兰山区调解工作进行批示，肯定兰山区调解工作经验。2017年，全区共调解各类矛盾纠纷5089件，兰山区调解工作走在全省前列。

【社区矫正和安置帮教工作】 加强社区矫正执法规范化建设。加强教育管理，共组织集中教育4次，专业授课3次，受教育人员600余人次。开展社区矫正安置帮教安全隐患专项整治活动，开展排查走访，逐一见面，逐一谈话，全面掌握工作、生活、思想情况，从源头上杜绝重新犯罪隐患，共走访社区服刑人员1200余人，警告103人次，治安处罚1人，撤销缓刑1人。实行社区矫正安全稳定情况日报制，对于重点人员情况每天一报，确保不发生脱管失控、不发生重大恶性案件、不发生群体性事件、不发生负面舆情事件。截至2017年底，全区共有在册社区服刑人员1213人，安置帮教人员1963人。

撰稿：公卿民

审稿：董 超

交警工作（一）

交警直属一大队领导成员

大队长 张 国

副大队长 谭 强 卢海波 李 毅

赵 伟（挂职）

【概述】 2017年，交警直属一大队辖区总面积31平方公里，总人口46余万人，主干道30条，道路总里程115公里，机动车总数35余万台，机动车驾驶人33余万人。2017年，直属一大队以中共十九大安保为主线，践行“忠诚担当、高效廉洁、严格执法、亲情服务”的新时期沂蒙公安精神，围绕“疏堵保畅”“百日攻坚行动”“迎接十九大·忠诚保平安”“三个不发生”和“严格执法、亲情服务”等系列活动，有力提升城区交通管控能力，保障主城区交通安全形势持续平稳，完成2017年度的各项公安交通管理任务。

2017年，一大队被评为省级文明单位，被市政府评为市级“四德工程”创建先进单位，被市公安局授予集体三等功，在全市中共十九大安保表彰大会中被市公安局授予“迎接十九大·忠诚保平安”先进单位称号，1个单位被评为省级青年文明号，3个单位被评为市级青年文明号，1个单位被市公安局授予“集体嘉奖”，1人被市公安局记三等功，15人被市公安局嘉奖。

【队伍建设】 主抓党建工作。以“两学一做”为基本内容，依托“三会一课”，深入学习党的十八届历次全会、中共十九大精神和习近平重要讲话，全年开展4次党课、2次纪律作风专项教育、集中培训62次，进一步提高民警政治素质。完成大队党组织换届工作，通过公推直选，选举出大队党总支新一届委员7人，以及所属党支部组成人员，切实发挥基层党组织的战斗堡垒作用。强化技能考核培训。成立考核办对民警的执勤执法情况进行全面监督考核，取得良好效果。依托辅警管理办公室，强化辅警队伍管理，建立由“大队统一领导、辅警办管理和培训，各科、队实际使用”的管理体系，辅警队伍整体素质得到提升，涌现出不顾自身安危、救援跳河群众的张丙伟等一大批先进典型。推行亲情服务。全面落实全市“双百”标兵活动和支队《亲情服务十项措施》，出台大队《亲情服务十六项措施》，对交通违法查处坚持宽严相济、刚柔并举；在违法、事故处理上通过建设“老城”轻微交通事故快速理赔中心等6处窗口、预约服务、发放明白卡等提高工作效率；依托“交管12123”手机APP和事故快速理赔中心，实现各类违法、事故业务的掌上和自助办理；结合城区实际科学调整勤务，对停车泊位、礼让斑马线标志等进行合理规划。

【执法规范化】 强化“规范执法是基本警务”的工作理念，坚持目标引领、问题导向、创新驱动，以执法记录仪规范管理使用、深化刑事案件“两统一”、执法闭环管理信息系统建设应用、聚焦风险防控为重点，开展案件办理进程跟踪、审核审批、执法情况分析等工作，实现涉案人员、场所、财物、卷宗、责任等执法要素智能化管理。推行各类刑事、行政案件“集中办理、全程监督”机制，全年审查案件1.34万起，监督管理348起刑事案件、1946起行政案件，巡查并保管涉案财物1051件，实现对警情和案件“统一建库、统一流程、统一标准、统一监管”。

【交通秩序管理】 全年共查处各类交通违法46.56万起，查扣车辆1.12万辆，其中查处酒驾1957起，醉驾350起，毒驾3起，涉牌涉证5484起，闯红灯3.12万起，违法停车1.06万起，扣留三轮车7333辆，刑事拘留159人（肇事17人，危险驾驶142人），行政拘留127人，城区交通环境得到显著提升。尤其在中共十九大安保期间，按照公安部“三个不发生”创建活动要求，查处“三驾”“三乱”“两闯”“两牌”2.57万起，抓拍不礼让斑马线1.71万起，各项数据均位居全市前列，有力保障城区交通安全形势总体平稳。

【城区交通组织优化】 全年增设交通标志468面、违停自动抓拍37套、助学岗移动信号灯22个，调整修复护栏4765米，完成交通设施损毁赔偿46.1万元，规范设置中小学周边交通设施39处，增设电子卡口39套，对沂龙湾大桥、沂蒙路BRT车道等拥堵路段加大警力投入，通过无人机航拍、智能卡口检测、实地调研分析等方式，对涑河北街施工路段、沂龙湾大桥、市人民医院以及学校、商场等拥堵点段加大警力投入，实施高峰时段限行、左转车道右置、可变车道、限速等优化方案21个，缓解交通拥堵。

【交通事故预防】 坚持“安全事故可防可控”“预防事故尽最大努力作减法”的工作理念，从源头上预防交通事故，减少城区各类道路交通安全隐患。全年接处各类警情2.75万起，其中交通事故6272起，同比下降19.5%；立案2873起，同比下降8.6%；死亡17人，同比上升54.5%；直接经济损失284.9万元，同比下降14.9%；办结2816起，结案率达98%，尤其是重大逃逸案件侦破率达100%。全年七类重点车辆报废率达96.58%，检验率达98.91%，重点驾驶人审验率达99.94%，换证率达99.99%，红黄企业管理完成率和重点驾驶人关联率均达100%。

【查缉布控和接处警】 投资200多万元用于指挥室改造提升，依托交通云立体防控平台、北斗定位系统等7大平台，和巡、管、控、疏相结合的“一二一班制”勤务模式，形成扁平指挥、实时调度、快速反应的指挥体系。在此架构下，信息化作战优势得到充分发挥，全年指令伪变造号牌、套牌、逾期未年检未报废等违法2.75万起，查获2.12万起，处罚2.07万起；交通事故快处机制得到全面推进，全年勤务中队“快处、快结”交通事故2263起、群众求助4721起，简易程序现场处结率达到91.2%。12月21日，全省公安交警指挥中心实战应用现场推进会对大队相关工作进行实地观摩。

撰稿：郭新星

审稿：庄乾坤

交警工作（二）

交警直属二大队领导成员

大队长 张成虎

副大队长 虞召军 吕昭辰 刘加永 庞尔谦

【概述】 2017年，直属二大队管辖范围东至兰山区通达路，西至费县交界，北至滨河大道，南至罗庄交界，面积241平方公里，辖155个村居社区；常住人口50.26万余人，流动人口41.8万余人；辖区内高速、国道、省道、县乡道路、城建道路总里程650公里，道路交通环境复杂。

【交通管理】 以整秩序、保畅通、治乱、治堵为重点，强化道路交通秩序整治，完善交通安全设施。开展疏堵保畅专项行动。按照“交警要上路、上路要管事、管事要得法、秩序见好转、道路要畅通”的工作要求，严格执行《全市公安交警系统亲情服务十项措施（试行）》，全面落实城区合成化巡防工作机制，全力疏解辖区交通拥堵。行动期间，对7个城区主要路口重新渠化并制定专门疏堵保畅工作方案，对44个路口右转弯交通标线实改虚，实现机动车借道通行，提高通行效率；施划路内停车泊位1509个；更新智能信号机16台，为37个路口信号灯加装倒计时装置。持续开展各类道路交通专项整治行动。大队组织开展两次百日攻坚专项整治行动、“三个不发生”创建活动、中共十九大安保维稳活动以及变型拖拉机重点交通违法行为专项行动等。2017年，累计查处各类违法行为19.8万起，其中查处酒后驾驶811起，醉酒驾驶267起，毒驾1起，超速行驶10254起，超员2439起，超载6119起，涉牌涉证23474起，违法停车70835起，不按规定车道行驶24951起，不带头盔行驶455起，疲劳驾驶2735起，闯红灯41627起，逆向行驶14092起；刑事拘留113人，行政拘留96人，移送起诉65人，维护道路通行秩序。创新勤务机制。发挥指挥室作用，注重交通信号控制、交通视频监控、交通违法抓拍等系统单元建设，实现“情报分析、预警决策、指挥调度、考核督办”为一体的工作模式，发现拥堵警情，快速调动警力，及时处置。同时按照“高峰时段保畅通、平峰时段保安全”的原则，大队成立铁骑机动队，实行“1+3+2”编组模式，实现辖区主干道路“七横六纵”巡逻管控的全覆盖。事故处置权限下放中队，实现快处快赔，减少因事故造成的交通堵塞。落实道路交通管理“三长”负责制，实行大队领导包片、中队长包路、民警包段管理模式，明确职责，细化任务，夯实责任，构建点、线、面相结合立体化防控疏堵工作格局。开通违法处理服务“快车道”。为方便群众快速办理交通违法处理业务，大队增设违法处理服务站16处，并设立导办台，提高违法处理服务效率，缓解交通违法处理业务拥堵紧张的局面。在物流区成立驾驶人之家，设立非现场违法行为处理点，开展违章查询、交通违法处理、车驾管业务咨询等业务，方便群众办理业务。加强重点车辆监管。以辖区内“两客一危”、重型货车、校车为重点，建立重点车辆户籍化管理工作台账，每月定期清查车辆信息，通过电话、短信、邮寄等方式督促车辆违法清零，到期检验报废，并逐一核查，清除隐患。坚持源头和路面联动联控，及时更新查缉布控系统隐患车辆信息，精准查处隐患重点车辆上路行驶，确保重点车辆检验率、报废率、违法处理率保持在99%以上。组织辖区中队对运输企业走访、约谈、下达整改通知书，督促企业落实主体责任。对发生道路交通事故负有责任的企业和单位，下达《社会单位车辆事故情况通报单》加大责任追究。2017年，累计向38家运输企业下达事故情况通报38份，办理渣土车辆通行证3980份，商砼车通行证2200份，涉及运输企业35家，通报施工工地12家，向运输企业下达责令限期整改通知书12份，从源头上杜绝和消除安全隐患。落实隐患排查整改。强化摸底排查，按照“全覆盖、横到底、纵到边、零死角”的要求，大队联合交通运输、公路、住建、义堂镇政府、园林局、工业园区管委会等有关部门抽调专人成立安全隐患排查工作小组，建立隐患动态排查工作机制，针对不同季节、不同路况，以国省道、城区道路、城乡接合部为重点，不间断逐口、逐段进行拉网式排查。2017年，累计排查道路安全隐患201处，逐一明确整改责任人、整改措施和整改时限，整改率100%；排查13条县乡道路平面交叉口，安装闪光警示灯114套。

11月13日，全市公安机关警营文化月举行拔河比赛。

全年共建设完成县乡道路智能交通安全系统103.197公里；安装高清监控157套，其中校园周边新增28套，重点工地周边新增10套；安装卡口式电子警察238套；建设灯控路口16处；维护中央护栏5.2公里，新加装护栏3公里；施划交通标线5336.15平方米；安装各类交通标志标牌161面。协调住建部门分别投资5600万元和4700万元，对双岭高架路和蒙山高架路的交通设施进行完善。

【事故处理】 开展集中抓捕交通肇事犯罪网上逃犯统一行动。按照全市公安机关交通管理部门集中抓捕交通肇事犯罪网上逃犯统一行动的部署要求，大队成立“集中抓捕交通肇事犯罪网上逃犯”领导小组，统一指挥调度，并以交通事故处理中队为主力，切实加强与刑侦、治安、技侦、网监、派出所等警种的协作配合，建立健全联勤联动追逃机制，特别是对潜逃外地的网上逃犯加大追击力度，主动与当地警方联系，争取力量支持，形成跨区域、跨部门、跨警种协同作战优势和追逃合力，集中抓获一批交通肇事犯罪及交通违法犯罪网上逃犯。2017年，共抓获网上逃犯137人，给社会和人民群众营造更加安全和谐的社会环境。推进交通事故审判庭和人民调解制度建设，道路交通事故处理形成多元化调解

11 月 25 日，全省公安交通管理基层基础攻坚现场推进会在兰山区召开。

格局。大队结合事故处理工作实际，加大事故处理岗位基础设施建设，不断开展便民、利民新举，在事故处理中队院内设立兰山法院驻交警二大队王丽法官工作室和区司法局人民调解胡晓梅工作室，逐步形成道路交通事故处理多元化调解的格局，全面促进道路交通事故的处理工作。2017 年事故处理工作中刑事拘留 135 人，行政拘留人 49 人，逮捕 24 人，破获交通肇事逃逸案 264 起，其中破获重大逃逸案件 4 起。

【车驾管服务】 车管所直属分所坚持“值日警官”和导办咨询制度，落实“首问负责制”，开通绿色通道，保证群众随到随办，全面推行微笑服务。2017 年在全市车辆管理工作考核排名中始终名列前茅。全年办理机动车注册登记 18525 笔，车辆转移登记 351 笔，变更登记 14766 笔，解抵押登记 18481 笔，注销登记 1955 笔，车辆转入业务 45 笔，临时号牌办理 10865 笔，六年免检车辆核发合格标志 48254 笔。驾驶证业务方面。2017 年共办理驾驶证业务 33674 笔（驾驶证换领 28665 个，驾驶证补证 4742 个，外地转入 267 个）。受理校车驾驶人资格申请 75 人，校车驾驶人审验 298 人。直属分所主要办理机动车注册、辖区内车辆注册和转移等业务。直属分所负责 4 处机动车检测站的管理和考核，制定《临沂市公安局交警支队车管所直属分所检测站考评细则》，对机动车检测站每周进行一次巡查，每月进行考核通报。2017 年，驾驶人考试室共受理五小车辆驾驶证报名业务 1460 笔，考试 112 场，核发五小车辆驾驶证 700 个（初领 70 个，增驾 630 个），五小车辆驾驶员满分学习 33 个，注销登记 786 个，档案更正 10 个。直属分所根据《全市源头安全隐患“清零”行动工作方案》，持续开展五类重点车辆逾期未检验未报废摸查清零活动，责令 30954 辆重点车辆限期进行检验，对于达到报废标准的车辆一律按照规定办理报废手续。重点车辆（除挂车外）关联驾驶人全部完成，共 15919 人，低速载货汽车、三轮汽车、重中型货车公告牌证作废 547 辆，注销老旧报废车辆 931 辆。通知大中型客货车驾驶人审证换证共 2225 人。直属分所交通安全教育学校简化大中型客货车驾驶人审验学习流程，取消预约及签到签退环节，每周一至周五驾驶人在规定时间内可随到随学。2017 年，共组织 12778 人进行学习。

【交通宣传】 全年组织媒体随警作战、典型案例跟踪报道 28 次，先后联系制作“危险驾驶整治行动”“酒驾治理”“守护平安·幸福童年”等专题报道 48 个，市级以上新闻媒体发稿 80 余篇，并运用“双微”平台等新媒体以及短信平台，发布微博信息 2700 余条，微信公众号（临沂交警直属二大队）发布信息 810 条，通过短信平台，向重点驾驶人发送安全提示信息 7 万余条，荣获十佳政务类（县区）微信公众号第三名。与临沂交通广播合办“西部城区话交通”专栏，组织大队民警参与上线 47 期，当场解答和线后回复群众咨询电话 320 余个；利用 4 套电影放映设备，深入辖区内企业、学校、社区、广场等场所开展“放电影·送安全”活动260场次；对不同群体开展交通安全知识大讲堂38场次；走进学校、企业上交通安全课265场次；开展交通安全宣传27场次；与区教体局联合印制并发放《“小手拉大手文明出行从我做起”倡议书》9万份；设计并发放“交通安全宣传糖果”10万颗，走访各中小学进行宣传材料发放，幼儿园、中小学校道路交通安全宣传覆盖率达100%。

【执法规范化】 提升案卷质量，提高执法记录仪使用效能，切实抓好执法规范化建设。大队每月随机抽取事故处理卷和违法处理卷组织案卷评查，同时抽调各执法单位业务骨干参与案件评查工作，2017年共组织评查案卷8次，评查案卷280份。大队对道路交通事故案卷实行三级审核制度，建立《交通事故案件质量考评表》，对案件办理情况进行打分，同时在案件移交办理中做好事故移交台账的登记，一人一档，一天一考核。发挥好法制员在执法监督工作中的重要性，对每位民警出现的问题记录归档，将常出现的问题及时组织民警学习相关法律法规，提高民警责任心和规范性，对每起案件的卷宗逐一查看，排除细小错误，做到对每一起事故案卷查无遗漏，全年填写台账1276本，审核认定一般事故案件637余件，审核放行事故车辆7234余台。提升执法记录仪使用率。大队把佩带使用执法记录仪作为硬性规定和工作纪律来抓，并研究制定《执法同步记录规定》确保执勤执法民警上岗开启、全程摄录、下岗传输、专人检查，着力解决“配而不用、用不规范、用而不查”等问题。每半月将执法记录仪后台管理系统中记录的民警个人系统存储条数、存储时长、有效视频比例、关联信息条数、标注信息条数及存在的问题进行通报，完善执法记录音视频工作要求。

大队组织全体人员分四大块开展集中业务学习和考试活动。全年累计开展考试活动9次，68场次，参考人员420人，涉及法律法规32部。

撰稿：谷小川

审稿：张成虎

交警工作（三）

交警直属三大队领导成员

大队长 安佰忠

副大队长 任　芳（女） 樊吉勇 李　振 董科均（挂职）

【概述】 大队辖区为临沂市行政办公区北城新区，负责柳青街道办事处、枣园镇、白沙埠镇、李官镇、半程镇、汪沟镇、方城镇共7个镇街道行政区域内的道路交通安全管理工作。辖区面积共计591.3平方公里，其中环线以内城区面积52平方公里，乡镇面积539.3平方公里，管辖国道1条、省道2条、县乡道路26条及北城新区十纵七横17条主要城市道路，累计通车里程900余公里，辖区内总人口48.2万人，拥有各类机动车9万余辆，驾驶人员10万余人。

【交通管理】 2017年，辖区道路交通事故死亡人数、受伤人数和经济损失同比分别下降29.3%、26.8%和12.9%，道路交通事故结案率始终保持在95%以上。大队以城区疏堵保畅工作和加强道路交通安全管理百日攻坚行动为主要抓手，开展交通秩序集中整治和城区合成化巡防，坚持高峰时间和集中行动期间全警上路查违法，突出加大路面管控力度，全力压

8月16日，大队开展加强道路交通安全管理百日攻坚第六次统一行动。

降道路交通事故。强化铁骑巡逻。从城外中队抽调部分警力对城区中队进行定点支援，成立铁骑摩托车队强化路面巡逻，高峰时段，安排警力在市政府东、西、北门站固定岗，不间断在城区主要路段进行巡逻，严查违停、三轮车闯禁区等各类交通违法行动，确保道路畅通。严格落实“三长”负责制。坚持高峰站点、平峰巡线，分段包片、责任到人，对易堵路段、事故多发点段、危险点段、重点时段实行全方位管控，确保城区道路全天24小时有警车巡逻，真正做到白天见警车，晚上见警灯，增强道路管控力度和密度。加强指挥调度。严格落实指挥长工作制度，着力提高指挥调度能力，高峰期间，大队指挥长在指挥室进行重点调度，对交通拥堵路口、路段早发现、早预见，及时指令中队前往疏导，确保不发生长时间、大范围拥堵，保障群众出行顺畅。大队还专门下发通知对指挥调度和信息报送工作进行了规范，要求值班人员24小时在岗在位，每天按规定报送公安交通管理信息，值班长对路况进行实时巡查、综合分析研判，确保遇有突发事件或紧急任务，能够快速反应、妥善应对。优化勤务部署。针对辖区乡镇道路分布广、线路长、交通管理难度大的特点，大队及时调整驻6个乡镇执勤中队的勤务模式，在乡镇主干道路、乡镇中心街进出口和国省主干道路农村段部署安排值守警力，采取定点检查与流动巡逻相结合的形式，严查各类严重交通违法行为，坚持发现一起、查处一起，形成高压严管态势。先后组织集中统一行动20余次，共查处酒后驾驶610余起，超速5300余起，超员、违规载人7200余起，超载1100余起，疲劳驾驶3400余起，涉牌涉证840余起，违法停车35230余起，遏制了交通违法行为的发生，确保城区道路交通秩序的持续好转。改进交通设施建设。通过采取优化信号灯配时和标志标线、路口渠化改造等措施，全面落实城区疏堵保畅工作任务，取得明显成效。对138个路口的交通信号配时进行优化，在北京路、沂蒙北路、马陵山路、蒙山北路等20条主要道路实行交通信号线性协调控制方案，新施划道路停车泊位3100余个，交通渠化改造路口90余个，安装交通信号灯倒计时器970余套。

12月27日，大队在临沂第二实验小学明坡校区开展交通安全宣传教育活动。

【法制宣传】 大队在汪沟、方城两镇设立3处农村广场交通安全宣传示范点。在企业、社区、校园开设交通安全宣传栏6处，设立交通安全警示室2处。开展交通安全宣传36场次，交通安全宣传进校园28场次。依托“双微平台”发送警示信息1万余条，张贴交通安全宣传海报3千余张。“百日攻坚行动”期间，大队主动邀请市电视台、兰山区电视台等记者全程参与，随警作战，曝光交通违法行为，营造强大的舆论宣传氛围；邀请市电视台对大队四次集中行动进行网络执法直播，参与互动的网民达30余万人。

【规范执法】 大队开展执法案卷考评工作，每月召开一次案卷质量点评会，结合典型案例进行分析点评，对执法案卷质量进行监督考评，加强案卷执法规范化建设。每天对大队民警执法记录仪使用管理情况进行督促考核，每月下发一次考核通报，规范执法记录仪的使用管理。严格依照法律程序，对于群众提出的行政复议、行政诉讼申请，调查核实，按时提交答复书或答辩状，及时出庭应诉，上半年行政复议累计12起，全部维持，提升依法行政能力。明确1名专职法制员和14名兼职法制员，开展2次规范执法培训。

【队伍建设】 大队深入践行“忠诚担当、高效廉洁、严格执法、亲情服务”的新时期沂蒙公安精神，开展“正风肃纪”纪律作风整顿专项行动和警务辅助人员纪律作风集中整顿。深入推进“迎接中共十九大忠诚保平安”“富民兴临我有责、我为发展解难题”等主题实践活动，以“两学一做”学习教育常态化制度化为主线，严格落实党员奉献积分制各项措施，抓好党员管理教育工作。2月，邀请区人民检察院反渎职侵权局侦查二科科长刘廷奇为大队全体民警做廉政教育专题报告。深入推进大队基层基础建设，制定大队《基层基础建设三年攻坚战工作方案》。

撰稿：刘 娜

审稿：安佰忠

9月1日，大队在辖区开展第二次重型柴油货车集中整治日行动。

消防工作

消防大队领导成员

大队长　朱中石
政治教导员　王济永＊　宋卫东
副大队长　吕　艺
商城中队副中队长　张永伟
义堂中队副中队长　张永伟＊　王利达
陶然路中队代理指导员　罗　永
白沙埠中队代理队长　刘　鑫
平安路中队代理队长　戚茂亮

【概述】 2017年，临沂市公安消防支队兰山区大队，有现役官兵81人，政府专职消防员158人，列管消防安全重点单位364家，“九小场所”6000余家。

【消防安全责任制】 强化组织保障。3月，组织召开全区消防工作会议，分析火灾形势，调整充实消安委组成人员，明确部门职责分工，组织签订全年消防工作目标责任书，督促各部门、镇（街道）认真落实行业监管和属地管理责任，形成全区上下齐抓共管的良好局面。

筑牢基层网格。在全区各镇（街道）、经开区建立“区、街镇、村”三级网格，实行区级领导带头包点督导制度，从区委书记、区长到所有区级领导成员，每人联系包扶一处市场的消防安全，每月至少督导检查一次，实现消防安全监管大格局，推动全区上下抓消防安全工作的重视程度和工作力度。

【消防监督执法】 结合全区实际，聚焦火灾多发场所，联合教育、民政、卫计、住建、安监、市场监管等行业部门和镇街政府，对辖区幼儿园学校、敬老院、医院、在建工地、劳动密集型企业、易燃易爆场所等进行全面普查，全年共检查社会单位6514家次，发现火灾隐患或违法行为8456处，督促整改火灾隐患或违法行为5506处，与上年同比分别上升83.77%、451.26%和346.08%，下发《行政处罚决定书》1079份，制发《临时查封决定书》184份，责令“三停”单位163家，行政拘留40人，监督执法量全市领先，有力震慑消防违法行为。

【基层基础建设】 提升消防基础保障。2017年度消防经费实现跨越式提升，达2748万元。提请政府一次性划拨1680万元购置云梯消防车和举高喷射消防车各1台，新配备6辆水罐泡沫消防车、水罐消防车及个人防护器材装备，消防保障水平显著提升。

推进防控体系建设。提请政府一次性投资1000万元统一配置130余辆小型消防车，配发到全区106处批发市场和物流园区，各市场、园区依托小型消防车建立微型消防站，并将市场微型消防站划定20余个联防区域，连同面上已建成的社区微型消防站，成立区域联防小组，构建区域内微型消防站互联互通、联防联动的综合救援体系。在义堂镇为151家板材加工企业联网安装“智慧用电”系统并设立平台监控中心，有效推动消防防控智慧化建设。

加快城乡公共消防设施建设。优化辖区消防站布局，推动义堂镇、经济开发区、东关片区、平安路新建消防站4处，建成全省首家模块化移动式消防站并通过省消防总队现场验收，全区消防站达10处，有效解决城区边缘的消防救援问题。协调推动在北城新区一期主干道增设市政消火栓 762 具，提高全区整体抵御防范火灾的能力。

【部队执勤战备】 围绕部队正规化建设和精细化管理中心工作，有针对性开展消防部队实战化操法和体能训练，对辖区石化企业、危险品生产企业和高层地下、人员密集场所等重点场所开展演练 353 次，完善修订预案 254 份，提升灭火救援水平。2017 年，全区接警出动 1872 起，出动车辆 3896 辆次，警力 23376 人次，疏散和抢救被困人员 354 人，抢救财产价值 8000 多万元，完成中共十九大等一系列消防安保任务。

【消防宣传培训】 完善消防社会宣传体系。开展消防宣传“七进”，启动消防宣传“百千万”行动，对“百家市场、千家园区、万家商铺”进行消防知识宣传和能力培训，组织各专业市场、物流园区定期开展消防演练，开展全区干部职工消防安全培训，举行演练 264 次，组织培训 469 次，参与人数 6 万余人次，培训干部职工 1000 余人次，提升各类人员的消防知识和技能水平。

打造消防宣传品牌。打造颐高上海街消防宣传一条街、恒大华府消防公园、滨河消防文化长廊、沂河国际实验学校消防课堂等多个消防宣传示范点，为全面开展消防宣传提供有力平台。开辟 137 个社区宣传阵地，在 BRT 快速公交车道等车台、高层建筑、城市高架桥两侧建筑等显著位置，利用沿街电子显示屏普及消防知识，提高群众消防安全意识和自防自救能力，营造全民参与消防的氛围。

撰稿：金亚洲

审稿：朱中石

经济管理

商城管理

兰山商城管委会领导成员

党委书记 顾文明

副主任 李顺峰 洪 剑 赵东明*

党委委员 李顺峰 洪 剑 赵东明*

兰山商城管委会工作机构领导成员

办公室

主　任 陈 臣

副主任 孟凡钧 王 博

现代贸易部

主　任 王化坤

副主任 陈业民 李秀芬（女）

市场管理部

主　任 周云鹏

副主任 沈鲍超

产业发展部

主　任 杜庆明

副主任 王洪涛 季 伟

消防安全部

主　任 高义杰

副主任 高义杰* 张 彬

规划建设部

主　任 庄须峰*

副主任 崔 慧（女）

【概述】 2017年，兰山商城实现市场交易额2620亿元、同比增长18%，物流总额5680亿元、同比增长16%，电商交易额960亿元、同比增长52%，进出口总额16亿美元、同比增长12%，展会成交额410亿元、同比增长10%。

【项目建设】 商城片区2017年20个重点项目效果显著，其中华强建材仓储物流园一期190亩、建筑面积25万平方米建设已封顶，压茬进行第二期；万泰国际商贸城二期完成拆迁，华东土杂市场完成改造提升，全部运营使用；华丰国际鞋帽城编研设计已经上报到市规划局待审批；易通国际汽车城正在建设推进中；8月19日，商城片区总投资40亿元的月星家居广场、易通国际商贸城、路合鑫物流园3个重点项目进行集中签约；国际商贸城一期临沂国际博览中心于7月启用，二期拆迁工作顺利推进，申请征收资金1亿元，已全部拨付兰山街道、义堂镇，完成聚才六路、聚才八路、临西十二路道路路网征收清障工作，与大顺物流园签订征收协议，年底完成建筑物拆除，在资金到位的情况下完成二期征收工作。全年完成市场改造提升面积达30万平方米。

【电子商务】 做大做强临E商城电子商务科技有限公司，支持公司进行扩股增资，由金运通网络支付股份有限公司与兰山商城控股有限公司共同注资1亿元，建设五大平台，即临沂商城电子商务平台、智慧管理平台、交易结算平台、金融服务平台和物流服务平台，促进商流、物流、资金流、信息流“四流融合”，提高临E商城运营能力。网站已入驻的市场和平台有物资建材类、五金机电类、木业板材类、沂蒙农产品类、小商品类、服装鞋帽类、家电厨卫类等 76 个、商户 14526 家，临沂商城交易结算平台、临沂商城智慧管理平台已完成技术开发工作。推广齐鲁 E 谷经验，成立近 2 万平方米的兰山商城国际电商产业园、兰山商城国际土杂电商产业园，以“互联网 + 外贸”为载体，全面推广跨境电子商务出口业务，扩大跨境电子商务进出口规模。已有 18 家跨境电商商户入驻。临沂商城电子商务科技有限公司、山东塑化宝网络科技有限公司和临沂沂峰网络科技服务有限公司等 7 家企业被评为临沂市电子商务示范企业，临沂新明辉安全科技有限公司被国家商务部评选为“2017–2018 年度电子商务示范企业”和“国家级物流标准化试点企业”。已建成 30 个垂直电商交易平台，85 家电商企业和综合平台，电商产业园 7 个（新增兰山商城国际电商产业园和兰山商城国际土杂电商产业园）、电商专营区 15 个，电商服务中心 65 个，培育市场电商经营户约 3.3 万户，举办各类电子商务培训班 90 余场（次），培训 20000 余人。

【国际贸易】 全方位做好市场采购贸易工作。鼓励引导 150 多家商户进驻工程物资市场，带动实体市场融入“一带一路”，打造国际工程物资出口基地。稳步发展“海外商城”。积极融入“一带一路”发展战略，有序推进海外仓、海外商城及辐射圈，巴基斯坦瓜达尔港临沂商城一期工程的 1.4 万平方米仓储物流项目，年底完成内部装修并全部投入运营。沙特阿拉伯（吉达）临沂商城、中白商贸物流园年底试营业，怡景丽家已经签约中白商贸物流园并招商运营。吉达临沂商城正加快招商，达成合作签约 5 项，贸易出口意向额 2.5 亿美元，阿联酋迪拜、吉布提、柬埔寨、缅甸、尼泊尔、坦桑尼亚等一批“海外商城”项目正积极筹划推进。依托这些海外商城，采取“以展代销”“展示 + 外贸”的方式，推动商城商品“走出去”。先后到俄罗斯、白俄罗斯、沙特、南非、埃塞俄比亚等国考察，在俄罗斯召开招商推介会，与中白商贸物流园、中土埃塞俄比亚工程有限公司分别签订合作协议。组织商户参加在巴基斯坦、沙特阿拉伯、匈牙利、波兰等举办的境外展，扩大商城在“一带一路”上的知名度。加强商城国际化人才培训工作。完成培训 4000 多人次，引进 70 多名国际贸易人才，新增 25 家有进出口实绩的企业、45 个有外贸资质的商户。

【现代物流】 落实临沂市物流业发展规划，调研论证建设临沂城际分拨物流园区前期工作，探索物流业规模化、标准化、智能化发展道路。成立临沂商城物流管理服务有限公司，推广润泓物流模式，全年运用“润泓模式”的物流专线企业达到 130 家、物流专线 680 余条，累计服务商户 100 万人次，加强物流货款监管力度，化解风险。依托临沂商城物流管理服务有限公司研发实名制信息平台，开展物流收发货实名制工作，在商城推行物流收发货实名制，平台已上线运营，信息录入工作已在园区有条不紊的展开。成功申报省级物流业产业集群并获得省财政补助资金 500 万元，提升物流信息化建设。支持临商商贸物流服务有限公司与深圳新沃运力公司合作，打造商城互联网配送体系和新能源电动物流车租赁平台，临商商贸物流服务有限公司被山东省物流协会认定为“三星级物流企业”。

【市场管理】 加大市场管理力度。依托兰山街道城管执法大队，成立商城执法中队，重点整治市场秩序及广告牌等，营造优良的市场经营环境。提升市场对外形象，打造商城旅游市场，书圣文化城海洋馆被评为国家 AAA 旅游景区。及时协调处理不利于市场稳定的隐患和“12345”热线问题，全年共受理 2400 多件。调整充实澳龙市场盘活协调领导小组，全力化解遗留问题。开展物流集中整治活动。引导园区外的物流企业到正规园区经营，会同有关部门联合执法，对辖区内的物流企业进行联合检查 9 次，出动执法人员 117 人次、执法车辆 27 台次，检查物流托运部 1532 家，查处安全隐患 64 起，其中责令当场整改 29 起，责令限期整改 35 起，对于违反实

名制和验视制度的处罚 28 家。持续抓好商城消防安全工作。发挥商城消防联席会议作用，开展消防安全大排查大整治活动，共查处隐患 2000 余处，现场整改 1600 余处。指导督促市场物流园区全部建设微型消防站，共购买微型消防车 38 辆、手推式消防车 80 余台。加大培训教育和消防演练力度，举办 4 期叉车操作人员培训班，共 320 余人参加培训。组织市场开展消防应急救援演练 200 余次，市场管理人员和商户约 2 万余人参加演练。继续推行市场“共保体”保险。督促保险公司全力做好商城市场园区的保险服务工作，在所有批发市场成立“共保体”，在物流园区为物流专线业户专门设计物流保险种类。在市场园区商户在遭遇突发意外事故的时候，协调保险公司及时给予赔付，减少商户损失。6 月 30 日，关停鲁南化工市场，及时帮助化工市场谋划转型的路子，化解商户上访风险。

【会展经济】 参与第八届商博会工作，组织商城内各集团、企业、商户参展参会，做好临博会境外客商市场行活动。坚持市场自主办展会，认真总结兰华集团连续九年“市场 + 展会”的办展模式，引导集团市场采取“商会 + 市场”的办展模式办展会、论坛，提高商城展会水平。积极举办、参加境外展会，组织商城近 20 家企业赴匈牙利和波兰参加 2017 中国（山东）品牌产品中东欧展览会以及 2017 中国山东（波兰）出口商品交易会。组织 62 家企业参加在巴基斯坦拉合尔成功举办中国临沂商城商品展览会，展会意向贸易采购额突破 10 亿元。通过展会与市场对接，凝聚商户、厂家、采购商、经销商等多方资源，搭建交易交流平台，实现深度融合、内外联动、互惠共赢的市场发展新格局。全年举办展会论坛 80 个。

【服务体系】 完善配套服务机构。注册成立兰山商城控股有限公司，在电子商务、物流管理、国际贸易等方面参股或入股成立公司，为商城发展提供健全的服务体系。牵头有关部门，成立商城外国语学校，在解决外商子女就学和大班额的同时，举办外语培训，为商城国际化提供语言翻译服务。完成临沂商城总商会第三届换届工作，健全完善商会组织，建立商会工作制度，按照“1+4+N”框架，成立总商会物流商会、电子商务商会、会展商会、国际贸易商会，在商城国际化过程中发挥商会作用。开展商城范围内集体产权制度改革。牵头制定《关于推进兰山商城范围内社区集团集体所有制企业股份制改革的实施方案》，在华苑集团开展集体产权制度改革试点工作，明晰社区集体所有制企业产权归属，完善经济主体运行机制，保障集体经济组织成员收入持续增加和社区和谐稳定。成立商城法律诉讼服务中心。区人民法院驻商城诉讼服务中心、区司法局驻商城人民调解委员会已经进驻商城开展工作，在商城矛盾调解、诉讼等方面为商户提供便捷、快速法律服务。

撰稿：朱反击

审稿：陈　臣

发展与改革

发展和改革局领导成员

局　长　雷贵松

副局长　徐金中　李宝安　商良坤

汪　进（挂职）

副主任科员　陈效刚　张　萍（女）

服务业管理办公室

主　任　徐金中（兼）

副主任　朱雪松　郝仲海

重点项目管理办公室

主　任　李宝安（兼）

副主任　丁栋梁　李晓蕊（女）

信息中心

主　任　刘　永

【机构设置】 2017年，区发展和改革局设办公室、项目办、综合科、投资科、对外合作科、体改科、财金科7个科室；辖2个正科级事业单位：区服务业管理办公室、区重点项目管理办公室；1个副科级事业单位：兰山区信息中心。

【年度计划执行情况】 2017年，兰山区经济社会健康平稳发展，经济运行稳中有进，主要指标基本完成或超额完成年度计划。地区生产总值936.79亿元，增长7.5%。三产结构比为0.9∶46.8∶52.3。规模以上工业主营业务收入1806.1亿元，增长1.5%。地方财政收入完成73.1亿元，增长12.4%。固定资产投资完成669.3亿元，进出口总额165.4亿元，社会消费品零售总额619.7亿元。

【资金争取】 为两批7个项目争取保障性安居工程配套基础设施建设中央预算内资金4090万元，为区3个项目争取省级区域资金470万元，为中节能（临沂）环保能源有限公司争取重点流域水污染防治中央预算内资金6685万元，为茶山拦河闸除险加固工程争取2017年中央预算内资金3000万元，为临沂凯旋医疗养老服务有限公司社区家政服务中心项目申请2017年省级服务业发展引导资金200万元，兰山商城物流产业集群和2名西部经济隆起带急需紧缺人才分别获500万元和150万元省级资金扶持，共计1.5亿元。

第一书记驻村帮扶工作获好评

【重点项目管理】 加强重点项目管理工作，研究起草《兰山区重点建设项目管理办法》《兰山区重点建设项目考核细则》，印发至全区各部门。2017 年，全区有 35 个项目列入市级重点建设项目，总投资 286.4 亿元，年度计划投资 118.9 亿元。35 个市级重点建设项目开工率达 100%，完成投资 179.5 亿元，完成年度计划的 150.9%。

【服务业管理】 全面总结第一批省级改革试点工作。制定印发“十三五”省级服务业综合改革试点实施方案，按照“突出一个重点，构建两项机制，实现全面发展”的思路整体推进改革试点工作。规范建立服务业项目库，筛选 99 个项目建立 2017 年服务业项目库，总投资达 873 亿元，2017 年计划投资 306.6 亿元，占总投资比重的 35.1%。加强对服务业项目的调度，2 个省级服务业载体项目 1–12 月完成投资 6.8 亿元。修改完善《2017 年服务业考核细则》，每月对各镇（街道、经开区）的服务业考核指标完成情况进行调度，以加大考核力度促进服务业发展。组成调研学习小组赴徐州市铜山区和云龙区两个地区进行考察学习，形成《关于兰山区服务业管理办公室外出学习调研的报告》。

【体制改革】 按照区委全面深化改革领导小组 2017 年工作要点，做好深化经济体制改革。制定深化经济体制改革工作要点，建立工作台账，定期调度改革进展情况。牵头做好全区行业协会与行政机关脱钩工作，成立相应的联合工作组及办公室，为规范行业协会商会收费行为，加快建立行业协会综合监管体系，按照市里的要求对区组织开展行业协会收费情况集中公示。根据区行业协会商会与行政机关脱钩工作推进情况，区行业协会商会与行政机关脱钩联合工作组开展全区性行业协会商会与行政机关

政务大厅窗口工作人员服务群众

脱钩基本情况摸底工作。兰山区共有临沂市兰山区养老产业协会、临沂市兰山区临商电子商务协会等 11 家协会商会在此次摸底范围之内。继续做好公务用车制度改革后的有关工作，及时调度车辆处置情况等数据，对前段车改工作进行梳理，总结前期工作情况，分析存在的问题，提出下一步工作建议，做好上级部门对车改情况进行专项督查等工作。做好行政许可和行政处罚等信用信息公示的有关工作，组织好培训会议，让有关单位认识到双公示的重要性，按规定格式编制整理行政许可和行政处罚事项目录，对各单位上报内容进行汇总和格式检查。上报项目目录 6 万多条。

撰稿：郝仲海

审稿：雷贵松

国土资源管理

国土资源管理分局领导成员

局　长　冯连伟
副局长　姚忠涛
市国土资源局储备中心
纪检专员　郑文栋
纪检组长　夏晓菲（女）
市国土局执法监察支队兰山大队
大队长　肖胜光
副大队长　赵海灿 *
市国土局土地整理中心综合科
副科长　徐　飞
地租征收处兰山三所
副所长　殷学厚

【机构设置】2017 年，国土资源局兰山分局设 25 个科室，分别是办公室、信息中心、调控科、机关服务中心、财务科、法规宣传科、规划科、地籍科、用地科、土地利用科、批后监管科、地质矿管科、信访科、机关党委、测绘科、人事科、纪检监察室、工会、查处一室、查处二室、执法综合室、督查室、耕保科、土地综治办、档案馆。辖 2 个事业单位：民房站、规划站；12 个国土资源所。编制 164 人，实有 172 人。

【概述】2017 年末，兰山区耕地保有量和基本农田保护面积分别为 29541.2 公顷和 21720.75 公顷。分局连续 4 年被评为省级文明单位，被区委、区政府表彰为先进单位、安全生产工作先进单位。

【土地资源】年底，全区土地总面积 817.58 平方千米，其中农用地 47014.55 公顷（耕地 29263.94 公顷、基本农田 23872.04 公顷），占总面积 57.50%；建设用地 30793.38 公顷，占总面积 37.66%；未利用地 3950.45 公顷，占总面积 4.83%。

【土地规划】完成《兰山区土地利用总体规划 2006–2020 年》调整完善，现行规划主要控制指标为：建设用地总规模 29247.14 公顷、基本农田保护面积 23662 公顷、耕地保有量任务 31705.66 公顷；本次调整完善，区主要控制指标调整为：建设用地总规模 30475.76 公顷、基本农田保护面积 21720.75 公顷、耕地保有量任务 29541.2 公顷；中俄东线天然气管道工程、柳青河第二污水处理厂、兰山区西北片区热电联产项目等 26 个项目，总面积 132 公顷。

【耕地保护】2017 年，耕地面积 29263.94 公顷，基本农田划定 23872.04 公顷，占耕地总面积的 81.57%。耕地占用补充 151.11 公顷，实现耕地占补平衡。基本农田保护率 74%。全年主要完成白沙埠、汪沟镇高标准农田建设项目，投资 768 万元。其中，精准扶贫项目投资 205 万元，建成高标准基本农田 360.53 公顷。

【地籍管理】农村集体土地所有权确权登记发证完成 1805 宗，发证率 100%，农村集体土地使用权发证完成 64839 宗，发证率 97.91%。农村宅基地确权发证 247 个行政村，发证率 100%。

【不动产登记】 兰山不动产登记分中心，设编制8名，在编在岗4人。分中心设置3个受理窗口、1个收费窗口、1个打证窗口、3个权籍窗口。全年共受理各类不动产登记业务7050件，核发不动产权证书和登记证明5294本。

【建设用地管理】 报批建设用地28个批次，其中：单独选址1次，面积3.23公顷，其中耕地3.14公顷，已全部落实占补平衡。批次建设用地27个，面积323.23公顷，其中耕地151.11公顷，已落实占补平衡。

【土地利用管理】 供应土地48宗、面积191.64公顷（含出让36宗，面积155.56公顷。成交价款457380.75万元，其中招拍挂出让33宗，面积153.17公顷，成交价款456341.01万元。）

【地质环境保护】 地质灾害防御能力逐步提升，做好市级补助资金280万元的李官、白沙埠茶山矿山环境恢复治理项目。

【政策法规】 制定第27个全国“土地日”宣传活动方案，落实活动内容；“12·4宪法日”组织中国普法微信竞赛活动和2017年度学法普法活动。依法行政工作扎实有序，全年办理信息公开50件、行政复议14件、行政诉讼4件，人大建议3件、政协提案1件，规划调整听证2次。

【执法监察】 国土资源保护工作持续向好，全年开展91次动态巡查，拆除新增违法用地69个，面积181亩，整改拆除各类违法图斑414个，面积1128.2亩（耕地658.7亩），立案查处各类土地违法行为658起，收缴土地罚没款共计1731.17万元，违法案件达到移送条件的申请法院强制执行361件，提出并落实党纪处分19人次，移送公安机关追究刑事责任8人次。涉土信访工作成效显著，较上年同期有所下降，受理群众信访案件53件（起）132人次，同比减少23%；受理“12336”举报电话167个，同比减少21%；受理行风热线12起；办理“12345”市民服务热线89起。

【科技成果】 在白沙埠、汪沟镇的年均百万亩土地整治项目应用的基于光伏的智能微灌系统，被山东土地学会授予2017年度山东国土资源科技成果一等奖。

【队伍建设】 严格党的组织生活，认真执行“三会一课”、组织生活会、党员领导干部参加双重组织生活等基本制度。按照有关组织程序，对分局直属机关党委和所属14个支部进行换届调整，充实基层党组织力量。党组书记上党课4次，每周一坚持党组中心组学习。结合庆祝建党96周年活动，表彰优秀党员43名，表彰先进支部6个。妥善处置不合格党员，对2名违纪党员进行党纪政纪处分。开展培养教育引导工作，加强对入党积极分子定期考察，有2人提交入党申请书，2名预备党员按时转正。

以“正风肃纪年、队伍整体素质提高年、精细化管理提升年”活动为抓手，开展整治“不作为”“乱作为”精准发力“三个年”活动，重点排查执法监察信访、民生基础设施建设、窗口服务等7个方面的问题，建立问题台账9条，制定整改措施，提升全区国土资源系统干部队伍作风水平；坚持强化对领导干部监管，完善《“三化”管理机关考核办法》《“三化”管理国土所考核办法》等多项规章制度，从工作纪律、业务工作、廉政建设、执法监察等方面对科室、国土所及工作人员进行考核；从严抓好监督执纪。加强明察暗访，全年进行明察暗访12次，开展廉政谈话2次，下发通报20余次；召开行风监督员座谈会，听取监督员意见建议，提出意见建议30余条。

撰稿：王福芝

审稿：金　彪

市场监督管理

市场监督管理局领导成员

局　长　贾瑞德

副局长　韩其琛　周可宝　郁　葱　张　亮

李文全

执法大队大队长　王　磊

【机构设置】 根据《区委办公室、区政府办公室关于推进综合行政执法体制改革的实施意见》(兰办发〔2017〕10号)，3月31日，整合区工商行政管理局、区质量技术监督局的职责和机构，组建区市场监督管理局，为政府工作部门。区市场监督管理局共有人员145人(原工商局127人，原质监局18人)。组建区市场监督管理执法大队，撤销原质监局稽查队、原工商局公平交易局。基层工商行政管理所更名为市场监督管理所。

内设机构：办公室、信息宣传科、人事科、财务装备科、政策法规科、市场合同管理科、商标管理广告科、消费者权益保护科、网络交易监管科、执法大队、综合业务科、监督与法规科、科特种设备安全监察科。

直属机构：企业注册局。

派出机构：运输市场管理所、兰山市场监督管理所、银雀山市场监督管理所、金雀山市场监督管理所、柳青市场监督管理所、白沙埠市场监督管理所、枣园市场监督管理所、半程市场监督管理所、李官市场监督管理所、义堂市场监督管理所、汪沟市场监督管理所、方城市场监督管理所。

【概述】 2017年，区市场监管局适应经济发展新常态要求，坚持稳中求进的工作总基调，以推进供给侧结构性改革为主线，以深化商事制度改革为抓手，以服务全区经济发展为根本，充分履职，精准施策，着力营造良好的市场准入环境、竞争环境和消费环境，着力推进全面从严治党，为全区经济健康快速发展做出贡献。被区委、区政府授予“先进单位”称号。

【商事制度改革】 巩固企业“五证合一”、个体工商户“两证整合”改革成果，引导正常经营企业完成新版营业执照换发工作。9月1日起，全面实施“多证合一”，首批将涉及11个部门的26项涉企证照事项整合到营业执照上，实现“三十一证合一”。推进企业登记全程电子化和电子营业执照。11月7日，颁发首份电子营业执照，标志着兰山区企业登记注册进入“互联网+”新时代。根据动态调整公布的《工商登记前置审批事项目录》《山东省工商登记后置许可事项“双告知”目录》，落实“双告知”制度，缩短企业开办时间，降低市场准入制度性成本。推动未开业企业、无债权债务企业简易注销登记改革，探索建立普通注销登记制度和简易注销登记制度相配套的市场主体退出制度，为“僵尸”企业退出提供便捷通道。2017年，共有326户企业通过简易注销顺利退出市场。2017年，新登记市场主体24632户，其中企业11208户，个体13377户，合作社47户。

【信用监管】 完成省局年报公示“一次性告知”试点任务。截至6月底，企业年报公示率89.92%，比上年同期增长8.23%；个体年报公示率98.72%，比上年同期增长21.04%；农民合作社年报公示率97.87%，比上年同期增长3.25%。强化行政处罚信息公示工作，行政处罚信息公示率、及时率、准确率实现三个100%。严格落实“双随机、一公开”制度，做好2016年度年报信息抽查工作。截至12月底，实际检查企业912户、个体工商户901户和农民专业合作社25户。检查中发现存在问题企业407户，个体工商户212户，农民专业合作社1户。严格规范企业经营异常名录和严重违法失信企业名单的管理，建立部门间信息共享机制，将信用记录嵌入行政管理和公共服务的各领域、各环节，逐步建立“一处违法，处处受限”的联合惩戒机制，倒逼市场主体及时履行各项义务，依法诚信经营。

【服务转型升级】 强化宣传引导，推动个体工商户转型升级为企业，有效促进市场主体结构的优化。2017年，完成“个转企”户数2162户。发挥动产抵押、股权质押、商标权质押登记职能，盘活企业资产，帮助小微企业缓解融资难题。2017年，办理股权质押登记、动产抵押登记181件，助企融资35亿元。推进商标品牌战略，聚焦全区板材、机械、物流、水表等重点产业，遴选出56家发展潜力大、科技含量高、创新能力强的企业列入品牌重点培育名录。2017年，新注册商标11300件，申报中国驰名商标4件、地理标志商标2件。加强企业诚信体系建设，网上审核通过市级“守合同重信用”企业70家，2处市场被评为市级文明诚信市场。创新服务方式，培育农业龙头企业、农民专业合作社、家庭农场等农业经营模式，加快培育、规范和发展农村经纪人，激发农业发展的活力。推行“以商招商、以商引商”经验，完善“三引一促”工作机制，力促招引数量和质量实现新的突破。共引进签约企业5个，资金9244.9万元，任务完成率256.8%；引进B类创业、创新人才2名，引进C类创新人才11名，完成率132.5%；科技院校进兰山完成1个，完成率100%。落实非公党建主体责任，完善机构，理顺机制，加大工作创新力度，丰富活动载体，激发非公有制经济活力。指导兰山区党建试点颐高上海街、沂州花园社区党建工作进行提升。实施计量惠民工程。以“520”世界计量日活动为契机，免费为汇丰农贸市场检定电子秤226台。提升标准化工作水平。做好安全防护计量器具的备案工作，共有45家化危企业的562台件用于安全防护的计量器具进行了备案。组织9家企业参与《商贸物流园区业户评价规范》和《商贸物流园区评价规范》两项地方标准制修订。共有5家企业8项标准申报临沂市标准创新贡献奖。依托国家质检总局企业产品标准信息公共服务平台，引导企业对产品标准进行自我公开声明。全区企业自我公开声明标准500条，增长率50%。

【市场监管】 以深入开展“红盾利剑”集中专项行动为抓手，以打击假冒伪劣为重点，查办各类经济违法案件，维护良好市场秩序。2017年，查办无照经营、虚假广告、商标侵权、不正当竞争、合同违法等经济违法案件901起，其中商标侵权案件18件，虚假广告案件40件，合同违法案件19件。巩固“无传销城市”创建成果，强化打传规直工作，实现无传销社区、镇街受理工作站100%覆盖。创新工作机制，充实执法力量，加强网络市场监管，共查办网络违法经营案件29起，处结涉网投诉举报案件963起。严格履行大气污染防治分工职责，加强车用油品质量检测，共抽检加油站230家，样品600批次。加大流通领域商品质量检测力度，共抽检服装、电器、钢材、农资等经营户75家，抽检样品222个。履行安全生产分工职责，开展特种设备安全生产百日攻坚治理行动，对506家企业进行检查，发现一般隐患133项。中共十九大期间，对超期未检、人口密集场所在用的特种设备进行拉网式排查，共检查使用单位152家，排查隐患22处。开展餐饮场所液化石油气瓶专项行动，共检查液化石油气钢瓶使用点3878家，气瓶6928只，取缔非法灌装点13家，没收钢瓶181只。加强生产领域产品质量抽查，组织对12个批次铝合金建筑型材，36个批次人造板产品和15个批次食品相关产品进行区级监督抽查。同时，配合国家监督抽查抽检铝型材产品5批次；配合省监督抽查抽检铝型材、人造板、家具产品18批次；配合市监督抽查抽检家用电器、轻工材料、板材等产品112批次。

【消费维权】 围绕“网络诚信、消费无忧”消费年主题和《山东省消费者权益保护条例》，开展“3•15”系列宣传活动和消费维权“五进”活动，强化消费教育引导，切实提高消费者维权能力。举办集中宣传活动18次，举办讲座4次，发放宣传材料1.2万份，受理消费者咨询投诉1000余人次。持续推动“红盾质量维权行动”。突出家电、日用消费品等重点商品，加大对经营不合格商品行为处罚力度和不合格商品退市力度，强化信用公示与曝光，发挥市场倒逼作用，促进淘汰落后产能，推动消费结构升级。持续保持打击消费侵权违法行为的高压态势，对网购7日无理由退货、售后维修、预收款方式提供商品或者服务、经营者不履行“三包”责任等消费侵权行为进行专项整治，集中查处一批消费侵权案件。严格落实“山东省12315消费者投诉举报系统”操作规范，提高“12315”投诉举报电话的畅通率。加强与政府“12345”热线的联动对接，高效处置消费者投诉，切实维护消费者合法权益。2017年，受理消费者投诉举报案件19875件。强化“诉转案”工作，积极利用投诉、咨询等数据，开展综合分析研究，着力提高应对、处置消费维权重大紧急事件的能力。

撰稿：武　超

审稿：贾瑞德

物价管理

物价局领导成员

局　长　韩佃兴

副局长　王军强　汤有秀*　徐立民

物价检查所所长　赵利民

【机构设置】 2017年，区物价局下设办公室、综合科、收费管理科、价格管理科、举报中心、存量房涉税认证办公室6个职能科室。辖1个副科级行政单位：物价检查所；2个股级事业单位：价格认证中心、价格信息中心。

【概述】 2017年，区物价局获得“2017年度临沂商城价格指数工作先进单位”称号，在全市物价系统年度考核中荣获县区第一名的成绩。物价检查所、认证中心分别获得全市价格监督检查先进单位称号和全市价格认定系统先进集体称号。多人获得“全国价格宣传先进个人”“全省价格检测先进个人”“全市价格认定先进个人”等称号。

【价费监管】 编制《兰山区行政事业性收费、涉企行政事业性收费项目标准目录》和《兰山区服务价格和涉企服务价格管理目录》，按照规定的收费目录，对各项各类收费项目进行清理规范，对政策范围内的收费严格把关，确保各执收单位按照标准收费。同时，做好收费备案管理制度，重点做好物业服务收费、民办非学历教育收费、停车场收费备案管理。2017年，共办理民办学历非学历教育备案120个，停车场备案48个，普通住宅物业服务收费备案10

个。针对物业小区收费的信访案件有上升趋势，业主到市政府集体上访事件时有发生，发挥自身职能，配合区专项工作组，贯彻落实工作组安排的各项工作任务。通过向物业公司明晰相关政策、配合街道办、物业公司、业主代表召开联席会议商讨解决办法，组织选举业主代表，召开业主大会，选举业主委员会，聘请新物业公司入驻等一系列工作，化解5起小区信访问题。

【价格检查】 开展二手车市场、教育、停车场、商场超市、住宅物业服务5大行业价格专项检查；开展商业零售企业、房地产、公共服务等重点行业明码标价宣传活动，累计发放相关明码标价宣传资料2000余份。受理价格举报，全年受理“12345”“12358”价格热线举报2400余起，办结率100%。

【价格认证】 完善业务办理程序，严格履行集体审议等相关工作程序，在案件办理、现场勘查、市场调查、结论测算、结案归档等每个环节上严格遵章办案，提高办案质量。全年办理涉案物品价格鉴证案件632起，标的额达2370万元，认证标的物涉及车辆、房屋、地上附属物补偿、机器设备变现等；开展存量房价格认定工作，以存量房交易价格数据库为依托，办理涉税物品价格认定工作8起，标的额4520万元。

【价格监测】 完善监测网络的品种体系、指标体系和站点布局，健全节假日期间和重大紧急事件时期价格监测体系，全区共建立信息监测点20余家、价格信息监测员50余名，实现监测区域和监测品种的双向拓展。提高监测数据的分析和运用能力，增强价格监测预警的反应灵敏度和权威性，共上报周期性报表140余次，撰写价格分析材料60余篇。

【临沂商城价格指数】 修订完善《兰山区商城价格指数编制工作实施方案》《价格指数信息采集点管理办法》等多项规章制度。在2017年全市物价工作会议上被列为现场观摩点，被评为2017年临沂商城价格指数工作先进单位。2017年，新增代表品151个，替换代表品917个，撤销代表品162个；开展价格指数信息员培训学习活动3次，培训人员500人次；推行移动终端数据采集系统的开发与使用，实现数据采集由传统纸质台账向电子台账的过渡，该系统6月份在华东板材市场和小商品城试运行，9月正式投入使用，使用人群达5000余人。拓展价格指数宣传渠道，3月底与市物价局、临沂电视台联合举办《指数风向标》节目，重点对临沂商城价格指数运行情况进行评述，全面提高指数分析的水平和影响。

撰稿：刘晓玲

审稿：韩佃兴

安全生产监督管理

安监局领导成员

局　长 管桂旭

主任科员 孟庆学

副局长 孟庆学＊　吕千里＊　付文坤　刘永强　刘　力

副主任科员 刘传强

执法监察大队大队长 刘　力＊　崔学敏

【机构设置】 2017年，区安监局下设办公室、机关党支部、财务科、综合监督管理科、政策法规科、规划科技科、危险化学品安全监督管理科、工矿商贸安全监督管理科、职业安全健康监督管理科9个职能科室和1个副科级事业单位：区安全生产监察大队；1个股级单位：区安全生产应急救援指挥中心。年底共有干部职工43人。

【责任落实】 强化安全生产组织推动制定《安全生产十三五规划》《兰山区党委政府及其部门安全生产职责规定》，安全生产责任制得到细化。调整充实安全生产委员会和13个专业安全生产委员会，形成分线作战、齐抓共管的良好安全防控格局。实行区级领导班子带头包点制度，区级领导亲自督导所包镇街、专业批发市场、物流园区的隐患整改，推动全区上下抓安全生产的工作力度。严格督导考核，将安全生产列入经济社会发展综合考核、社会治安综合治理、精神文明建设考核内容，组织对各属地单位和重点行业部门履行安全生产职责情况开展季度、年度考核，严格责任追究，实行安全生产“一票否决”制度，有效推进监管责任的落实。推行安全生产监管“痕迹化”管理运行机制。制订下发《关于实行安全生产痕迹化管理的通知》，安全生产日常监管、执法监察、复查验收、行政处罚、宣传培训、事故调查处理全部做到“痕迹化”管理，详实记录和反映安全生产工作过程。

【基础工作】 推进安全生产网格化管理，将安全生产纳入城乡社区网格化管理体系，所有生产经营单位逐一落实属地监管单位、行业监管部门和专项监管部门责任。培育25家标杆企业，36家企业完成达标创建。149家企业完成“一企一册”，排查安全生产风险点16368个。410余家工贸企业完成安全标准化创建，危化品、烟花爆竹批发及液氨制冷企业全部完成标准化创建。打牢基层防控基础，镇（街道）副科级安监办专职副主任全部到位，聘请专家对70余名部门、镇（街道）基层安监人员进行技能培训。全区12个监察中队已全部通过执法标准化验收。投资2000余万元，为市场、物流园区配置小型消防车130余台，在金雀山、经济开发区、义堂镇等多处建设微型消防站，购置消防云梯。义堂镇设置智慧云平台，在板材企业稳步推进智慧消防建设。在教育用品采购基地开展区级消防应急演练，各镇街、兰山经济开发区和40多个部门、100余家市场负责人及800余名群众现场观摩。行政许可。梳理完善安全生产行政许可事项及服务指南，清理上报886项服务信息资源目录，完善并公开公共服务事项。完成583家烟花爆竹经营（零售）户许可办证和51家危险化学品生产经营企业换发证工作。

【隐患排查治理】 全区组织检查组2060余个，出动人员13800余人次，排查各类生产经营单位16700余家次，排查整治安全隐患23480余项，行政处罚1789.44万元，排查整治重大安全隐患320余处，停产停业整顿企业104家，取缔各类非法生产经营单

执法人员现场检查

位40余个，道路交通整治方面查处各类违法行为8万余起；安全生产工作考核位居全市第3名，消防安全工作被评为全省“法治维新年”活动先进县区。安全事故起数、死亡人数分别比上年下降60.9%、63.6%，消防接出火警1195起，比上年下降45%，全区安全生产形势总体平稳。

【专项整治】 危险化学品整治：共检查危化品生产、经营企业242家次，排查安全隐患3544项，其中重大安全隐患59项，下达《责令限期整改指令书》227份；下达强制措施决定书32份，责令32家企业停产整改安全隐患。助推鲁南化工市场转型升级，取缔或注销危化品经营企业303家。粉尘涉爆整治：排查以刨花板厂为主的粉尘涉爆企业44家，发现安全隐患915条，其中重大隐患193条，责令41家企业停产停业整改，落实41家企业的停电措施。区安监、公安、供电及当地政府等单位组成联合巡查组，查处私揭封条、违规生产企业2家。涉氨制冷、冶金有色整治：共出动执法检查人员210人次，检查涉氨制冷企业37家，冶金有色企业23家，排查液氨制冷安全隐患1466项，其中重大隐患29项；冶金有色安全隐患326项，其中重大隐患21项。召开隐患整改督办会议2次，由专家指导帮助企业消除隐患。针对隐患排查发现的特种设备、消防等方面的安全隐患，向质监、消防部门下达隐患整改督办通知。向9个镇街下达《重大隐患督办通知》，对193项粉尘涉爆重大隐患、21项冶金有色重大隐患、29项涉氨制冷重大隐患实行挂牌督办和整改销号。烟花爆竹整治：3次聘请安全专家对4家烟花爆竹批发公司进行检查，共发现安全隐患32条，下达整改指令书4份。与公安等部门联合巡查，取缔非法经营网点1处，查处各类违规行为60余件，没收并销毁烟花爆竹1500余箱。中共十九大期间安全整治：由局5名领导带队，共出动检查人员248人次、专家77人次，检查企业213家，排查发现安全隐患4051处，下达整改指令书145份，督促整改隐患1495处、重大隐患166处，制止违法违规行为16项，处罚2项，责令14家企业暂时停产停业整顿。对停产的23家危化品企业和20家粉尘涉爆企业开展不间断巡查、夜查，并实行日报告制度，有效防止企业私自生产行为。

7月21日，执法人员现场封存危险化学品非法储存仓库。

【执法监察】 以执法为抓手，倒逼企业安全生产主体责任落实，立案并结案80起，行政处罚420.7万元。开展打击危险化学品非法行为专项行动，取缔非法储存二氯甲烷、甲醇、乙醇、二甲苯等危险化学品储存点和加工厂6处，查封各类储罐26个，各类储桶340余个，清除危险化学品400余吨。与镇街开展联合行动，打击非法加油站点26处，拆除加油机等设备20余台，查处加油车1台。承办“12345”、“12350”、局长信箱等各类安全生产举报198起，办理安全生产信访案件11起，群众满意率100%。

【宣传教育】 举办“兰山大讲堂安全生产专题报告会”，由潘国军教授为全区240余名党政主要领导干部进行安全生产培训，提高领导干部的责任意识、红线意识。在兰山电视台黄金时段长期播放安全生产公益广告和安全生产专题片，在《兰山大众》开辟安全生产专版，组织“安全伴我行”演讲比赛，开展中小学生安全主题征文活动。开展“安全社区”“安全文化示范企业”“安全生产优秀班组”“安全生产十佳班组长”“青年安全生产示范岗”等创建活动，引导企业打造安全文化品牌。组织培训班45期，培训三类人员9200余人，其中高危行业企业负责人、安全管理人员1150人，一般企业负责人、安全管理人员7000余人。培训危化品操作工、电工、焊工、高空作业等特种作业人员790人。全年计划培训各类人员4200人，完成率219%。

10月21日，区委副书记、区长沈如茂陪同国务院安委会办公室督导组到天源物流督导安全生产工作。

撰稿：温秀凤

审稿：刘传强

食品药品监督管理

食品药品监督管理局领导成员

局　长　上官兰香（女）*

副局长　赵玉坤　李　强

主任科员　赵永良　鲍晓红（女）

【机构设置】 区食品药品监督管理局为正科级行政单位，负责全区食品、保健食品、化妆品、药品、医疗器械“四品一械”监督管理工作，同时承担区政府食品安全委员会的具体工作。内设办公室、政策法规科、食品生产监管科、食品流通监管科、餐饮服务监管科、规划财务科等9个职能科室，及4个药械稽查科、10个食品稽查科。在各镇街共设11个食品药品监督管理所，为区食品药品监督管理局的派出机构，全局在职在编职工共164人。全区共有食品生

食品安全宣传进社区活动

产企业149家，药品医疗器械生产企业14家，食品药品经营企业和医疗机构、餐饮服务单位4万余家。2017年，兰山区率先在全市建成省级食品安全先进区，区食药监局被区委、区政府记“集体三等功”。

食安护佳节专项行动

【日常监督】 食品生产和流通环节：实施食品安全风险分类分级家监管，全区149家食品生产企业根据风险分级完成监督检查；推进企业体系认证工作，2017年全区规模以上食品生产企业GB/T22000或者HACCP认证比例同比提升10%，全面推行“质量安全授权”制度，通过企业授权质量安全负责人，对原辅料入厂、生产控制、出厂检验和产品放行等环节实施“全过程”签字负责，督促企业落实主体责任，截至2017年底，完成企业数146家。加强食用农产品市场监管，强化市场开办者和经营户主体责任实,推行“一票通”制度，为农产品质量安全追溯提供依据。全力推进农贸市场整治提升，4个农贸市场作为试点开展规范化农贸市场建设，新增2家“放心肉菜示范超市”。全面贯彻落实《山东省食品小作坊小餐饮和食品摊点管理条例》，在监管基层所大力推进“在一线助规范”一对一帮扶工作,按照“指导—督查—再规范”的路子，帮助“三小”业户达到亮证经营、安全承诺、原料公示、单据留存、操作规范、场所清洁“六项标准”。

餐饮服务环节：开展“食安山东”品牌引领，督促餐饮服务行业环境升级改造，推动优秀餐饮单位申报“食安山东”示范，2017年新增1处美食街被评为“食安山东”餐饮品牌示范街，1个餐饮店被评为“食安山东”餐饮品牌示范店。强化学校食堂食品安全监督检查，全面落实学校“四查”（监管对象月度自查，监管部门季度检查、飞行检查、督导检查）制度，完成辖区619家学校食堂食品安全4次季度检查。同时，开展2次学校及周边食品安全飞行检查，共检查单位112家，组织全区20家学校举办食堂开放日活动，学生家长、教师代表及社会各界人士500余人参加，征集意见建议1650余条，活动反响强烈，及时在学校门口公示345家登记备案“小饭桌”。

食品快检进市场活动

药品医疗器械监管环节：严把药店准入关，全年共核查办理药店零售许可106家；强化药店督导检查，对新开办和已通过认证的零售药店，进行GSP认证和跟踪检查，2017 年共新增 GSP 证书 90 张，收回 GSP 证书 9 张，撤销 GSP 证书 7 张。

保健食品化妆品安全监管环节：开展化妆品三年提升工程、农村和城乡接合部化妆品、加强食品、保健食品欺诈和虚假宣传等专项整治；做好化妆品生产企业卫生规范跟踪检查和保健食品化妆品购进渠道专项检查，加强日常监管、行政许可和稽查工作的衔接。

【综合治理和专项整治】 结合全区食品监管现状和“你点我检”活动中市民投票的结果，强化监督抽检。全年共完成监督抽检 4482 批次，合格率 96.14%。先后开展药品生产质量提升、中药饮片、特殊药品、定制式义齿、“守护舌尖安全”行动、禽畜水产品抗生素、“桶装水”、食用油、标识标签等专项检查行动 30 余次，食品药品违法犯罪高发态势得到遏制，突出问题得到有效整治。强化稽查办案，坚持有案必查，截至年底，共查办各类食品、药品、化妆品、保健食品、医疗器械案件 490 起，比上年同期增长 82%，9 起案例在全市食药监系统作为典型案例，通报移交公安 20 起，通报移交农业等部门及外地监管单位等 27 起，有效净化食品药品市场环境。

【宣传培训】 畅通“12331”“12345”和行风热线投诉举报渠道，加大举报奖励力度，鼓励公众积极举报食品药品违法行为。2017 年，全局共受理投诉举报 3028 件，同比增长 4.49%，办结率 100%。秉承“以宣传促监管，宣传力也是执法力”的理念，组织开展“12331”主题宣传日、食品安全宣传周、“三小”宣传进社区、透明工厂、“你点我检”等系列宣传活动 20 余场，发放各类宣传材料 1 余万份。依托微信公众号、自媒体等及时发布权威的食品药品安全信息，全年被各级新闻媒体采用新闻稿件、政务信息等 300 余篇。开展监管人员和经营主体岗位技术和法律法规培训，共计组织培训班 30 余期，培训人员 8000 余人次，宣传培训工作在全市系统名列前茅。

【创新监管】 建立兰山区医疗机构、学校食堂、协管员等工作微信群，加强政策宣传，上传典型做法，树立行业标杆，及时在线答疑解惑。简化行政审批手续，全年共受理完成食品药品生产经营许可 4518 件，同比增长 58%。推动食品快检室标准化建设，全区 11 个监管所及 5 个市场快检设备均已接入“临沂市食品快检信息平台”，实时上传日常快检数据，推动数据共享；探索推进韭菜“双证”管理工作，强化从田间到餐桌的全程质量安全管控。

【争先创优】 从细致入手，及时发现上报红花注射液药品不良反应事件聚集性信号，药品因此召回，受全省通报表扬。加强业务学习，荣获市食药监系统第六届稽查执法技能竞赛团体三等奖。全年共完成 50 余次国家、省、市区重大活动食品安全保障工作。

撰稿：武伟红

审稿：王金玺

统　计

统计局领导成员

局　　长　王思华
主任科员　周春鹏*　李　玲（女）
副 局 长　刘凤梅（女）
符兴全　李　政
农调队队长　徐美玲（女）
副主任科员　邵　冉（女）*
姚静娴（女）
普查办主任　赵振忠

1月1日，市政府农业普查领导小组到兰山区视察指导。

【机构设置】 2017年，区统计局下设办公室、人事财务科、工业能源科、服务业科、贸易科、投资科、社会科、综合科、建筑房地产科、调查中心、执法检查所11个职能科室。辖农村社会经济调查队、统计普查办公室2个副科级事业单位；计算站1个股级事业单位。年底，共有在岗职工36人，均具有大专以上学历，其中具有高级统计专业技术职称的5人，中级统计专业技术职称的18人。

2017年，区统计局通过省级文明单位、省级统计系统文明单位复查，获得“全市统计系统先进集体”“全区年度工作先进单位”“区直部门十佳先进党支部”等称号。

【常规统计】 全区统计系统在保证数据质量的前提下，完成2016年的各项统计年报和2017年统计月报、季报、半年报工作。各专业科室切实执行“即报即审即验”工作制度，加大统计报表审核力度，汇总统计资料、按时上报各类统计报表。同时，做好基本单位名录库维护和更新、亿元以上新开工投资项目统计监测、“三新”统计、县级粮食产量抽样调查、城乡住户一体化改革调查、企业用工情况问卷调查等工作。

【普查调查】 完成全区“三农普”工作。2017年，按照普查方案和工作流程，完成第三次全国农业普查。普查“两员”的PDA操作培训、现场入户登记数据采集及上传、普查数据比对及查遗补漏、事后质量审核验收等各阶段工作任务，依法普查，把好数据质量关，做好普查数据总结分析，准确反映全区“三农”发展成就，为党委政府科学制定“三农”政策提供依据，服务全区社会经济发展。开展1%人口抽样工作。在汲取往年工作经验的基础上，组织被抽中的82个调查小区的指导员和调查员进行全面细致的业务培训，11月1日至20日，正式开始入户登记工作。加强普查调查宣传。9月20日，举办兰山区第八届“全国统计开放日”活动。本次活动主题为“统计新动能服务新常态”，根据区统计工作实际，采取多种形式对本届“全国统计开放日”活动进行宣传，取得良好的宣传效果。

9 月 20 日，区统计局举办兰山区第八届“中国统计开放日”活动。

【数据质量】 加强基层统计人员业务能力培训，推进 GDP 核算、服务业、电子商务、固定资产投资等重点领域改革，遵守规模企业联网直报各项规定，完善数据质量全程控制办法，强化直报企业异常数据即时核查，确保源头数据的准确性。深入贯彻落实中央领导关于统计工作重要批示精神，广泛宣传《统计法》和《统计违法违纪行为处分规定》，在全区统计系统开展“防范数据造假、提高数据质量”专项治理活动，由局分管领导带队，采取“双随机”的原则，对全区“四上”企业进行执法检查，梳理存在的问题，及时下发整改通知书限期整改。

5 月 16—18 日，区统计局举办全区统计业务培训会及文化产业统计工作专项培训会。

【统计服务】 围绕全区中心工作，关注科学发展综合考核指标，监测经济数据指标进度，深入基层，开展调研活动，撰写分析报告，分析统计工作所面临的新形势、新要求，分析经济运行中出现的新情况、新问题，为区委、区政府决策提供依据。其中《兰山区当前经济运行形势调研分析》等被区级领导批示。及时向社会公众发布《2016 年兰山区国民经济和社会发展统计公报》，编制 2017 年兰山统计服务手册，印刷 2017 年兰山区统计年鉴。同时，利用《统计信息》、“领导参阅资料”等信息平台，为领导、社会各界提供全方位统计信息服务。

【基层基础】 2017 年，区政府出台《关于全面加强统计工作体系建设的实施意见》（临兰政发〔2017〕12 号），将统计工作列入全区年度科学发展综合考核内容，明确各部门、各镇街（经开区）及各经济主体的工作责任，对镇街、部门机构设置、人员配备、办公场所、统计人员待遇等几方面进行量化考核。各部门按照“五个有”要求，配强统计人员，健全统计工作网络，落实统计责任，保障统计工作扎实有效开展。实行镇街道（经开区）、村（社区）、商业街、市场三级网格管理，三级联动，同步推进，打造以统计站为中心，横联镇直部门、纵贯社区和企业的统计组织体系。打造“统计站 – 村（社区）统计服务室 – 网格协统员 – 统计对象”服务路径，不断提升统计基层基础规范化建设水平。

9 月 27 日，兰山区召开全面加强统计工作体系建设现场会。

【统计档案】 为提高全区统计档案工作科学化管理水平，更好地发挥统计档案记录历史和服务社会的作用，结合全市统计系统组织开展争创“山东省档案工作科学化管理先进系统”活动，区统计局积极争创省档案工作科学化管理示范单位。在市统计局和区档案局的指导下，加强档案资料收集和信息化建设，对2010年以来单位在工作活动中形成反映统计部门行使职能的各种发文、资料、图片、荣誉等1.5万余份档案资料进行扫描录入，建立规范齐全的电子档案，做到收集规范、真实有效、齐全完整、应归尽归。

撰稿：陈沈阳

审稿：刘凤梅

审　计

审计局领导成员

局　长　刘广济

副局长　张佃亮　王　玲（女）*　李　杰*

主任科员　王　玲（女）　李　杰

经济责任审计办公室主任　田　立

【机构设置】 2017年，区审计局机关内设办公室、法规与审计执行科、财金审计科、行政事业与社会保障审计科、经贸与固定投资审计科5个行政科室。下辖1个副科级事业单位：经济责任审计办公室；1个股级事业单位：重点建设项目审计中心。有在岗职工29人。

【概述】 2017年，共审计（调查）项目88个，查出违规及管理不规范问题资金1390098万元（含村社区干部经济责任审计），促进增收节支171075万元，政府投资项目审减12870.72万元，审计建议被采纳并用于问题整改139条，提交审计信息、要情60篇次，被区级以上新闻媒体采用稿件50篇次，撰写的《兰山区实现第二轮村社区干部经济责任审计全覆盖》等11篇报道被中国审计报、中国纪检监察报采用，被评为全国审计宣传工作先进单位、全市审计工作先进集体，连续12年通过省级文明单位复审，在2017年度全区综合考核中荣获全区科学发展先进单位，区审计局机关党支部被兰山区委授予区直单位“十佳先进党支部”称号。

全区村级督查集中推进第二轮村社区干部经济责任审计工作会议

【审计质量】 建章立制，规范审计行为，出台《审计项目进度管理办法》《审计项目审理办法》等内控制度办法，严格落实“审理退回补充完善机制”“审理过错责任追究制度”和“审理档案制度”，实现审计工作规范运行。2017年，出台《审计项目质量考核办法（试行）》。制定审计项目质量评分细则，并细化为各类工作表格，开展审计质量评查2次，下发质量评析报告3份，发现并整改问题100余个。强化审计质量管理。健全完善审计业务会议制度，印发《审计业务会议操作规范（试行）》，定期召开业务会议，对重大项目实施方案、征求意见稿、报告代拟稿进行研究审核，发挥集体审定的优势，避免出现实施方案内容不完整、同类行为处理处罚轻重不一等情况，发挥质量管控作用。坚持评选优秀审计项目制度，对当年完成的审计项目进行自评、初评、复核、定审，并择优推荐参加上级审计机关优秀项目评选；对全区村（社区）干部经济责任审计优秀审计项目进行评选，评选优秀审计项目6个。

农村饮水安全工程审计外部调查现场

【财政审计】 财政审计注重资金“盘活”。在区地税系统税收征管情况审计中，利用省市下发的大数据分析疑点进行逐一落实排查，查出13家房地产企业少征收税款1427.03万元，少征收残疾人就业保障金22.72万元。地税部门积极采纳审计建议，加大税收征管力度，少征税款已全部补缴入库。开展盘活财政存量资金审计，区财政局落实审计问题整改，清理收回存量资金9145万元，区审计局加大收缴力度，其中在对兰山街道办事处的审计中，及时将其应当上缴的拆迁残值收入90.62万元及下属幼儿园未纳入账内核算的收支结余64.14万元全部收缴入库；对原区工商局以前年度以财政资金投资设立的企业进行清理账目，收缴资金结余6.52万元。区财政局采纳审计建议，制定出台《存量资金及往来账款内部管理办法》，成立账务处置议事机构，建立定期盘点清理调账处置和定期报告制度。

【经济责任审计】 经济责任审计强化问题整改和结果运用。完成40名领导干部经济责任履行情况审计，查处违规问题和管理不规范问题金额561719万元，促进增收节支160万元，采纳审计建议89条。在兰山街道书记、主任经济责任审计中，对查出的拆迁项目清算不及时、结余资金长期挂账，拆迁残值收入未按照收支两条线规定及时上缴，造成4000万元拆迁资金沉淀问题，以审计专报的形式向区领导汇报，区委、区政府主要领导签批意见，责成区财政局等有关部门在全区范围内开展拆迁项目资金清理活动和加强制度建设，对该问题进落实整改。村级经济责任审计产生广泛而良好影响。抽调区镇两级审计业务骨干67人，组成6个审计组，对全区12个镇（街道）567个村（社区）的569名村社区干部全部实行区内“异地交叉”“区镇联审”的方式进行经济责任履职情况审计，实现第二轮村社区干部经济责任审计全覆盖，审计资金总额1635200万元，查出违规及管理不规范问题金额848300万元，移送案件线索和继续落实问题47件，立案处理村社区干部共计31人，其中党内警告14人、党内严重警告9人、撤销党内职务1人、开除党籍3人、诫勉谈话2人、镇（街道）通报批评2人；有效化解信访案件29起。在方城镇村社区干部经济责任审计中发现大官庄村党支部原书记刘某违规套取高铁补偿款10.69万元，依照规定移交区纪委，区纪委给予刘某开除党籍处分，并移送司法机关追究刑事责任，临沂市纪委作为典型案例进行通报。针对村（社区）干部经济责任审计中查出的漏提漏缴8000万元税金的突出问题，撰写《全区村级集体漏提漏缴税金8000万元》向区委、区政府领导进行专题汇报，区领导批示责成区地税局落实漏提税金的具体情况，切实强化税收征管，确保税金及时足额征收到位。区委书记赵晓晖专题听取2017年全区村（社区）干部经济责任审计工作情况汇报，在审计专报上做出批示要求“各级各部门要深化村居干部经济责任审计工作，今年和今后各镇街党（工）委书记、镇长（主任）述责述廉中，将村级三资管理方面存在的问题和整改工作作为重要内容，接受纪委委员的评议监督”。区纪委落实这一指示，在2017年度镇街党（工）委书记向区纪委全会述责述廉工作会议上，各镇街党（工）委书记都将村（社区）干部经济责任审计查出问题整改情况作为向全会述责述廉的专项内容，作了汇报。审计专报《审计查出全区村社区应收未收承包费、租赁费等集体收入1.8亿元》被区委书记赵晓晖、区委副书记陈士贤签批，督促相关部门单位健全制度、堵塞漏洞、完善管理。

【政府投资项目审计】 在对政府投资项目突出土地增减挂、旧村改造等民生工程。完成政府投资项目37个，报审价95878.94万元、审定价83008.22万元，审减额12870.72万元，平均审减率13.42%。李官土地综合整治项目区于2010年4月经省政府批准建设，市区两级对项目的建设高度重视。审计局按照区委区政府安排，分别于2014年11月至2015年1月和2016年8月至11月对该项目两期工程建设的管理、造价、资金的使用等进行审计，审计资金总额274349.68万元，审定工程造价226628.29万元，查处资金管理、使用方面问题资金920.43万元。通过审计，降低工程造价成本，托清财务资金底子。对白沙埠镇沂河滨河片区旧村改造工程项目2011年4月至2015年4月建设工程管理、工程造价、资金管理和使用情况进行审计。报审价70821.91万元，审

方城镇、半程镇村（社区）干部经济责任联合审计现场

定价 61823.54 万元，审减额 8998.37 万元，审减率 12.71%。起草《兰山区政府投资建设项目工程结算审计管理暂行办法》，并对《兰山区审计局政府投资建设项目跟踪审计工作指南》进行初步修正和完善。

【信息系统审计】 充分运用省市大数据平台，提高专项审计成效。在 2017 年养老保险基金审计中，发现常规审计难以发现的疑点 1400 余条，如 584 人重度残疾人等困难群体未参加基本医疗保险、已参保的重度残疾人中有 503 人未享受养老保险财政缴费补贴，涉及金额 6.32 万元；4 户参保企业存在为职工统一按照最低缴费基数缴费，或按低于应缴费基数缴费现象，涉及企业职工 302 人，少缴养老保险费 30.75 万元。利用数据分析技术审查养老保险基金保值增值情况，查出社会保险基金定期存款有 55 笔未严格执行人民银行存款利率浮动区间的上限规定，造成利息差额 121.49 万元，督促相关部门进行有效整改，促进资金规范管理和有效运行。

【机关建设】 2017 年，有 3 人通过审计师考试、2 人通过省厅计算机中级考试。强化业务培训，组织全区审计系统干部职工 50 余人赴浙江大学开展为期一周的“封闭式”培训，重点围绕现代审计发展与创新、经济责任审计实务与案例、审计大案要案解析等方面开展培训。以全市审计项目为依托，派出 6 名业务骨干参与扶贫项目资金审计、保障性安居工程跟踪审计等，通过“以干代学、以干代训”的方式，提升审计业务技能。

【队伍建设】 全面落实主体责任，以党建统领全局工作。把机关党建作为“一把手”工程，优先部署、单独考核；扎实推进“两学一做”学习教育常态化制度化，坚持局领导班子成员定期上党课，将学习教育融入日常工作。组织开展主题党日、组织生活会及民主评议活动，给党员过政治生日，全面提升党员党性修养。制定干部纪实考评办法，完善绩效考评机制，以纪实树规矩、依实绩评先进。开展亮承诺、抓整改、见实效“3+2”活动，重点抓好局党组班子成员每季度梳理 3 项个人整改事项和领导班子 2 项共性问题的整改，根据认领情况，领导班子成员牵头制定承担整改事项的任务书、时间表、路线图，量化分解整改任务。助力精准扶贫，自 2016 年 3 月选派 2 名机关干部到省级贫困村汪沟镇柴胡山村任第一书记开展扶贫工作，完成道路硬化、文化广场、村庄亮化等系列建设项目，协调争取项目资金近 200 万元，完成建设高标准温室大棚 6 个并当年投入使用，将为全村贫困人口人均增加收入 2000 多元，为村集体年增收入近 5 万元。

撰稿：姜　涛

审稿：张佃亮

农业·农村

种植业和农村工作

农业局领导成员

局　　长　王金生
主任科员　李爱华（女）　吴　华（女）
副 局 长　刘　伟　吕千里　姜自安
　　　　　　谭子辉（挂职）
党组成员　林　萌　魏珂萍（女）

【机构设置】 2017年,区农业局下设29个科、室、站、中心。其中，二级单位5个：区农业技术推广中心、区农村经济管理中心、区优质农产品基地建设办公室、区农业综合执法大队、农业广播电视学校；股级单位24个：办公室、人事科、财务科、政策法规科、机关党委、离退休干部科、市场与经济信息科、信访办、农业发展研究科、发展规划科、科技教育科、产业化和对外合作办公室、种植业管理科、农业技术管理站、土壤肥料工作站、蔬菜办公室、生态农业科、农业环境保护站、种子管理站、果茶技术推广服务中心、农业植物保护站、农业质量检测中心、农药检定科、良种场。全局在岗职工140人，其中具有高级技术职称的32人，中级技术职称的34人。

【概述】 2017年，区农业局贯彻落实各级农村工作总体部署和要求，围绕推进农业供给侧结构性改革这个工作主线，培育新动能，打造新业态，扶持新主体，拓展新渠道，农业发展呈现出稳中提质、进中增效、总体向好的态势。区农业局被评为全市农业工作综合考核先进单位、全市农业行业扶贫工作先进单位、全市农业系统信息与宣传工作先进单位，被区委、区政府评为2017年度先进单位、信访工作先进单位。

【基地品牌建设】 改造提升优质农产品基地0.33万公顷，新建优质农产品标准园5处、现代农业示范园6处，申报省级标准化基地2处。组织金锣集团、绿农农民专业合作社等16家龙头企业和合作社参加第五届沂蒙优质农产品交易会，展示展销品种100多个，荣获第五届沂蒙优质农产品交易会优秀组织奖，“千木海”海棠茶、绿农甜瓜、春旺果仁家族、加钙金锣王、清春蔬菜、三维大豆色拉油等6个产品被评为我最喜爱的金奖农产品，丰之坊五谷营养粥、鼎益红菇、孝河藕、小炒旺黑糖瓜子等4个产品被评为金奖农产品。10月31日，全市优质农产品基地品牌建设现场观摩会观摩龙湾都市农业科技示范园、仙子峪休闲农业田园综合体、金锣文瑞食品有限公司肉制品生产项目,获得全市第6名的好成绩。累计发展优质农产品基地面积1.77万公顷，注册农产品商标36个,“三品”认定基地24处、67个品种，打造市级企业农产品品牌25个。

【粮食生产】 组织实施超吨粮高产创建示范方3个，通过市局专家组复测验收。做好土壤墒情监测工作，发布墒情简报7期、肥料配方17个。宣传引导水肥一体化技术，制定《兰山区加快推进节水农业和水肥一体化工作实施方案》，全年新增水肥一体化面积334.5公顷。小麦种植面积1.42万公顷。5月，全市爆发小麦条锈病，条锈病见病面积0.49万公顷。省、市、区配套资金110万元，购置吡虫啉、戊唑醇咪鲜胺等农药10吨，对小麦进行专业化统防统治，实

工作人员实地考察

现防控面积全覆盖。落实粮食补贴资金，核查小麦种植面积1.42万公顷，发放直补资金2600余万元。

【科教培训】 加大职业农民培训力度，跟踪指导2016年新认定的95名新型职业农民300人次，培训2017年新型农业经营主体负责人200名，向农民发放农技推广资料2000余本，培育基层农业人员157人。做好农业特色产业扶贫工作，在贫困村开展技术指导6次，帮扶贫困户120余户。

【新型农业经营主体培育】 把培育新型农业经营主体作为发展现代农业的重要手段，不断优化发展环境，提升服务功能，做大做强农业龙头企业，提升壮大农民专业合作社，培育发展家庭农场，促进和带动农业生产方式向组织化、规模化、产业化方向发展。2017年，新发展家庭农场180余家。在全区范围内筛选11家企业进行专题培训，引导和促进农民合作社规范发展。成功申报市级农业产业化龙头企业11家、省级农业产业化龙头企业1家。5月，聘请会计事务所对22家开展资金互助的农民专业合作社进行审计。全区各类农民专业合作社已达到712家。

【秸秆禁烧与综合利用】 建立区、镇、村三级控制秸秆禁烧责任体系，成立1个督导组、9个巡查组，全年实现零火情、零黑斑。落实区镇两级财政补贴1300余万元，出动流动宣传车51辆，发放倡议书40余万份，悬挂宣传标语2万余幅，建立秸秆禁烧与综合利用专题宣传栏1156个。实施秸秆青贮项目、秸秆机械化还田项目、秸秆收储运项目，建设秸秆存放点5处。夏秋两季秸秆还田面积1.1万公顷，收集面积1.9万公顷，全区秸秆综合利用率达到90%以上。

【农产品质量安全】 加强农资市场监督管理，推行“分片包干、责任到人”的农资经营监管责任制，对辖区内249家农资经营单位建立农资经营档案，做到一户一档。对378名村镇两级农产品质量安全监管员进行教育培训，提高监管员业务水平和素养。开展农产品质量检测，全年抽检农产品样品405批次，其中委托青岛中维检测60批次，配合省、市抽检105批次，抽取果蔬样品60个，合格率为100%。开展韭菜专项整治工作，报备韭菜种植面积3.23公顷，种植户38户。举办培训班和以会代训，共培训农资经营人员及镇、村级农产品质量安全监管员和蔬菜、果品种植农户300余人次，发放科普书籍5000多册（本）、科技信息资料3000多份，提供群众咨询服务800余人次。

【农业综合执法】 整合林业、水务、畜牧、粮食、农机等部门执法职能，成立农业综合执法大队，全年出动执法人员560余人次，检查经营门店249个，查处违法农资产品0.75吨，责令改正21起，制作巡查记录249份，立案查处农资案件23起，结案22起。抽取农药样品53个，种子样品4个。

【农村经营管理】 研究制定《兰山区农村集体产权

制度改革实施方案》，完成全区37个村的试点任务。创新“智慧农经”，研制开发“四监管＋互联网”办公平台，将资金管理、合同管理、公章管理、档案管理、重大事项请示、财务公开以及农经站日常管理工作纳入平台管理，实施农村财务监管智能化。做好信访接待工作，完成农业信访督办16起。调查摸底全区村集体欠收承包费、租赁费2.67亿元。

撰稿：李亮亮

审稿：王金生

扶　贫

扶贫开发领导小组办公室领导成员

主　任　李　勇（区委办公室副主任兼）

副主任　姜　宇　姜良全

【机构设置】　扶贫开发领导小组办公室于2016年2月成立，下设综合协调组、政策调研组、宣传教育组、规划财务组、项目管理组、社会扶贫组、金融扶贫组、督导考核组、信息统计组、人事组和审计监督组11个业务组，共有干部职工6人，均为大专以上学历，中级技术职称的4人。

市政协主席徐涛到沙岭子村调研扶贫工作

【概述】　2016年，全区贯彻落实中央、省、市脱贫攻坚决策部署，把脱贫攻坚作为重大政治任务，确立“三年任务，一年基本完成；率先整体脱贫，走在全市前列”的目标定位，坚持“示范带动，整体推进”“因人制宜，一户一策”的脱贫思路，做到精准识别、精准扶贫、精准脱贫，扶贫工作稳步推进，全区3052名建档立卡贫困户及10个重点贫困村（即汪沟镇沙岭子村、兴旺村、竹园村、杏花村、柳树庄村、柴胡山村、丰硕村、同富村、三义村、上三埝村）实现全部脱贫。2017年，全区扶贫工作围绕“巩固提升脱贫攻坚成效”的目标，聚焦扶贫对象，细化帮扶措施，立足专项扶贫，强化行业扶贫，动员社会扶贫，探索建立扶贫资金资产管理长效机制，推进城乡统筹扶贫试点，巩固提升成效明显，全区3097名贫困人口收入持续提高，已脱贫的10个省扶贫工作重点村发展动力明显增强。在年底全市脱贫攻坚

精准扶贫项目建设启动仪式

成效考核中，兰山区扶贫工作位列全市巩固提升区第一名，在全市经济社会发展总结表彰大会上扶贫工作获得“二等奖”。

【组织部署】 2016年，兰山区调整充实扶贫开发领导小组，实行双组长制，区委书记、区长担任组长，有关区级领导为副组长，有关部门主要负责人为成员。成立专门的扶贫工作机构，配强专门工作力量，具体负责脱贫攻坚的组织协调、统筹规划、工作推进、督导调度等工作。强化脱贫攻坚工作部署，先后召开工作大会、推进会和调度会12次，制定下发《兰山区关于打好全区脱贫攻坚战的实施方案》《兰山区打赢脱贫攻坚战行动方案》和《兰山区贫困户精准扶贫责任分工》，建立36名区级领导、36家强居强企包镇；72名第一书记包村；708名机关干部、400名志愿者家庭帮扶贫困户的工作机制，对贫困户实施“一对一”“多对一”精准帮扶。

【贫困人口动态调整】 2016年，开展“数据清洗”活动，摸实贫困人口家底。按照组织培训、农户申请、入户调查、民主评议、公示公告、建档立卡“六步工作法”，严格筛选确定贫困人口，共建档立卡省定贫困标准贫困户3502人。开展“百村万户”民情大走访活动，查明贫困人口实情。组织1000名机关干部，开展大走访，对结亲连心对象中的贫困户逐村逐户逐人进行走访调查，了解实际情况，会诊致贫原因，一村一策、一户一案，有针对性地制定帮扶措施和脱贫计划。开展“三问三清”活动，谋划脱贫攻坚策略。联系区镇领导深入基层，了解镇情、村情、户情，谋划脱贫致富整体规划，形成8份帮扶镇街工作方案；包村第一书记、包户干部深入田间地头，钻研因户施策、因人制宜的帮扶脱贫良策，形成36份村情民意调研报告，填写“三问三清”手册3502份，将相关数据录入沂蒙扶贫攻坚综合指挥平台。2017年3月，组织全区帮扶干部，坚持区镇村三级联动，对所有建档立卡脱贫户开展“三问三清”和“四看四查”大回访活动，摸清贫困人口生活及收入状况，相关信息录入国家、省、市脱贫攻坚信息平台。10月，组织实施2017年扶贫对象动态调整工作，与公安、民政、财政、人社、住建、工商、金融等部门对接，对扶贫对象开展摸底调查和建档立卡问题数据核准清洗，对贫困户的车辆、低保五保属性、职业、基本医疗、养老保险、商品房、注册企业、大额存贷款等相关信息比对，对2014—2017年国家系统中不符合贫困户条件的6586户13802名“沙子户”按照评议、公示、公告程序，不再进行帮扶。对符合贫困标准的46人作为新识别贫困人口纳入帮扶体系。

【资金分配使用】 科学规范分配扶贫资金。建立由纪检、扶贫、财政、检察、审计等部门共同参与的扶贫资金监管机制，成立兰山区扶贫资金分配使用监管工作小组，区扶贫办主任任组长，区财政局、区检察院、区纪委、区审计局有关负责人为成员，负责各级安排的扶贫资金分配、使用、监管工作。建立扶贫资金分配集体决策制度，对于扶贫资金分配使用严格程序、规范操作，先拟定分配计划预案，然后提交领导小组会议集体研究，形成资金分配计划，报区有关领导同意后执行。下发《关于下达2016年度财政专项扶贫资金使用计划的通知》和《关于下达2017年度财政专项扶贫资金计划安排的通知》，对资金使用、监管进行安排部署。

规范资金管理使用流程。按照上级规定时间节点要求，做好资金拨付、拟定计划、公告公示等工作。有关镇收到区财政下拨的资金后，及时拟定资金使用计划，确定有关资金项目村，并将扶贫资金情况在村级进行公示。实行扶贫资金专户存、专账核算、专人管理制度，在所有镇农经站设立扶贫资金专户，建立专账、安排专人负责管理。分配到镇、到村的扶贫资金全部按时拨付到扶贫资金专户，拨付率100%。出台《兰山区财政专项扶贫资金报账管理制度》，明确资金报账支付审批程序，制定项目单位申请、村级初审、镇扶贫办审核、镇有关负责人

审批、镇农经站审验拨付、村级公示的“六步”报账工作法。严格执行审批程序加强资金报账审批指导报务，印发报账明白纸，推行一站式服务，指导项目实施主体、项目村一次性准备齐有关报账资料，最快完成报账审批手续，支持扶贫项目加快建设。

建立健全扶贫资金资产管理制度。制定印发《兰山区财政专项扶贫资金镇级拨付（报账）管理制度》，修订完善《兰山区扶贫项目资金公示公告制度》和《兰山区财政扶贫资金监督检查制度》，转发《临沂市财政专项扶贫资金管理办法》，下发《关于切实加强财政专项扶贫资金管理实行专户存储专账核算的通知》和《关于切实规范财政专项扶贫资金管理加快资金拨付进度的通知》，实施《兰山区加强扶贫资金资产管理壮大农村集体经济实施细则（试行）》，形成较为完善的工作制度体系。

2016年，全区承担中央、省、市财政专项扶贫资金1816.3万元，区财政配套安排扶贫资金500万元，共计2316.3万元，其中产业发展资金972万元、扶贫信贷贴息资金354万元、担保资金512万元、乡村旅游扶贫基金200万元、特色产业基金275万元、雨露计划资金3.3万元。实施产业扶贫项目31个、金融扶贫项目9个、雨露计划项目1个。2017年度分配各级扶贫资金1054万元。

【项目管理建设】 2017年，利用镇级扶贫资产管理平台，对已建成的31个财政扶贫项目和援建项目建立扶贫资产专项台账，明晰扶贫资产“四权”，做到资产管护责任到人，明确村集体的维护监管的主体责任，规范冬暖式大棚、光伏发电站等扶贫资产的日常管理和维护，保障扶贫资产长期稳定收益。认真调研，经过项目立项、评审、公开公示等环节，投入扶贫资金938万元，建设清春合作社蔬菜产业扶贫示范基地、临沂盛德塑胶有限公司扶贫车间、兰山区昌隆畜禽养殖农民专业合作社肉牛养殖、山东蒙山铝业扶贫车间及半程镇团埠社区光伏项目，带动545名贫困人口年增收1500元。

【“四权分离”资产管理模式】 2017年，在扶贫产业重点镇——汪沟镇试行扶贫资产“所有权、经营权、受益权、监督权”四权分离管理模式，将扶贫资产所有权赋予村集体，经营权放于承包户，受益权归于贫困户，监督权由镇扶贫办和经管站统一纳入到“三资”平台进行管理，保障资产安全，激活资产活力。9月，国务院副总理汪洋对该模式给予肯定。11月4日，省扶贫办赴汪沟镇做专题调研。12月17日，山东电视台以该模式为主题录制的《扶贫资金变资产长效机制促脱贫》在《山东新闻联播》播出。

【小额扶贫信贷】 2016年，按照程序向7家企业发放“富民生产贷”2420万元，带动帮扶贫困人口484名。2017年9月，区扶贫办、财政局联合第三方审计机构，对“富民生产贷”到期企业山东佳润新材料有限公司、华东环卫设备有限公司和临沂凯旋医院3家企业帮扶情况进行审计验收，共补贴贷款企业担保费9.6万元，贴息314916.67元。继续拓展“富民生产贷”业务，向8个企业主体再授信3020万元，带动604名贫困户年增收1600元。

【特困群体帮扶】 2017年，落实《临沂市建档立卡贫困人口“三无”失能人员护理救助指导意见》，对摸排出的12名“三无”失能脱贫户，在村评议公示、镇核准、区公告的基础上，建立护理台账，按照每人每年3600元的标准发放护理补贴；针对接受职业教育的贫困户子女，按照省扶贫办下发的《关于做好2017年雨露计划项目实施工作的通知》要求，对2015年底以来农村建档立卡贫困户子女中2017年春季学期在校接受中高等职业教育的学生进行通知宣传，经过网上申报、资格审核等程序，10名符合条件的学生得到每人每年3000元的补助。针对贫困人口中的病灾人员，利用为建档立卡贫困户购买的医疗商业补充保险、意外伤害险和家庭财产险，有效阻止已脱贫享受政策贫困户因病致贫、因灾返贫。2017年为775名贫困户报销医疗费用79.55万元，

捐资助学现场

为82名贫困户报销意外伤害保险15.45万元，为4户贫困户理赔财产损失2万元。

【行业社会扶贫】 鼓励引导小商品城、家电厨卫城、教育用品基地的商户到经济薄弱村（贫困村）建立加工点、推销贫困户生产的优质工艺品、农产品。2016年，有12家商户在经济薄弱村建立委托加工点，300多家商户销售由贫困村、贫困户生产的优质工艺品。2016年，筛选118家企业结对帮扶118个经济薄弱村（含贫困村），通过援建扶贫爱心车间、蔬菜大棚，以及其他各种形式的爱心帮扶，解决贫困户就近就业问题，增加经济薄弱村集体收入。全区在15个经济薄弱村流转土地1100亩，启动蔬菜大棚建设86个，可帮助15个村年增加集体收入3万多元，1000多名贫困户年增加收入2600多元。兰田、金锣、君发礼品等企业捐款1600多万元援建爱心车间、蔬菜大棚项目。2017年，中国泛海控股集团发起"泛海助学"活动，帮助全区14名贫困大学新生每人获得5000元助学金。全区16个专项扶贫行业单位制定行业扶贫工作方案，发挥各自优势，推进产业扶贫、就业扶贫、生态扶贫、教育扶贫、健康扶贫、电商扶贫、旅游扶贫、光伏扶贫、特色种养业扶贫，启动低保线与扶贫线"两线合一"的兜底扶贫。实行"区级领导＋区直部门＋后备干部＋强村强企"结对帮扶1个经济薄弱村的"4+1"帮扶工程，选派72名第一书记帮助经济薄弱村建设好党支部，选派千名机关干部帮扶贫困户。开展"双强"帮带活动，选择全区班子、经济强居强村，通过优秀党组织的示范引领、先进管理经验的传授，一对一帮助经济薄弱村和贫困户，推动经济薄弱村集体增收和贫困户脱贫。

【城乡统筹扶贫】 成立兰山区统筹城乡扶贫试点工作领导小组。摸清底子，开展城乡统筹扶贫调研，形成《关于在我区开展城乡统筹扶贫的可行性调研报告》，有城市贫困人口1212人。制定《兰山区关于做好城乡统筹扶贫工作方案》及《兰山区关于做好城市精准脱贫工作的实施意见》，选取困难群体比较复杂的银雀山街道作为试点单位，按照"城市扶贫、党建先行"的工作思路，以党组织为牵头力量，以党员为骨干力量，成立街道、社区城市扶贫工作领导小组。针对无人管理小区贫困发生率较高，贫困户较为集中的实际，街道探索建立无人管理小区党支部。

做好"五帮三带"，动员街道党员干部、两代表一委员、爱心人士、民营企业、社会组织开展结对帮扶、政策物资帮扶、志愿帮扶、产业就业帮扶、慈善救助帮扶。强化平台带动、组织带动、政策带动，依托扶贫慈善超市的扶贫物资中转平台，街道组织开展"奉献爱心、温暖困难群众"衣物捐献活动、"人大代表（政协委员）献爱心助力扶贫攻坚"捐赠活动，76户164名城市贫困人口得到帮扶。

【扶贫宣传】 组织开展全国"扶贫日"宣传活动。编印《兰山大众》"'10•17'全国第三个扶贫日特刊"5000余份递送到市区机关企事业单位。全区企事业单位利用电子显示屏、广告牌、标语条幅、宣传彩页、部门网站等载体，各镇（街道）出动流动宣传车，积极宣传扶贫政策。活动期间，共悬挂条幅、

树广告牌100余条（块），出动宣传车辆近20台次。区扶贫办联合方城镇制作“衣旧情深温暖过冬”和“书画作品义卖扶贫筹资”H5微信宣传页面，图文音乐相结合，宣传扶贫公益活动。

2016年，在《农民日报》刊发1篇，《大众日报》刊发14篇，《农村大众》刊发12篇，在《临沂日报》刊发60篇，在市电视台《临沂新闻》播放扶贫新闻10条次，在市扶贫办《脱贫攻坚工作简报》报刊发5篇；在《山东省脱贫攻坚典型80例》上发表典型扶贫经验1篇。区扶贫办印发脱贫攻坚工作简报41期。

【信息公开】 2017年，以区政府网站为扶贫信息公开第一平台，开设“扶贫信息公开”专栏，集中公开全区扶贫政策、扶贫成效、贫困退出、扶贫资金、项目安排、社会行业帮扶等内容。全年共公开相关信息36条200余项。与《兰山大众》合作，开辟专版专栏，定期发布扶贫政策和全区扶贫进展情况，动员社会各界关注关心全区脱贫攻坚。

撰稿：刘　涛

审稿：李　勇

农业综合开发

农业综合开发办公室领导成员

主　任　刘广华

副主任　洪　波　王恩宝　黄　涛

【机构设置】 2017年，区农业开发办内设行政科、土地治理科、产业化科3个科室，编制9人。主要负责全区农业综合开发项目考察评估、规划设计、组织实施及工程管理、监督、验收等工作。

【概述】 2017年，区农业开发工作深入贯彻落实中共十九大全会精神，围绕“三农”工作大局，主动适应农业农村发展新形式，以创新的工作理念推动农发工作不断迈出新步伐、开创新局面，取得显著成效，为推进农业供给侧结构性改革，加快现代农业发展，促进农业增效、农民增收、农村增绿做出贡献。

2017年，全区立项实施的农业开发项目共有3个，包括1个高标准农田项目和2个产业化发展贷款贴息项目。

区33.3公顷高标准农田建设项目，该项目由兰山区鲁蒙蔬菜种植农民专业合作社承建。总投资80万元，其中：计划申请中央财政资金50万元，省配套资金18万元，市配套资金2万元，合作社自筹资金10万元。项目计划新建防渗渠道1.82公里；整修田间道路3.3千米；栽植白蜡、栾树、红叶石楠球等共0.18万株。

区2万吨脱水蔬菜加工收购生产原料流动资金贷款贴息项目，该项目为流动资金贷款贴息项目，由临沂市鲁蒙食品有限公司承建。项目银行贷款2800万元，财政贴息98万元。主要用于收购新鲜大葱、大蒜、胡萝卜、香菜等原料10万吨。

全区年屠宰60万生猪肉类加工新建固定资产贷款贴息项目，该项目为固定资产贷款贴息项目，由山东汇融肉制品有限公司承建。项目银行贷款6000万元，财政贴息112万元。主要用于建设标准冷库、屠宰车间、分割车间、污水处理厂及其他辅助设备。

推行中介机构全程监督审计制，促进项目建设质量提升。

【发展现代农业】 实行“项目立在园上，园建在项目上”的现代农业开发模式。通过项目开发，提升园区建设水平;通过园区建设，提升开发档次和效益;强化引导引领，拉长产业发展链条。通过实施农业开发项目，加快培育发展一批农产品精深加工和名优稀特新的农业项目，建立农产品现代集成加工体系，冷链物流体系，辐射带动区域性种植养殖的发展，推动农产品供给由卖原料向卖产品、由初加工向深加工转变。把引进科学技术和推广科技成果作为农业综合开发一项关键措施，加强与农业院校合作，加大科技资金投入力度，通过集中与分散、培训班与田间指导、影像文字与口头讲解相结合等方式，提高农业综合开发项目科技含量。

【推动信息宣传工作】 与主流新闻媒体对接加强舆论宣传，全年在省级以上新闻媒体中发布信息宣传稿件 14 篇，其中农民日报 6 篇、农业综合开发杂志 2 篇、中国财经报 4 篇、农村大众 2 篇。

撰稿：范　佳

审稿：刘广华

林　业

林业局领导成员

局　长　顾中渠

主任科员　张庆钰

副局长　刘广东　王自良　张克英（女）*

李开国

【机构设置】 2017 年，区林业局内设办公室、人事科、财务科、林政科、老干科、法制科、物业管理科 7 个科室，下辖区林业技术推广站、区经济林技术推广站、区森林植物保护站(加挂区柳青河湿地公园管理办公室牌子)、区森林防火指挥部办公室、区火车站森林植物检疫站、区寨外林场 6 个事业单位。机关共有干部职工 69 人，其中具有高级技术职称的 10 人，中级技术职称的 21 人，具有大专以上学历的 45 人，中专以上学历的 9 人。

【概述】 2017 年，全区林业工作围绕生态文明和美丽兰山建设，创新发展思路，加快造林绿化，实施林业重点工程，加快转变林业发展方式，统筹城乡绿化，发展林业特色产业，推动全区林业工作取得新进展。区林业局被省林业厅评为林业信息宣传工作先进单位；被市委市政府授予 2017 年度复查合格“市级文明单位”称号；被市林业局评为 2017 年度林业工作先进集体；被市委组织部、市人社局评为临沂市第十届劳动之星职业技能竞赛最佳组织奖。

【林业生产】 2017 年，全区林业生产以林业重点工程项目为载体，强力推进造林绿化工作，全年新造林 344 公顷，其中新增 240.84 公顷，更新 76.75 公顷。推进环城防护林带建设工作，聘请专业设计公司对兰山区北外环东段道路绿化进行规划设计，全年共完成环城防护林带建设面积约 125.88 公顷，其中：提升改造原有绿化 62.8 公顷，新建绿化 63.08 公顷，修复西哨、大安子、玉平等 3 处山体，土方建设面

植树节现场

积约8000平方米，栽植树种成活率达95%以上。执行国家林业局有关技术标准，在汪沟镇完成长江防护林三期工程新造林66.66公顷的建设任务，共栽植楸树、榉树、白皮松、金叶榆、五角枫、红枫、银杏、流苏等苗木6万余株。

完成全市环城生态防护林带建设工作巡查督导、全市环城生态防护林带建设工作第一次现场推进会在兰山区的调度观摩。4月18日，全省山区国土绿化现场会在临沂召开，兰山区系两个观摩点之一。10月25日，全市在兰山区召开造林绿化观摩会议，与会人员在汪沟敢胜庄66.66公顷造林绿化片区和环城林节点半程老公地绿化现场进行观摩。

通过电视、报纸、微信公众号等方式宣传植树造林重要意义，营造舆论氛围，发动社会各界，参与植树造林。3月8日，区义务植树活动在白沙埠镇朱阜社区举行，区级领导和区直部门主要负责人共计130余人参加植树活动，共栽植紫叶李、红叶石楠、女贞等绿化树木1600余棵。

【规划调查】 根据省厅部署，安排技术精、责任心强的技术人员全力开展全省第九次森林资源清查工作，完成全区55个样地调查任务。“九清”工作顺利通过国家林业局华东院的检查验收。

组织专业技术人员，对全区5800多个林地小班进行逐块调查核实，在全市率先完成林地变更调查任务。完成全区国家级公益林的落界工作，保留国家级公益林101.2公顷。

【资源保护管理】 执行森林采伐限额制度，依控限伐，控制森林资源过量采伐。加大对委托镇（街道）、经济开发区林木采伐行政许可事项的检查指导，规范林木采伐行为。全年审批发放采伐证1142份，批采立木蓄积37332立方米。做好征占用林地审核审批服务工作，项目建设顺利实施。完成鲁南高速铁路临沂至曲阜段工程、临沂至日照段工程（先期用地）和G206线半程至神山段改建工程林地征收占用审批手续。鲁南高速铁路临沂至曲阜段工程共征收占用林地面积5.23公顷；G206线半程至神山段改建共征收占用林地面积13.38公顷。

申请防火物资3万元，投资30万元在茶山园艺场安装防火预警监控系统，利用瞭望塔上的摄像头和热成像测温预警功能仪器对林区监控区实现24小时全天候动态监控。修订完善《兰山区森林防火指挥应急预案》。全年共出动宣传车10余台次，发放森林防火宣传明白纸5000余份，全区无森林火灾发生。

开展美国白蛾、杨扇舟蛾、杨小舟蛾等林业有害生物越冬代成虫监测工作。对全区15处林业有害生物标准化监测点进行检测维修，对国家中心测报点的数据库进行全面维护，国家级测报点建设工作获得全市第一名，完成省林业有害生物检疫测报标准站建设。完成2017年度飞机施药防治美国白蛾工作，全年完成飞防总作业面积2.64万公顷。山东省林业厅代表国家林业局对兰山区的国家级林业有害生物中心测报工作进行检查验收，获得全市第一名。

强化食用林产品质量安全监管。落实市局及区食安办工作部署安排，以板栗等食用林产品为重点监管对象，开展食用林产品质量安全监督抽检，适时开展食用林产品安全宣传，普及用药常识、引导树立良好的食品安全意识。2017年共检测板栗、核桃、山楂、桑葚等9个品种17个批次，农药残留合格率100%。

【市民热线】 2017年共接到“12345”及行风热线90余起，办结率100%，满意率100%。

【综合行政执法】 根据《关于推进综合行政执法体制改革的实施意见》，整合区农业局、区林业局、区粮食局的执法职责和相关机构，组建区农业综合执法大队，撤销区林政稽查大队事业单位建制。2017年9月，区林业局的执法职责及下属事业单位区林政稽查大队整建制划转到区农业局。

【林业产业】 全区共有各类木业生产企业6000余家，从业人员达35万人，年生产能力4000多万立方米。其中规模以上生产企业257家，有山东省木材加工行业唯一的一家院士工作站，380多家企业获得国际管理、质量、环保认证。

建立完善木业产业转型升级联席会议制度，制定下发《兰山区人民政府关于加快支持木业产业转型升级实施意见》，提出木业产业新增500亿产值计划。推荐知名花卉企业参加全省花卉博览会多次获奖。在临沂市第五届沂蒙优质农产品交易会上，兰山区选送的“沂蒙榛子情”牌原味榛果荣获金奖。出台《兰山区木本粮油产业发展实施方案》，新造木本油料林26.9公顷，其中油用牡丹20.33公顷、榛子4.66公顷、文冠果1.93公顷。

【林业科技】 开展科技下乡活动，深入基层为农民提供技术指导和政策咨询服务。选派1名专家参与到全市第三批“第一书记”林果专家服务团队，为“第一书记”任职村提供专业技术指导和服务。举办兰山区林业业务一期培训班。邀请市林业局4名高级工程师讲解了特色经济林、森林防火、林地保护及林木采伐、食用林产品安全4个方面的知识，全局干部职工、镇街林业站长、林业合作社、苗木种植户代表、防火重点村负责人共计116人参加培训。

【“三引一促”工作】 开展摸底调研，做好木业产业招商项目的跟踪服务工作，落实“三引一促”工作各项任务。全年完成与“517”艺术区及鸿儒美术馆AAA级景区建设项目签订2500万招商引资签约合同项目备案表，引进创新人才3人。

【河长制工作】 发挥河长联系单位的职责，促进祊河河长工作制的开展。定期开展祊河巡河工作，在祊河两岸重要区位共设河长公示牌6块。开展“清河行动”，针对排查出的123项问题清单，逐一对号拍照核实，建立图片音像资料档案，进行现场销号管理。派出6个督导组每天到各镇街进行督促，掌握各镇街道的清河行动进度。对各镇（街道）已完成的清理任务，由督导组负责到实地沿河点进行拍照与图片音像资料档案进行比对，对完成的任务及时销号，实行动态管理。与祊河市级联系单位市城市管理局对接，协调落实祊河城区段41项清河任务，全部转交给市级相关单位。同时配合市相关部门完成义堂段的清河任务。

撰稿：尤长伟

审稿：巩世昌

畜牧业

畜牧兽医局领导成员

党组书记、局长 闫德龙
党组成员、副局长 刘荣海
党组成员、副局长 张志昌
主任科员 王 强
党组成员、副局长 张自清
副主任科员 吉 祥
动物卫生监督所所长 张自清＊ 王孝志

【机构设置】 2017年，区畜牧兽医局内设4个职能科室：办公室、人事科、计财科、畜牧科技科；下设区畜牧兽医技术服务中心、区动物疫病预防控制中心及12处基层畜牧兽医站；辖1个副科级单位：区动物卫生监督所。2017年9月，根据全区综合执法体制改革的工作要求，向农业局综合执法大队划转编制24个，人员20人。年底，全局共有干部职工141人，其中具有高级技术职称的12人，中级技术职称的46人，博士研究生1人，硕士研究生4人，大专以上学历的122人，高中（中专）学历的14人。

【概述】 2017年，生猪存栏26.6万头、出栏67.5万头，牛存栏2.1万头、出栏2.7万头，羊存栏2.9万只、出栏5.1万只，家禽存栏285万只、出栏1072.5万只，兔存栏10万只、出栏42万只。肉蛋奶总产量9.78万吨，产值达到18亿元。全区共有畜产品加工企业31家，其中生猪屠宰企业23家，屠宰生猪710万多头，产值达到150多亿元。牛羊屠宰企业1家，屠宰羊1万多只、屠宰牛1万多头。肉鸡屠宰企业4家，肉鸡屠宰量2640万只。肉鸭屠宰企业2家，屠宰肉鸭1680万只。肉制品加工企业1家，年产量52万吨，产值220亿元。饲料生产加工企业34家。兽药经营企业（户）107家，饲料、兽药年销售额45亿元。全区畜牧业一、二、三产业产值达到280余亿元。

【动物疫病防控工作】 做好春秋两季重大动物疫病防控工作，严防重大动物疫情发生。将责任明确到镇、到村、到人，实行领导干部包村，驻村干部、村干部和防疫员包户责任制，全民发动，群防群控。

加强动物疫病监测工作，为疫情防控提供科学保障。对全区137户，约200万只存栏家禽进行抽检，其中血清样本1774份，咽喉/泄殖腔3498份，共计5272份，通过集中化验，均为阴性。完成H7N9禽流感应急检测。

【畜牧产业发展】 加快技术创新，促进产业提质增效。加强与山东农业大学、临沂大学等高等院校的合作、对接，建立2处畜牧业科技试验示范基地。在全区范围内推广生物发酵饲料湿喂猪、环保养殖除臭、养殖废弃物综合利用等环保养殖新技术，全区无公害畜产品认证企业3家，省级标准化场5家、市级标准化场48家；新申报省级标准化养殖场1家，市级标准化养殖场2家，市级家庭牧场1家，已申报待批复；新增养猪发酵床面积0.5万平方米。金锣集团冷鲜肉荣获“中国名牌产品”称号。在2017年第32届山东省畜牧业博览会上华颐公司琅琊鸡、汇融集团气调包猪产品、亿大利集团裕阳劲保健酒荣获博览会金奖。

【"粮改饲"工作】 推进"粮改饲"和"种养结合模式"试点工作，发展"养殖企业＋种植大户""养殖企业＋种植合作社""养殖企业＋自由种植基地"等模式，扩大饲用玉米、青贮玉米种植，提高秸秆饲料化利用。新建农作物秸秆永久性标准化青贮池实测容积20582.99平方米，实补容积19398.68平方米，补贴金额969934元。

【养殖污染整治】 按照市区要求对沿河200米内养殖场进行全面摸底、测量和拆除督导工作，拆除各类养殖场户138个，拆除圈舍面积114627.54平方米。对主要河流及支流200米范围内养殖场圈舍拆除工作进行拆前摸底及拆后核实，实施拆前逐镇逐户现场勘察摸底测量，拆后实地核实验收，7个镇和柳青街道及临沂兰山经济开发区，拆前现场勘察摸底132户，摸底测量圈舍总面积129466.73平方米，经拆后实地核实验收，实际拆除64户（其中3户为部分拆除），实际拆除圈舍总面积61202.13平方米。拆除工作总计拆除各类养殖场户202个，拆除圈舍总面积合计达175829.67平方米。受理市级畜禽养殖污染信访案件5件，中央环保督察畜禽养殖污染信访案件12件。

【环保养殖】 加强政策引导和扶持，落实各项保障措施，实施现代畜牧业绿色示范县项目。申请国家配套项目资金900万元，扶持畜牧龙头企业和养殖示范园建设。共发展畜牧合作经济组织65处，建设优质畜产品基地22处，发展无公害质量认证企业5家。

【安全监管】 开展综合执法检查，规范行政审批行为。对违法单位及个人进行处理、处罚。共出动车辆300余台次，出动执法人员900余人次，下达责令整改通知书27份，移交案件1宗，解决市局督办、"12345"热线反映的问题13起。审核、换发、办理《动物防疫合格证》44家，注销10家；换发办理《动物诊疗许可证》9家，新增办理《动物诊疗许可证》3家，注销《动物诊疗许可证》3家；注销生鲜乳生产企业1家，注销生鲜乳运输证1家，注销生鲜乳收购站1处。

加大动物产品抽检力度，强化病死畜禽无害化处理。2017年，区级畜产品共抽检144批次；协助市级畜产品共抽检239批次；协助省级畜产品共抽检116批次；抽检结果全部合格。建成9处动物无害化处理收集点，1月，开始收集辖区内养殖环节病死猪，全年养殖环节无害化处理病死猪98008头。

抓源头监管，加强饲料兽药监督工作。根据年度执法监察计划，实现对辖区内兽药产品全方位的监管，优化准入兽药经营市场环节，组织兽药经营企业，严格按照GSP评定标准经营。按照《饲料和饲料添加剂管理条例》的规定，规范饲料生产企业的生产经营活动，严禁销售无生产许可证、产品批准文号、无产品标签的"三无"饲料产品。通过对兽药和饲料的严格监管，有效遏制非法添加和滥用兽药行为和销售"三无"饲料现象。2017年年底，全区饲料备案企业34家，其中新增验收1家；组织GSP验收45家，落实兽药经营企业97家。饲料行业共查处违法违规案件3起，不合格产品查扣0.1吨，涉及抽检产品不合格、经营无生产许可证产品、经营过程中记录不完全等。兽药行业共查处违法案件6起，查扣不合格产品0.05吨并进行无害化处理。

【惠农政策】 开展政策性畜牧业保险工作，全年，能繁母猪总计投保5300头，育肥猪总计投保10010头，奶牛总计投保1100头。探索政策性畜牧业保险与病死畜禽无害化处理相结合模式的建立工作。

【精准扶贫工作】 以"第一书记"精准帮扶为抓手，推动产业扶贫工作，帮助派驻方城镇莲汪崖村"第一书记"工作组协调帮扶企业出资建设面积600余平方的便民服务中心1处，该村获得第七批"全市民主法治示范村"称号。发展蔬菜大棚种植产业，

邀请农技专家对种植户进行指导和规划，流转土地建设标准化示范蔬菜大棚2个，莲汪崖村大棚种植面积已达32公顷，成为该村的特色产业。配合“第一书记”工作组走访慰问困难党员群众，开展应届大学生爱心助学活动，为村内7名贫困儿童申请爱心助学金。借助畜牧产业发展，进行精准扶贫工作，全年通过“粮改饲”示范县项目，通过吸收入社、入股分红实施帮扶320人。

撰稿：陈则亮　付克强

审稿：闫德龙　张志昌

水　务

水务局领导成员

党委书记、局长　魏云广

副 局 长　李建堂*　黄红波*　王　煜

王沂棱　杨文正

主任科员　李建堂

党委委员、区防汛抗旱指挥部办公室主任

马从兴*　黄红波

副 主 任　王沂棱*　丰茂云

区水产中心主任　孙　晖

区水土保持委员会办公室主任　杨文正*　赵　鑫

【机构设置】　2016年，区水务局下设办公室、人事科、财务科、水政科、渔政科、农水科6个行政科室。下辖1个正科级单位：区防汛抗旱指挥部办公室；2个副科级单位：区水土保持委员会办公室、区水产服务中心；4个灌溉所、水库：茶山灌溉所、花园灌溉所、施庄水库、刘庄水库。全局共有干部职工605人，其中具有高级技术职称的13人，中级技术职称的89人，初级95人，大专以上学历的222人，高中（中专）学历的245人，本科及以上学历138人。

【河长制】　建立以区、镇、村三级河长为主要内容的河长组织体系，设区级总河长、河长14名，镇级总河长、河长122名，村级河长478名。出台河长制实施方案、“清河行动”实施方案及有关8项工作制度和考核办法等文件规定。细化分解水资源保护、水域岸线管理、水污染防治、水环境治理、水生态修复、河库执法监管六大任务，明确31个成员单位、17个区级河长联系单位的工作职责。即通过创新河道治理新模式，维护河湖管理新秩序，修复河湖生态环境，最终实现“河清水秀、生态兰山”的目标。全区共清理整治非法种植围垦87.38万平方米、垃圾渣土176处、畜禽养殖46处、网箱120余箱，安装金锣小型污水处理设施90余台。

【水利基础设施建设】　茶山拦河闸除险加固工程，完成总投资1.2亿元，工程形象进度约为97%；小涑河治理工程，投资2303万元；农村饮水安全巩固提升工程，完成形象进度95%；沂河、孝河、柳青河水系连通工作，完成水系连通规划；农村饮水安全消毒设备工程，涉及3个镇91个村，投资127.4万元，完成验收工作；病险塘坝除险加固工程，投资520万元，完成同富村、三官庙2座塘坝除险加固，9座塘坝完成外业测量工作，编制完成实施方案；小型病险水库除险加固工程，投资200余万元，完成安全鉴定及初步设计；移民扶持工程投资220万，基本完成；临沂城区沂河渔港建设项目，完成环评、土地、规划等相关手续审批，通过农业部专家评审。

【防汛抗旱】 监视全区旱情发展动态，制定用水计划，最大限度做好服务。调水150万立方米，完成花园灌区水稻插秧任务。调整充实防汛抗旱指挥部成员，落实行政首长负责制和包河包库责任制，组织开展汛前、汛中隐患排查，做好河道清淤清障，发现问题逐一落实整改措施，对蒙河段进行清障，确保汛期行洪安全。补充防汛物料，建立抢险队伍，加强汛期人员值守，落实雨水情监测等非工程措施。

【水行政管理】 结合“世界水日”“中国水周”，以区电视台、《兰山大众》为载体，加大宣传力度，营造良好社会氛围；回复办理“12345”热线122件，涉及水政执法、水资源管理、渔业生产、工程管理、职工诉求等各个方面，满意度较高；严格入河排污口管理，完成市政府对兰山的环保督查工作，做好水利部2017年度水资源管理专项监督检查准备工作；代表临沂市接受省水利厅水资源管理制度落实考核工作，兰山区饮用水源地和生态保护工作得到充分肯定；对全区水生态文明城市建设各项试点任务完成情况进行摸底调查，做好水生态文明城市建设试点收尾工作；安装计量设施50余套，征收水资源费1100余万元；做好费改税工作；强化水保过程监督和事后监督，严格水保方案审批和监督执法，审批水土保持方案11份，水土保持方案申报率达到95%以上，征收水保补偿费65万元。

【水产养殖】 调整渔业养殖结构，推进渔业基础建设。帮助李官镇三官庙村引进黄金鲫1.5万尾，发展泥鳅养殖面积13.33公顷；沿沂河、祊河新建成休闲渔业点3处，面积12.66公顷。加强水产品质量监管，在省级水产品质量安全监督抽检、省级水产品监测抽检、市级水产品质量安全抽检工作中，兰山区6批次26个水产品种，各项检验合格率均为100%。积极开展渔业执法行动、开展联合执法行动4次，制作宣传《渔业法》标牌10副，悬挂宣传条幅25副，出动执法车辆40余台次，办理群众举报10余起，清理各种违规网具3000余米，清除网箱100余箱，放生非法渔获物200余公斤。完成第四届中国·临沂休闲垂钓大赛以及“沂蒙雪尖杯”第七届中国放鱼节工作的组织、协调工作，浩天锦鲤养殖场、龙门锦鲤养殖场代表兰山区参加济南举办的第十届亚洲锦鲤大赛，取得10余项殊荣；完成全区渔业船舶普通船员培训工作。

【农业水价改革】 区农业水价综合改革面积为0.8万公顷，其中自流灌溉面积0.1万公顷，泵站灌溉面积0.22万公顷，移动式灌溉面积0.47公顷。区农业水价综合改革实施方案由水务局委托山东省淮河流域水利管理局规划设计院负责规划设计，方案（初稿）已基本编制完成。

撰稿：王玉玺

审稿：魏云广

农业机械

农业机械局领导成员

局　长　巩世昌

主任科员　李　峰　李玉兰（女）

副局长　刘相跃　冯维吉

【机构设置】 2017年，区农业机械局设党建办、办公室、财务科、审计科、人事科、工会、信息科、维稳办、农机监理站、农机管理站、农机推广站、农机化学校、质监维修站13个科室、站、校。年底，全局共有干部职工74人。

【概述】 2017年，全区农机化工作以农机化供给侧结构性改革和转型升级提质增效为主线，明确目标任务，突出重点，真抓实干，全区农机化事业持续健康稳定发展。兰山区农机补贴工作被评为省级“优秀”等次；争创2016–2017年度全省“平安农机”示范区；全省农业经营服务组织农机安全生产管理规范宣贯培训班暨现场观摩会在兰山区召开，做典型经验介绍，实地观摩2处农机合作社示范点。

【农机购置补贴】 争取农机购置补贴资金750万元，遵守政策落实区政府全年对购买纳入省产品补贴的秸秆打捆机械，按照同等型号国家购机补贴标准给予重复补贴。全年累计录入申请表数416份，受益户数367户，补贴机具数量477台，落实补贴资金716.98万元。区农机报废更新补贴金额为300万元，全年累计报废更新旧农机66台，总补贴额273.8万元，落实报废补贴资金41.2万元。

【秸秆综合利用】 推广“3+X”农机作业模式，邀请媒体采访报道秸秆综合利用工作，对小麦秸秆切碎还田补助项目推广普及。区小麦保护性耕作示范推广补助面积0.46万公顷，全区农机合作社的联合收获机统一安装智能检测设备，安装作业机械监测仪164台，参加补助的12个农机合作社经验收通过面积为4340公顷，其中4个合作社完成精准扶贫作业面积36.8公顷；玉米保护性耕作示范推广补助任务0.2万公顷，完成补助面积0.086万公顷，作业机械安装监测仪47台。全区共建立20亩以上的秸秆存放点7个，有机肥生产企业1个，秸秆气化炉1个，完成秸秆收集2.22万吨。

【技术推广】 依托农机合作社，发挥其在农机新技术、新机具推广中的典型示范引导作用，在汪沟镇闵家寨村建设主要农作物生产全程机械化核心示范区1个，示范区面积800公顷。全年深松、深耕作业任务0.4万公顷，其中试点补助任务面积为0.21万公顷。下发《兰山区2017年农机深松整地作业补助试点工作实施方案》，成立兰山区农机深松整地作业补助工作领导小组，把作业任务分配到各镇街，累计完成作业面积0.26万公顷，其中达标0.25万公顷。

【服务三夏和三秋农业生产】 以农机专业合作社为依托，成立跨区机收接待服务站，做好接机和机械调度工作，引导外地联合收割机合理流动，向机手免费发放跨区作业证。设立24小时值班电话，加强农机和公安110联动，确保跨区作业正常运行。全年累计发放跨区作业证150个。

联合收割作业中

【农机专业合作社】 加大扶持力度，鼓励种粮大户、农机大户和农机合作社开展土地全程托管或主要生产环节托管，实现统一耕作和规模化生产。对农机专业合作社购机的，在农机购置补贴政策上优先安排报名，优先确定补贴资格，在机械化收获、秸秆切碎还田、秸秆收集、保护性耕作、土地深松等项目中，重点支持农机专业合作社的发展。年底，新成立农机专业合作社2家，全区注册的农机专业合作社达到32家，入社会员612户，拥有农机具1320台（套），固定资产7850万元。

【技术培训】 实施农机化教育培训行动，组织开展农机驾驶员培训、农民和农机手的安全生产意识和农业机械安全操作水平，累计新培训农机驾驶员142人。12月19日，在汪沟镇举办农机合作社带头人培训班，采取理论与实践和外出参观交流相结合的方式，提高农机合作社带头人的操作技能水平和整体素质，共培训农机合作社带头人30人。

【农机安全监理】 开展全省“平安农机”示范区创建工作，健全完善基层农机监理服务体系，设立农机监理服务大厅，在枣园镇、李官镇设立2个农机监理服务中心，设立车管、驾管等窗口，解决服务广大农机手“最后一公里”的问题。召开全区农机化工作会议，安排部署2017年度农机检验工作，年检期间累计出动宣传车辆20余次，发放明白纸2000余份，检验农业机械959台。4月，全省农业经营服务组织农机安全生产管理规范宣贯培训班暨现场观摩会在兰山区召开，开展变型拖拉机专项整治工作，对符合报废条件的851台变型拖拉机在临沂日报予以公告注销，对变型拖拉机的清理工作进行安排和督导，累计清理变型拖拉机1369台，收缴号牌98副，签订牌证灭失承诺书1015份，相关证明256份，全年共核发拖拉机、联合收割机牌照168台，核发驾驶证116个，受理增驾业务12人，办理换证业务216人。

撰稿：汤朝兴

审稿：顾宝忠

工　业

经信工作

经济和信息化局领导成员

局　长　董　胜
副局长　王建业＊　裴志祥　朱兴顺
　　　　施云涛（挂职）
主任科员　孙怀杰　王建业
副主任科员　丁学菊（女）
节能办
主　任　纪建晖（女）
副主任　杨　军＊　崔淑淳
中小企业管理服务中心
主　任　朱兴顺
副主任　李凤英（女）　李宾宾
电力行政管理办公室主任　刘建萍（女）

【机构设置】 区经济和信息化局是区政府管理国民经济、协调经济运行和推进信息化与工业化融合的综合部门，也是区属工交企业的主管部门。2017 年，区经信局下设办公室、人事科、科技科、技改科、财务审计科、工会、企业科、工业生产调度室、中小企业管理科、综合法规科、原材料和消费品产业科、交通与物流科、信息科、产业政策科、综合治理和信访科、循清科、资源节约科、电力行政科、安全生产办、装备产业科、创新服务科 21 个科室，辖 2 个正科级事业单位：兰山区节约能源工作办公室、兰山区中小企业管理服务中心，1 个副科级事业单位：兰山区电力行政管理办公室。年底，全局共有在职干部职工 65 人，其中中共党员 53 人，具有大专以上学历的 61 人，中级技术职称的 14 人、高级技术职称的 3 人。

【概述】 2017 年，区经信局大力实施“工业强区”战略，创新思路、强化措施，应对复杂多变的经济形势，推动工业新旧动能转换，工业经济实现健康平稳发展。全区 551 家规模以上企业完成工业产值 2041.9 亿元，位列全国工业百强区第 82 位，山东省前 10 强，全市第一；完成工业固定资产投资 140.8 亿元，占全社会固定资产投资的 21%，形成木业、食品、机械、有色金属、医药为主导的产业体系。

工业经济结构逐步优化。轻工业完成产值 714.7 亿元，下降 3.7%；重工业完成产值 1327.2 亿元，增长 3.8%。全区规模以上工业 31 个行业大类中有 21 个行业总产值实现同比增长，增长面为 67.7%。全区用电量 68.5 亿千瓦时，工业用电量约占一半，以全市 8.2% 的工业综合能耗完成全市 20% 的工业总产值。

主导产业带动作用增强。食品、木业、有色金属、机械、医药等五大主导产业规模以上企业发展到 371 家，完成工业总产值 1535.3 亿元，占规模以上工业总产值的 75.2%，成为拉动全区工业经济的核心力量。

镇域经济发展特色鲜明。从规模工业总量来看，半程、义堂、经开区、银雀山、枣园等镇（街道、经开区）工业基础较强，产值占全区比重 86% 以上，其中义堂镇年产值突破 500 亿元。从规模企业数量看，义堂、经开区、半程、枣园等镇（街道、经开区）的规模企业个数均超过 50 家，其中义堂镇达到 281 家。从产业布局来看，各镇（街道、经开区）逐步形成各自的产业特色，义堂镇以板材加工为主，市场份额占全国 1/4 以上，白沙埠镇水表附件占全国市场份额的 80% 以上，半程镇以食品加工为主，经开区以机械为主，银雀山街道以医药为主。

【项目建设】 继续实施“百企百项百亿”技改工程，实行区级领导帮包重点项目制度，持续跟踪调度全区重点工业项目，推进鲁南贝特、莱克科技、中节能（临沂）新建垃圾焚烧、源夏新型装饰材料生产、俏家装饰材料、金昊钢化玻璃绝缘子等项目建设。2017 年，全区完成工业技改项目 369 个、投资 95 亿元。37 个项目列入省市新旧动能转换项目库，35 个市级重点项目全部开工，其中鲁南贝特、莱克科技等过 10 亿元项目建成投产。

【科技创新】 坚持创新驱动，抢抓省、市新旧动能转换重大机遇，紧跟《中国制造 2025》和“互联网+”产业发展趋势，实施重大科技创新工程，持续提升工业发展质量。

融入全省全面展开新旧动能转换重大工程、建设新旧动能转换综合试验区中，加快技术研发平台建设，推进企业技术中心建设。2017 年，全区新增企业技术中心省级 2 家、市级 9 家，至年底，全区共有国家级、省级、市级企业技术中心 2 家、10 家、30 家，省级“一企一技术”研发中心 14 个、市级“一企一技术”研发中心 27 个。

鼓励企业利用多种模式开展产学研合作，从单一的科技成果交流转化到联合开发、共建科研平台等，深化产学研合作工作，提升全区工业创新能力和竞争力。

对接《中国制造 2025》《〈中国制造 2025〉山东省行动纲要》，完善技术创新建设体系，综合运用自主创新、研发费用加计扣除、首台套等政策，鼓励企业加大研发投入。2017 年，全区累计 38 项技术创新项目列入省级技术创新项目计划，其中国际领先 4 项，总投资 1.95 亿元。

推动以兴华包装、莱克科技等企业为引领的智能制造生产方式创新，以绿爱糖果等企业为引领的个性化定制生产模式创新，以新明辉、伊亲母婴等企业为引领的大数据、电商平台新业态创新，以义堂木业产业园、半程金锣科技园、白沙埠仪表产业园等集群和园区集聚升级引领的组织形式创新，培育打造凯源木业为创新平台的木业“双创”基地。实施产业重大科技攻关，为企业创新研发服务，推动转型升级，全区创新创业平台达到 47 家，高新技术企业 32 家。年内，鲁南制药集团获得省长质量奖、获得全市唯一一个省级双创区域示范基地，义堂镇入选山东特色产业镇动能转换 20 强，新增金锣污水处理设备、福达木业胶合板等 4 个山东名牌产品。

【培育企业发展】 全力培植骨干企业，开展企业“清单服务”活动，建立问题协调解决机制，实行清单

金锣新厂全景图

式管理、销号法推进，帮助企业解决问题。落实各级骨干企业扶持政策，支持联亿新能源整合重组37家甲醛生产企业，引导金锣、鲁南、新港、凯源等重点企业实施“二次创业”，进一步壮大工业经济总量。2017年，全区亿元以上企业371家，其中产值100亿元以上企业2家，产值50亿元以上企业6家，完成工业产值641.5亿元，占全区工业总产值的31.4%；产值10亿～50亿元企业17家，完成工业产值305.5亿元，占全区工业总产值的15.0%；产值5亿～10亿元企业35家，完成工业产值227.5亿元，占全区工业总产值的11.1%。

以发展专精特新为路径，通过精准服务、示范引领、政策扶持，精心打造一批制造业隐形冠军、瞪羚企业等，助力中小企业发展。截至年底，全区拥有专精特新企业省级20家、市级38家。

深化现代企业改革改制，通过聘请知名大学专家教授，开展现代企业制度和公司治理课程培训；邀请邦企、长江证券等专业资本机构，为企业有效对接资本市场；精选15家企业开展“一企一策”专家会诊，鼓励引导企业加快规范化发展。2017年底，全区规模工业企业基本完成改革改制任务。

【节能降耗和循环经济】 坚持节能降耗减排，推动绿色低碳发展，完成市政府下达的5万吨煤炭消费总量压减指标等节能目标任务。

加快产业结构调整，实施固定资产投资项目节能评估和审查制度。严格项目准入，加强对新建、改建、扩建工业固定资产投资项目进行节能管理。2017年，共审查能评材料61份，其中节能登记备案项目40个，节能审查批复项目21个，召开固定资产投资项目节能专家评审会议5次。

推广循环经济发展模式，着力发展循环经济。中节能（临沂）环保能源“国家餐厨废弃物资源化利用和无害化处置项目”建成投运。2017年，全区单位地区生产总值能耗降低15.73%；煤炭消费总量控制在108.3万吨以内；推广清洁煤炭11497.44吨、炉具1263台，推广任务全市第一。

加强消费侧能源节约集约管理，推行能耗在线实时监测情况，鼓励重点用能企业开展能源管理中心建设，强化重点用能单位节能监管，严格落实能源利用状况报告制度和聘任能源管理负责人制度。

推动开展“工业绿动力”。推动煤炭清洁高效利用、工业绿动力计划的实施、促进节能减排工作，推广临沂市高效节能工业锅炉工程技术研究中心、临沂市环保塑机工程技术研究中心、临沂市城乡固废处理工程技术研究中心等节能领域科技平台建设经验。兰山区以占全市8.9%的能源消费量带动占全市20%的规模以上工业和占全市20%的工业总产值提升发展。

【化工产业转型升级】 落实“四个一批”，推进化工产业转型升级。对34家危化品生产企业，整合其中27家重组联亿新能源有限公司，项目规划设计、水资源论证、土地规划调整、环评和安评都已基本完成。进一步梳理38家一般化工生产企业，对规模小、效益低、缺少合法有效手续的予以关停淘汰，对于基础手续齐全、规模大、效益好的企业，鼓励搬迁或转产转型，已成功转型2家、关闭淘汰2家。修改完善“一县一册”基本情况表，建立企业电子档案，动态掌握企业基本情况；对23家“差”评停产化工生产企业，建立三级巡查机制，严防私自生产。

【区直工业】 2017年，区属工交系统以发展为主题，以结构调整为主线，按照“稳定、改革、发展”的工作思路，加快企业的技术改造和技术创新步伐，推进资源节约和综合利用，企业生产和经营状况保持较好的发展，稳定工作呈现良好局面。山东华源锅炉有限公司1家规模以上企业，全年累计完成工业总产值2.8亿元，实现销售收入2.7亿元，完成利税2680万元。

【企业选介】 临沂市大阳印刷有限公司（原临沂市

大阳印刷厂鸟瞰图

印刷厂）

公司始建于1956年1月，1997年10月由临沂市印刷厂改制为有限责任公司，是一家综合性的印刷包装企业。公司注册资金502万元，有在职员工100余名，另有离退休职工191名，共有资产约6700万元。公司被山东省工商行政管理局评为重合同守信用企业、被山东省新闻出版局定为书刊印刷定点企业，是山东省工商行政管理局指定印刷商标单位、山东省质量技术监督局条码印刷资格认可企业，被临沂市政府、兰山区政府采购中心指定为定点印刷单位、政府秘密载体定点保密印刷单位，被中国工业协会授予全国质量科技先进企业，被临沂市新闻出版局评为临沂市十佳印刷企业。

公司下设2个厂区，其中老厂区位于兰山区新华路北段，占地面积21711.7平方米，新厂区位于兰山经济开发区大阳路与汇丽路交会处西300米，占地面积约86667平方米。至2017年12月，新厂区已建成车间（仓库）11座，办公楼1座，沿街楼3座，建筑面积63575平方米，增加厂房及机器设备固定资产3800多万元。

公司主要生产设备有轮转机、胶印机、胶钉、烫金、起凸、压切、封塑机、纸箱（盒）联合生产线等。主要印刷制作各种书籍、商标、装潢、纸箱、报刊、信封、账簿、联单、表格、作业本、日历、台历、挂历、票据、印塑、条码等。

公司生产的“大阳牌”24开财务现金账本和“大阳牌”16开账本分别荣获2015年度山东省包装印刷产品评比金奖和铜奖，“总分类账本、明细账本”荣获2017年度山东省包装产品大赛金奖、“党员学习笔记本”“现金日记账本”荣获2017年度山东省包装产品大赛银奖和铜奖。2017年度公司总产值5396万元，实现利税226万元。

大阳印刷生产车间一角

撰稿：李宾宾

审稿：董　胜　纪建晖

经济开发区工作

经济开发区管委会领导成员

管委会主任 桑立杰

党工委书记 王玉杰

党工委副书记、管委会常务副主任 潘 瑜

管委会副主任 宋义善 王传栋 李晓文

经济开发区管委会工作机构领导成员

纪工委书记 夏广琼

办公室主任 夏广琼 *

规划建设局局长 刘步强

社会事务局局长 杨 晋

招商局局长 姜自斌

安监局局长 公昭星

发展服务局局长 徐有福

财政局局长 杨晓玲（女）

【概述】 临沂工业园区是于2006年5月经山东省人民政府批准成立的省级经济技术开发区，2017年3月更名为临沂兰山经济开发区。2017年，开发区下辖12个行政村，面积24平方公里，自有人口2.7万人，外来务工人员3万人，设基层党组织43个，有中共党员938名。开发区东邻临沂主城区，南接临沂高新技术产业开发区，西至戈九路，北靠临沂西部新城义堂镇；兖石铁路、京沪高速公路穿境而过，毗邻临沂铁路物流园，距离临沂汽车站9公里，临沂火车站12公里，临沂飞机场18公里，日照港、连云港100公里，青岛港200公里，铁路、高速公路均可直达，交通区位优势明显。

2017年，开发区按照"产城融合发展、建设现代新城"的目标定位，立足新旧动能转换重大工程，突出"创新驱动、科技引领、转型升级"，努力打造"先进制造业集聚区、区域自主创新示范区、机制体制创新活力区、产城融合发展带动区"。截至2017年年底，开发区已入驻各类企业300余家，其中规模以上企业98家，形成以华星机械、莱克科技、易阳消防、银河机械、金立机械、北易车业、龙盛机械、盖氏机械、大阳通用等为龙头的先进机械制造产业群；以银河家居、久典家具、恒久家具、太阳树家具、

韩师傅集成家居等为主导的高端板材家具产业群；以地产品加工园、鼎成印刷产业园等为支撑，绿爱糖果、新明辉、伊亲等为代表的地产品加工电商物流产业群。

2017年，开发区完成规模以上工业总产值301亿元，增长21.3%；固定资产投资47亿元，增长16.2%；出口创汇3700万美元，增长21.5%；地方财政收入1.25亿元，增长10%。

【工业经济】 持续推进产业提升，加大供给侧结构性改革，优扶劣汰，消化过剩产能，淘汰落后产能，对弱小高耗企业实行整合提升，大批劣质竞争小散乱污企业腾出发展空间。打造华星、莱克、绿爱、盖氏、易阳消防等一批新型工业骨干群体，工业4.0集聚区初具规模，形成机械装备制造、智能家具、电商地产品加工三大集群。坚持“企业主体、机构跟进、市场运作”原则，设立品牌创建办、企业上市服务办，建立上市后备企业目录，主动靠前服务，引导企业融入资本市场。年内，绿爱糖果和鲁源浸渍纸业争创山东省著名商标，绿爱、圣亚、易阳消防等企业筹备上市计划。实施二三产业分离、实现三产助推二产，已成功分离企业22家。通过三产数据差势指导分析，推动二产企业调整产品结构30余家，商贸服务比重不断扩大。

【“三引一促”工作】 2017年，开发区实际利用市外资金12.56亿元，引进过亿元项目16个。盖氏机械与吉林大学，绿爱糖果与江南大学，北易车业、大阳通用、华临新能源、莱克科技与山东省科学院共签订产学研项目9项，引进科技成果35项。引进A类人才6名，B类人才33名。新明辉获得“国家电子商务示范基地”称号，大阳通用机械被确定为省级企业技术中心，绿爱糖果被确定为市级企业技术中心。同时通过实施项目建设“倒逼”机制，开展集中攻坚专项行动，项目建设快速推进。

【外经外贸】 2017年，开发区全年实现出口创汇

莱克科技自动化生产线

大阳通用机械企业技术中心

3700万美元，进出口总额24576万美元，境外投资合同额3000万美元。莱克科技、绿爱糖果、大阳通用、盖氏机械等企业通过一带一路国家科技商贸考察团沂蒙行等活动签订多项合作协议，对外交流更加密切。富昇木业投资300万美元在美国设立威杜橱柜产业有限责任公司，拓展货物及技术进出口业务，产品外向度、竞争力不断扩大。

【园区建设】 围绕“东融西通、北接南连”的大交通框架格局，加快推进开发区路网建设，年内京沪高速公路、兖石铁路过境涵洞扩宽已获批复；龙盛路、圣亚路东延，聚财三路、工业一路、工业四路提升改造工程快速推进。投资5000余万元的3万吨的污水处理厂正加快推进。投资1900余万元小山山体生态环境修复治理工程已启动。

【基层党建】 成立社会“两新”组织综合党委，探索建立“企业党支部＋行业党总支＋非公企业党委”的党建模式，加强非公有制企业党建。新建大阳通用、龙盛置业、绿爱糖果3个党支部，开展“支部建在项目上、党旗飘在工地上、身份亮在岗位上”主题活动，充分发挥党在经济建设中的统领作用。立足于村级组织规范化建设、党建制度建设、党建活动开展、党员教育培训管理等内容，强化村级组织建设，配强配好村级班子，坚持完善“民情日”和“三会一课”制度，认真落实“两学一做”学习教育常态化制度化和“灯塔—党建在线”系统全覆盖，扎实开展党员集中培训，举办“喜迎十九大·永远跟党走”做合格党员为主题电视知识竞赛，党的基层组织不断强化，干部队伍不断加强，党员素质逐步提高。

【民生保障】 动态推进扶贫脱贫，核准建档立卡贫困户35户70人，年底全部实现脱贫；低保户数由411户711人核准为87户154人。建立村企合作模式，珠峰车业、盖氏机械等企业为9个村精准扶贫户提供虚拟岗位39个，发放爱心帮扶资金13.9万元。关注弱势群体，全年发放优抚资金、社会救助金、社会福利补贴150余万元，惠及困难群众1000余人。促进公共服务均等化，探索医养结合养老新模式，洪沟崖养老安康中心快速建设。关注教育发展，进一步改善办学条件。

【社会管理】 通过政府购买服务，委托第三方专业机构排查企业隐患；聘请专家开展安全培训，共培训4场、723人次，安全生产责任意识显著提高。投资400余万元配套建设区域性中心消防站，12个村均配备多功能微型消防车，消防安全防线更加稳固。注重信访积案化解，解决群众合法合理诉求，全年处理“12345”热线反映问题2157件。建立基层基础网格化管理体系，推行“一村一警”综合治理，投入440万元建设综合治理指挥调度平台及视频监控网络，社会治安更加稳定。全力推进文明创建和社会主义核心价值观阵地建设，增添喜闻乐见的雕塑小品31个，开展移风易俗，倡树文明新风，社会文明程度不断提高。组建综合执法队伍，强化执法管理，城市管理精细化水平大幅度提升。加大大气污染防治和水域污染治理力度，借助环保攻坚集中治理契机，打响环保攻坚战，区内企业累计投入4600多万元环保专项整治资

金对VOCs处理系统进行提档升级，生态环境持续改善。投资460余万元加强城乡环卫一体化工程，通过市级卫生乡镇验收。

【作风建设】 以干部工作实绩纪实为着力点，配套制定“村级干部待遇管理规定、机关干部岗位职称聘任管理规定和开发区机关干部工作能力印证分值计分评价”等制度，调动人员积极性，提升服务效能，提升行政服务水平。

撰稿：刘德祥

审稿：杨　晋

金锣科技园工作

金锣科技园管理办公室领导成员

主　任　李发现＊　郑　峰

副主任　高春生　王亚梅（女）　魏倩倩（女）

【机构设置】 2017年，金锣科技园管理办公室内设综合科、规划建设科、招商服务科和财政审计科4个科室。年底，共有干部职工11人。

【概述】 金锣科技园于2001年12月经农业部批准设立，规划范围东至205国道，南至永安路，西至金锣六路，北至文泗路，面积28.73平方公里，涉及枣园、半程、汪沟3个镇的部分区域。

2017年，金锣科技园以项目建设为抓手，以基础设施提升为载体，突出抓好平台建设、招商引资、优化服务等重点工作，全力服务园区经济社会发展。依托金锣、三维等龙头集团企业，基本形成以食品加工、金属建材为主导产业的高端食品制造、钢材深度加工、高新包装加工、农牧科技生态、综合建材制造等多个功能区。

【工业经济】 2017年，金锣科技园围绕工业经济发展，依托龙头企业，坚定不移培大育强、招大引强，加快形成集团企业孵化地、集聚地。截至年底，园区共有规模以上企业128家，实现工业总产值879.5亿元，主营业务收入851.6亿元，利税59亿元。

【项目建设】 加大供给侧改革力度，加快新旧动能转换，持续推动产业向绿色、深加工、“大健康”产业转型，拉伸产业链条、加大科技投入，提升产品附加值，增强产品竞争力。投资26亿元的沂河新能源二期，建设完成16个共计8万立方米的柴油罐区；投资过8.7亿元的金锣热电厂项目锅炉完成汽机封顶和环保设施安装；投资过15亿元的中阳生物二期项目开工生产；投资10亿元的吉祥歌建材、双龙塑料项目和投资过5亿元的金昊科技项目正在建设。

【园区建设】 围绕金锣医院打造特色小镇、大健康产业园，金锣集团建设的4座1.2万平方米公租房完成封顶；计划投资3000万元提升改造的三维路和投资1.5亿元建设的东程路，完成论证设计；全面完成金锣四路、金锣五路、山松二路的硬化、绿化；投资4000万元的半程镇内公交线路及环网工程开工建设；铺设柳青河污水管网2100米；打通蒙山二路，实现与枣园镇蒙山科技园的气、电融合贯通，助力园区提速发展。

撰稿：虞治涵　陈　超

审稿：高春生

电　业

国网临沂供电公司兰山客户服务中心领导成员

主　任　何召华

书　记　于旭光

副主任　杜　明

【机构设置】 2017年，国网临沂供电公司兰山客户服务中心下设综合部、市场班、抄表班、计量班、业扩班、营业班、检查班7个部室，以及大岭、半程、南坊、白沙埠、义堂、方城等6个供电所。

【概述】 2017年，兰山客户服务中心全年完成售电44.19亿千瓦时，同比增长7.79%，超公司指标0.65%；平均电价完成656.92元/千千瓦时，较公司指标提高3.7元/千千瓦时；电费回收率100%。年内，中心获得“临沂市振兴沂蒙劳动奖状”，被区委、区政府授予“先进单位”称号。全年共实施完成中共十九大等重要会议及重要活动保电稳定任务40余次。

【电网建设】 2017年，兰山客户服务中心全力推动启阳220千伏输变电工程及兰亭、青龙河电缆隧道工程开工建设。完成朱保煤矿线等21条重载线路治理，新架和改造10千伏线路75.2公里，进一步提升供电能力。统筹实施73条线路综合检修计划，累计更换绝缘导线9.2公里，安装开关设备38台。推进实施配农网工程和台区维修项目，累计新增配变149台5.1万千伏安，新建改造低压线路657.5公里、下户线76.6万米。实施配变重过载、低电压问题快速

重过载线路治理

处置“绿色通道”，全年累计治理配变重过载183台、低电压17940户，其中新增更换配变55台1.6万千伏安，新建改造低压线路191公里、下户线28.6万米。结合省级“美丽乡村”建设，实施省定贫困村农网升级改造，其中汪沟镇中杨庄村示范工程获省公司好评。

安全用电入户宣传

【安全管理】 全面开展安全职责流程梳理，明晰全员安全职责，层层压实安全责任。系统分析安全管理短板，梳理问题清单55条，精准定位安全管理方向及重点。常态开展班组安全日活动，深刻吸取事故教训，强化安全风险分析预控，促进全员安全素养提升。严格执行现场双勘察和值带班制度，查处违章20起。深入开展安全生产大整顿，实施中低压配网“四类隐患”治理攻坚战，促成区政府全面开展社会单位电气安全隐患排查整治，累计完成各类隐患治理8917处。落实属地化管理责任，完成220千伏蒙临一线等367处输配电线路通道清理，清除线下树木5.3万棵。全方位落实跳闸防控措施，组织开展夜巡48次、红外测温513次、客户设备试验35家，线路故障同比下降25.33%。

【优质服务】 密切关注客户需求，快速推进业扩流程，新上业扩925台39.2万千伏安，受理并网分布式光伏1435户59.5兆瓦。完成13个配套小区送电，新立项14个，收取配套费11929万元。加快旧村改造和户表接收，完成22个自建社区送电、8个小区户表接收。建设便民缴费服务网点，自助缴费终端增至132台，手持POS终端增至312台。开展供电服务隐患排查治理，利用微信平台每天下发异常数据并督促整改，处理短信催费、费控复电等方面隐患210条。开展全员“投诉管控”思想大讨论，召开全员投诉管控推进会和专题分析会，提前进行投诉预控。实施营销服务专题培训16期，全员普考3次，服务技能有效提升。开展营业投诉管控攻坚，实施“意见工单”和“二次来电工单”升级处理机制，对投诉较多的供电所及时召开现场会，现场督促、彻底整改。累计受理“95598”工单1879件，同比下降29.4%，较公司指标减少720件。

【队伍建设】 结合公司“大学习大宣讲大落实”工作部署，抓好中共十九大精神学习贯彻，撰写心得体会33篇。推进“两学一做”学习教育常态化制度化，举办主题党日活动4次、主题党课5期。深入开展“不忘初心、铸就匠心”思想大讨论活动，撰写心得体会90篇，查找和整改突出问题9条。全面深化“过硬党支部”和“电网先锋党支部”建设，扎实推进党员教育管理全覆盖，夯实党建工作基础，荣获公司“标杆党支部”流动红旗。开展“金秋助学”和“慈心一日捐”活动，资助职工子女6人，集体捐助社会4700元。实施员工素质工程，完成职工送培和专题培训57期202人次，培训计划完成率100%。同时，围绕重点工作，抓好主题宣传，累计在公司及以上媒体发稿239篇。

撰稿：张洪亮

审稿：何召华

交通·邮电

交通管理

交通分局领导成员

主持工作　姜良府
市海事局副局长、兰山办事处主任　郑　敏（女）
运管所所长　公立新
公路所所长　闫加方
商城货管办主任　孙兵昌＊　杨　华
副主任　宋　涛　刘广伟

【机构设置】2017年，交通运输局兰山分局内设办公室、行管办、财务室、安全所、法制办、妇委会、考核办7个机关所室和银雀山、白沙埠、李官、半程、枣园、义堂、汪沟、方城8个交通运输管理所，辖4个科级单位：商城货运管理办公室、市地方海事局兰山办事处、农村公路管理所、运输管理所。年底，全局共有干部职工198人，其中在职人员136人，副科级以上干部7人，中共党员93人。

【概述】2017年，兰山交通分局贯彻落实中共十九大精神，坚持把事业发展、安全生产和党的建设作为“三大要务”统筹推进，迎难而上，开拓进取，各项工作取得显著成绩。年内，被省精神文明建设委员会授予“省级文明单位”称号，被市交通运输局授予“2017年度先进单位”“全国‘四好农村路’养护现场会突出贡献先进单位”称号，被区委、区政府授予“2017年度先进单位”“全国文明城市创建工作先进集体”称号，被区人大常委会授予“2017年度全区人大代表建议工作优秀承办单位”称号，被区安全生产委员会授予“2017年度全区安全生产工作先进单位”称号。

【全国“四好农村路”养护现场会】8月23—24日，全国“四好农村路”养护现场会在兰山区召开，总结“四好农村路”工作成绩和发展经验，部署下一步重点工作。交通运输部部长李小鹏出席会议并强调，要全面贯彻党的十八大和十八届三中、四中、五中、六中全会精神，深入学习领会、坚决贯彻落实习近平总书记关于农村公路工作系列重要指示批示精神，深化交通运输供给侧结构性改革，狠抓落实，补齐短板，全面推进“四好农村路”建设，为全面建成小康社会提供更加坚实的交通保障。

【李小鹏部长视察兰山物流】8月24日，交通运输部部长李小鹏、副省长王书坚、市委书记王玉君、

8月24日，交通运输部部长李小鹏到金兰物流基地就“零担”物流、信息化物流及诚信物流建设情况进行调研。

市长张术平、市委常委范连生一行对金兰物流“零担物流”、信息化物流及诚信物流建设情况进行实地调研，强调要发挥平台信息优势，在“互联网+”的基础上，增加多领域的扩展；要紧跟时代步伐，不断学习先进的运营模式和理念，主动适应现代物流整合提升发展需求，加快新旧动能转换升级，做大做强商贸物流，推动区域经济社会发展。

枣园镇镇村公交开通仪式

【交通扶贫】 2017年，共投资3800万元，建设36.3公里扶贫道路，2016、2017两年累计建设58.2公里，全面完成交通扶贫攻坚任务。在全市第一次交通扶贫现场会上，分局作典型发言。为全市第二次交通扶贫现场会提供观摩现场，并作典型发言。

【公路建设与改造】 投资1300万元，完成文泗路至沂南界8.8公里的沂蒙路北延快速通道建设任务，率先全面完成快速通道工程。投资2600万元，完成文泗路沂河大桥、方城东河大桥、方城西桥3座危桥改造任务。

全市第二次交通扶贫现场会

【网化工程与镇村公交】 投资1.6亿元，完成135公里的村级公路网化建设工程，同时依托村级网化工程积极推进大环线建设，每个乡镇打造1～2条优美环线道路。在此基础上，开通枣园和义堂镇村公交。

【公路管理和养护】 对全区2015、2016年实施的县乡公路安防工程进行综合验收，完成所有项目的交竣工验收和第三方安评机构评价，并通过省级综合验收及和省级核查。做好农村公路涉路工程建设许可、设置非公路标志审批、公路用地上的树木砍伐审批等路政许可工作和路产损坏赔偿工作，全年共办理路政许可8个，公路路产损坏赔偿4起。

【物流行业监管】 制定货运站场“双随机·一公开”制度，开展货运站场日巡查制度。2017年，开展集中巡查67次，日常巡查947次，检查托运部3321家次，检查货运车辆5071辆次，发现并整改各类安全隐患111处。联系交通执法支队兰山大队、区公安分局治安大队等部门对辖区内货运站场开展危化品联合整治，查处危化品违法运输行为196起，有效地维护商城物流行业的安全稳定。指导货运站场配合兰山消防大队开展安全应急演练，全年共开展应急演练 17 次，站场从业人员的安全生产意识和应急救援水平得到提高。

在全区物流园区中，全面推行物流实名制，建设商城物流业实名制信息综合服务平台，推进身份证识别设备全面安装进程，实名制已覆盖商城所有物流园区。全面推进商城物流园区货物验视制的落实，指导各园区成立专门验视队伍，在货物受理环节对货物实施随机开箱（包）检查，确保货、单一致。协调交警部门，相继在金兰物流、荣庆物流设置共治合成办公室。抽调服务意识强、业务技能高的 3 名职工，增设商城运政窗口，具体受理商城范围内货运站场、物流企业、运输公司、托运部的许可、备案、勘验等业务。

【环保攻坚】 做好停车场地物流园区扬尘治理。全区 37 家物流园区地面已经全部完成硬化，出入口均配备沉淀池、安装车辆冲洗设备，并设置 360 度无死角视频监控等；联合各镇（街道）对 45 家停车场进行关停，并由属地镇（街道）负责管理。做好危废整治工作。共摸排企业 897 家，其中 80 家一、二类维修企业已经全部同危废回收公司签订废料、废油、电瓶回收合同，并设立危废贮存场所；按照经营类别 24 家三类维修企业中已签订三项回收合同 13 家，签订废油回收合同 11 家。

【安全监管】 普货运输安全监管。4 月，组织开展全区普通货物运输企业安全生产大检查，严格“十个必查”和“三个必问”共检查企业 291 家，发现隐患 420 余处，下达隐患整改通知书 152 份，对限期整改不到位的 28 家企业采取限制新增运力措施。全年先后约谈 54 家普通运输企业，对 37 家实施限制新增运力措施。成立 3 个巡查组，协同各交管所对 50 台重型车辆以上规模普货运输企业进行监督检查，发现隐患 100 余处，下发整改通知书 50 余份，要求企业限期落实问题整改。下达超期车辆限期整改通知，清理脱审车辆 1000 余台，消除道路运输企业拖审违规车辆安全隐患，保障运输安全。

危货安全监管。配合市运管处完成 4 家危险品运输公司 2016 年度质量信誉考核工作。开展危险货物运输企业“亲情宝”系统的推广应用。做好专项检查与突击检查结合工作，对辖区内危险品运输企业进行全覆盖检查，做到见车见人见证，发现隐患和问题 29 处，限期内全部整改达标。开展安全生产专项教育培训，组织企业管理人员、驾驶员、押运员观看“6.5”金誉事故安全警示教育视频和安全教育培训。

维修安全监管。通过检查筛选，共注销搬迁、拆迁、长期未年审等僵尸维修企业二类的 42 家，三类的 241 家。

对兰山区 2016 年度考核期内的机动车维修企业和 264 家道路货运企业（不含危货运输企业）、7 家货运站场及站内 9 家物流公司开展质量信誉考核。经考核，机动车维修企业 AAA7 家，AA38 家，A14 家，B 级 10 家；普通货运企业、货运站场及站内物流公司 AAA5 家，AA52 家，A190 家，B 级 33 家。

【党建工作】 机关、公路、老干支部按期换届，商城支部及时补选书记。持续开展“两学一做”学习教育常态化制度化建设，制定实施方案和学习计划。落实“三会一课”、组织生活会等基本制度，运用“灯塔—党建在线”、微信等新兴媒体做好日常活动开展、党员考核、党费收缴和组织关系接转等管理工作。以党建积分管理为主线，全面加强党员管理。制定千分制考核实施细则，每月党员定期申报积分，考评小组组织考评，年底党总支统一评分，全方位量化考核党员的日常表现。做好“结亲连心”活动，深化“第一书记”挂职工作。

【行业文明建设】 加强新闻宣传工作，在《临沂日报》《兰山大众》临沂在线等刊发文章。每季度建立善行义举四德榜。每月推荐一名“身边好人”和 200 条好人线索。做好网络文明传播工作，开展给困难群众送温暖献爱心、慰问养护工、帮助老年人办理免费公交卡、艾滋病防治宣传、安全生产宣传等多种形式的“我们的节日”主题活动和“学雷锋”志愿服务活动。

撰稿：王　婷

审稿：刘广伟

公路建设与管理

公路局领导成员

局　长　刘艳君（女）

副局长　李立新　邓洪星　严庆华

【机构设置】2017年，区公路管理局下设办公室、计划财务科、政工科、养护科、工程科、机务科、路政科、安全科8个职能科室，及义堂、汪沟2个公路站。主要承担着兰山区境内205国道、206国道、327国道、229省道，共计49公里的公路建设、养护和管理任务。年底，共有干部职工85人，其中中共党员46人，具有大专以上学历的61人，中、高级职称的35人，工程技术人员18人。

【概述】2017年，区公路工作以迎接“十三五”全国干线公路养护管理检查为契机，强化公路建、养、管中心工作，优化路网布局，提升公路公共服务能力和水平。年内，区公路局先后被市公路局委员会和区直机关工委授予“先进基层党组织”称号；被区委、区政府授予“综合工作考核先进单位”“‘三引一促’工作先进单位”“安全生产工作先进单位”等称号，并通过“省级文明单位”复查。

【公路建设】206国道临沂新西外环兰山段征地拆迁已基本完成，共拆迁民房501户，企业282家，拆除面积达43余万平方米。临沂新西外环兰山段改建工程自2月12日开工建设以来，控制性工程祊河特大桥、义堂互通式立交、跨兖石铁路桥、小涑河大桥等均已开工。截至年底，大中桥桩基完成524棵，梁板吊装完成330片，路基清表已基本完成，水泥土改良完成10.5公里，水泥稳定碎石基层完成7.5公里，沥青混凝土下面层完成6.7公里。累计完成工程建设投资18000万元。其中，新西外环东西段5.5公里（起点至京沪高速立交桥底）于10月1日通车。同时，加强工程安全环保检查，共发现隐患83处，整改78处，保证工程安全施工。

11月14日—12月6日，开展京沪高速公路扩容工程（兰山段）土地确界和地上附着物清点工作。

配合市公路局、区政府做好327国道、229省道兰山段工程改建前期准备工作，争取列入“十三五”规划。

【公路养护与管理】做好路面的挖补作业工作，对229省道全段路面进行面层挖补7293.73平方米，微表处理10公里。对205国道进行面层（10厘米）挖补4030.08平方米，面层（7厘米）挖补1647.6平方米。对206国道面层（10厘米）挖补750平方米，对206国道西外环大山路口等重要路口进行及时挖补修复，以保障道路的安全畅通。205国道灌缝13436延米，206国道灌缝8662延米。6月12日—7月1日，对234省道沂台线费县连接线路面进行挖补工作，共计完成路面挖补31500平方米，灌缝11900延米，为8月份交通运输部农村四好公路现场会在临沂召开提供良好的通行条件。

做好交通安全设施维护工作，全年施划热熔标线630.13平方米、冷喷标线1230平方米、振荡标线29.7平方米。对206国道护栏的13处私自开口进行封堵。投入11万元更换205国道组合式护栏1000米。更换205国道、229省道波形护栏面板350米，立桩120米。

对205国道、229省道断档苗木进行补植。其中，205国道绿化补植小龙柏、红叶石楠、紫薇、蜀桧、小叶女贞、紫叶李、大叶女贞等共计60961株；229省道补植黑松6100株，修复花池365米。

2017年，小修保养工程共投入资金约558.14万元，其中日常保养费用124.6万元，一体化保洁费用25.43万元，小修工程225.33万元，预防性养护工程165.68万元，信息化系统管理费9万元，交通量调查费1万元，应急保畅费用7.1万元。同时，对长期存在的205国道K859+400～K860段积水排水不畅的问题进行整改，将排水管涵改成排水沟渠，并已完成修建工作。对所管养的国省干线公路按季度进行路况评定，优良路率均达95%以上。

【路政管理】 严格执行省交通厅公路局《路政巡查制度》，全年路政巡查里程76820公里，清除辖区公路沿线大型臂杆式非公路标志79块，户外移动广告牌匾56块，清理洗车加水点12处，移动摊点26处。制止多处在中央隔离带上乱开口行为。

严格行政许可审批和路政事案处理，全年受理路政事案11起，收取路赔费98205元。

坚持宣传教育与查出打击相结合，抓好干线公路路域环境综合整治工作，维护路产路权。根据路政职能的调整，推行与交通督查部门的联动机制，

开展路政执法

205国道路面挖补作业现场

突出重点，强化措施，努力营造“畅、安、舒、美”的行车环境。年内，重点对205国道大峪村沿线4处砂场、229省道4处砂场、3处板皮厂进行集中宣传和整治，路域环境得到提升。开展路政月宣传活动，共出动路政宣传人员40人次，路政宣传车20台，设置便民服务台3处，回答群众问题35件，发放宣传材料6000余份，墙体喷绘标语2处，悬挂宣传标语8幅，清除占道经营4处，车加水点2处，移动摊点26处，平交道口8处，清理非公路标志14块，桥下垃圾1处。

【安全监管】 抓好责任落实，落实“一岗双责”，年

初签订各级安全生产目标责任书。组织全体职工学习新《安全生产法》《山东省安全生产条例》等法律法规。组织安全培训活动3次，培训人员145人次。

做好隐患排查治理，每月开展安全生产拉网式大检查活动。全年共排查隐患98处，已全部整改。同时，对办公场所以及辖区内路段进行全面、全方位检查；在重大节假日、汛期等不同时期、时段，有侧重点的组织检查活动。结合市公路局开展的安全生产大检查活动及省交通厅、省公路局开展的安全生产百日攻坚行动与平安交通专项整治行动，进行周排查、月排查，发现隐患及时整改。

加强应急处置能力，做好应急值守和各项应急预案的制定实施、应急物资的及时补充更新及物资库的安全管理。6月9日，开展全员防汛演练活动，为应急防汛做好准备。同时开展“安全生产月”活动，在全局管辖区域内悬挂安全生产条幅10条，制作宣传展板2块，发放宣传材料1500余份。在全局开展“讲身边安全生产故事”征文活动和观看警示片活动。

撰稿：姚　婷

审稿：刘承瑜

邮　政

邮政临沂市营业局领导成员

总 经 理　苏贻庆＊　王玉泉

副总经理　王铭鸿　赵兰欣　李玉刚　赵记星（挂职）

总经理助理　李玉刚＊

【机构设置】 根据省、市邮政公司企业改革要求，为有效支撑“一体两翼”经营发展战略，进一步推进“以客户为中心”的经营组织架构改革，2017年7月12日，中国邮政集团公司临沂市城区分公司更名为中国邮政集团公司临沂市营业局，继续履行原中国邮政集团公司临沂市城区分公司生产、经营等职能。2017年，邮政集团临沂市营业局内设综合办公室、市场营销部、金融业务部、集邮与文化传媒部、渠道平台部、包裹快递部等1室5部，下辖24处城市支局、22处农村支局、2个城市投递部，共有员工364人。

【概述】 邮政部门是带有公益性质的服务行业，承担着为国家、社会普遍服务的义务。主要业务有：代理金融、保险理财、函件、报刊发行、报刊零售、集邮、电子商务、分销、包裹快递等业务。

2017年，中国邮政集团公司临沂市营业局秉承“一言一行树邮政形象，一心一意为客户服务”的企业精神，把握“稳中求进”的工作总基调，围绕“一体两翼”企业经营发展战略，紧跟临沂邮政“十三五”战略目标节奏，坚持“以客户为中心、统筹质量效益”的经营思路，突出“三大关注”，强化“四个坚持”，履行普遍服务义务，重视各项特殊服务，坚持以改革创新为动力，以突破超越为目标，凝心聚力、以人为本，转变经营理念、加快发展速度、提高发展质量，提升员工幸福指数，完成区委、区政府安排的各项工作和中国邮政集团公司临沂市分公司下达的目标任务。截至年底，邮政集团临沂市营业局负责投递段道84条，邮路总长度5333公里，有生产车辆19辆、邮筒14个、报刊亭29个；服务面积达1902.5平方公里，网点服务遍及5区，服务行政村（社区）590个，服务人口332.6万人。

【经营与发展】 2017年，邮政集团临沂市营业局实现业务总量8366.66万元，占全市邮政系统比重的12.52%，全年业务规模全市第二。其中：兰山片区业务总量3130.81万元，河东片区业务总量2159.3万元，罗庄片区业务总量1970.86万元，项目组业务总量1105.69万元。

【基础管理】 坚持“一手抓发展，一手抓防控”，加强内控检查管理，执行安全生产、服务质量等各项管理规章制度，加强从业人员的知法守法教育，为企业发展营造良好的内部环境。抓好服务规范化管理，提高邮政通信质量，加强精神文明建设，推动规范化服务，加大对职工职业道德的培训，在职工中树立“靠服务发展业务，靠服务树立形象”的思想意识和大局意识，提高邮政良好的服务形象。

【企业文化】 2017年，继续推进以“沂蒙精神”“战邮精神”为根基的营业邮政企业文化建设，加大对新时期“战邮精神”宣传力度，将精神实质融入实际工作中，构筑起新时期“幸福营业邮政”企业的核心价值体系，为企业科学发展注入“新”的活力。开展酷暑、寒冬等各类走访慰问活动，做好困难职工帮扶工作；推进星级职工小家建设，加大文体娱工程建设投入和活动组织力度，组织庆“七一”红歌演唱会、庆“八一”退役军人座谈会及支局经理家属恳谈会，提升团队凝聚力、战斗力及向心力。维护职工的合法权益，定期召开职工代表大会，保证职工的知情权。将企业的发展成果最大限度的惠及广大邮政员工，提升员工幸福指数，营造营业邮政“健康、快速、和谐”的发展环境。

撰稿：谷瑞强

审稿：李玉刚

联 通

联通兰山区分公司领导成员

总 经 理 张 欣

副总经理 马 勇 刘 波

【机构设置】 2017年，中国联合网络通信有限公司临沂市兰山区分公司下设1部4中心、9个支局、400多个服务网点，在职员工100余人，服务客户超过100万户。

【概述】 联通兰山区分公司是全区综合通信能力最强、全业务最均衡的主导通信运营商，拥有全区覆盖范围最广、技术最先进的通信网络，具备4G、宽带、互联网、固定电话、信息化应用等全业务提供能力，并一直承担着党政军机要通信、抢险救灾等重要通信保障任务和普遍服务的社会责任。2017年，公司围绕省、市公司工作部署和企业经营中心，继续实施聚焦战略，落实“抓党建、促发展、控成本、转机制”发展方针，公司业绩显著提升。

【履行责任】 在服务全区经济建设和社会发展的同时，积极履行社会责任，主动参与创城、青年志愿者等各类社会公益活动，树立良好的社会形象。

【提速降费】 响应国家提速降费号召，推出不同消费群体的不限量新产品政策，为客户提供更加合适流量和高速产品。进行客户回馈和价值提升，面向所有家庭客户宣传家庭成员共享不限量通信的理念，提升新融合产品的市场占比。

【经营管理】 精细化推算乡镇网格与基层单元收入预算目标、毛利目标、成本等指标，通过公开竞聘，完成乡镇营业部承包工作。鼓励员工由后台走向前台，充实乡镇基层营销力量，调动工作积极性，提振员工士气。

【培训管理】 制定《兰山联通培训管理办法》，着力打造“兰山大讲堂”培训品牌，促进员工业务能力与服务能力双提升，实现公司持续健康发展。

【网络建设】 2017 年 3 月，公司启动 2017 年 pon（Passive Optical Network，即无源光网络）+lan（Local Area Network，即局域网）改造一期工程。改造涉及 14 个小区，78 台设备，共改造新建 1 ：4 分光器 62 个、1 ：8 分光器 77 个、1 ：16 分光器 20 个。同时完成用户改造及设备下电任务，让用户体验到联通宽带的速度及服务。

【党风廉政建设】 落实党风廉政“主体责任”，做到党风廉政建设与业务工作同安排、同部署、同落实。及时传达贯彻市委、区委、省市公司对党风廉政建设工作的部署和要求，组织学习党内法规、党风廉政建设及反腐败工作有关文件及违纪违规通报，督促各层级人员严格执行廉洁从业规定。针对重点岗位、关键环节人员的职能特点，加强廉洁教育，严格规范各项流程与执行，营造企业风清气正的干事氛围。

撰稿：陈　磊

审稿：张　欣

移　动

移动兰山分公司领导成员

总 经 理　李　莉（女）*　刘明仕

副总经理　李宜成　宋爱珂　郑晓彬

【机构设置】 中国移动通信集团山东有限公司兰山分公司隶属于中国移动山东临沂分公司，位于北城新区沂蒙路与武汉路交会处。2017 年，公司下辖 16 处城区营业厅、8 乡镇经营部，在册员工 278 人。

【概述】 2017 年，移动兰山分公司拥有客户规模 143 万余户，运营收入超过 9 亿元，运营收入、纳税总额居全区通信运营商首位。年内，公司做好两会、中高考、临沂大学运动会、张学友演唱会等重大活动通信保障工作，积极参与公益事业建设，无偿发送应急短信、公益短信。做好电话用户真实身份信息登记工作，严格控制新入网客户实名入网。做好防范打击通讯信息诈骗工作，通过拦截非法国际主叫数据、打击伪基站、建设投诉处理支撑机制等措施维护广大群众利益。公司先后荣获“模范职工小家”“振兴沂蒙劳动奖状”等称号。

【客户服务】 2017 年，公司继续贯彻“客户为根、服务为本”的理念，深化服务与营销的融合，强化对公司整体运营品质的监控，从标准化服务体系建设、客户焦点难点问题解决、客户惊喜服务探索三个维度，打造客户满意工程，持续提升客户满意度。

以市政府“民生优先”精神为指导,落实“提速降费”号召，率先推出流量不限量套餐，全面取消手机客户国内电话长途及漫游通话费用，语音、宽带、流量平均资费大幅度下降。继续推动互联网基本公共服务建设，推出宽带服务六项承诺。不断提升4G+网络速率，固网宽带与4G网络进一步向农村、新社区延伸覆盖，将互联联网资源向城乡基层倾斜，满足乡镇居民互联网服务需求。

【网络建设】2017年，继续扩大4G网络规模，建成4G宏站、微站、室分站点共计550余处，完成4G五期建站任务，有效提升4G网络覆盖率。提升宽带场景覆盖和装维质量，全年有线宽带安装7万余户，弱光用户占比由5.50%下降至1.99%。每周进行装机质量检查，对装机质量不过关，存在安全隐患的站点，加强整改力度，城区4小时故障解决率98.28%。2017年，管道建设154段100余公里，市政管道覆盖率达到90%。专线建设不断完善，陆续完成BRT、公安天网、市政便民中心等市重点专线工程建设400余条。

【企业文化】坚持以人为本，将提高一线员工综合素质和工作水平作为企业的基础性工作。围绕市公司关于企业员工行为规范宣贯工作，加强企业文化行为建设，形成行为有规范、做事有依据、文化有引领的和谐企业氛围。深化精神文明创建工作，按照区文明办要求，参与文明城市创建工作，成立文明城市创建工作小组，对所辖营业网点的创建工作进行定期检查、督办。组织学雷锋青年员工志愿服务活动，开展节假日到所包街道打扫卫生、千家结对帮扶、帮助社区孤寡老人、义务社区宣传服务等。

【党建工作】从严从实抓党建，实行“一岗双责”，经营、党建两手抓，营造班子健全、团结协调、堡垒形成、作用发挥、争创“六好”的格局。加强组织学习，夯实党建基础，强化党建责任落实。支部班子分片包干，成立党员先锋队和青年突击队，奋勇争先、攻坚克难，把中共十九大精神落实到公司生产经营管理和党的建设过程中，实现各领域全覆盖。加强监督执纪问责,开展民主集中制、“三重一大”制度执行以及选人用人、落实中央八项规定精神等方面工作的监督检查，确保重点领域的制度执行和廉洁风险有效防控。结合生产经营丰富主题党日，开展多元化实践活动，先后组织“我心中的十九大”演讲比赛、“学习十九大做合格党员”主题党日等活动，完成“同心共庆十九大，砥砺奋进跟党走”线上闯关、答题等系列活动，针对公司重点工作，先后开展小微宽带“百日会战”、中高端保有赠机竞赛、4G收官之战、重点业务发展竞赛等。

撰稿：周　路

审稿：刘明仕

广电网络

山东广电网络有限公司兰山分公司领导成员

经　　理　崔现文＊　刘　尊

副 经 理　赵常金＊　王孝阳

经理助理　冯玉平　张钦斌

【机构设置】 2010年3月，兰山区机构改革后设立兰山区广播电视网络管理中心，隶属兰山区文化广电新闻出版局。2011年5月成立山东广电网络有限公司兰山分公司，属于一个单位两块牌子。2016年8月，完成事转企及事业人员分流工作。2017年，公司下设综合部、市场客服部、工程运维部、纪检监察室4个部室以及柳青、兰山、义堂、马厂湖、枣园、半程、白沙埠、李官、汪沟、方城10个工作站，共有干部职工102人，其中中共党员21人，具有大专以上学历的41人。

【概述】 2017年是全区广电网络“精细化管理年”，公司围绕省、市公司工作部署，服务全区中心工作，加强党的建设，加强改革创新，加强安全生产，加快业务发展，全年实现收入2099.87万元。截至年底，公司固定资产原值7923.46万元，固定资产净值4316.18万元，净资产1780.66万元。

【业务发展】 2017年，公司新增数字电视3300户、宽带2746户。截至年底，全区在线数字电视用户51710户、宽带用户10076户（不含市区）。年内，公司加强网络改造建设力度，全年新开通光点860个、小区60个，布放干线光缆20公里，开通电力集抄160余处。承建全区“党建可视化信息平台”，完成11个镇（街道）、工业园区、342个村（社区）、51个区直单位等建设任务。

【安全生产】 2017年，公司严格落实安全生产责任制，全年完成抢修960余次，保障春节、两会、中共十九大等重要保障期安全传输“零事故”。

【改革创新】 2017年，公司加强改革创新，在公务用车改革、网格化管理、三项制度改革等方面取得新成效。在全市广电网络县区分公司中率先开展公车改革，保留公车7辆，取消6辆，车改后，全年降低车辆费用9万余元，节支率达45%以上。9月，在柳青站、兰山站、李官站开展网格化管理试点，后全面推行。12月，开展竞争上岗、双向选岗，印发薪酬改革实施方案，全面完成劳动、人事、分配“三项制度”改革。

【党建工作】 在2016年12月成立山东广电网络有限公司兰山分公司党支部的基础上，2017年，公司坚持问题导向抓党建，做好党建与业务结合工作，加强“两学一做”学习教育，编发《党建工作简报》12期，党建工作进一步规范化。

撰稿：张钦斌　岳　嵩

审稿：刘　尊

建设·环保

城乡规划

兰山规划分局领导成员

局　长　刘志文

副局长　宋永涛　孝文峰　姜建伟（女）

【概述】 2017年，规划分局围绕重点工作任务，坚持服务大局，以城镇化战略为主导，以城乡一体化为目标，规划、建设和管理工作同部署、同落实，发挥规划的调控、指导作用，强化服务意识、责任意识，推进城乡规划工作。

与相关单位的工作沟通与协调，完成控规及城市设计调查摸底、专项规划征求意见汇总、项目编研资料收集等工作，确保控规及城市设计、规划编研成果科学合理、切实可行。配合推进《茶山风景区及周边地区概念性规划》《临沂市城市轨道交通建设规划》《高铁片区暨白沙埠镇总体规划》等专项规划顺利编制报批，结合兰山区规划工作实际对专项规划及城市设计提出意见和建议。负责组织编制的《银雀山片区及三里庄二期控制性详细规划》《片区3控制性详细规划》《片区4控制性详细规划》按计划推进，《银雀山片区及三里庄二期控制性详细规划》经市政府批复实施，《片区3控制性详细规划》《片区4控制性详细规划》已经公示。

【批后管理】 加强建设项目的批后监督管理工作，强化责任意识、服务意识，划片管理，责任到人，规范台账。严把项目初审、放验线、验槽、工程主体及外观、室外配套、竣工规划核实等环节，确保项目严格按规划实施。全年共有54个建设单位的698个单体工程放线开工；通过批后跟踪管理，下达《责令限期整改通知书》45份；对47个建设单位273个单体建筑进行规划竣工核实，总建筑面积达321万平方米。

【临时工程管理】 把住临时工程预审关，对每个报建项目都做到报前现场勘察，放验线过程现场勘察，竣工现场勘察，确保工程不挪位、不超建。对申请延期的临时项目进行规划审查，按照报建程序办理《临时工程规划许可证》，全年共报批临时工程5项。

现场勘查

【乡镇规划管理】 推进乡镇总体规划编制，完善城乡规划体系。结合新西外环建设及高铁片区规划，督促乡镇进行总体规划修编，方城镇总体规划经市政府批复实施，枣园镇、白沙埠、李官镇、半程镇、汪沟镇总体规划正在修编中。开展乡镇规划管理工作，对乡镇报建项目在专业规范上进行规划审查和指导。

撰稿：姜建伟

审稿：刘志文

商城规划

商城规划分局领导成员

局　长　石永强

副局长　尤洪根

【概述】 商城规划分局负责通达路以西、解放路以北、祊河以南、京沪高速公路以东及兰山经济开发区和义堂镇用地范围内的城乡规划管理工作。

2017年，商城规划分局以习近平新时代中国特色社会主义思想为指导，全面贯彻落实中共十九大会议精神，围绕市局中心工作，按照工作目标综合管理考核办法要求，完成全年各项工作任务。

加强与区政府、镇（办事处）、村居等的沟通与协调，配合有关部门完成《临沂市物流业中长期发展规划》《临沂市城市轨道交通建设规划》《临沂市中心城区近期建设规划》等专项规划编制工作。组织编制完成《兰山商城片区双岭路以南商城中轴线片区控规2》规划中期成果。推进乡镇总体规划编制，建议完善城乡规划体系。对临沂兰山经济开发区规划工作提出路径和建议，配合义堂镇总体规划进行修编。

【批后管理】 通过强化责任意识，发挥全体人员的工作积极性和主观能动性，实行划片管理，责任到人。实施放线三张通知书，严把项目初审、放验线、验槽、工程主体及外观、室外配套、竣工规划核实等各个环节，确保项目严格按规划实施。全年共有9个建设单位的92个单体工程放线开工；对7个建设单位80个单体建筑进行规划竣工核实，总建筑面积达777309万平方米；受理临时工程2项，报批临时工程2项；受理乡镇建设项目初审19项，通过多次上门服务，增强乡镇办事处规划管理意识。

撰稿：闫泓霏　胡金萍

审稿：石永强

城乡建设

住建局领导成员

党委书记、局长　程万里

党委副书记　李玉然

副局长　李玉然　王茂龙　邢家礼　刘　刚　孙亚萍

党委委员　王茂龙　车贵利　邢家礼　张庆全

主任科员　许延山　车贵利

【机构设置】 2017年，区住建局下设办公室、人事监察室、财务审计科、村镇建设管理科、基本建设管理科、城市建设管理科6个科室，辖3个正科级事业单位：区房产管理办公室、区城市道路维护管理办公室，区人民政府房屋征收办公室，13个股级事业单位：质监站、检测站、安监站、企管站、招标办、劳保办、节能办、装饰办、散装办、测绘队、区城市公用事业管理服务中心、数字化城市管理中心、区房屋征收服务中心。年底，共有干部职工272人，在职217人，在职人员具有大专以上学历的213人。

【概述】 2017年，区住建局贯彻落实区委、区政府部署要求，按照“三个做到、两个确保、一个巩固”总体目标，即做到服务发展措施全部到位、行政执法监督不出任何问题、队伍建设不使一人掉队；确保争办一个省级或市级现场会，确保全区区直部门综合考核排名第一；巩固好省级文明单位金字招牌，开拓进取、真抓实干，实现在区直部门综合排名“三连冠”的目标。被山东省精神文明委员会评选为全省精神文明单位，获市房产和住房保障局颁发的“2017年度临沂市物业服务行业文明创建先进单位”“临沂市房产和住房保障系统住房保障工作先进单位”“临沂市房产和住房保障系统房屋征收工作先进单位”等称号；领导干部获得全市房产和住房保障系统先进工作者3人，全市物业服务行业文明创建先进个人3人，全市优秀监理工作者2人。

【城镇改造】 围绕“三城三片”布局，按照“北上西强”的发展格局，优化发展空间，提升城市承载力，全年完成征收182万平方米，开工建设居民楼488万平方米。老城区开展6个片区征收工作，完成征收66万平方米，建设居民楼223万平方米。北城新区完成征收33万平方米，建设居民楼110万平方米。西部新城完成征收48万平方米，建设居民楼55万平方米。小城镇建设完成征收35万平方米，建设居民楼100万平方米。

【安居工程建设】 推进李庄社区、公路局等5个项目共1074户改造任务，对骨科医院片区实施货币化安置，改造项目全面开工，重点推进小义堂、长夫、小枣沟头等7个新型社区建设，开工建设居民楼87栋53万平方米，建设农房1.3户；实施老旧小区改造，对涉及78个改造任务进行综合整治，惠及居民1.18万户。

副市长常红军视察李庄棚改现场

【城镇配套服务提升】 投资1800余万元，对开阳路、桃园路、育才路3条道路破损严重路段进行大修改造，岚兖路进行彻底整修，对平安路等7条开挖路段进行恢复施工，新增硬化面积198万平方米。投资1100万元，实施龙头沟黑臭水体治理，对3.1公里河道进行清淤、护坡，埋设截污管道；建设完成柳青河第二污水处理厂，加快10公里配套管网敷设，加强对5座污水处理厂和47个小型污水处理设施的日常管理，打造农村道路硬化户户通建设和无害化厕所改造示范区，累计硬化村内道路126万平方米，完成年度总任务量的110%；改造农厕1.7万户，提前完成3年3.06万户的改厕总任务。

【城镇基础管理】 对区管67条道路和28座桥梁划

分五大责任区，通过市场化运作方式，公开招标专业养护队伍进行维护，累计修补道板、路面23万平方米；办理城市道路挖掘审批手续31个，健全“区、镇（街道）、社区”三级管理体系。对全区247家物业企业、1118个物业管理小区加大监管力度，推动成立具有法院审理性质的物业纠纷诉前调解庭，累计协调处理各类投诉1万余起。开展燃气安全监管工作，累计下发整改通知书、停止违法行为通知书共92份，排查安全隐患317条，查处无证液化气站及代灌点39家。

赵晓晖书记督导工地安全生产工作

【建筑工程监管】 加大对区管192个在建项目的监管力度，全年累计开展专项集中检查11次，下达各类整改文书400余份，发现隐患2000余处，立案查处各类施工违法违规案件66起，处罚金额223万元，协调解决各类农民工投诉案件3000余起，为农民工追回工资1.4亿元，工程质量、安全合格率均达到100%，全区建筑业平稳有序发展。按照《临沂市大气污染防治2017年攻坚行动方案》的要求，落实“六规范一监控”等治理措施，对被市级督办的扬尘污染项目立案查处27起，处罚金额111万元，处罚力度位居县区首位。完善信息化管理平台，在区管建筑工地安装$PM_{2.5}$、PM_{10}扬尘检测仪，对所有产尘项目实时监控、在线监管，全区128个建设项目达标126个，15处征收工地达标12处，41家混凝土搅拌站全部达标。

【机关建设】 开展践行“两学一做”学习教育活动，落实从严治党主体责任，加强党风廉政建设，民生工作取得实效，全年办理人大代表建议20件，政协委员提案23件，接待受理来访30起，其中结案3起，化解6起，答复17起，涉法涉诉2起，回退2起，全年妥善办理“12345”热线7042件。

撰稿：韩汶轩　杨文凯

审稿：徐宝良

综合行政执法

综合行政执法局领导成员

党组书记、局长　王金锋

副局长、综合行政执法大队大队长　夏继宝

党组成员、环卫办主任　刘　杰

党组成员、园林办主任　孙志奎

主任科员　魏爱华　刘　军

副主任科员　姜开涛

环卫办副主任　杜尔善　王连昌　李金良

园林办副主任 白永刚 郑 岩

综合行政执法大队副大队长

陈宝锋 朱 林

观摩普村农贸市场现场

【机构设置】 2017年，根据区委、区政府全区综合行政执法体制改革实施意见，组建区综合行政执法局，加挂区城市管理局牌子，为区政府工作部门。区综合行政执法局下设办公室、人事科、财务审计科、督查考核科、政策法规科、渣土管理科、党务办、工会办8个科室；辖3个正科级事业单位：区环境卫生管理办公室、区园林管理办公室、区综合行政执法大队。

【概述】 2017年，区综合行政执法和城市管理工作借助综合行政执法体制改革、城管执法体制改革，不断强化综合行政执法，实施城市精细化管理，开展城乡环境综合整治，营造干净有序、优美靓丽的城乡环境，为全区社会经济发展提供有力保障和支撑。是年，在全区科学发展综合考核中位居第七名，在全市中心城区城市管理综合考核第一名，被区委、区政府授予“全区先进单位”“2017年度五四红旗团总支”“兰山区青年志愿服务暨志愿扶贫行动先进集体”“优秀人大代表建议承办单位”“2017年度承办提案先进单位”称号，被市城管局授予“全市城市管理工作先进集体”称号。

【精细管理】 召开全区城镇精细化管理工作现场会，将“金雀山模式”推广全区所有镇（街道、经开区），城镇精细化管理覆盖范围扩大，“两级政府、三级管理、重心下移”的城镇管理体系逐步完善。开展城镇精细化管理工作专项督导，对镇（街道、经开区）中队建设、人员装备配备、经费投入等进行重点督导，12个镇（街道、经开区）均成立城管中队，管理队员1014人，管理车辆137辆。在《兰山新闻》开设城镇精细化管理工作系列报道栏目，对书记、镇长进行专访，7个镇（街道）进行报道。

【环境卫生】 组织开展“奋战六十天、打响回头看”活动，加大环卫基础设施维修和建设，累计维修公厕31座，新建公厕11座、垃圾收集站20座，提升改造三类公厕14座，购置垃圾桶(箱)1.7万个，全年累计清运生活垃圾57万吨。新签订餐厨垃圾收运合同400家，累计1300家，日均收运140吨，共处理餐厨垃圾废弃物4.1万吨。发挥数字化监管作用，对接雪亮工程、中环焚烧发电厂、半程填埋场视频

道路清洁

信号，现有180辆环卫作业车辆纳入数字化监管。严格道路洒水作业，深度保洁道路每天“一机扫一洗扫一吸尘”，其他道路每天4遍洒水，新增洗扫车、吸尘车等作业车辆45台。

【园林绿化】 落实养护技术标准，常态化开展各项养护作业，累计修剪、涂白行道树12万棵、花灌木50万株，模纹绿篱实现全年常态化修剪；开展多轮病虫害防治，探索尝试阻断害虫迁移路径、粘板灭虫等物理手段，生态防治病虫害效果初显。及时修补、更换、安装护栏、蘑菇石、挡土墙等附属设施1万米。开展城区苗木补植、重要节点提升改造、解放路、临西十一路等道路绿化提升改造工程，累计栽植苗木1.2万棵，新增绿化面积9万平方米。探索增绿方式，不断拓展增绿渠道，加大单位（小区）和村镇绿化建设，全年累计新增绿化面积205万平方米，园林绿化景观效果提升，在中心城区园林绿化专项考核中5次位居第一。

【市容市貌】 开展店外经营、占道经营等专项治理，采取夜间巡查、错时执法等措施，全年累计出动执法人员6万人次，执法车辆2万台次，查处各类违规行为1.7万起，暂扣经营工具800套；开展城市“洗脸”活动，利用电话自动告知与现场清理相结合的方式，集中对“野广告”进行专项整治，累计清除野广告8.9万处，没收宣传单页11.6万份。建立餐饮油烟管理前置机制，在源头上强化餐饮油烟管控，城区1369家餐饮网点整改达标，44家停业整顿。

【重点工作】 铁路沿线环境综合整治顺利通过省级验收。制定铁路沿线环境综合治理规划，建立部门联动推进机制，对省、市摸排的149处问题逐类逐项落实整改效果，累计清理沿线积存垃圾9800吨，拆除违章建筑、废弃建筑4700平方米，粉刷墙面15万平方米，顺利通过省级验收，成为全市唯一一个获得省级奖补资金的县区。开展道路名牌广告整治活动，以户外广告设置审批为切入点，完成城区37条道路、1275块路名牌的更换工作。采取“一线工作法”，共办理环保督查案件26件，开展行政执法30次，罚款7万元。对接创城办，组织环保、公安等部门成立露天烧烤集中整治行动领导小组，对所有烧烤摊点进行整治，累计清理整治露天烧烤50处，教育劝导经营户110家，暂扣各式炉具39套，主城区所有376家烧烤摊点全部达标。严把时间节点，利用无人机巡查技术，健全网格化巡查机制，落实“即查即拆”，持续加大违法建设管控、治理力度，组织每月20号集中攻坚日活动，全年治理存量违法建设137.2万平方米。

【综合执法】 坚持文明执法，执行案件办理审批、执法全过程记录、首问责任制等制度，遵守立案、查处、集体审议、处罚等法律程序，保证程序公正。准确法律适用，把握案件性质，严格执行自由裁量，杜绝随意性处罚，保证实体公正。调整充实案件审理委员会，全面推进案件依法查处工作，累计办理各类案件241起，行政争议事项5件，融入“放管服”改革，坚持“三集中三到位”，细化服务事项，简化审批流程，完善限时办结、一次性告知等制度，完成门匾广告、临时性促销活动、绿地占用、建筑垃圾核准等审批2600项。组织10次外出学习活动，学习先进地区的综合行政执法和城市管理经验，提高业务水平。举办全区综合行政执法系统业务培训班，邀请专家讲授法律法规、纪律监察等内容，累计培训300余人次，提高执法人员的办案水平和执法技巧，增强执法队伍的精神风貌和综合素质。

撰稿：马　凯

审稿：朱　林

环境保护

环保分局领导成员

局　长　张洪群

副局长　张　宁　余广彬　宋晓丽（女）
何秋杨（女）

【机构设置】 2017年，环保分局内设办公室、财务科、环评科、生态科、法宣与辐射科、法规科、大气科、水科、总量科、固废与监控科、应急科、监察一、二、三、四、五中队等16个职能科室，共有工作人员65名，其中正式在编人员22人，区农机局帮助工作人员10人，监察助理员31人，借调人员2人。

【概述】 2017年，环保分局贯彻落实习近平总书记关于环境保护的系列重要讲话精神，以生态文明建设为统领，以保护人民群众身体健康为出发点，以大气污染防治、环保突出问题治理、流域污染防治等攻坚行动为抓手，深化重点行业污染治理，严厉打击环境违法行为，着力解决环境突出问题，各项工作取得成效，环境质量持续改善。空气质量综合指数同比改善6.4%，水环境质量综合指数同比改善23.4%。

【大气污染防治】 把大气污染防治作为全年环保工作的首要任务，制定下发《兰山区大气污染防治2017年攻坚行动方案》，对10大类共48项重点任务，明确责任人和完成时限，健全效能督查、周调度通报、节点推进和问题销号制度，倒排工期、挂图作战，加快推进工业污染治理、结构调整、城市扬尘治理、重点区域环境综合整治等工作，对1家深度治理企业、10家重点行业污染治理再提高企业、12家铸造、锻造、锻打行业治理企业和15家氮氧化物治理工业炉窑企业完成治理；32家重点行业挥发性有机物治理企业已有30家完成治理，2家未按期完成的已停产治理；57家板材行业深度治理企业完成治理；排查上报“散乱污”企业1101家，落实“两断三清”619家，完成整改290家，整治提升192家。

【环保突出问题治理】 召开专题会议进行全面动员部署，成立协调保障小组，做好交办事项办理工作。对中央、省、市交办的信访件，第一时间赶到现场进行处理和追责，使问题整改到位。中央环保督察期间，全区共收到中央环保督察转办件115件，全部办结；对涉案的主体企业，责令改正148家、立案处罚47家，罚款金额260.82万元。

【水污染防治】 实施水污染防治行动计划，深化“治用保”流域治污体系，开展水环境综合整治，改善水环境质量。研究制定《柳青河流域水环境综合整治方案》《南涑河水环境综合整治方案》，共清淤河道12段、总长16.4公里，建设河道型人工湿地6处，小型污水处理设施108台，对污水进行就地收集处理。实施水环境保护生态补偿考核制度，委托第三方监测公司对41个重点河流断面每月监测2次。落实水生态补偿政策，倒逼水质提升，全年共收缴补偿金196万元。

【环保执法】 保持打击环境违法行为高压态势，维护环保法制威严，共出动执法人员5400余人次（其中开展夜查110余次），检查企业1.5万余家次，解决各类环境信访1611余件，立案查处环境违法行为3300余起。公安环保联勤联动，打击各类环境违法犯罪行为，开展公安环保联动执法21次，查处环境违法犯罪案件16起，采取刑事强制措施9人、行政强制措施16人。检察机关介入，推动重点工作开展，下发检察建议6件。

【固体废物污染防治】 制定兰山区危险废物环境管理突出问题综合整治实施方案，开展全区涉危险废物工业企业大检查工作，对重点行业危险废物产生情况进行排查整治，消除环境风险隐患，年底，全区23家重点涉危废企业完成规范化管理工作。联合公安部门开展打击涉煤焦油废酸等环境违法犯罪百日集中专项行动，重点检查重点行业企业危险废物产生、贮存、利用、处置等基本情况，查处非法转移、贩卖、排放、倾倒、处置煤焦油、废酸等环境违法行为，将风险隐患大、问题突出的涉危险废物重点行业企业纳入本次专项行动，共计出动执法人员155人次，检查企业32家，发现问题并查处企业3家，抓获犯罪嫌疑人3人，办理刑事案件1件，刑事拘留1人。开展进口固体废物企业专项整治活动，完成整改企业4家。

【环评审批】 加强建设项目“三同时”和项目的环评、验收工作，在项目审批中，落实首问负责制，对符合要求的项目积极搞好服务，在区政务大厅设立“一次性”告知、“一站式”服务、“一条龙”审批的环评审批窗口，与其他部门联网，实行网上并联审批，压缩审批时间，提高行政效能。结合“三引一促”工作，将重大项目、重点工程作为服务重点，促进项目落地。共审批项目环评手续1300余个，涉及项目投资320余亿元；拒批重污染、高风险项目30个。

【法制宣传】 借助法制宣传进社区、“6·5”世界环境日、绿色社区及学校创建等活动，以环保宣传进社区、进厂区、进课堂、上广场、上街头等形式，向群众发放环保法律法规、环保小知识、低碳出行等宣传材料，营造人人参与生态环保的良好风气。借助政务微博、微信平台等新型宣传模式，发布政务公开内容，环保法律法规及环保工作动态实时更新，方便群众及时了解区政府和环保部门在防污治污、保障环境安全、改善环境质量等方面的有效举措、有益做法和突出成效。全年共现场宣传25次，设立展板50余块，悬挂标语50余幅，发放环保手册8000余本，发布政务微博1.8万余条，推送微信公众信息2900余条，发表各类信息600余篇。

【核与辐射】 审发辐射安全许可证、规范核技术利用项目竣工验收，加强核与辐射安全管理工作，确保辖区辐射环境安全。全年，共办理辐射类环评网上备案706份，立案查处辐射环境违法行为11起，安全送贮废旧放射源1枚。

【在线监控】 落实上级部门关于污染源自动监控工作要求，提高全区污染源监控数据的代表性、准确性、可比性和真实性，为加强污染源监管提供数据支撑。全区47家重点企业全部安装污染源在线监控设备，84台设备全部实现与市局联网。

【环境应急管理】 落实风险评估、隐患排查、事故预警、应急处置四项工作机制，妥善解决各类环境应急事件，确保全区环境安全。全区60家重点企业编制应急预案并进行备案。

【生态保护】 编制完成《兰山区2017年农村环境综合整治实施方案》，完成汪沟镇竹园村和三义村饮用水源地保护工程等环保扶贫项目的建设，并通过验收。

撰稿：张振豪

审稿：何秋杨

商业·旅游

粮油购销

粮食局领导成员

局　长　袁世勇
主任科员　张月强
副局长　李雄飞　郝海升　肖继光
党委书记　袁世勇

【机构设置】 2017年，区粮食局下设办公室、人事老干科、财务科、业务科、行保科、纪检室、工会等职能科室，辖粮食监督检查大队、粮食流通统计中心2个事业单位。9月，根据区两办《关于推进综合行政执法体制改革的实施意见》文件精神，组建区农业综合执法大队，撤销区粮食监督检查大队事业单位建制，原区粮食监督检查大队工作人员划归区农业局管理。截至年底，区粮食局共有机关干部职工21人，事业单位干部职工7人。

【概述】 2017年，区粮食局贯彻国家粮食安全战略，按照“看好粮、做好事、管好人”的总体要求，全面落实粮食安全责任，围绕粮食储备、流通和产业发展三条主线，扎实推进各项工作，促进全区粮食经济又好又快发展。

【粮食调控储备】 2017年，全区共有1.5万吨区级储备粮、300吨区级储备油，粮权归区政府。其中，代储在市粮食储备库的11061吨小麦为2013年收购入库，至2017年储存时间已满4年。为确保储备粮数量、质量及储存安全，区粮食局对该批储备小麦进行轮换。轮换出库工作自3月31日启动，于5月15日全面完成，共轮出小麦11075.32吨，溢余15.07吨。出库小麦保存完好，质量达标。自6月14日开秤收粮，至7月4日入库工作结束，历时21天，累计入库小麦11060.25吨，完成轮换计划。

组织多次全面、深入的粮油安全检查。检查内容包括地方储备粮油数量和安全保管情况、贯彻执行各项管理制度情况、储粮化学药剂管理和使用情况等。从检查的情况看，库存粮油数量真实、质量良好，储存安全，全年无一例仓储事故发生。

在夏、秋粮收购期间，严格执行质价政策，加强收购市场的监管，保证收售粮食的质量，查处“压级压价”和“打白条”等违法违规行为。

2017年，全区共有粮食应急储运企业1家，应急加工企业2家，应急配送中心1家，应急供应网店14家。各应急单位均成立应急工作机构，制定应急加工工作程序，明确分工及职责，提升全区粮食安全应急保障能力。

【粮食流通管理】 按照《粮食流通管理条例》，组织开展粮食收购资格核查、粮食流通统计制度执行情况检查、粮食应急预案落实情况检查等日常监管类检查，累计开展常规监督检查行动80余人次。制定《兰山区2017年夏粮收购监督检查工作实施方案》，全面开展夏粮收购专项检查，保护种粮农民利益。2017年，全区新办理粮食收购许可证1件。开展一系列粮食执法宣传工作，共印发宣传材料1000余份。

深入基层调查农户粮情，确保数据的真实性、完整性，完成夏、秋两季产量和购销情况的调查。建立和完善定期检查制度，检查各类粮食经营企业和个体工商户报送粮食购销存统计报表情况，加强对涉粮经营企业和个体工商户的监督检查。每周进行价格监测，及时开展统计数据分析。

【粮食产业发展】 2017年，全区共有放心粮油店（专柜）49家。通过对放心粮油店的抽查监管，辖区内放心粮油店未出现违规经营、质量不合格、被投诉、被举报等问题。

1月，以天惠食品工程有限公司为实施单位的主食产业加工及配送项目，通过市粮食局的正式验收。该项目通过引进主食加工新设备和新技术，提高主食加工能力，建立完善食品安全化验室，完善主食供应网络，满足城乡居民的消费需求。同时，项目的实施实现新增就业岗位350多个。

撰稿：孟令群

审稿：姚贵东

供销合作

供销社领导成员

党委书记、理事会主任 宿振友

监事会主任 梅兴堂

理事会副主任 全照文 孟庆炎 周如香（女）

监事会副主任 冯维吉* 苏 伟 高 伟（女）

【机构设置】 2017年，区供销社机关设办公室、监事会办公室、人事老干科、财务科、组织宣传科、信访法制科、监察审计科、合作指导科、安全统筹办公室、经济发展科、再生资源管理办公室、企业管理服务中心及离退休人员服务中心、工会、女工委和外贸办15个科室。截至年底，机关共有干部职工50人。

【概述】 2017年，全系统共实现销售收入159亿元，实现利润2.6亿元，上缴税金1.7亿元，主营业务经济指标稳步增长。

【经济发展】 继续加快推进油棉厂片区开发建设项目，已完成还建楼盘封顶。项目建成后可解决油棉厂原职工家属院住房困境，并形成5000平方米商业超市的社有固定资产，实现职工住房改善和企业改造升级同步共赢。

立足打造网上供销社，加快构建农产品、农资、日用品“三网”融合、线上线下互促的农村电子商务体系。在市区及义堂、李官2个镇的26个村（社区）试点设立三级网点，开展商品网上销售和第三方商品物流配送服务。全年实现电子商务销售额19.2万元。

【综合改革】 按照“改造自我、服务农民”的总要求，结合行业扶贫攻坚和“第一书记”工作，推进村社共建工作，促进村集体和农民“双增收”。2017年，与3个村（社区）建立村社共建联系点，新建日用品超市4个、农资超市5个，实现助农增收8万元。

发展适度规模经营，农业社会化服务有效开展。全系统开展土地托管、土地流转等社会化服务。2017年，实施大田作物病虫草害统防统治为主要内容的单环节、菜单式、保姆式托管服务面积1万公顷，测土配方1.2万公顷，智能配肥面积1.2万公顷，飞防面积6000余公顷，培训农民2万余人。

【系统维稳】 有序推进企业破产清算和遗留问题解决。完成商务总公司职工权益测算工作，为集中兑付职工权益，促进该公司破产清算工作全面完成奠定基础。为土产棉麻、外贸总公司等企业职工缴纳2016年的医疗保险金。

落实上级关于加强信访工作、确保社会稳定一系列信访工作精神，从狠抓信访工作方法入手，加强对信访工作督办落实力度。全年共排查、接访矛盾纠纷138件。

在系统内开展困难职工大病救助、低保金申领、节日走访慰问和“慈心一日捐”活动等多件惠民实事，惠及200多户职工家庭，发放帮扶救济资金30.4万元。做好45名企业军转干部健康查体、春节慰问和药费报销工作，系统内61名下岗失业志愿兵生活费发放工作，以及全系统450名安置士兵权益调查工作。妥善解决“12345”市民服务热线反映问题116件。

撰稿：柳丽娜

审稿：苏　伟

烟草专卖

烟草专卖局（营销部）领导成员

局长、经理　王玉国

纪检委员　邓　枫（女）

副经理　张法杰

副局长　乔永关

【机构设置】 区烟草专卖局（营销部）主要负责全区烟草专卖管理、卷烟营销工作。2017年，内设综合办公室、管理监督科、专卖监督管理科、卷烟营销科4个科室和6个基层服务站、2个专卖稽查中队，共有在岗干部职工147人。辖区共有卷烟零售客户5502户。

2月8日，区烟草专卖局（营销部）召开2017年工作会议。（张源　摄）

【概述】 2017年，累计上缴税金9149万元，纳税额位列全区纳税榜第13位。销售卷烟57798箱，同比增长4.7%，实现销售收入16.07亿元，同比增长6.63%，两项指标保持全省县级单位第2位。累计查获涉烟违法案件650起、非法卷烟616万支、烟叶烟丝8359公斤，总案值459万元。破获各类涉烟非法经营网络4个，拘留14人，判刑6人。查获案件数量、案值保持全市第1位。

【卷烟营销】 推进结构梯次化上移，开展品类优化，夯实鲁产烟市场主导地位，拓展细支烟规模，全年一类烟增长8.87%，二类烟增长33.78%，三类烟增长4.80%，四、五类烟分别下降11.68%、31.28%。

鲁产烟总销量、人均条数均列全省第1位，鲁产百元销量列全省第2位，细支烟销售增幅49.59%。实施中小户提升，创建中小户精准提升评价模型和循环提升机制并在全市推广，中小户全年销售收入同比增幅高于全区6.95%。开展市场开发，促成风俗用烟1349起，新建店内吸烟点77个。推行《卷烟零售终端店容店貌整理规范》等6个工作规范，开展“半个烟箱整库存”2573户。建立信息采集点布局、选点、验证标准，制作信息采集手机录入程序，对接九州连锁超市、孚惠便利店销售系统，信息采集合格率达96.9%，环比提高0.5个百分点。开展多渠道融资帮扶活动，累计提供融资5亿元，为零售户节约贷款利息300万元。根据市局（公司）“12335”培训方案，举办工商零“小班次”培训会40场次，培训重点零售户2800余户次。

9月3日，全市烟草系统中小卷烟零售户提升现场会在兰山区召开。（张源　摄）

【市场管理】 推进执法环境建设，印发烟草市场整治方案，将烟草市场整治工作纳入“平安兰山”检查考核体系。开展烟草市场治理“齐鲁之盾”（2017）专项行动，对学区市场实施精准监管，推进物流渠道整治，严打快递环节非法运输假烟行为。开展数据分析研判，组建“1020信息分析研判小组”，全年通过数据分析查办案件86起，总数列全市第1位。优化行政许可证布局，共办理许可证762户，延续331户，停业整顿16户。

【普法宣传】 在报纸、电台等传统媒体宣传基础上，运用网站、微信、微博等平台开展宣传，组织开展“3·15”“6·29”“12·4”法律进校园、法律进物流等烟草专卖法律法规主题宣传活动，全年发放宣传资料6000余份，解答群众咨询400余人次，推送行业政策1500余条。以案卷审查、办案全程记录、满意度调查为重点，定期开展评查、评议和考核工作，开展领导干部、经营管理、专卖执法等重点人员专题法律培训。

【队伍建设】 开展教育培训，实施中层管理人员、专销重点业务提升，构建综合部门、业务部门与基层服务站共同参与的培训模式。开展基层服务站培训室建设，选拔内训师16名，指定、自报制作课件32个、微视频6个、一点课8个，举办各类培训班144个，专卖人员军事化训练1次，培训职工3602人次。出台专卖人员活力提升方案，探索客户经理基础工作积分制管理，开展一线员工困难帮扶、谈心谈话等，组织开展趣味运动会、“我们的节日”等文体活动。

撰稿：张　源

审稿：王玉国

盐业经营与管理

盐务局领导成员

局　长　管道义＊　朱孟胜

副局长　申永波　解　勇＊　殷志斌

【机构设置】　区盐务局（盐业公司）为省盐务局下属企业，系独立核算、自负盈亏的企业法人实体组织，依法从事本行政区域内的盐资源开发、利用和盐产品生产、加工储运、批发经营业务。为区政府的盐业主管机构，负责本行政区域内的盐业行业管理、盐政执法和食盐专营的行政管理工作，承担着全区的食盐、其他工业用盐的统一调运以及小包装食盐的配送任务。2017年，下设办公室、财务科、行政科、3个盐政稽查中队、10个客服部、1个配送中心，共有干部职工78人。

【概述】　2017年，履行盐业专营职责，调整盐产品结构，全年共销售各类盐产品1.2万吨。同时，履行盐政监管岗位职责，确保盐业市场安全稳定。全年共查处各类涉盐案件575起。

【市场经营】　做好市场预测，及时上报调盐计划。保持与用盐大户的经常联系，及时掌握信息，根据销售和库存情况，每月10日前上报要盐计划，及时与省、市公司和供盐单位联系，做好调盐计划的落实。积极组织调运，保持合理库存。及时、主动与产区和运输单位联系，落实盐产品到库时间。2017年，销售各类盐产品1.2万吨，实现销售收入1960万元，上缴税金186万元。

【市场管理】　建立联合执法机制，加大打击力度，多次与公安局食药环侦大队、食品药品监督管理局等部门沟通，部署稽查力量，加大对涉盐危害食品安全案件的查处工作。在坚持日常市场净化的基础上，明确管理重点，坚持行政处罚和刑事处罚相结合，严厉查办非食用盐冲击食盐市场的违法犯罪案件。加强日常稽查力度，严厉打击各种盐业违法活动，严查各类非法购销盐产品行为，不分区域经常性地开展巡查，走访各转批点，零售点，杜绝私盐上市。

全年共查处各类涉盐案件575起，其中一般案件122起，简易案件453起，罚款9.2万元，没收盐产品67.75吨。

【队伍建设】　严格执法学习机制，提高队伍法律素养。盐政稽查大队坚持执法学习交流“两做到”：做到每周召开不低于5天的工作例会，总结稽查工作经验，探讨盐业市场形势，抓准稽查工作方向，落实执法工作制度，规范行政执法行为，完善食盐市场监管机制；做到每月1次国家行政及盐业法律法规学习，加强执法培训，增强知识储备，提高执法水平，谨防错案纠纷，杜绝职务犯罪。

【宣传工作】　在市场检查中重点宣传食盐安全重要性，在“5·15”防治碘缺乏日、“10·8”高血压日大型宣传活动日，联合工商、卫生等部门，利用广播、电视、报刊等新闻媒体向全市人民开展宣传教育。配合客户部开展深入社区、市场活动，通过摸查盐罐子了解群众用盐情况。对私盐危害严重的地区，利用展板、图片、宣传单等在村口、路口设立宣传咨询点，引导群众食用合格碘盐，自觉抵制私盐。

多次现场开展合格碘盐、品种盐、非碘盐及假冒包装盐展示宣传活动，设立咨询台，向咨询群众详细介绍碘盐与非碘盐的鉴别要点和相关盐业法律法规。同时，加强对重点案情的曝光力度，形成良好的舆论监督环境。

【行风建设】认真贯彻落实习近平总书记讲话精神，完善理论学习制度，把理论学习作为评议党员、考核干部的重要内容，提高党员队伍的能力素质。增强党员干部危机意识和开拓意识，大胆推动业务创新、制度和机制创新，为转型发展提供保障。

撰稿：王　瑞

审稿：朱孟胜

对外经济贸易

商务局领导成员

局　长　王　力

主任科员　万胜新

副 局 长　万胜新*　刘彦明（女）　耿　杨（挂职）

副主任科员　张洪庆

国际商会

会　长　刘彦明（女）

副 会 长　刘存华*　于国涛　徐士娟（女）

境外招商促进中心

主　任　张会东

【机构设置】2017年，区商务局下设办公室、市场管理科、商贸服务科、外资外贸外经管理科、招商审计科5个职能科室，下辖1个正科级事业单位：兰山区国际商会，1个副科级事业单位：兰山区境外招商促进中心。年底，全局共有干部职工31人。

【概述】2017年，全区进出口总额165.36亿元。其中，出口107.64亿元，进口57.72亿元，进出口总额全市第一。全区新备案外资项目14个，按照章程、合同利用外资额5341万元，外商直接投资额2.23亿元，同比增长33.34%。新批境外投资项目4个，新批境外投资办事处4个，境外投资合同额8209.4万元，境外投资实际额4477.5万元。在全市科学发展观考核中，招商引资工作位列全市第二名，获得“全市利用外资工作先进县区”“全市外经贸工作先进县区”“全市商贸流通先进县区”等称号；在区直部门年终考核中，被区委、区政府授予“先进单位”称号。

【出口】全区有出口实绩的企业638家，出口总额107.64亿元。出口过亿元的企业有15家。出口商品主要涉及板材、肉制品、纺织、五金、铸造、机械制造等。出口国家和地区主要有美国、韩国、日本、欧洲、东南亚、中东等。出口规模较大的企业有临沂山松生物制品有限公司、山东新港企业集团有限公司、中国（临沂）跨国采购中心有限公司、临沂丞恩进出口有限公司等。

【进口】全区有进口实绩的企业122家，进口总额57.72亿元。进口过亿元的企业有6家，其中山东三维油脂企业集团有限公司、山东隆盛进出口有限公司2家企业进口过10亿元。进口商品主要有大豆、木材等。

【企业参展】全区共有39家外贸企业获得121届春

季广交会展位，有41家外贸企业获得122届秋季广交会展位。组织107家企业参加美国拉斯维加斯五金博览会和中东五大行业展等180多个展会。

【服务优化】 做好对外贸易经营者备案登记业务，全区完成对外贸易经营者备案登记651家。其中，新增企业313家，变更企业338家。为全区59家外资企业进行2017年度联合年检，参检合格率100%。加强对投资过千万美元的重点企业和民营企业的服务力度，引导企业在境外投资中向“专、精、特、新”方向发展。

【政策扶持】 利用上级资金扶持政策，为外经贸企业申请外经贸扶持资金。2017年，为107家外贸企业申请中小企业国际市场开拓资金607万元，为2家企业申请外贸新业态专项资金280万元，为10家企业申请出口信用保险补贴资金172万元。为天元建设、帝豪国际投资有限公司申请贷款贴息、项目建设补助费等。

【对外经济合作】 结合全区实际，研究制定支持外经工作的优惠措施，帮助企业推进境外投资项目的审批工作，扩大对外投资区域。2017年，新程金锣肉制品集团、隆盛进出口有限公司、海外商业发展有限公司、山东富昇木业有限公司累计境外投资合同额为8209.4万元；天元建设集团、商城海外投资、山东天元安装工程在境外新设4家办事处。

撰稿：王兴华

审稿：张洪庆

旅　游

旅游局领导成员

局　长　刘效印

副局长　张志如　刘玉玲（女）　刘正兴

【机构设置】 2017年，区旅游局下设办公室、监督管理科、规划发展科、外侨科、市场信息科5个职能科室。共有干部职工14人，其中具有大专学历的5人，大学学历的7人，硕士研究生学历的2人。

【概述】 全区旅游工作以创建全域旅游示范区为总抓手，强化措施，重点突破，在工作机制创新、大项目推进、旅游创建、基础配套建设等方面取得新成效。2017年，全区共有旅行社（含分支机构）95家、国家A级景区10家（其中AAA级3家）、省级旅游强乡镇1个、省级工（农）业旅游示范点16家、省级精品采摘园13家、星级农家乐90家。全年全区接待游客近1200万人次，实现旅游消费总额140亿元。

【全域旅游推进】 4月28日，召开全域旅游创建工作专题会议和推进会议，建立旅游工作联席会议制度，明确30个成员单位职责，成立创建全域旅游示范区工作领导小组，梳理分解70项具体任务，形成镇（街道）、部门“齐抓共建”的全域旅游推进格局。区政协、区人大分别于9月、11月对全域旅游工作进行专题视察，提出一系列发展意见及建议，为进一步推进创建工作创造条件。

【旅游项目开发】 启动全域旅游规划，主动与浙大、山大、省旅游规划设计院等规划团队接洽合作。镇山景区规划形成初稿。完成省级旅游特色镇（半程镇）、特色村（汪沟镇兴旺村）规划编制和设施配套，获得省市财政扶持资金300余万元。以项目为依托，加快打造多元化产品体系，为全域旅游发展注入新活力、新动力。5月，临沂海洋世界主题公园成功创建AAA级景区，日均吸引近万名游客，改变城区传统旅游格局。临沂中小学生实践基地、竹柳农业庄园“沂蒙小八路”和“孝娃娃”研学旅行拓展备受游客喜爱，年内接待游客近10万人次。金锣万亩荷园初具规模，四大板块提升改造规划已启动，全市迷你马拉松活动在此成功举办。沂蒙休闲垂钓基地举办近20次国内高规格职业超级垂钓赛事。屠苏岛片区开发协议已签订，将由鲁商集团投资50亿打造“江北水镇”主题特色旅游小镇。沂河生态文化旅游区一期投资20亿，沿河游艇码头及相关游乐休闲设施动工兴建。

【基础项目创建】 依托临沂海洋世界主题公园以及周边书圣阁、书法广场、园博园、银杏林等特色资源，整合提升打造1.2平方公里的中国（临沂）书圣文化旅游区，为冲刺国家AAAAA级景区做准备。凸显商城购物特色，首批完成省级购物旅游示范城市（兰山区）、省级购物旅游示范镇（兰山街道）、省级旅游休闲购物街区（临沂小商品城、华丰商贸城、俄罗斯风情街）创建申报工作。加快创新突破，场所共享，初步建成兰山区全域旅游集散中心、全域旅游咨询体验服务中心、全域旅游服务区，设立旅游工商、旅游警察、旅游巡回法庭，新建或改造33个旅游厕所，提升全域旅游服务功能。

【旅游行业监管】 编印12万字的《旅游行业安全生产培训手册》，通过定期培训、拉网式集中检查、联合安监消防等部门检查，督导企业夯实主体责任，确保全区旅游安全形势持续稳定。新增旅行社（分社、网点）10余家，妥善处理旅游投诉及“12345”市民服务热线反映问题30余次。推进文明旅游，创建4个省级文明旅游示范单位，新申报65个市级文明旅游先进单位以及最美导游（领队）、文明使者（游客）。

【宣传推介】 以主流媒体为依托，构建宣传新格局。在《临沂日报》做“全域旅游·兰山篇”专题宣传；在《兰山大众》和兰山电视台设立2个全域旅游专栏；通过“兰山旅游”微信公众平台，加强旅游工作动态报道及重点景区展示。以活动为载体，扩大旅游知名度。组织参加“沂蒙印象”特色旅游商品大赛，

选送的彩印花布《鱼戏莲》获银奖。利用临沂全域旅游展示会、旅游产业博览会等平台，通过精心布展，发放旅游指南、优惠门票等方式，推介新景点、展示新形象。

兰山区 A 级旅游景区统计表

景区名称	等级
华丰国际休闲旅游区	AAA
万兴都国际商业公园	AAA
海洋世界主题公园	AAA
沂蒙奇园	AAA
茶山旅游区	AA
玫瑰湖汽车公园	AA
星期 8 小镇 [临沂店]	AA
临沂中小学生综合实践基地	AA
临沂天泽木文化博物馆	AA
南北道清真寺	AA
兰山区竹柳农业庄园	AA
临沂商城发展史展览馆	AA

2017 年兰山区旅行社名录

序号	旅行社名称	地址
1	临沂天马国际旅行社有限公司	通达路 21 号 A 楼 124 号
2	临沂职工旅行社有限公司	沂州路中段西苑小区东南组团沿街楼
3	临沂市沂州旅行社有限公司	沂州路与陵园前街交会处南路东
4	临沂假日国际旅行社有限公司	银雀山路 52 号
5	临沂方元旅行社有限公司	北园路城建时代广场 1013 室
6	临沂铁信旅行社有限公司	考棚街 12 号
7	临沂铁青旅行社有限公司	新华路教育宾馆院内
8	临沂运通旅行社有限公司	双岭路东段（汽车站内）
9	临沂妇女旅行社有限公司	沂蒙路中段（人民会堂三楼）
10	临沂荣华旅行社有限公司	金雀山路与新华一路交会处
11	山东新程国际旅行社有限公司	红旗路奥斯卡上品公馆 7012
12	临沂兴大旅行社有限责任公司	银雀山路 58 号兴大集团院内
13	临沂风光旅行社有限公司	银雀山路 58 号兴大集团 2005 室

续表

序号	旅行社名称	地址
14	临沂山青国际旅行社有限公司	齐鲁园广场 2 号楼 320 室
15	临沂神州国际旅行社有限公司	城建时代广场 8 楼 843 室
16	临沂山水国际旅行社有限公司	通达路 331 号（通达宾馆南邻）
17	临沂大地国际旅行社有限公司	北园路 52-5 号
18	临沂新闻旅行社有限公司	金雀山路开元上城 B 座 16 楼 1616
19	临沂市绿茵旅行社有限公司	开源路 22 号
20	临沂东方旅行社有限公司	水安路与蒙山大道交会顺和街 8-24 号
21	临沂市康辉国际旅行社有限公司	柳青街道朗润苑 3 号楼 2-801 室
22	临沂飞扬旅行社有限公司	通达路 317 号（与银雀山路交会南 200 米路西）
23	临沂立诚国际旅行社有限公司	沂蒙路中段金鼎国际广场 1633 室
24	临沂市新世纪国际旅行社有限公司	金雀山路慧谷时空 4 楼
25	临沂青年旅行社有限公司	北京路 13 号防空办 1817 室
26	临沂金海岸国际旅行社有限公司	陶然路 169 号
27	临沂市阳光旅行社有限公司	金坛路东段御园金顶 B1 单元 601 室
28	临沂中远旅行社有限公司	白沙埠镇朱七路东
29	临沂市中海旅行社	沂蒙路与济南路交会杏坛文化家园 3 号楼 29、30 层
30	临沂兰山区康泰旅行社有限公司	沂州路 132 号
31	临沂环球国际旅行社有限公司	沂蒙路 56 号梅山小区 E 号楼（与兰山路交会北路东）
32	山东五洲地理旅行社有限公司	金雀山路慧谷时空 406 室
33	临沂百事通国际旅行社有限公司	柳青街道朗润苑 3 号楼 2-802 室
34	临沂开元国际旅行社有限公司	鲁商中心 B01 号楼 418 室
35	临沂市华纳国际旅行社有限公司	颐高上海街 A 座 1102 室
36	临沂嘉华文化国际旅行社有限公司	沂蒙路南段火车站出站口北 50 米
37	临沂大众国际旅行社有限公司	通达路与红旗路交会南 20 米路西
38	临沂大山旅行社有限公司	枣园镇俄庄村 3 号（蒙山北路与北外环交会北路东）
39	临沂万达国际旅行社有限公司	沂蒙路 116 号（与考棚街交会南路东）
40	临沂公交翔越旅行社有限公司	红旗路与通达路交会处西 30 米路北

撰稿：王婵婵

审稿：张志如

财政·税务

财政工作

财政局领导成员

局　长　程明珣
副局长　杨晓光　杨思乐
　　　　刘　伟（女）
党组成员　沈照辉　赵庆奎
　　　　王　娟（女）
经济开发投资总公司总经理
　　　　杨思乐（兼）
国有资产管理局局长　赵庆奎
财政监督管理局局长　沈照辉

【机构设置】 2017年，区财政局下设办公室、预算科、行政政法科、教科文科、农财科、企财科、会计科、社保科、经建科、国库集中支付中心、政府采购监督管理办公室、法规税政科、财务科、信息中心、综合科15个科室。辖3个正科级单位：经济开发投资总公司、区国有资产管理局、区财政监督管理局，5个副科级单位：非税收入管理局、基层财政管理局、财政投资评审中心、农村综合改革办公室、国有资产经营公司。

【概述】 2017年，全区财政工作以“走在前列”为目标，抓住“规范化”“精细化”两条主线，做好稳定发展、保障民生、深化改革等各项工作，实现全区经济社会持续健康发展。全区一般公共预算收入完成730677万元，同口径增长12.4%，在全市县区中，增幅排第二位，税收占比排第一位。

【财政收入】 通过调研分析、汇报争取、挖潜税源、争取车船税征管权限下划，全年完成车船税入库10271万元，同比增加2925万元，增长39.82%。联合开展国有、集体工程建设和劳务支出涉税专项检查，通过查补直接入库税款2420万元。提高“涉税（费）信息综合管理平台”利用率，增加税收17360万元。开展税收保障成员单位信息报送专项检查，全年累计采集涉税信息16万条。

2017 年度兰山区一般公共预算收入决算表

单位：万元

预算科目	预算数	决算数
一、税收收入	640675	668792
增值税	303305	295535
企业所得税	79350	90270
个人所得税	19100	25352
资源税	20	24
城市维护建设税	52700	47320
房产税	17000	20913
印花税	8900	10609
城镇土地使用税	43200	45651
土地增值税	57000	58445
车船税	7700	10271
耕地占用税	2400	1741
契税	50000	62661
烟叶税	0	0
其他税收收入	0	0
二、非税收入	74342	61885
专项收入	45495	37946
行政事业性收费收入	20000	10255
罚没收入	8687	11309
国有资本经营收入	0	0
国有资源（资产）有偿使用收入	160	2375
其他收入	0	0
合计	715017	730677

【财政支出】 在民生支出方面，区财政局加大对三农、社会保障、医疗卫生、教育、住房保障等方面的支持力度，美丽乡村建设、农村改厕、公立医院改革、老旧小区改造、惠民殡葬改革等各项惠民实事得到有效保障，全年民生支出 435328 万元，支出占比 87.05%。其中，社会保障和就业支出 88713 万元；医疗卫生与计划生育支出 60123 万元；农林水支出 34925 万元；教育支出 171629 万元；住房保障支出 17884 万元。

在重点项目支出方面，申请利用市级资金 12.7 亿元，用于西外环、鲁南高铁、商城片区、火车站片区及十一路管廊等市级重点工程。投入区级资金

9.7 亿元，用于全区大班额、西部新城、白沙埠片区等区级重点项目和城建项目建设。落实征地补偿安置资金 12 亿元，用于全区土地征收补偿。推动“临沂市兰山区职业中专新校区建设”和“临沂市兰山区城镇交通主干道亮化”PPP（政府和社会资本合作）项目建设。牵头组织南坛片区二期还建项目财政融资回笼，重新启动白沙埠增减挂项目，研究解决李官、方城增减挂项目历史遗留及财政前期投入资金回笼问题。

2017 年度兰山区一般公共预算支出决算表

单位：万元

预算科目	预算数	决算数
一、一般公共服务支出	43550	34344
二、外交支出	0	0
三、国防支出	340	315
四、公共安全支出	11530	15290
五、教育支出	174686	171629
六、科学技术支出	1703	2141
七、文化体育与传媒支出	5598	4794
八、社会保障和就业支出	83561	88713
九、医疗卫生与计划生育支出	61887	60123
十、节能环保支出	9956	13700
十一、城乡社区支出	40568	35215
十二、农林水支出	41068	34925
十三、交通运输支出	4897	4080
十四、资源勘探信息等支出	2901	2400
十五、商业服务业等支出	4120	4674
十六、金融支出	280	59
十七、援助其他地区支出	500	469
十八、国土海洋气象等支出	339	1199
十九、住房保障支出	15143	17884
二十、粮油物资储备支出	841	753
二十一、预备费	5500	0
二十二、其他支出	1130	688
二十三、债务付息支出	8500	6691
二十四、债务发行费用支出	0	0
合计	518598	500086

【财政管理】 启动国库集中支付电子化改革，成为全省第一个进行改革的县区。开展预算绩效评价试点，完成4个区直部门预算绩效评审。加强财政投资评审，全年评审政府投资项目165项，评审政府投资额179108万元，审减投资28657万元。加强政府采购监管，印发《关于进一步加强政府采购工作的通知》，全年组织政府采购10.66亿元（不含PPP项目），同比增加4.31亿元，增长67.87%。编纂下发《兰山区党政机关厉行节约反对浪费制度汇编》，完善公务支出标准体系。梳理修订各项内部控制制度和业务工作流程，编印实施《兰山区财政局内部管理控制制度汇编》。制定《临沂市兰山区政府性债务风险应急处置预案》，将政府债务、政府或有债务、政府隐性债务风险全部纳入监控范围。制定《兰山区财政专项资金管理暂行办法》。开展区直行政事业单位国有资产闲置及出租、出借情况专项清理检查，规范国有资产处置流程，实现资产处置收入1720万元。加大财经监督检查力度，依法开展会计信息质量、涉农资金、老旧住宅小区综合整治改造奖补资金等各项检查。参与开展贯彻落实中央八项规定精神执行财经纪律情况专项检查和市委、区委巡查工作。

【队伍建设】 持续开展“亮承诺、抓整改、见实效”活动和整治“不作为”“乱作为”优化发展专项行动，严格落实会议签到制度，定期组织到岗情况抽查，加强机关上班出勤管理，切实改进机关工作作风。落实廉政工作要求，组织干部职工参观检察院廉政教育基地，听取廉政工作报告，利用机关各种会议“咬咬耳朵”“提提醒”，确保干部职工能干事、干成事、不出事。

组织干部职工接受廉政教育

撰稿：魏娜娜
审稿：杨 震

国税征管

市区国税局领导成员

局　长 李学博* 焦安君
党组书记 李学博* 焦安君
副局长 李兴成 李长学* 陈清伟*
吴永新（挂职）* 闵令涛
纪检组长 陈清伟

【机构设置】 2017年，市区国税局内设12个科室，按照专业化加信息化管理的要求，下设1个事业单位：信息中心，1个直属局：稽查局，以及7个管理分局。年底，全系统共有在职干部204人，平均年龄43岁，其中具有研究生以上学历的13人，大专和本科学历的183人。

【概述】 市区国税局负责兰山区及驻兰山区市直以上企业的国税征管工作。2017年，市区国税局围绕全年工作计划，以组织收入为中心，以提升基层党建水平为抓手，以提升干部队伍素质、创新驱动能力为引领，深入推进基层基础建设、党风廉政建设、征管质效建设、纳税服务建设、文化品牌建设，不断强化市区国税工作综合实力，取得良好的工作成绩。

11月1日，省国税局党组书记、局长薛建英到市区国税局开展走访调研。

【税收收入】 2017年，市区国税局累计完成税收收入86.84亿元，同比增收19.67亿元，增长29.3%。剔除海关代征完成国内税收82.33亿元，增收20.67亿元，增长33.52%。其中，区级收入累计完成33.21亿元，同比增收13.41亿元，增长67.74%，总量排名居全市第1位，增幅排名居全市第3位。税收总量和区级收入分别首次突破80亿元和30亿元，其中区级收入占全区一般公共预算收入比重45.42%，高于全市4.86个百分点，比上年提高14.98个百分点，有力地推动全区经济社会的健康有序发展。

分税种来看，增值税累计入库60.87亿元，同比增收19.68亿元，增长47.77%；消费税累计入库7.63亿元，同比减收0.38亿元，同比下降4.73%；企业所得税累计入库13.45亿元，同比增收0.99亿元，增长7.91%。

【征收管理】 持续推进规范化执法，深化嵌入式文书系统应用；联合地税部门开展个体税收管理“双随机、一公开”工作；全面开展执法督查，提取疑点信息、定位疑点问题，发现并整改各类问题48条，有效提升执法规范化水平。强化信息化应用，利用第三方数据开展生活服务业税源调查、联合讲评、问题核实，补充维护纳税人信息2782户次，清理漏管纳税人1345户，定额核定及调整300余户次；与地税联合对1.4万余户单管户进行核实调整，数据质量整改2万余条；推进建筑项目一体化管理，在全省率先设计开发“异地建筑企业委托代征系统”。先试先行专业化管理，成立进出口税收管理局，对506户进出口企业专业化管理；探索开展板材行业管理和房地产税收项目化管理，研讨“行业+规模+分级分类+模板”的专业化管理模式；落实农产品核定扣除政策，发挥行业协会作用，完成1718户相关纳税人的备案，预计转出进项税1.24亿元。

【税务稽查】 加强内部联动，业务科室、稽查局与各税源管理单位协同开展预警分析、行业评估、专项检查等工作，全年累计开展各类评估1473户次，入库税款、滞纳金合计1.53亿元，开展稽查172户次，稽查入库9108万元，评估、稽查户数、总额均居全市第一。编写的“税收风险管理典型案例”和汽车零售行业评估模版被省局采用，驾校行业评估模板被省局选为第一批行业管理优秀模板。深化外部联合，加强税警联合，组成“公安、国税打虚打骗联合专案组”，在稽查局设立税警联合检查工作办公室，全年移交公安涉税违法企业 34 户次。加强纳税信用联合应用，促进纳税遵从。

【纳税服务】 做好便捷办税工作，规划扩建 4 个自助办税厅，累计增加自助办税设备 26 台。在全市率先试点开展“无纸化”办税，工作做法被省国税局总会计师高萍批示，区长沈如茂和副区长刘爱友也分别予以表扬批示。兑现税收优惠，累计减免税款 10.08 亿元，其中为 8 户享受研发费用加计扣除优惠政策企业减免所得税 2562.75 万元；为全区 974 户出口企业累计办理退税 5.88 亿元，占全市总量的 1/5，增幅 10.34%。持续深化“国地税 +”品牌效应，巩固国地税业务“三通办”成效，与地税联合开展新办纳税人培训和政策解读 4 场，累计培训 4500 余人次，全年互派窗口人员 44 人次。

【党风廉政建设】 调整市区国税局党建工作领导小组，成立党办统筹开展机关和基层党建工作。组织开展“书记为我戴党徽”“税企党建交流”等主题党日活动，严格落实“三会一课”等制度。对市区国税局机关和基层分局党支部进行改选或补选，要求支部书记由分局长担任，有效夯实基层党建组织基础。紧抓责任强化落实，市区国税局党组两次听取班子成员和各科室、分局负责人落实“一岗双责”情况汇报并点评提醒，定期参加包点基层党支部活动。制定规范运用“第一种形态”实施办法和落实全面从严治党“两个责任”纪实制度，印发纪实手册，常抓责任落实。累计开展工作督导 18 次，对 3 个分局和 2 个机关科室下发风险管理监察建议书，累计开展不同层面、不同对象集体廉政谈话 39 次。在机关增设“税收法制监察员”，搭建起纵向互动、横向配合的基层监督网络。推动明察督导常态化，累计开展 8 次，发现大类问题 11 个，建立清单和台账，及时整改销号。对 5 个单位开展基层巡察，对 3 名工作人员进行问责，对 21 个事项进行通报，对 4 起 11 户案件进行一案双查，基层巡察工作经验被省国税局转发推广。累计开展风险自查点评活动 4 轮 40 次，形成点评底稿 600 余份，排查风险点 32 个，全部纳入整改反馈清单。

【队伍建设】 成立五大类岗位学习小组，选拔 18 名业务骨干参加市国税局“岗位大练兵、业务大比武”活动，通过封闭学习、实战演练等方式强化学习效果，其中 4 人被市国税局评为“岗位标兵”。开展前台窗口人员岗位能手评比活动，评选表彰 15 名纳服岗位能手。落实《山东省国税系统基层人员交流轮岗工作办法》等相关规定，对 12 名科级干部、17 名股级干部和 7 名一线工作人员进行轮岗交流。丰富“书沂蒙精神 · 写和谐国税”文化品牌内涵，推进临沂商城税收文化展馆建设，打造党建、征管、纳服和文化品牌。

撰稿：王利军

审稿：杨　超

地税征管

地税分局领导成员

局　长　时秀坤
副局长　王恒民　侯孝忠　刘廷启
纪检组长　孙　伟（女）

【机构设置】 2017年，地税局兰山分局内设办公室、法规税政科、征管和科技发展科、税源管理科、收入核算和财务科、人事科、机关党委、监察室、信息中心、纳税服务中心、督察内审室11个科室，设稽查局、直属征收局2个直属机构，下设兰山、银雀山、金雀山、柳青、义堂、半程、枣园、方城8个中心税务所。年底，全局共有干部职工201人。

【概述】 2017年，兰山地税分局围绕组织收入这一中心谋事创业，围绕"干好税务，带好队伍"双好要求，按照"实干创优，走在前列"总体目标，出实招，办实事，求实效，不断开创各项工作新局面。全年，累计组织入库地方税收35.74亿元，剔除营改增因素同比增收10.36亿元，增长40.9%。其中，完成中央级6.77亿元；完成省级33.42万元；完成市、区级收入28.96亿元，剔除营改增因素同比增收7.16亿元，增长32.85%，圆满完成全年计划任务，为全区经济社会发展提供财力保障。

【税政管理】 2017年，兰山地税分局注重服务跟进，探索税种管理，完成3310户企业所得税汇算清缴工作，汇缴率100%，入库2.43亿元。汇算清缴结束后，对享受优惠事项情况进行梳理，共有12户4项备案。落实小型微利企业所得税优惠政策，2017年符合条件的小微企业2804户，享受税收优惠的企业882户，减免730.17万元，受惠面100%。与人民银行、小微企业座谈，将新评定等级的小微企业名单传递给农商银行等金融机构，推进"银税互动"助力小微企业加快发展。

【征收管理】 依托省、市局数据平台对数据质量的监控进行分析，研究解决税收征管问题，改进数据管理方法和手段。依托互联网+深度融合大数据、第三方涉税信息，强化国地税合作，拓展委托代征工作广度、深度。全面启动地方税源地图系统上线推进应用，通过系统应用，增加应税土地面积1.1万余亩，累计查补土地使用税1847万元，实现税源信息"宗地化、无缝化、可视化、动态化"管理。

【税收执法】 加大执法力度，与公安部门联合开展

欠税约谈、非正常户欠税追缴等工作，公安联络机制办公室参与稽查约谈28户企业，清缴营业税欠税696万元，打击涉税违法犯罪取得显著成绩。落实税收执法程序，对稽查选案、减免税、税收强制执行、行政处罚、个体工商户定税等重大涉税事项程序进行规范，对执法程序、法律依据、法律责任、责任追究及执法文书的使用进行规范，形成执法管理全员、全环节、全过程有效控制的格局。

【纳税服务】 深入推进国地税合作，打造国地税联合办税服务厅，实现国地税信息的共用共享，制定《兰山区国地税办税服务厅互派人员管理制度》，对人员管理、工作实施以及其他事项再次进行明确。开发建设“一站通”办税服务平台，平台集宣传公告、定制查询、收集建议以及其他特色功能于一体，整合各项工作的业务需求，将“便民办税春风行动”落到实处。建立前台人员培训常态化机制，组织业务科室对办税厅前台人员开展每周一次的业务素质培训，最大限度地减少管理操作风险，提高基层服务效能，改善纳税人的办税体验。

【队伍建设】 开展“中共十九大精神大研讨”活动，切实在学懂、弄通、做实上下功夫，推动中共十九大精神落地生根。围绕税收中心工作，抓好干部职工教育培训，制定培训计划，在厦门大学举办两期每期7天的干部综合素质能力提升培训班，提高干部职工的政治业务素质。

【党风廉政建设】 坚持“一岗双责”，落实全面从严治党，通过“红红脸”“出出汗”，增强全体党员责任感和使命感。加强廉政教育，定期邀请纪委、检察院的领导为员工上廉政教育课。制定实施《干部职工八小时之外监督管理办法》，推动党风廉政建设和反腐败工作。打造“心行”党建文化品牌和党建文化展厅，尊重基层首创精神，推出“一所一品”创建活动，丰富和壮大支部主阵地。

撰稿：王　君

审稿：刘士庆

金融·保险

地方金融工作

金融工作办公室领导成员

主　任　杨晓光

副主任　马堂亮　贾亚飞

【机构设置】 区金融工作办公室为区政府直属事业单位,2013年12月加挂区地方金融监督管理局牌子。2017年，共有干部职工9人，均具有本科以上学历。

【概述】 2017年，区金融办贯彻落实区委、区政府总体工作部署，整顿金融秩序，优化金融生态环境，提升金融支持实体经济水平，维护全区金融业健康平稳发展。截至年底，全区共有总行、分行级银行机构27家、各类保险机构52家、证券期货营业部28家，三类金融机构数量和规模均居全市首位。有经省、市金融办批设的小额贷款公司、融资性担保公司、民间融资服务机构共74家，注册资本52.88亿元，各类公司在数量和资金规模上均居全市首位。新型农村合作金融试点合作社增至4家，注册资本1356万元。

【地方金融组织】 2017年年底，全区共有小额贷款公司6家，注册资本8.2亿元；融资性担保公司11家，注册资本11.94亿元；民间融资服务公司51家，注册资本32.36亿元；民间融资登记服务公司6家，注册资本3800万元。2017年，全区小额贷款公司和民间融资服务公司累计发放贷款33.78亿元，融资性担保公司新增担保额16.74亿元，民间融资登记服务公司累计对接资金1.76亿元，四类公司实现营业利润5267万元，上缴税金2053.8万元，扶持中小企业、个体工商户8995户次。

【行业监管】 开展地方金融组织绩效考核、行业年审和分类评级。1月中下旬，配合省、市金融办对全区6家小额贷款公司、11家融资性担保公司及26家分类评级在Ⅲ级以上的民间资本管理公司开展地方金融组织的绩效考核、评价工作。3月，完成全区小额贷款公司行业年审的初审工作。3–4月，配合市金融办完成全区民间融资服务公司分类评级的初评工作，并组织全区11家融资性担保公司开展行业年审和分类评级工作。6月中下旬，完成全区小额贷款公司分类评级的初评工作。

加强监管检查。按照上级工作部署，陆续将全区各类地方金融组织全部接入“山东省地方金融综合服务信息平台”，指导各公司完善平台基本信息数据、业务信息维护及报表上报工作，以完善地方金融监管体制，提升非现场监管水平。6月，区金融办分别制定下发《关于进一步加强小额贷款公司监管工作的意见》《关于进一步加强融资性担保公司监管工作的意见》《关于进一步加强民间资本管理公司监管工作的意见》《关于进一步加强民间融资登记服务公司监管工作的意见》《关于进一步加强农民专业合作社信用互助业务试点监管工作的意见》，明确定期对各类公司进行现场检查、调研，为每家公司建立监管台账。检查中，发现问题及时提出整改意见，明确整改期限和措施，督促公司规范经营。2月24–28日，配合省民间融资机构协会对全区53家民间资本管理公司行业标识使用情况进行检查，全区经营场所总体规范。

加强沟通交流。3月初，配合省、市金融办开展融资性担保行业调研活动，通过企业座谈、实地考察，掌握全区融资性担保行业发展情况。7月中旬，组织全区51家民间资本管理公司分3批次召开业务分析座谈会，增强各公司及区金融办之间信息沟通。

【新型农村合作金融试点】 2017年年初，旭农、清春2家新型农村合作金融试点合作社正式开展试点业务，5月市级财政扶持资金按照每家15万元的标准拨付30万元补助资金，作为试点合作社风险补偿。年内，新增荣泽、金麦2家农民专业合作社试点资格，新型农村合作金融试点合作社增至4家，注册资本1356万元，金融服务“三农”能力不断提高。

【企业上市和挂牌】 7月，齐鲁股权交易中心临沂管理中心落户兰山区IFC国际金融中心，为全市中小企业在齐鲁股权交易中心挂牌提供服务。9月18日，区政府下发《关于鼓励和支持企业上市挂牌的意见》，在鼓励引导企业通过资本市场实现发展方面提供政策指引及资金支持。11月21日，联合区经信局召开全区中小企业齐鲁股权挂牌培训会，就企业在齐鲁股权交易中心挂牌政策及实务进行培训，激发企业上市挂牌积极性，全区各镇街、经开区经贸办主任及60多家骨干企业负责人参加培训。

截至年底，全区共有“新三板”挂牌企业5家，区域性股权交易中心挂牌企业16家。其中，2月20日，山东沂龙仪表有限公司获准在齐鲁股权交易中心挂牌；7月31日，山东思索系统集成股份有限公司获准在“新三板”挂牌；12月中旬，临沂市兰山区诺亚民间资本管理有限公司、山东华源锅炉有限公司2家公司先后获准在齐鲁股权交易中心挂牌。另外，5月17日，山东居兴家具有限公司启动在澳大利亚国家证券交易所（NSX）上市计划。

【防控地方金融风险】 出台金融风险应急预案。8月，区政府下发《兰山区金融突发事件应急预案》，成立兰山区金融突发事件应急工作领导小组，建立健全各项金融风险应急机制。

重点企业金融运行预警监测工作。根据市金融办要求，自1月起，对顺和酒业、三维油脂等4家重点企业信贷资金信息持续调度分析，并根据市金融运行监测中心的测评结果，对主要财务指标不达标的企业，约谈其负责人，研究具体解决办法，及时预警和防范信贷风险。

P2P网贷机构专项整治工作。2017年年初，总部在兰山区注册的P2P网贷机构有55家，实际运营的有25家。按照省、市网贷风险专项整治领导小组工作部署，对网贷机构按标准进行分类，下发整改通知书，督促及时开展整改工作。对于重点对象，1月5—9日，联合市银监局组织公安、工商等部门，聘请会计事务所、律师事务所等第三方机构集成专业队伍，进驻经营场所进行检查，依法进行取证和事实认定，并将整改事项上报至市P2P专项整治办公室。对于非重点对象，采取监管谈话、询问调度、非现场检查等方式，督促其对照有关规定进行整改。同时，从3月开始对25家实际运营的P2P机构经营情况信息进行动态监测，并将统计信息报送至市专项整治办公室。

防范和打击非法集资工作。1月，区政府下发《临沂市兰山区人民政府关于进一步做好防范和处置非法集资工作的实施意见》《兰山区非法集资风险专项整治活动实施方案》。1月6日，召开全区防范和处置非法集资工作会议，安排部署为期3个月的全区非法集资风险专项整治活动，全区各镇（街道）、有关部门、四类地方金融组织、P2P平台、开展信用互助的农民专业合作社主要负责人等170余人参加会议。各镇（街道）通过自查自纠、现场核查等方式开展风险排查活动。区打非办统一印制1万份《致广大人民群众的一封信》，由各镇（街道）、经济开发区在社区、村居等公共场所张贴。5月上旬，按照区政府办公室下发的《关于做好企业集资风险排查化解工作的通知》，全区共排查企业119家，其中国有企业13家，其他企业106家，未发现存在集资行为的企业。是月，组织开展打击非法集资宣传月活动，共解答群众咨询600余人次，发放宣传材料3000余册，并通过电台、微博、微信等渠道，滚动播放公益广告《远离非法集资》、宣传标语口号等。6月，区政府办公室下发《关于印发2017年兰山区涉嫌非法集资风险专项排查活动实施方案的通知》和《关于贯彻落实促进全省金融稳健发展电视会议精神做好全区金融风险排查工作的通知》文件，组织开展全区非法集资风险专项排查活动、全区金融风险排查活动，在全区各类企业、农民合作社、网络借贷机构、交易所等非法集资风险重点领域进行多次专项排查、整顿活动。8月，按照《关于开展2017年涉嫌非法集资广告资讯信息排查清理活动的通知》，在全区范围内开展排查清理活动。截至9月底，共出动执法人员210人次，检查广告发布者10家，广告位160个，监测各类广告资讯信息360条次，约谈和行政指导2次，查处后台网站2家。9月15日，按照区政府办公室下发的《关于做好打击逃废金融债务工作的通知》，启动全区打击逃废金融债务工作。9月20日，区金融办组织辖内中行、农行、工行、建行、临商银行、兰山农商银行及全区各镇（街道）工商所开展“金融知识进社区”活动，共解答群众咨询1500余人次，发放宣传材料1万余份，引导群众树立正确理财观念。11月30日，区委、区政府调整充实兰山区金融稳定发展、打击和处置非法集资工作领导小组力量，协调部门联动，严厉打击非法集资行为，规范金融市场秩序。

【金融扶贫】 3月，会同兰山农商银行研究制定《兰山区金融扶贫巩固提升工作实施方案》，调整充实金融扶贫工作领导小组，坚持政策不变、力度不减，巩固提升2016年脱贫攻坚成果。2017年，兰山农商银行共发放扶贫贷款3020万元，带动建档立卡贫困户604人实现稳定就业或增收，完成年度任务目标。

【对口帮扶】 2017年，区金融办对口帮扶金雀山街道水文局小区。年内，从单位经费中拨付1.5万元作为帮扶经费，为水文局小区安装治安监控设备，截至12月底，监控设备已安装完毕。

【议案提案办理】 2017年，区金融办共受理人大议案1个，政协提案4个。年内，区金融办被政协兰山区委员会授予“2017年度兰山区政协提案承办先进单位”称号。

撰稿：诸葛瑞英

审稿：马堂亮

工行工作

工行兰山支行领导成员

行　长　姜文政

副行长　杨　燕（女）　刘　建（女）　刘　宏（女）

纪委书记　陈洪军

【机构设置】 2017年，工行兰山支行内设办公室、风险管理部、市场一部、市场二部、个人贷款营销中心、对公营销团队等6个部室，辖1个营业部、6个二级支行、1个分理处、2个储蓄所。年底，全行共有干部职工160人，平均年龄39.2岁，具有本科以上学历的占90%。

【概述】 2017年，工行兰山支行坚持“稳健经营、可持续发展”的经营方针，把握经营重点，适应新常态，以优质服务拓展客户规模、以客户增长促进业务发展、以产品匹配提高营业贡献，齐心协力，奋力拼搏，各项业务取得较好成果，出现新亮点，实现新突破，多项指标考核排名全市同业前列，经营规模和效益提到双提升，持续健康发展能力不断增强。

营业部荣获总行“五星级服务”称号

【负债业务】 2017年，工行兰山支行坚持“以客户为中心”的经营理念，拓户增容。依托理财产品、节节高、薪金溢、存管通等优质产品，带动个人客户的大幅提升，做大做强个人金融业务。以网点智能化改造为契机，不断提升服务质量，积极推广“融e购”“融e行”“融e联”三大互联网平台，提高服务效率，所辖营业部通过中国银行业协会五星级网点验收，城里支行通过总行四星级网点验收，提高网点整体服务营销水平和市场竞争能力。增设社保卡业务窗口，开办社保卡发放和医保专户业务，截至年底社保卡发放量已突破1.5万张。以金融超市的进驻为切入点，延伸与政府各部门间互联网服务平台的其他合作项目，营销网上银行、工银e缴费等优质产品。截至年末，人民币存款余额96.05亿元，较年初增加9.82亿元，其中储蓄存款余额54.11亿元，较年初增加3.46亿元；公司存款余额12.27亿元；机构存款余额29.55亿元，较年初增加6.99亿元。

【资产业务】 2017年，工行兰山支行创新工作思路，调整资产结构，助推新旧动能转换，支持重点企业发展，支持实体经济振兴。办理天元建设集团3.5亿元理财直投业务和盛阳金属科技3亿元设备租赁保理业务，发放新程金锣短期借款5亿元。推进普惠金融业务发展，利用网贷通、银政通、网上票据池质押融资等产品，对经营合规、征信状况良好的中小企业发放贷款，持续支持小企业发展。借助“融e借”“分期付款”等消费金融产品发展小微及个人资产业务，在风险可控的前提下，发展汽车分期付款业务和“家家乐”分期付款业务。截至年末，全部分期付款业务余额已达8.8亿元，余额居全市同业第一。对接交警抵押系统、不动产交易抵押系统，提供便民服务。截至年末，人民币各项贷款余额109.99亿元，较年初增加8.36亿元。其中，公司贷款余额41.40亿元，较年初增加6059万元；个人贷款余额57.48亿元，

“金融知识进万家”宣传活动

较年初增加7.38亿元。

【党建工作】 发挥党委“管方向、把大局、定政策、抓改革、促落实”的作用，坚持党风廉政建设与业务发展同部署、同落实、同考核，实现党建与战略管理有机结合。坚持党建与从严治党、从严治行有机结合，完善《2017年党风廉政建设和反腐败工作责任制》《行务会议事规则》《重大突发事件报告制度》等制度，组织干部和关键岗位员工签订《管理人员、关键岗位人员廉洁从业承诺书》，实现党内监督与行内管控双管齐下，形成清正廉洁遵规守纪的良好风气。落实党的组织生活，认真执行“三会一课”制度，加强党员队伍建设，学习贯彻中共十九大精神。

【内部管理】 做好业务培训和合规教育，保证行务会、分析会、晨夕会质量，提高合规教育、业务知识学习效果。日常工作中坚持精细化、标准化管理同严格、细致监督形成合力，推进十大关键领域风险治理，做好案件风险排查工作。重点对理财、贵金属、金融市场、个人金融、私人银行、银行卡、信贷、资产管理、票据业务、人力和运行等10个业务领域进行排查，定期开展员工异常行为、员工个人征信、信访维稳等风险排查。组织员工逐期学习省市行纪委、地方纪委的提示函，持续关注员工有无参与集资、担保、经商、赌博、买彩票、与客户账户非正常往来、大额透支、套现、代办业务等不良行为，确保依法合规经营。

【队伍建设】 通过开展多种形式的员工教育实践活动，牢固树立正确的世界观、人生观、价值观，不断提高党员干部和员工政治站位和政治自觉。组织举办“迎七一·勇奉献·比担当”主题演讲比赛，唱响“兰工精神”，弘扬奉献精神。开展“每月一案”学习活动，抓好案例警示教育。组织开展企业文化活动和各项培训，加强精神文明建设。开展好各类公益宣传活动，促进全行优质文明规范的服务水平进一步提升。设立党员示范岗，要求党员干部佩戴党徽亮身份，切实发挥先锋带头作用。规范干部选拔聘用，严格按照民主推荐、组织考察、讨论决定、上报市行、任前公示、发文聘任、任职谈话流程规范操作，提供公开透明的发展政策和提升通道，形成全行党员、群众立足本职岗位，勇于担当作为，争优创先、积极上进的工作氛围。

撰稿：曹维勋

审稿：姜文政

农行工作

农行兰山支行领导成员

党委书记、行长 李品深

党委委员、副行长 沈庆福 房贤栋 * 郭秋霞

纪委书记 房贤栋

行长助理 郭秋霞 *

【机构设置】 2017 年，中国农业银行股份有限公司临沂兰山支行内设综合管理部、运营财会部、公司业务部、个人金融部、风险管理部等 5 个部门，下设 1 个直营机构：个人贷款集中作业中心；辖 1 个营业部，4 个二级支行：北城支行、工贸开发区支行、枣沟头支行、西苑支行，6 个分理处：杏坛分理处、西城分理处、解放路分理处、聚才路分理处、商贸园分理处、白沙埠分理处。截至年底，支行共有在职干部员工 202 人，其中中共党员 114 人，具有本科以上学历的 113 人。

【概述】 2017 年，面对复杂多变的内外部经营环境，农行兰山支行围绕"横向提升，纵向进位"的目标，凝心聚力、开拓进取，业务发展稳中有升，基础管理不断夯实，多项指标创历史最好水平。省行穿透考核中全年均居先进支行行列，市行综合绩效考评中全年保持全市第 1 位，被总行授予"运营管理先进单位"称号；被省行授予"2017 年度先进集体"称号；被市行授予"创建'四好'领导班子先进集体""2017 年度先进单位（集体）""综合绩效考评优胜单位"等称号；继续保持省级文明单位称号。

【负债业务】 2017 年，农行兰山支行面对负债业务市场群雄逐鹿的竞争态势，以负债业务为中心，加大对日均、时点存款考核力度，制定网点领导班子、部门挂包网点及班子成员挂包重点项目等考核办法，开展"大额存单""理财、基金转化存款""扩户提质"等专项活动，提高存款业务的价值创造能力。截至年底，各项存款余额 93.25 亿元，较年初增加 13 亿元，存、增量系统贡献度分别为 10.95%、15.61%，均居全市第 1 位，存、增量市场份额分别为 34.89%、36.15%，均居同业第 1 位。个人存款较年初增加 4.87 亿元，居全市第 4 位；对公存款较年初增加 8.17 亿元，居全市第 1 位，其中机构存款增加 7.6 亿元。

【资产业务】 2017 年，农行兰山支行立足提高全行盈利能力，树立资产强行理念，加大信贷投放力度。成立个贷集中作业中心，建立人员到位、责任明确、贴近市场、竞争有力的营销体系，着力突破个人贷款，巩固个贷全市领先优势。大力发展个人住房贷款等低风险类贷款业务，截至年底，个人住房贷款较年初增加 8.07 亿元，居全市第 2 位。加快法人客户拓展，做到边投放边储备。对接信贷客户贷款、承兑业务需求，在确保风险可控的前提下加快信贷投放。做好项目储备，推进职业中专改扩建、河湾水库工程等项目流程，做好 PPP 项目的跟进营销，助力服务国计民生发展。截至年底，支行各项贷款总量 43.67 亿元，较年初增加 9 亿元。

【中间业务】 大力发展信用卡、分期、保险等业务，通过转型调整稳定收入基础、扩大增收渠道，全年实现中间业务收入 6179 万元，居全市第 1 位，同比

增加486万元，其中分期业务收入1840万元，保险业务收入352万元，分别居全市第1位和第4位，点均中收561.74万元，人均中收35.31万元，均居全市第3位。实现拨备后利润2亿元,居全市第1位，同比增加2297万元，点均创利1829.52万元，人均创利115万元，均居全市第6位。

【风险管理】 2017年，农行兰山支行共开展“三化三铁”验收检查44次、专项和重点事项测评事项检查25次，共发现问题163个，提出整改意见163份，责任处理120人次，支行获得总行“运营管理先进单位”称号，2人获“三化三铁先进个人”称号。以“三化三达标”创建为推动，以“平安农行”创建为依托，抓好安全风险、内控管理等工作，实现安全经营无事故。

截至年底，农行兰山支行不良贷款余额2111万元，不良占比0.53%，分别较年初下降1076万元和0.51个百分点，实现“双下降”。连续两年个人贷款到期收回率保持100%，无新增法人不良贷款。不良信用卡余额228万元，较年初下降211万元，不良占比0.56%，较年初下降0.56个百分点。全年共清收处置不良资产2465万元，完成市行计划的307.8%，其中自主清收580.6万元，完成市行计划的240.9%，自主核销1754.3万元，完成市行计划的313.3%。

【内部管理】 落实“三线一网格”系统履职，按照监督有责的要求，强化内部监督约束机制，全年共处理直接责任7人、管理责任4人、连带责任2人,“我的合规我负责、别人的合规我有责”已深入人心。

组织中层领导干部到临沂监狱接受警示教育，举行“远离违法违纪”警示教育讲座，开展“员工经商办企业”专题排查活动，对违规人员从严从重进行处理。开展员工行为管理自查、谈心谈话及员工家访活动，掌握员工思想行为动态，将不良思想、异常行为扼杀在萌芽状态。通过狠抓“双基”管理，员工执行力得到不断提高，员工自我保护意识不断增强，合规文化逐步深入人心。

持续开展以“我为农行改革发展献计献策”为主题的“每月一策”活动，共收到建议216条，答复并落实210条，畅通支行与基层员工之间的沟通渠道。

【企业建设】 新建和更新小食堂6处、员工休息室10处，统一配备生活用品，为有条件的4处网点设立活动室、2处网点设立小菜园，基层五小建设卓有成效。

举办迎新春联欢晚会、员工才艺展示、“三八”妇女节评优、“五四”青年员工座谈、户外采摘、端午节诗文朗诵、阳光心态及青年员工励志讲座等一系列文体活动，员工幸福感、归属感不断提升，积极向上、同心同力的精神风貌和工作氛围日趋浓厚。

加强精神文明建设，参与“创城”，开展学雷锋、防诈骗、周六义务劳动一系列公益活动，提高员工的责任意识与支行的社会美誉度，2017年继续保持“省级文明单位”称号。

撰稿：李雪涵

审稿：刘相华

中行工作

中行兰山支行领导成员

行　长　李春艳（女）*　王高玉

副行长　季连杰　樊小尊（女）

【机构设置】2017年，中国银行股份有限公司临沂兰山支行内设业务发展部、营业部、综合管理部3个部门，共有员工26人，其中具有大专以上学历的25人。

【概述】2017年，中行兰山支行按照市行“增存款、控不良、上效益、全面提升市场竞争力”工作要求，结合支行实际，坚持以市场为导向，以效益为中心，大力发展稳定的中高端客户群体，夯实存款基础，加大重点授信客户营销深度，提高客户综合贡献度，支行各项业务实现持续、健康发展。截至年底，支行实现净利润3168万元，人均利润121.85万元。

中行兰山支行营业大厅

【存款业务】根据市行部署的竞赛激励活动，开展全员营销，拓展优质中高端客户群，营销金融机构存款、行政事业单位存款。截至年底，中行兰山支行本外币各项存款余额11.96亿元，较年初增加4953万元，增幅4.32%。其中，公司存款余额8.63亿元，较年初增加1.24亿元，增幅16.76%；公司日均存款余额8.17亿元，较上年日均新增1.34亿元。储蓄存款余额3.33亿元，较年初减少7437万元，减幅18.25%；储蓄日均存款余额3.72亿元，较上年日均新增445万元;各外币折美元存款余额477万美元，较年初增长27万美元，增幅6%。

【资产业务】根据市行“城区发展战略”的实施，支行明确市场定位，深入开展营销活动。加强重点授信客户营销，制定一户一策的营销方案。围绕授信客户及其上下游关联企业进行延伸营销与挖掘，提高授信客户的综合贡献度。截至年底，本外币各项贷款余额21.9亿元，较年初增加2.81亿元，增幅14.75%。其中,公司贷款余额14.05亿元，较年初增加2.75亿元，增幅24.35%；零售贷款余额7.85亿元，较年初增加633万元，增幅0.81%。支行不良授信资产余额为817万元，较年初减少40万元，减幅4.67%，资产不良率0.37%，较年初下降0.08个百分点。

【中间业务】支行利用自身经济、地理优势，挖掘中间业务潜力，提高中间业务的利润贡献度，实现市场占有率和效益的同步提升。通过不断提高与企业的

竞价能力，实现国际结算量 8570 万美元。通过现金管理平台、海外直贷等产品的推广应用，维护客户忠诚度，促进存款增长，增加中间业务收入。依托“中银理财”品牌，加大保险、基金、三方存管等代理、代售工作力度，挖掘、拓展中高端理财客户，优化个人中间业务收入结构。截至年底，支行实现非利息净收入 1131 万元。

【内部管理】 坚持“综合治理、标本兼治、长短结合、突出重点”的工作方针，完善内控管理体系。按照内控体系建设即职能管理、合规控制、内部稽核“三道防线”建设要求，结合市行学习计划，支行通过不同途径和措施，深入开展员工培训工作，组织员工学习《员工守则》《员工违规处理办法》等有关法律法规，收看案例警示教育视频，开展“双十禁警示教育”学习活动。根据省、市行部署，与所有员工签订“防范违法违纪案件责任书”“员工八小时之外承诺书”，并对“重点岗位、重点人员、重点环节”先后开展一系列定期、不定期检查，对查出的问题，严格问责。通过以上措施，使全体员工牢固树立依法合规经营意识，真正使员工符合“忠诚、敬业、责任、学习、进取、建树”的要求，并逐步培养“诚信、绩效、责任、和谐、卓越”的核心企业文化。

【服务与形象建设】 银行作为服务行业，服务是立行之本。支行按照《中国银行业营业网点文明规范服务评价标准》的有关要求，牢固树立以客户为中心的思想，强化文明规范服务各项工作措施，美化环境，完善服务设施，规范服务流程，加强员工礼仪培训，使支行文明规范服务水平得到更大的提升。2017 年，支行被市金融消费权益保护协会评为“2017 年临沂市银行网点服务标准化示范单位”。

撰稿：郭晓林

审稿：王高玉

建行工作

建行兰山支行领导成员

行　长　申全玲

副行长　徐大芳　杨汝振

纪检特派员　邹庆余*　法　震*　庄坤琪*

会计主管　蒋　玢（女）

工会主席　徐大芳（兼）

【机构设置】 2017 年 1 月，建行通达支行归属建行兰山支行管理。截至年底，建行兰山支行设有综合部、公司业务部、个人金融部、机构业务中心、营业室、通达支行，共有干部职工合计 38 人。

【概述】 2017 年，建行兰山支行以“一个中心、两条主线、三种理念和十字方针”为指引方向，强化营销拓展，做大业务规模，严控经营风险，切实提高质量，各项业务取得跨越式的发展成果。年内，支行被市行评为先进基层党组织，获得“工间操大赛”第二名，支行营业室被授予“总行级巾帼文明示范岗”、省行级“青年文明号”等称号。

【业务发展】 截至年底，建行兰山支行一般性存款 27.47 亿元，较年初新增 5.28 亿元，在兰山片区排名第 3 位，四行占比第 1，其中对公存款余额 16.22 亿元，比年初新增 4.59 亿元，在兰山片区排名第 3，四行占比第 1；个人存款余额较年初新增近 0.69 亿元，在兰山片区排名第4；机构存款11.53亿元，比年初新增1.23亿元，计划完成率111.51%。支行各项贷款余额27.82亿元，较年初新增12.04亿元，在兰山片区排名第1位，其中对公贷款余额22.40亿元，比年初新增10.79亿元，在兰山片区排名第1；个人贷款余额5.42亿元，比年初新增1.25亿元。挖掘客户需求，提高综合服务水平，中间业务收入实现新高，截至年底，支行实现中间业务收入1573万元，较上年增长158万元万元，中间业务收入增幅11%。

2017年，建行兰山支行创新工作思路，探索发展道路，主动开展信贷结构调整，政府类客户和国有企业客户群体逐步壮大。先后发放政府购买服务贷款2.3亿元，PPP项目贷款1.48亿元，实现支行在这两项信贷产品上的突破。以综合金融服务方案为抓手，加强公私联动、部门联动，在解决客户信贷需求同时，壮大个人业务群体，带动代发工资、信用卡、电子银行业务的全面发展。

推进地方政府金融服务工作，支持区人社局完成社保卡应用APP系统上线试点工作，实现全区所有参保人员线上信息采集、信息维护、社保卡应用及管理等功能。社保卡发卡实现突破性进展，完成全区4万多张城镇居民和1万多张职工社保卡发卡工作。

【企业文化建设】 2017年，建行兰山支行以党建统领全局，以党建引领业务发展，以行为家的思想，做好从严治行、服务于行等方面工作。以“幸福兰山、服务兰山”为宗旨，抓管理、严要求、拓实基础、强化管理，各项管理指标走在全行的前列。贯彻市分行工会工作精神，推进关心关爱员工“十件实事”。开展为全体员工生日送蛋糕，夏天送清凉活动。元旦春节期间，对部分困难职工和基层一线员工进行家访，促进对所辖员工的思想状况、工作表现和日常生活行为情况的了解，帮助员工解决本人及其家庭的实际困难。

撰稿：刘国才

审稿：徐大芳

邮储行工作

邮储行新城支行领导成员

行　长　赵国虎

副行长　赵　晖　闵祥启

【机构设置】 中国邮政储蓄银行股份有限公司临沂市新城支行成立于2008年5月，为中国邮政储蓄银行临沂市分行下辖的10个一级支行之一。2017年，邮储行新城支行下设综合管理部、综合部业务部2个部室，辖5处自营支行，25处邮政代理网点，年底，支行共有职工62人。

【概述】 2017年，邮储银行新城支行形成以本外币储蓄存款为主的负债业务；以单位存款、票据结算、企业网银、国际业务为主的公司业务；以国内、国际汇兑、转账业务、银行卡、代理保险、基金及证券、代收代付等多种形式的中间业务以及银行间债券市场业务、大额协议存款、公司贷款、银团贷款和小额信贷、质贷、个人商务、综合消费类贷款、个人二手房贷款、中小企业贷款为主渠道的资产业务。截至年底，支行储蓄存款余额5.27亿元，公司存款到达3.79亿元；各项贷款结余20.55亿元，较年初新增3.75亿元，增幅22.32%。

【存款业务】 邮储银行新城支行坚持“存款立行”的发展观念，加快客户分类管理，突出存款的核心地位，稳定存款增长规模，巩固储蓄市场地位。探索新形势下储蓄业务发展新模式，通过多元化产品销售和组合式营销方案，提高客户黏性，推动储蓄存款的稳定增长。年底，支行储蓄存款余额5.27亿元，较年初增加4253万元。以“揽公存，增份额”为指导，加快公司存款业务发展力度，全面开拓市场，提高竞争能力。开展“实现新跨越，公司存款再上新台阶”公司业务主题营销活动，充分调动支行业务发展的积极性。年底，公司存款余额达3.79亿元。

【贷款业务】 邮储银行新城支行突出产品创新和营销创新，信贷业务竞争力持续提升。2017年，贷款结余20.55亿元，各类贷款新增3.75亿元，各类贷款增幅为22.32%。坚持服务“三农”、服务中小企业、服务社区的定位，承担“普之城乡，惠之于民”的社会责任，加大向区域和农村地区的信贷资金投放力度，在促进地方经济社会发展方面做出贡献。小额贷款业务的蓬勃发展，激活农村金融市场，打开金融服务“三农”的新局面，取得经济效益和社会效益。

【中间业务】 邮储银行新城支行及时转变经营思路，大力发展中间业务，开展代收话费、代发工资、代收水电代、收广电费等代收代付业务。理财业务产品主要有创富系列、天富系列、财富系列三大类，适合高、中、低不同风险类型的客户。信用卡业务通过开展“悦享美食”“悦享旅游”等系列营销活动迅速发展。

【风险管控】 加强合规管理，开展“学合规，强内控”系列活动，组织“反洗钱合规知识”知识竞赛及合规知识测评考试。通过晨夕会、例会学习合规案例，组织信贷人员每周宣誓，增强员工合规意识，并按季度开展合规检查，把控合规风险。提升风险管理，按期召开风险与内控会议，安排总结风险管理工作，针对支行声誉风险、员工廉洁风险、员工操作风险、客户信用风险等开展专项摸排整治活动。持续关注不良和逾期贷款，转变清收模式，丰富清收手段，确保支行良好的资产质量。加强安保防护，层层签订《安全保卫责任书》落实责任，定期组织安全检查，排查整改安全隐患。加强安全保卫知识培训，开展防抢、防灾应急演练，提高员工安全意识和处理突发事件的能力。

【企业管理】 加强财务管理，增强成本管控理念，围绕提升效益、提升质量优化成本结构，坚持效益优先的价值创造理念。提升人力资源管理，开展定岗定编，压降机关人员占比，压降外包人员数量，促进员工队伍结构优化和素质能力提升。推进网点转型，增配网点自助设备，依托个人客户营销系统，围绕客户实行分层服务，提高网点员工业务水平和服务质量。深化企业文化建设，开展精神文明建设工作，构建和谐企业氛围，通过2017年市级精神文明单位复查验收。发挥工会作用，组织开展职工文体活动和“创先争优”活动，编发支行简报，落实公休制度，发放员工生日蛋糕卡及节日福利，组织员工定期体检，为员工办“十件好事”，不断改善员工福利待遇，慰问退休、生病员工，让职工感受企业关怀。

【党建工作】 将党建工作放在统揽全局的战略高度、作为促进发展与管理的重点工作来抓。落实党建工作责任制，履行“一岗双责”，坚持“四同步”，实现“四对接”，设立党员示范岗，发挥党员先锋模范作用。逐级签订党风廉政目标责任书，严格落实党风廉政建设责任。

撰稿：黄勇齐

审稿：武传娟

农商银行工作

兰山农商银行领导成员

党委书记、董事长 毛晓辉
行　长 孙宝华
监事长 刘国强
副书记 鞠佃军　诸葛凤沂*
副行长 丁万刚　邵景东　徐小强
纪检书记 林存亮

【机构设置】 山东临沂兰山农村商业银行股份有限公司成立于2016年7月1日，实行一级法人、统一核算、分级管理、授权经营的管理体制。截至2017年年底，全行辖1个营业部、31家支行、54个分理处等共86个网点，共有在岗员工1070名，党支部35个，中共党员554名。

【概述】 2017年，兰山农商银行在人民银行、银监部门的科学监管指导下，在全体股东及社会各界的大力支持下，凝心聚力、真抓实干，各项业务呈现持续健康发展态势，发展成为集存款、贷款、结算、中间业务、国际业务、货币市场业务于一体的综合型现代化金融机构。截至年底，兰山农商银行总资产达到340.89亿元，较年初增加26.61亿元，增幅8.47%；各项存款余额258.68亿元，较年初增加20.20亿元，增幅8.47%；各项贷款余额177.02亿元，较年初增加13.12亿元，增幅8%；实现各项税金2.79亿元。

【改革发展】 本着“先行先试、大胆摸索、动态调整”的原则，对资产经营中心、小微贷营销中心经营管理模式进行全面改革创新，突出职业化团队、专业化经营、精细化管理，提升不良资产管理水平和小微客户服务水平。开展现场观摩会等方式对事业部制改革成效、问题进行集体研究讨论，不断优化事业部运行模式。

【业务经营】 贯彻“抓两端、控中间”的信贷投放思路，将信贷结构调整作为长期工作主线，开展网格化营销导入实战活动，与远通集团、九州集团、临沂广电网络、江西商会等大中型企业和组织开展战略合作，加深异业合作。加快零售业务推广和创新，塑造“拥军贷”“微时贷”“蜜蜂微贷”“富民·金海棠”理财、“金鸡纳福”大额存单等零售品牌，创新推出“创业通”产品，加快快贷系统研发，加大聚合支付和智e购商城推广力度，完善微信、电话、网络申贷渠道和流程等举措，提高对小微企业、个体工商户、市场经营户、公职人员等零售类客户的服务水平。

加快网点转型，增强全员服务意识，改进服务质量，拓宽服务渠道，提升服务水平，打造临沂市民满意银行。发挥资产经营事业部集中管理、集约经营优势，加强对新兴财产标的、支付方式的研究，创新查控资产方式。

【内部管理】 借助“合规制度建设年活动”，对全行15类212个内控制度进行整理，编制《兰山农商银内部控制手册》《兰山农商银行业务流程汇编》，提高制度执行力和业务流程规范操作水平，降低合规风险、操作风险。建立全面风险管理体系，制定全面风险管理、流动性风险管理、信用风险、操作风险等12个风险管理制度办法，从信贷、资金等业务领域开始，逐步建立全行、全员、全流程的风险管理组织体系，通过嵌入式风险管理，加强对金融市场业务等重点业务领域和关键环节的风险防控。增强作风建设、促进勤政廉洁建设，推进惩治和预防腐败体系建设，贯彻案件风险双线排查及报告制度、开展好案防法规知识培训工作、健全信访督查督办机制等措施，消除各类风险隐患，保障兰山农商银行财产和员工人身安全。

【队伍建设】 以“两学一做”学习教育活动为契机，组织举办“齐心向党筑梦农商”演讲比赛，开展优秀基层党支部、优秀共产党员评选表彰活动；组织中层以上人员到孟良崮战役纪念馆、沂蒙红嫂纪念馆接受党性红色教育，重温入党誓词；开展“书记为我戴党徽”“志愿服务在行动”等主题党日活动，激发党员干部的工作热情和进取精神。组织开展柜员星级评定及业务技能比赛活动，调动全行职工学业务、练技术的积极性和主动性，营造“有先必争、有旗必夺”的浓厚氛围。成立乒乓球队、羽毛球队、篮球队及户外运动俱乐部，举办农商行第二届职工运动会、“不忘初心感恩有您”迎春答谢会、“不忘初心牢记使命多彩农商行”摄影培训班等，丰富职工业余文化生活。开展农商行员工子女新入学大学生座谈会，关心职工发展、关注职工子女学习、生活。开展员工拓展训练，通过对员工阳光心态和情绪管理的培训以及团队分工协作等项目的拓展，提高团队合作意识，营造浓厚的企业文化氛围。

撰稿：颜真真

审稿：陆建民

人保财险公司工作

人保财险兰山支公司领导成员

经　理　闫肃山

副经理　曹　萍（女）　崔亚敏（女）　陈利彬　秦军华

【机构设置】 2017年，兰山人保财险公司设经理室、综合部、三农保险部、车商业务一部、车商业务二部、重要客户部、营销业务一部至九部、通达路车管所营销服务部、兰山街道营销服务部、金雀山街道营销服务部、柳青街道营销服务部、义堂营销服务部、白沙埠营销服务部、李官营销服务部、枣园营销服务部、半程营销服务部、方城营销服务部、汪沟营销服务部、银雀山营销服务部、御碑街社区门店等。年底，公司共有在职干部员工和营销员176人，中共党员11人。

【概述】 兰山人保财险公司业务经营范围涵盖非寿险业务的各个领域，包括机动车辆保险类、企业财产保险类、工程保险类、家庭财产保险类、责任保险类、信用保险类、保证保险类、船舶保险类、货物运输保险类、农业保险类以及短期健康保险和意外伤害保险类等。2017年，公司共实现保费收入14860万元，其中常规业务保费收入9549万元；居民大病医疗保险保费收入5311万元。接受各类保险客户赔案37774件，支付各类赔款金额16527万元，其中常规业务赔案9212件，支付赔款9916万元；居民大病医疗赔案28562人次，受惠居民7442人，支付赔款6611万元。上缴车船税和各项税金1151万元。年内，被区委、区政府授予“平安兰山建设先进单位”称号。

【授权经营】 按照市分公司下发的《临沂市分公司城区经营单位授权经营整合工作方案》，兰山支公司剥离营业货车业务5400余万元。自2017年12月1日起，不再经营营业货车业务，对公司整体业务发展产生较大影响。

【公务用车改革】 为推行公司公务用车改革，优化公务用车管理，降低使用成本，根据《中国人民财产保险股份有限公司临沂市分公司公务用车改革实施办法》，结合公司成本情况，制定《中国人民财产保险股份有限公司临沂市兰山支公司公务用车改革实施办法》，明确交通补贴范围及标准，报市分公司审批后自2017年8月1日起实施，交通补贴根据各职级人员车补标准，按月随薪酬发放。

【政策性农险】 2017年，兰山人保财险公司承办的政策性农险涵盖玉米、小麦、生猪保险，全年保费收入125.5万元，支付赔款80余万元。

【治安保险】 2017年，治安保险覆盖全区各镇街道，承保村社区446个，承保户数11.5万余户，收取保费115万余元，提供风险保障13.8亿元，支付赔款70余万元，实现“政府得民心、群众得实惠、社会得平安、企业得市场”的“四赢”局面，为社会经济稳定发展和人民生命财产安全提供有力的保险保障，发挥保险的经济“助推器”和社会“稳定器”作用。

撰稿：潘雪莲

审稿：闫肃山

人寿保险公司工作

人寿保险兰山区支公司领导成员

经　理　赵广义

副经理　管佃彬　孙文涛

【机构设置】 2017年，中国人寿保险股份有限公司临沂市兰山区支公司内设经理室、办公室、个险销售部、团体业务部、城区业务拓展部、法人业务拓展部、小额业务拓展部、渠道业务拓展部和遍及乡镇的9个农村营销服务部。截至年底，公司共有干部员工和个人代理人2100余人。

【概述】 人寿兰山区支公司是中国人寿在兰山区设立的唯一国有专业寿险机构。2017年，公司发挥自身专业优势，在做强主业的同时，大力拓宽业务领

域和服务社会的范围，承保的业务与险种主要有：学生安全保险、银龄安康工程保险、全女性安康工程保险、困难职工意外伤害保险、大学生村官和第一书记保险、建筑工程人身意外保险等，形成涵盖较为齐全的立体化保障体系。

在全市系统17家个营业单位中考核位列前两名。

【保费收入】 2017年，人寿兰山区支公司实现首年保费25290万元，同比增长54.3%，其中长期险首年期交保费4313万元，5年期及以上首年期交保费3897万元，10年期及以上首年期交保费2646万元，短期险保费2776万元，同比增长29.33%，短期意外险保费1765万元，同比增长12.69%。

【理赔工作】 公司坚持诚信服务，本着“主动、规范、迅速、合理”的原则，不断提高理赔服务质量。2017年，各项理赔达2600万元，有效化解各层级矛盾，减少因病致贫现象，为构建多层次社会保障体系发挥重要作用。

撰稿：陈　静

审稿：贯晨林

科技·教育·广播电视

科学技术

科学技术局领导成员

局　长　陈　伟＊　刘英娣（女）
主任科员　刘洪珍（女）　张家玮
副局长　张家玮＊　王观利　刘中原
地震办主任　刘慧群

【机构设置】 2017年，区科学技术局下设办公室、规划与科技成果科、科技发展及产业化科及专利信息科4个职能科室；辖3个事业单位：区地震办公室（副科级）、区知识产权局和区生产力促进中心。年底，全局共有在职干部职工20人，其中具有本科学历的12人，硕士研究生学历的3人。

【概述】 2017年，区科技局围绕区委区政府重点工作任务，实施“科技兴区”战略，以科技创新推动传统产业转型升级和战略性新兴产业发展，着重优化科技创新环境、推动科技经济融通发展，为全区经济社会发展提供有力的科技支撑，被评为2017年度全市产学研合作工作先进集体。

【科技计划】 2017年，围绕环保、生物医药、机械制造等重点行业，筛选天维环保塑机的“废旧塑料无害化综合处理利用技术与应用示范”等90多个“高、精、尖”项目申报省、市级科技计划，其中18项科技项目获省、市资金扶持。加大区级财政扶持力度，组织实施52项区级科技计划项目，鼓励和引导企业加大研发投入，加快新技术、新产品研发。加强项目审查，联合市科技局，委托第三方对2016年度市级有资项目的实施、资金使用、进展情况开展绩效考核。完成36项科技成果鉴定，获省级科技进步奖二等奖2项，市级24项，其中一等奖1项，二等奖15项，三等奖8项。

山东省科学院与兰山区政府签订科技合作协议

【产学研合作】 强化合作交流和技术对接，先后邀请中国林科院、吉林大学、省科院、山东大学等对全区110多家企业开展实地考察，组织对接活动50场次。引技术工作稳步开展，全年建立产学研合作企业达到130家，引进科技成果231项，新增市级以上创新平台21家。深化院地合作，与省科院签署《加强产学研合作协同创新基金协议》，投入资金500万元，加快易阳消防的“基于智慧社区的火灾预警及消防信息融合系统”等6项重大关键技术、前沿技术、共性技术联合研究，解决兰山区产业发展中的技术“短板”问题。拓宽国际合作深度，先后邀请哈萨克斯坦萨、澳大利亚的专家到大阳通用进行考察交流，并就无人智能农机项目研发、创新平台建设等方面

合作达成初步意向；推进盖氏机械与美国马温博士合作开展“刹车片摩擦材料”研发，改良生产配方工艺，提升产品市场竞争力；举办“一带一路”国家科技商贸考察团沂蒙行活动，来自蒙古、尼日利亚等6个国家的16位外国专家对兰山区进行实地考察，开展洽谈对接；金锣水务等12家企业在商业项目开发、国际贸易、技术合作与创新、机械设备采购、产品开发销售等方面与乌干达、哈萨克斯坦、蒙古、尼日利亚等达成合作意向。

【高新技术】 实施“高新技术企业倍增”计划，对照高新技术企业认定新规，分行业、分批次甄别申报成熟度，对90多家科技型重点企业进行分步骤培育，围绕发明专利、研发费用投入等高新技术企业认定标准，加强申报过程的服务指导，提高认定通过率，年内新增高新技术企业15家，达到31家，居全市第三位。落实《山东省小微企业升级高新技术企业财政补助资金管理办法》，筛选13家符合条件的企业申请补助，争取财政资金130万元。筛选绿爱糖果等一批创新潜力大、市场前景好的中小企业，列入科技型中小微企业信息库。组织方圆建筑等企业参加中国创新创业大赛、中小微企业创新竞技活动，提升企业科技创新意识。截至年底，全区创新型企业13家（省级以上4家），其中鲁南贝特被授予“全市十佳科技创新企业”称号。

【创新平台】 2017年，全区新增市级企业重点实验室2家、工程技术研究中心5家，金锣牧业院士工作站顺利通过省级备案。截至年底，全区共有科技创新平台47家，其中国家级工程技术研究中心1家、省级6家，国家级企业重点实验室1家、省级2家，国家级众创空间1家、省级1家；建成金锣健康研究院、清春高蛋白蔬菜研究院2个研究院。通过集聚整合技术、人才、资本、市场、管理等创新创业资源要素，打造创新创业服务新模式。加快众创空间、科技企业孵化器等平台建设，“e56• 我的茶楼”通过国家级众创空间备案，“临沂商城跨境电商创业园”通过省级备案，推荐云朵合作社备案国家级“星创天地”。培育创新产业集群，组织水表、软件信息等行业34家企业联合申报“临沂市智能仪表产业技术创新战略联盟”“区域数据智能产业技术创新战略联盟”并获批，加强联盟内部创新能力提升，提高产业竞争力。

【农业科技】 以“省农业科技园区”建设为契机，支持农业科技扶贫，重点围绕蔬菜种植、畜禽养殖、良种选育等先进技术的研发和推广，组织鼎益现代农业的“菌菜水肥一体化高效技术研究与示范”等3项技术申报省农业科技园区产业提升工程专项，提升园区科技承载力。做好与重庆城口县的对口科技帮扶，同时加强对贫困村、贫困户的技术帮扶和指导，推进“农科驿站”建设，以区内农业产业龙头企业为带动，推进扶贫工作重点区域科技成果推广应用，发挥示范和帮扶作用。加强农业良种培育、繁殖、畜禽养殖等实用技术的宣传和推广，培养一批科技致富带头人，辐射带动周围贫困农户。加大对生物医药、节能减排等民生科技研发领域的扶持，推进鲁南制药的“经典名方药物开发”、华临新能源的“基于纳米气凝胶绝热材料的太阳能集热系统设计及节能应用示范”等项目研发。

【知识产权】 组织200多人次参加专利行政执法人员培训班，系统学习专利申请、专利保护、专利运用及专利政策，提高知识产权管理人员业务能力。配合上级业务部门开展专利执法5次，对20多家商标及专利代理机构进行专项检查。落实省级专利补助政策，对符合条件的企业、个人发放专利补助金6万元。组织冠翔的“小口径超声波智能水表”等专利申报市级专利实施计划项目，获扶持资金10万元。推荐3家企业参加市专利奖评选，其中金锣水务的“污水生物处理装置和方法”获市专利奖三等奖。2017年，全区专利申请量2631件，其中发明专利申请573件、实用新型专利申请1408件、外观设计专利申请650件；专利授权量专利申请1514件，其中发明专利授权193件、实用新型专利授权866件、外观设计专利授权455件，发明专利申请量及授权量居全市第一。

【地震工作】 2017年，兰山区内有地震宏观观测点1处。坚持24小时地震值班制度及领导带班，对发现的异常情况及群众反映的问题及时落实并同时上报。强化群测群防网络管理，更新“三网一员”人员名单，完善区、镇街道两级群测群防网络。根据《山东省防震减灾条例》《山东省地震安全性评价办法》的规定，对全区一般性建设工程实行工程抗震设防要求管理，对《办法》附件中所列出的建设项目进行地震安全性评价，并对学校、幼儿园、医院、大型商场等人员密集场所提高一档确定抗震设防要求。加强农村民居抗震设防要求的管理。加强地震减灾知识宣传教育，利用“3·1”“5·12”“7·28”宣传日，通过设立宣传站、印发资料、悬挂条幅等形式，先后发放《防震必读》《青少年防震知识》及明白纸等5000份，通过民政部门向学生免费发放《防震必读》《青少年防震避震知识》2000余份。

兰山区2017年度获得科学技术奖情况一览表

序号	项目名称	完成单位	奖项
山东省科技进步奖			
1	污水处理厂污泥微氧水解原位减量技术与产业化应用	金锣水务有限公司、上海电力学院	二等奖
2	基于质量提升的中药口服液体制剂生产过程关键技术创新研究与应用	鲁南制药集团股份有限公司、鲁南厚普制药有限公司、临沂市食品药品检验检测中心	二等奖
临沂市技术发明奖			
1	首荟通便胶囊的研究与开发	鲁南厚普制药有限公司，鲁南制药集团股份有限公司	二等奖
临沂市科技进步奖			
1	预制直埋保温管研制与应用	山东现代诚信实业有限公司	一等奖
2	金藤清痹颗粒的研究与开发	鲁南厚普制药有限公司	二等奖
3	日光温室蔬菜土壤障碍绿色防控技术研究	临沂市兰山区宏杰蔬菜种植农民专业合作社，临沂市兰山区经济作物站	二等奖
4	乌苏里貉繁殖/哺乳阶段颗粒配合饲料研制与推广应用	临沂济泰饲料有限公司，临沂大学，临沂市畜牧兽医检测中心	二等奖
5	皮用水貂颗粒配合饲料营养标准、生产新工艺及养殖配套技术集成与示范推广	临沂济泰饲料有限公司，临沂大学，临沂市畜牧兽医检测中心，奥吉丽斯（文登）貂业有限公司	二等奖
6	生物发酵无害化处理病死猪技术研究与示范	临沂新程金锣牧业有限公司，临沂市动物疫病预防控制中心，沂南县畜牧兽医局经济开发区畜牧兽医站	二等奖
7	生猪产品安全生产信息化与质量追溯系统集成研究与示范	临沂新程金锣牧业有限公司，临沂新程金锣肉制品集团有限公司，临沂市动物疫病预防控制中心	二等奖

续表

序号	项目名称	完成单位	奖项
8	城市园林植物病虫害综合防控技术模式构建与推广应用研究	山东浚宇植保技术服务有限公司，临沂市农业科学院	二等奖
9	智能单板分选机的研究与开发	临沂木头人智能科技有限公司	二等奖
10	智能单板挖补机的研究与开发	临沂木头人智能科技有限公司	二等奖
11	日光温室蔬菜生态栽培技术研究	临沂市兰山区清春蔬菜种植农民专业合作社，临沂市兰山区经济作物站	二等奖
12	GPRS 无线光电直读远传水表	山东江花水表有限公司	二等奖
13	高精度超声波工业水表	山东江花水表有限公司	二等奖
14	p73 及 PCNA 在良、恶性多形性腺瘤组织中的定位与表达	临沂市兰山区人民医院，临沂市人民医院	二等奖
15	数字胃肠机与注射泵配合在子宫输卵管造影中的临床研究	临沂市兰山区人民医院	二等奖
16	废旧服装无害化处理系统	临沂天维环保塑机有限公司	二等奖
17	废旧塑料回收去油烟处理系统	临沂天维环保塑机有限公司	二等奖
18	智能化数字合版印刷工艺设计	山东绿爱糖果股份有限公司	三等奖
19	餐厨垃圾沼液资源化利用技术攻关的研究	中节能（临沂）环保能源有限公司	三等奖
20	含分布式电源的主动配电网电能质量在线监测系统设计	国网山东省电力公司临沂供电公司	三等奖
21	基于 GPRS 的智能高压核相仪的研制	国网山东省电力公司临沂供电公司	三等奖
22	基于五防工作票的检修过程中区域入侵防范技术研究	国网山东省电力公司临沂供电公司	三等奖
23	基于移动设备的电力 GIS 系统在电网规划中的应用研究	国网山东省电力公司临沂供电公司，山东鲁能软件技术有限公司	三等奖
24	基于 GPRS 技术的智能水表远程抄表管理系统	高翔水表有限公司	三等奖
25	聚氨酯泡沫预制直埋保温管路系统设计与应用	山东现代诚信实业有限公司	三等奖

撰稿：马楠楠

审稿：刘中原

教育工作

教体局领导成员

党委书记、局长 刘维军* 韩　东

党委副书记 边存金

党委委员、副局长 李公德　孟令香（女）　刘焕成

主任科员 付红军

副主任科员 邵　冉（女）

党委委员、区政府教育督导室主任 苏振北

党委委员　徐竹刚　庄汉进　付常明　律文忠

【机构设置】 2017年，区教育体育局设7个行政科室和17个事业科室，其中行政科室有：办公室、人事科（挂师范类毕业生就业指导办公室牌子）、规划财务科、基础教育科（挂体育卫生科牌子）、职业教育与成人教育科（挂社会力量办学管理办公室牌子）学校安全管理科、体育工作办公室（体育综合科，正科级单位）；事业科室有：政府教育督导室（正科级事业单位，设教育督导办公室）、教学研究室（副科级事业单位，内设办公室、教科室和高中、初中、小学、艺体四个教研组）、工会、党委办公室、团委、妇工委、综治办、监察室、老干科、幼教部、电教仪器站、后勤服务中心、招生办公室、自学考试办公室、教育财务结算中心、学生资助中心、精神文明建设办公室。另有直属学校23个、直属幼儿园1个。

【概述】 2017年，全区教育系统以巩固和提升全国义务教育发展基本均衡县（市、区）、全省教育示范区成果为目标，以"强质量、抓均衡、保安全、守底线"为主题，努力开创兰山教育发展新局面，先后荣获"全国青少年普法教育先进单位""全国教育宣传先进单位"等国家级荣誉2项，"全省未成年人思想道德建设工作先进单位""山东省教育信息化示范单位"等省级荣誉6项，"全市教育督导工作先进集体"等市级表彰22项。截至年底，全区共有各级各类中小学159所（其中公办小学117所、初中26所、高级中学4所、区职业中专1所、教师进修学校1所、中小学生综合实践基地1处，民办中小学9所），在岗教职工10748人，在校学生25.9万人（其中小学生18.78万人、初中生5.69万人、普高学生1.08万人、职业中专学生0.34万人）；各级各类幼儿园748所，幼儿园教师8230人，在园幼儿约10万人。

区委书记赵晓晖到学校视察

【教育保障】 2017年，竣工并投入使用全面改薄项目1个，投入资金685万元，建筑面积5450平方米。融资大班额校建专项资金4.6亿元，用于解决大班额校建项目25个，其中年内竣工、开工项目22个，启用临沂十中武汉路校区和临沂二小南京路校区，有效解决周围片区起始年级大班额问题。投资1400余万元，招标购置安装2791台空调等供暖设备，实现全区学校幼儿园取暖全覆盖。

2017年，全区教育实现财政拨款171629万元，小学生均公用经费达1292.87元，初中生均公用经费达2274.3元，高中生均公用经费达1645.01元，中职生均公用经费达3270.82元；教师平均月工资达7163.64元。实现教育费附加拨付17993万元，地方教育附加拨付2560万元。地方分成的体育彩票公益金和福利彩票公益金用于教育事业135万元。年内，共为各学段学生发放奖学金、助学金或减免学费2.2万人次、3249万元。

【教师队伍】 加强师德师风建设，倡导争做"四有"教师。把师德师风建设放在首位，坚持有理想信念、有道德情操、有扎实学识、有仁爱之心的"四有"标准，强化师德教育，提升广大教师教书育人品位和境界。

完善教干教师培训体系，促进教师队伍专业成长。加强教师培训基地建设，整合教师培训、教育教学研究、电化教育等资源，加强在岗培训和在岗提高，开展岗位练兵，提高教师备课能力、执教能力和学生管理能力，通过结对帮扶、专题讲座、课题实验、读书学习、技能竞赛、送教下乡等活动，促进教师专业成长。

落实《兰山区乡村教师支持计划2015—2020年实施方案》。2017年，全区公开招聘中小学新教师299人、幼儿园教师10人，从驻城学校派出援教教师135人，绝大部分安置到乡村教学一线，着力解决村小学科教师短缺问题。在岗位设置、职称评聘和评先树优中向乡村和薄弱学校倾斜，向一线教师和班主任倾斜。组织特级教师、名师等志愿服务教师到乡村学校支教，引领、带动辐射受支教学校的同学科教师教学水平全面提升。

2017年，评选区级教学成果奖253项、市级教学成果奖77项，全区教师省、市级讲课比赛获奖率100%；共评选区级优秀教师、优秀班主任、优秀教育工作者491人。截至年底，全区共有市级教学能手393人，沂蒙名师23人，省级特级教师11人，省级教学能手32人。

【教育改革】 落实省市校长职级制改革要求，分阶段稳步推进校长职级制改革，创新选人用人方式，探索公开实名推荐、校长提名、差额选拔等以职级制为核心的中小学校长管理体制，体现选人用人的政策导向和激励机制。交流使用一把手校长22人，提拔使用一把手校长17人,选拔任用分校校长11人，选拔任用副校长49人，交流副校长26人。对66人选聘校长发放聘书，实行聘期制度，1个聘期为4年。

深化德育改革，坚持把立德树人作为根本任务，在落实《兰山区中小学德育综合改革实施方案》的基础上，研究制定《兰山区中小学生养成教育三年行动计划（2018—2020年）》，初步构建以养成教育为抓手的德育工作新模式，构建以社会主义核心价值观为引领的小学、初中、高中一体化德育体系。

规范校车运营，委托临沂公交集团有限公司承担全区校车管理工作和全区中小学、学前儿童接送，实现兰山校车“公司化”运营。

【教育质量】 规范中小学办学行为，实施素质教育，加强学校内涵建设，努力打造办学特色，教育教学质量全面提升。2017年，普通高中教育教学成绩取得新突破，考入北大、清华各1人，实现5年来考入北大、清华零的突破，全区高考应届重点进线人数743人。在2017年度县区教育行政督导中，全区高考工作综合评比得分全市第一，中小学学业水平测试各项指标在全市领先。临沂三中等4所学校被授予“省级文明校园”称号，临沂九中“家校和融”经验做法在全省推广,《人民教育》等媒体予以报道。

艺体教育教学工作成绩斐然，教体局荣获山东省艺术节展演优秀组织奖，在全市中小学生运动会上荣获团体冠军。北城小学、临沂十六中、大岭小学、枣园小学、半程中学等13所学校被评为全国校园足球特色学校，数量居全市各县区之首。临沂一小学生在全国少年儿童乒乓球比赛中获得全国冠军、篮球队荣获省联赛亚军。全市学生社团工作会议在兰山区召开，金雀山小学大型综合性节目《兰亭序》被评为全国优秀国学教育文艺作品，枣园小学获得“全国优秀红领巾小社团”称号。

截至年底，全区共有省级规范化学校24处、市级规范化学校73处，省级教学示范校7处、市级教学示范校22处。

【协调发展】 学前教育规范办园又上新台阶。实施并完成标准化幼儿园建设2处，学前三年入园率达96%，75%以上幼儿园达到省定基本办园标准。重新调整2018—2020年幼儿园布局规划。有2所省十佳幼儿园、6所省示范幼儿园通过省教育厅验收或复验，9所幼儿园通过市一类幼儿园验收。

义务教育招生更加规范。坚持“两为主”政策，实施划片就近免试入学，完成中小学招生61453人，保障适龄儿童平等入学机会。

职业教育方面，调整完善初中毕业生分流考核办法，提高职教招生质量和数量，促进高中段教育普通高中教育和中等职业教育的均衡发展。临沂市商业学校荣获全市职业院校技能大赛团体一等奖、特别贡献奖和优秀组织奖，在全省2017年职业院校技能大赛中综合排名列全省第15位、全市第1位。启动临沂市商业学校新校建设工程。

重视民办教育发展，在进一步规范管理原有民办教育机构办学行为的基础上，支持临沂三中和后园居委联合成立商城外国语学校（民办公助）1处，全区民办学校达到10处，其中民办公助学校3处，民办小学7处。

【作风建设】 开展"两学一做"专题教育，提高教干教师队伍整体素质。全面加强党风廉政建设，贯彻落实中央"八项规定"、《中国共产党廉洁自律准则》《中国共产党纪律处分条例》和《党政机关厉行节约反对浪费条例》等各项管理规定，抓住重要时间节点，提醒党员干部遵规守纪。在全区教育系统开展整治"不作为""乱作为"专项行动，完善和落实"三重一大"等各项议事决策制度，围绕学校在物资采购、工程建设等易发生问题的方面，抓好学校工程建设、食堂管理等规范管理工作。大力开展师德师风教育，加强教师有偿补课专项整治。承办"12345"热线工单6437件，回应群众诉求，解决教育热点、难点问题，提高人民群众对教育的满意率。

撰稿：殷朝芹

审稿：韩　东

广播电视工作

广播电视台领导成员

台　长　袁春蕾（女，区委宣传部副部长）*

　　　　高　忠

总编辑　高　忠*　张钦雪

副台长　张钦雪*　范永胜　孙恩才

副总编辑　孙恩才*　葛继晓　王　鹏

【机构设置】 2017年，区广播电视台下设办公室、财务科、总编室、播出部、新闻中心、专题部、妇委会等18个科室。年底，全台共有员工118人，其中具有中级职称的13人，副高级职称的1人。

【概述】 2017年，区广播电视台坚持新闻立台，节目兴台，围绕中心，服务大局，围绕区委区政府中心工作，并通过研判，提出"三四五"发展战略，即科学制定近期、中期、远期“三步规划”，努力打造合作平台、栏目平台、新媒体平台、活动平台“四大平台”，努力实现品牌广电、创新广电、文化广电、和谐广电、幸福广电“五大目标”。

年内，区广播电视台荣获“全省电视宣传先进集体一等奖”“全省广播新闻宣传先进集体奖”“临沂电视新闻宣传先进集体一等奖”“2016 年度临沂市五四红旗团支部（总支）”等称号。新闻中心荣获“2015—2016 年度全国青年文明号”。

【新闻宣传】 坚持党媒政治定位，担当舆论引领重任。对内宣传抓实有效，全年共制播《兰山新闻》280 期。围绕区委、区政府中心工作，先后开设多个专栏，播发相关稿件 260 余条，同时面向基层、关注民生，拍摄采访 500 余篇民生类新闻在各级媒体播发。对外宣传成绩显著，连续十二年荣获全省电视新闻宣传先进集体一等奖，连续十四年保持全市第一。年内共在《临沂新闻》电视发稿 791 条、3734 分，《临沂新闻》广播发稿 756 条，3258 分，共计 1547 条，6992 分，以显著的优势保持全市第一；在山东电视台的广播和电视发稿总计 274 条，2905 分，位居全市第一，全省前列，其中山东新闻联播发稿位居全省前三位。同时，制作完成 50 多部专题片、近百次直播解说、8 档自办栏目等任务。

【平台建设】 合作平台全面拓展，与全区所有镇街道和近 10 个区直部门建立合作关系，与重点企业的合作也更加紧密。下半年，仅合作创收就达 160 多万元。

栏目平台显著提升。对 8 档自办栏目分别进行多元化创新，展现出新的面貌。《兰山新闻》以权威视角发布时政、鼓劲加油。《兰山先锋》《平安兰山》《商城兰山》把镜头对准不同领域，深入宣传兰山的党建、综治、商贸等方面的亮点。11 月，新推出《文化兰山》和《新兰山》两档栏目，引起强烈反响。新组建社会教育部，整合优势团队的力量，巩固《文化兰山》的品牌，并对《家住临沂》《校园直通车》栏目重新打造、改版提升，探索新的版块化栏目改版方案，以求新的突破。

新媒体平台开启新篇。2017 年，组建专门的新媒体团队，与山东电视台轻快云平台合作推出“兰山电视手机台”，11 月 8 日正式上线，实现用手机看电视、看直播、点视频、查资讯，大屏、小屏的互动极大地拓展了电视媒体的传播功能，成为更加高效便捷的传播渠道。微博、微信、头条、一点咨询、企鹅号、大鱼号与“兰山电视手机台”一起形成“两微一端”新媒体矩阵。

【主题活动】 为庆祝第十八个中国记者节，11 月 8 日举办“当好党媒先锋、讲好兰山故事”记者宣讲活动，增强了凝聚力。

【安全播出】 严格执行安全播出责任制，在重要活动、重大节庆期间，执行“零报告”制度，强化安全检查，加强人员值班，实现安全播出全年零事故。组织开展安全播出自查工作，及时消除隐患，提高防范能力。同时，完善节目制作、监审、编排、播出制度，按照新《广告法》和《国家广电总局 61 号令》的要求，加强节目监审，对专题栏目、广告从严

庆记者节业务培训班

把关，杜绝庸俗违法广告。全年共审播电视剧 9600 余集，电影 720 余部，栏目 380 余期。

【队伍建设】 按照“三四五”发展战略中的五大目标，把幸福广电作为职工队伍建设的最终目标，以发展的成就为职工赢得更多的尊严，带来更好的待遇，创造更优的环境。通过外出培训、科室内训、广电讲堂等多种形式，加强职业教育，提升职工的综合素质和业务水平。8 月，完成建台以来规模最大、门类最全、人数最多的面向社会公开招聘，解决部分一线岗位长期同工不同酬的问题。在克服困难、千方百计增加收入的基础上，坚持不懈地提高职工待遇，向职工兑现“实发工资消灭一千时代”的承诺。工会工作纳入正轨，解决职工关注多年的正常福利待遇发放问题。加强党员队伍管理，实施“党员量化积分管理”，在 11 月全市机关党建督导检查中，区电视台“党员量化积分管理”经验得到市直机关工委主要领导的高度评价，在全市得到学习和推广。

【采编设备】 截至 2017 年年底，全台共有采编设备：2 台松下 AG-HPX500MG 大摄像机、2 台索尼 330 大摄像机、2 台松下 2300 大摄像机、6 台松下 298 小摄像机、3 台松下 173 小摄像机、5 台索尼 198 小摄像机、25 套非线编、1 台 DOD 调音台、1 台西门子字幕机、14 台监视器、5 台 DVCAM 数字录机、1 台播音提词器、1 台索尼 MCS-8M 视音频切换台、1 个 A08U-G2421 磁盘阵列，另有 1 辆调频直播车。

撰稿：张　浩

审稿：张钦雪

文化·卫生·体育

文化工作

文化广电新闻出版局领导成员

局　长　管桂启

主任科员　孟庆香（女）

副局长　王　煜　刘光霞（女）　孙宝传

副主任科员　邓　青（女）

【机构设置】 2017年，区文广新局内设办公室、人事财务科、文化科、广播电影电视科、新闻出版科5个职能科室，辖文化馆、图书馆、艺术团、沂蒙影剧院、文化艺术研究室、文物管理所6个直属一类事业单位。年底共有干部职工123人，其中具有高级技术职称的28人，中级技术职称的57人，具有大专以上学历的107人，高中（中专）学历的16人。

【概述】 2017年，区文广新局坚持以中共十九大精神统揽工作全局，以文化事业繁荣、广播电视事业发展、文广新工作再创佳绩为主基调，加大投入推动惠民工程建设，统筹安排促进文化演出、文艺创作、文物普查、非物质遗产保护等工作全面开花，为“文化强区”建设创造和谐文化环境。

【社会文化】 突出书圣、孝悌等优秀传统文化特色，做足、做活“书圣文化、孝悌文化、商贸文化”等文章，着力打造“书圣故里”“孝悌文化”等具有兰山特色、代表兰山风采的文化品牌。组织开展第十八届兰山之春秧歌汇演、舞动金秋广场舞大赛、首届兰山文化惠民消费季活动、“欢庆十九大文化惠民进万家”活动、“乐在基层”庄户剧团展演、“凝固的耕耘”油画展等大型系列文化活动，丰富全区群众的业余文化生活。组织开展送文化下乡和送文化进社区活动500余场次，受益群众近70万人次，用先进文化巩固农村文化阵地。区文广新局、区委组织部联合下发《选拔培养全区乡土艺术人才的实施意见》，经层层推荐，选拔区级乡土文化人才9人，从中推荐1人入选市级乡土文化人才。先后举办广场舞、音乐、美术等培训班12期，培训学员3300余人次。组织非遗传承人、文化站长、农家书屋管理员160余人次，参与省市区各类培训，2人参加省培训学习，2人参加市画院培训学习。

【图书管理】 2017年，区政府投资近400万元，改建增设面积3260平方米图书馆1处，全区图书馆面积由原来的1142平方米增至4402平方米。顺利通过国家二级馆评估验收，全区所有镇（街道）均建有符合标准的图书馆、文化馆分馆。做好免费开放、服务读者工作，年接待读者153921人次，其中阅览室接待读者39836人次，少儿及成人外借部接待读者114085人次；新办借书证3521本，有效证累计13864本；年图书流通257080册次；采购文献22367种72306册。利用读书日、节假日，举办少儿国学朗诵、书画大赛、展览及阅读推广等活动20场。以提升读者文化品位、打造“书香社会”为目的，利用寒暑假及周末面向社会大众举办经济、生活、艺术等各领域公益性专题讲座18场。推进农家书屋建设工作，举办农家书屋管理员培训班4期，派遣专业人员到兰山街道、银雀山街道、汪沟镇等镇（街道）进行图书分编整理上架、软件安装等实地辅导工作。2017年，协助省、市有关部门为配套相对薄弱的农家书屋配送图书2万余册，提升农家书屋质量，为广大农民朋友读书学习创造良好条件。

【文艺创作】 按照“实施一批、准备一批、酝酿一批”的总体思路，制定2017年兰山区文艺精品创作规划，组织创作人员深入生活，汲取创作素材，激发创作灵感，推出一批具有兰山特色、群众喜闻乐见的文艺精品。10月，吕剧小戏《面子》参加临沂市原创小型戏剧大赛获一等奖。编辑出版4期《洗砚池》杂志，发表各类文艺作品600余件，其中60余篇作品被全国各类报刊杂志选载，《洗砚池》杂志荣获首届“全市优秀文学期刊”。4月，成功举办“童星杯”《洗砚池》第四届颁奖典礼。12月，出版长篇纪实文学《大鹏展翅千万里》，《晓峰故事》荣获第六届“沂蒙文艺奖”。编辑完成20期《兰山文化》微信信息，累积编发各类信息、图片200余篇（张），向全区群众展示兰山文化新成果、新成绩。

【农村公益电影】 严格按照山东省《农村公益电影标准化放映实施办法》组织放映，全年完成公益电影放映3384余场次，公益电影进福利机构175余场次，组织开展移风易俗、庆祝中共十九大召开等其它主题电影放映300余场次。推进公益电影固定银幕架建设，有3个镇（街道）、10个贫困村完成建设。

【非物质文化遗产】 做好29个省市级以上非遗名录、60个区级名录保护工作。加大非遗保护挖掘力度，10名传承人列入兰山区第五批区级代表性传承人，10个项目列入第五批区级非物质文化遗产名录。组织举办“传统文化过大年”活动。组织13名剪纸传承人参加临沂市文广新局举办的“巧手秀清风”沂蒙剪纸作品展，2人获一等奖，1人获二等奖，5人获三等奖，5人获优秀奖。组织18名传承人参加“临沂首届非遗文化博览会”。开展非物质文化遗产展演、培训、进校园、进社区等活动22次。稳步推进历史文化展示工程，镇街道历史文化展示室覆盖率达100%，并涌现出白沙埠镇毛村、半程镇沙汀、方城镇东朱汪社区等大批有特色、较为典型的村情民俗展馆。

【文物管理】 全区登记不可移动文物306处，其中国家级文物保护单位2处、省级文物保护单位15处、市级文物保护单位12处、区级文物保护单位92处。按照“保护为主、抢救第一、合理利用、加强管理”文物保护方针，做好文物保护“五纳入”“四有”相关工作以及兰山区“一普”后续资料汇编、普查成果展等工作。组织开展巡查活动60余次，重点检查市级以上文物保护单位保存状况，及时发现并整改安全隐患。做好大遗址保护工作，完成国保单位小谷城故城遗址考古勘探、省保单位防城故城遗址2个重点文物保护专项资金申报工作。加大宣传力度，充分利用“5·18”世界博物馆日、“6·11”文化遗产日等节日，通过悬挂宣传标语、展示展板等形式，宣传文物保护法律法规及文物知识，提高群众文物保护意识。10月16日—18日，组织召开以“探寻远古文明寻找古城遗迹传承历史文化”为主题的临沂城古城史学术研讨会，通过研讨论证，临沂主城区城市发展史由现在的2509年向前推进到3000年以上。

【文化扶贫】 推进同富、兴旺等8个贫困村文化活动室、文化小广场建设提升，帮扶柳树庄、兴旺2个村建设高标准综合性文化服务中心。截至年底，10个省定贫困村文化活动室、文化小广场100%全覆盖。组织艺术团、庄户剧团到贫困村开展送戏下乡20场，完成公益电影放映98余场，实现文化资源向贫困村倾斜。

撰稿：孙学美

审稿：邓　青

文化市场管理工作

文化市场管理执法局领导成员

局　长　许洪波

副局长　魏孝明　倪明雪　李　龙

主任科员　赵国鲁

副主任科员　杜荣荣（女）

区文化市场执法稽查大队大队长　张从庆

【机构设置】 2017年，区文化市场管理执法局设有办公室、监督管理科、政策法规科（安全生产办）、人事财务科、“扫黄打非”办、监控指挥中心、督察室和电子政务科。文化市场执法稽查大队下设6个执法中队。全局共有工作人员80人。

【概述】 2017年，区文化市场管理执法局以党的十八届五中、六中全会为指导，全面深入学习宣传贯彻中共十九大精神，坚定不移以习近平新时代中国特色社会主义思想统领全区文化市场综合执法管理工作，通过“两学一做”等系列教育活动，健全完善党风廉政建设和工作纪律管理制度，文化市场综合执法管理工作在全省始终处于标杆位置，文化市场监管和“扫黄打非”工作取得重要突破，被省文化厅授予“全省文化市场执法办案先进单位”“全省文化市场重大案件办案单位”等称号。

【文化市场规模】 2017年，全区共有网吧284家，印刷企业138家（其中出版物印刷企业13家、包装装潢印刷企业81家、其他印刷品印刷企业38家、专项印刷6家），出版物零售经营单位406家（其中出版物零售单位395家、出版物二级批发单位11家），文艺表演团体13家，演出经营场所备案单位2家，游艺娱乐场所9家，歌舞娱乐场所41家，影院14家，艺术品备案经营单位155家，具备接收境外卫星电视资质的单位5家。

【自身建设】 深化“两学一做”，增强“四个意识”，通过召开专题民主生活会、开展“整治‘不作为、乱作为’优化发展环境”和“亮承诺、抓整改、见实效”等活动，采取履责谈话、干部实绩报备等一系列举措，整改突出问题22条、个性问题44条。加强党风廉政建设，完善党风廉政建设工作责任制，经常性开展学习，强化党风廉政教育。严格执行“八项规定”“三重一大”制度，定期召开民主生活会和党支部会议，严肃整治“庸懒散”现象，机关作风进一步转变。树立正确用人导向，在工作一线考察了解干部，向组织慎重推荐1名副科级领导干部后备人选。

【文化市场管理工作】 根据区委、区政府《关于推进综合行政执法体制改革的实施意见》，明确文化市场执法稽查大队执法主体和职责。加强日常管理，全年共受理“12345”市民服务热线263条，“12318”举报案件60起，办理人大代表建议、检察院检察建议和群众信访各1件，办结率100%。建立健全文化市场领域“双随机一公开”工作机制、执法人员名录库、价差对象检查对象名录库和随机抽查事项清单，在5月18日省文化厅专项工作督导检查中受到高度评价。申请专项资金177万元，奖励、补贴9家优质文化产业项目。

【执法监管和“扫黄打非”工作】 研究修订文明城市创建工作常态化方案和未成年思想道德建设工作方案，对文化经营单位开展拉网式整顿规范，查办网吧接纳未成年人等严重违规行为188起，行政处罚155万余元；清查中小学周边文化经营场所，收缴侵权盗版书报刊1万余本、侵权盗版教辅2500余本、光盘3000余张。

组织“清源2017”和“固边2017”2个专项行动，查缴侵权盗版书报刊5万余本、光盘8000余张，取缔非法游商摊点160余处。组织“秋风2017”专项行动，打掉非法编辑部5处，查扣工作设备30余台，收缴非法医疗刊物8000余本。组织“净网2017”专项行动，严防俄罗斯“蓝鲸”等恐怖游戏流入兰山，对2家擅自发布影像资料、涉嫌侵权网站实施停业整顿。组织“护苗2017”专项行动，检查中小学校150余所次、校园周边出版物经营单位400余家次，取缔无证经营等单位130余处。组织“迎接十九大印刷复制发行专项检查行动”和“忠诚卫士·2017金秋行动”，检查出版物发行单位52家、印刷复制企业30家，查处无证经营等行为21起。联合开展第十三次打击网络侵权盗版专项治理“剑网行动”，立案调查重点侵权盗版案件6起，其中全国“扫黄打非”办督办大案1起，异地证据保存涉案图书17642册，码洋高达44万元。

在全市率先整治酒吧等场所擅自从事歌舞娱乐经营行为，检查酒吧、咖啡厅等场所19家，立案处罚4家，罚款18万元。年底，被评为2017年度全省文化市场重大案件办案单位，属全市唯一受表彰县区。

开展食品、保健食品欺诈和虚假宣传专项整治，出动执法人员120余人次，车辆20余台次，检查出版物发行单位88家，印刷复制企业122家，未发现虚假宣传现象。把意识形态工作同本职工作同安排同部署，建立微信公众号、微博以及头条号，有2篇稿件在《兰山大众》、临沂在线、今日头条以及公众号等媒体刊发。开展移风易俗宣传教育，印发《致兰山区市民积极开展移风易俗，拒绝非法演出活动的一封信》，倡议人民群众从根本上认识非法演出的严重后果，积极开展移风易俗。从3月开始，利用9个月的时间，开展卫星电视传播秩序专项整治，创建无“小耳朵”社区132个，无“小耳朵”镇（街道）6个，组织执法行动60余次，发放宣传资料2000余份，查处违规经销窝点10处，行政处罚22家，罚款4.9万元。

【安全生产工作】 督促文化经营单位加强安全生产队伍建设、制度建设，加大安全基础投入。完善《兰山区文化市场领域安全生产应急预案》，每季度召开

1次安全生产专题会议，组织开展安全生产月活动，抓好安全生产网格化实名制管理，分3批对文化经营单位法人代表进行安全生产教育培训。安全生产专项检查和百日攻坚治理行动中，出动执法人员1000余人次，检查文化经营单位1200余家次，整改安全隐患217项，文化市场安全生产百日攻坚治理行动专项执法检查工作得到省文化厅肯定。

撰稿：倪明雪　梁　彬

审稿：邢家礼

卫生和计划生育

卫生和计划生育局领导成员

党委书记、局长　毛士西

党委副书记、红十字会常务副会长　孙兆德

党委委员、副局长、计生协会常务副会长

安卫国*

党委委员、副局长、计生协会常务副会长

王　辉（女）

党委委员、主任科员　彭和元

党委委员、副局长　孙焕峰　孔　辉　孙学强

党委委员　朱凤亭　张玉启　何茌雷　李传霞(女)

党委委员、副主任科员　吴　青（女）

区人民医院

院　长　张玉启

副院长　王明帅　赵　彬　杨百胜　王湘萍(女)

计划生育执法检查大队

大队长　李传霞（女）

流动人口计划生育管理站

站　长　刘　朋

计划生育妇幼保健服务中心

主　任　杨淑兰（女）

党支部书记　李公芝（女）

区卫生监督所

党支部书记　朱凤亭

所　长　陆清省

区疾病预防控制中心

主　任　张庆吉

党支部书记　夏东升

区卫生学校

校　长　顾三平

区爱国卫生运动委员会办公室

主　任　杜庆民

区计划生育协会

常务副会长　王　辉（女）

副会长　唐　鹏　范玉明

秘书长　姜淑娟（女）

区红十字会

常务副会长　孙兆德

副会长　何茌雷　刘怀祥

【机构设置】　2017年，区卫生和计划生育局设办公室、人事科、规划财务科、政策法规与疾控监督科（挂卫生应急办公室牌子）、医政中医药管理与药物科、基层指导与妇幼保健计划生育服务科、科技教育与宣传科7个科室；辖2个正科级单位：区人民医院、计划生育协会；7个副科级单位：区计划生育妇幼保健服务中心、区计划生育执法检查大队、区流动人口计划生育管理站、区卫生监督所、区疾病预防控制中心、区卫生学校、区爱国卫生运动委员会办公室；

15个股级单位：区红十字会办公室、兰山街道社区卫生服务中心、银雀山街道社区卫生服务中心、金雀山街道社区卫生服务中心、柳青街道社区卫生服务中心、兰山街道大岭社区卫生服务中心、义堂中心卫生院、枣园中心卫生院、朱保卫生院、半程镇卫生院、白沙埠镇卫生院、李官镇卫生院、方城中心卫生院、汪沟镇卫生院、新桥卫生院。年底，局机关共有干部职工114人（含计划生育协会、流动人口计划生育管理站、计划生育执法检查大队、爱卫会办公室、红十字会办公室）。

【概述】 2017年，全区卫生计生系统以保障人民群众健康、促进人口均衡发展为目标，围绕改善民生这一主题，以提高医疗服务能力、提升群众满意度为抓手，以提高人民健康水平为中心，以深化医药卫生体制改革、计划生育转型服务为重点，认真抓好工作落实，各项工作取得明显成效，兰山区先后被授予“国家慢性病综合防治示范区”“山东省卫生计生综合监督示范区”称号。区卫计局被授予“山东省健康促进示范区”称号。区卫计局被授予“山东省卫生计生系统先进集体”称号。

【医药卫生体制改革】 完成公立医院法人治理结构改革任务，区人民医院、区计生妇幼保健服务中心先后召开理事会成立大会和首届第一次会议，严格按照时间节点、工作程序，推动工作扎实开展。全面启动城市公立医院改革，区人民医院、区妇幼保健院药品价格下降15%，人均门诊药费下降15.73%，人均住院药费减少18.49%。积极推进医联体建设，认真梳理全区公立医院医疗资源，把推进医联体建设作为解决人民群众“看病难、看病贵”的重要抓手，全区公立医疗机构全部与省市级医疗机构签订医联体协议，实现医联体建设全覆盖。

【精准医疗健康扶贫】 为全区困难群众建档立卡9707份，免费体检8496人，制作并发放2017年兰山区“健康医疗惠民卡”9544张，发放居民健康卡、扶贫明白纸1.2万份，开展健康会诊28次、健康教育讲座128场，发放健康小处方2.17万份。与中华联合保险公司签订《扶贫特惠保险合作协议》，为9544名贫困人员按照每人150元标准进行投保。协助299名患慢性病和门诊特殊大病贫困群众办理慢病手续。对15名患有省定7类11种大病的贫困人员实施分类救治，救治措施落实率100%。

【医疗服务能力建设】 在北城新区规划建设的区人民医院北城新院区，占地182亩，一期预计投资7.27亿元，建筑面积14.27万平方米。新投入使用的区康复中心收治儿童孤独症、智障、脑瘫患者198人，治疗、康复效果良好。加快推进枣园中心卫生院、白沙埠医院、李官医院业务用房等项目建设进程。建立业务进修和人才培养机制，定期选派医务人员参加进修培训，全年到三级医院参加培训人员112人、进修人员60人，三级医院专家到区内医院坐诊56人，邀请专家讲课75人次。搭建“兰山区人口健康信息平台”，加强“一平台六系统”建设，推广“互联网+医疗健康”智慧医疗模式。

【基本公共卫生服务】 全区建立居民健康档案107.9万份，居民健康档案建档率94.4%，高血压和糖尿病患者健康管理率分别为40.23%和36.3%，儿童和

孕产妇规范化健康管理率分别为89.6%和86.7%。深入开展家庭医生签约服务，针对居民不同的医疗卫生需求，制定分类、分级别的个性化签约服务包。

【中医药服务能力建设】 全区各社区卫生服务中心、镇卫生院全部设立国医堂，其中5家社区卫生服务中心、镇卫生院国医堂达到国家级建设项目标准，3家中心卫生院国医堂达到省级建设标准，4家单位被国家中医药管理局评定为山东省首批中医类别全科医生规范化培养基地，5家单位成功创建省市规范化中医药特色单位。

【疾病预防控制】 成功创建全国慢性病综合防控示范区、山东省健康促进示范区。H7N9禽流感疫情发生后，城区4个街道密切配合，做好流调、捕杀、休市工作，有效控制疫情。针对全区学校流行性感冒发病快速上升趋势，开展流行病学调查、标本采集工作，做好医疗救治和学校疫情预防控制指导，加强健康教育，预防控制疾病发生。投资75万元建设兰山区中小学生健康教育基地，被中国健康促进与教育协会授予"国家级健康促进与教育优秀实践基地"。开展严重精神障碍患者摸底排查工作，托清底子，提高服务管理质量，全区登记在册患者4755人。

【卫生计生综合监督】 鼓励引导社会办医，推动民营医疗机构发展，承办全市民营医疗机构服务管理现场会和全市餐饮具集中消毒服务单位规范化监管工作现场会。加强事中事后监管，开展拉网式检查，对违规单位进行约谈，列入不良记录。开展为期两个月的民营医疗机构集中整治活动，检查民营医院49家，出具卫生监督意见书49份，行政处罚16家，民营医疗机构运营规范，服务质量提高，群众投诉率大幅度下降。兰山区被省卫计委授予首批"山东省卫生计生综合监督示范区"称号。

【卫生乡镇创建】 辖区内所有镇（街道）以争创国家级卫生乡镇为目标，实行三年连创。把卫生创建工作纳入全区科学发展考核项目，作为"一把手"工程，成立由区委书记和区长任组长的领导小组，分管领导具体负责组织、协调、调度等日常工作。2017年，4个街道全部创建为省级卫生乡镇，7个镇和经济开发区创建为市级卫生乡镇。

【计划生育转型服务】 对计划生育技术服务与基本公共卫生、妇幼保健职能进行整合，撤销镇（街道）计生办，成立镇（街道）卫计办。落实各项计划生育奖励扶持优惠政策，为1476名退休职工发放一次性养老补助，为1877名省市区属停破产企业退休职工发放独生子女父母一次性养老补助，完成农村奖励扶助1752例，特别扶助家庭105例，审核通过计生家庭中考加分考生4129人。逐步提升出生人口素质，实施生殖健康促进计划和出生缺陷干预工程，建立健全出生缺陷综合防治体系，做好婚前医学检查、孕前优生检查、新生儿疾病筛查，全年婚前医学检查16720人，免费孕前优生检查6502对，新生儿遗传代谢性疾病免费筛查23727人，乳腺癌、宫颈癌各筛查20050人。

【红十字会工作】 开展"送温暖"活动，重点走访方城镇、汪沟镇因病致贫家庭，发放温暖箱、毛毯等物资，价值9000余元；走访慰问大病儿童困难家庭，发放慰问金6000元；为6户贫困家庭办理大病救助，发放救助资金2万元；组织会员单位开展应急救护培训进校园、进社区活动，先后在朴园小学等学校和西关等社区开展应急救护培训；做好干细胞血样采集工作。5月4日，联合市红十字会举行造血干细胞血样集中采集活动，采集血样225人份；做好造血干细胞捐献工作，实现捐献1人；做好遗体（角膜）捐献登记工作，接受遗体（角膜）捐献咨询16人次，登记3例，完成遗体捐献2例，角膜捐献1例。

撰稿：李　妮

审稿：唐　鹏

体育工作

体育工作办公室领导成员

主　任　付常明

主任科员　张　德

副主任　岳宗卫　于洪涛　杜家海

体育中学校长　宋伟珠

【机构设置】 2017年，区体育工作办公室下设办公室、财务科、竞技训练科、群众体育科、体育产业科、体育彩票管理中心、体育总会秘书处、国民体质测定与运动健身指导站、综合科、全民健身中心管理办公室等10个科室；辖1个副科级事业单位：区体育中学，1个股级事业单位：区业余体育运动学校。年底，区体育工作办公室共有干部职工50人，其中，副高级职称教师9名，中级职称教师和教练12名，初级职称教师、教练员21名。

【概述】 2017年，区体育办在区委、区政府的正确领导下，全面贯彻中共十九大会议精神，深入推动“两学一做”学习教育常态化制度化，扎实开展各项本职工作，取得明显成效，先后被授予“全省体育彩票工作特殊贡献奖”“全市体育工作先进单位”等称号。

【竞技体育】 成功举办七运会，展示全区人民风采。兰山区运动会每四年一届，兰山区第七届运动会于4月18—28日在区全民健身中心举行，设置篮球、乒乓球、羽毛球、田径等7个大项52个小项，全区各条战线选派21个代表团、

近2000名运动员参加。

举办中小学生联赛，夯实后备人才基础。2017年，全区中小学生体育联赛在原有乒乓球、排球、足球、篮球、羽毛球及田径6个项目的基础上，新

兰山区中小学生体育联赛乒乓球比赛

增设游泳和网球2个项目，参赛人数2000人左右，联赛利用周末和暑假期间，分3月—4月、6月—7月两个阶段进行。

变革体校办学模式，创新人才培养途径。研究制定《兰山区体育运动学校办学模式改革实施方案》，破解集中办学困难问题，创新开展1+N办学模式，1是指兰山区体育中学，N是指各体育中学训练点。具体工作中，采取在体育中集中训练，各分散训练点日常训练的模式。6月20日，省体育局副局长隋拥军带领全省县（区）级体校办学模式改革现场会与会人员到兰山区观摩体校建设1+N办学模式，对兰山区1+N办学模式给予充分肯定。

太极拳剑展演

开展山东省青少年体育健身活动状况调查。按照省体育局有关部署要求，10月中旬至11月底，对苗庄小学、方城中心小学、义堂中学、涑河实验小学青少年体育健身活动状况进行入校调查，完成数据采集、检查督导，整理上报数据等工作。

【群众体育】 开展各类健身活动，丰富群众文体生活。根据城乡群众不同的健身特点，打造百村千人健身秧歌分站赛和“我是冠军”驻城中老年太极拳、太极剑、健身秧歌系列比赛；根据不同群体的健身需求，打造钓鱼、自行车、台球、足球、象棋、机关职工趣味运动会等一系列适合不同人群的比赛；根据出精品赛事、金牌赛事的需要，打造中国沂河龙舟争霸赛、国庆节龙舟邀请赛等影响力辐射周边省市区的金牌体育赛事；根据不同的时间节点和形势需要，举办全民健身月、全民健身日健身展演，“红色十月”喜迎中共十九大系列比赛等；根据群众科学锻炼、合理健身的需求，组织开展体育技能进社区、三级社会体育指导员培训、健身志愿宣讲等活动。与此同时，组队参加美丽乡村迷你马拉松沂水、临沭、莒南、蒙阴等地分站比赛以及临沂市全民健身月启动仪式暨精品健身活动展演等赛事活动。

做好全民健身工程维修、维护及提档升级工作。先后为半程、枣园、方城、汪沟等镇新建全民健身工程35处，投放健身器材420余件，并对部分全民健身工程进行提档升级。为银雀山街道银河湾社区、金雀山街道南坛社区和金雀山街道计生服务站配备组合拉力器、室内乒乓球台、健步机等器材，采取政府购买服务的方式投资50余元，完成364处健身广场已损坏健身器材的维修、维护和更新工作，广大群众对公共体育设施的满意度指数进一步提升。

成功举办龙舟赛。5月28日和9月26日，先后举办中国沂河体育节首项赛事“体彩杯”中国沂

中国沂河龙舟争霸赛

河龙舟争霸赛和收官赛事2017“体彩杯”庆国庆中国沂河龙舟邀请赛，其中中国沂河龙舟争霸赛吸引其他县区及兰山区驻城4个街道共22支代表队参赛，“庆国庆中国沂河龙舟邀请赛”吸引江苏苏州以及山东德州、枣庄、聊城、日照、济宁共18支代表队参赛。

开展国民体质监测。分别于3月和11月，开展2期共7个星期的国民体质监测活动，有5000余人接受监测。

【体育彩票】 2017年，全区体彩销量5.09亿元，位居全省县区第四名。在3月16日全区体彩工作会议上，邀请专业人员对全体体彩业主进行消防安全知识培训。投资2万余元，为全区150多家体彩投注站购置300余台干粉灭火器，体彩投注站消防安全等级得到提升。

【体育安全】 成立安全生产领导机构，细化安全生产责任，做好安全风险防控。开展健身器材安全检查，督促整改安全隐患。2017年5月—7月，先后对辖区内21家游泳场所，1家滑雪场和1家攀岩场所的用电用水、消防安全及应急预案等进行安全检查，发现安全隐患51处，下发整改通知书23份，并与被查单位签订安全生产责任书。严格高危项目经营主体行政许可，委托检测机构进行资质审核，10月13日，对全区首批获得高危险性体育项目经营许可的俱乐部发放许可证书，在全市属首例。

撰稿：姜修理

审稿：刘效印

社会生活

民政工作

民政局领导成员

局　长　焦秀荣（女）

副局长　郭爱民　范建勋　汤有秀

【机构设置】 2017年，区民政局下属区社会救助中心1个正科级事业单位，区艾山天都陵公墓管理处、区流浪乞讨人员救助管理站、区婚姻登记处3个副科级事业单位。局机关内设办公室、优抚安置科、双拥办公室、救灾救济科、城乡低保科、基层政权社区建设和区划地名科、社会福利科、社会事务科、规划财务科、社会组织管理科、双拥办公室、慈善总会办公室12个科室，共有干部职工51人。

【概述】 2017年，全区民政系统践行“民政为民、民政爱民”理念，在社会救助、防灾减灾、社会福利、双拥优抚安置、社区建设、地名普查、社会事务等方面取得新突破。区民政局被市委、市政府表彰为“全市中共十九大安保维稳工作先进单位”，在全市民政工作综合评估中荣获“优秀”等次，在全区科学发展考核中获得区直部门第三名的成绩。区民政局连续十二年被评为省级文明单位。

【社会救助】 加强农村低保和精准扶贫工作的衔接，履行民政部门精准扶贫工作职责。开展城乡低保规范化建设年活动，对新增低保对象全部按流程公示，每季度对各镇（街道）专项督查，每月随机抽查救助对象，对“12345”市民服务热线群众反映问题，做到第一时间督查落实。城乡低保标准、农村特困救助供养基本生活标准再次提高，城乡低保标准之比缩小到1.6 ∶ 1，为老弱病残幼等特殊困难群体发放救助（补助）资金6182万元。

【防灾减灾】 防灾救灾减灾能力得到提升，健全镇（街道）物资储备点，兰山区被评为全省首批、临沂首家防灾减灾示范区，金雀山街道东北园社区创建2017年度全国综合减灾示范社区。开展“慈心一日捐”活动，募集捐款142.5万元，发放救助金125.85万元，救助困难群众1200人。

【社会福利】 应对老龄化趋势，探索“医养结合”新模式，推动社会力量托管敬老院，已有白沙埠、半程、李官、银雀山、枣园5处敬老院通过公办民营或协议委托的方式提升改造为老年养护院，打造区域性养老服务中心。推进区养老服务中心建设，

项目主体已封顶正在进行内部装饰，建设7处农村幸福院、7处日间照料中心，新增养老床位1028张。开展敬老院质量提升行动，投入596.2万元实施敬老院标准化建设。发挥临沂凯旋老年护理职业培训中心的作用，培训养老护理员1000多人次。

【双拥优抚安置】 在全区民政系统成立政策工作专班，与市里同步发布登记公告，实行户籍所在地村（社区）进行信息登记，共登记3546人。做好信息登记、诉求汇总、核实确认、政策兑现、矛盾化解和信访稳定工作，1065名退役士兵的合理诉求全部得到落实。坚持“四公开一监督”的阳光安置办法，完成24名符合条件的退役士兵安置工作，安置到事业单位10人，安置到央属、省属和市属国有企业12人，选择自谋职业2人。发放各类优抚安置补助资金6085.5万元。办理技能培训263人次。完成历年优抚安置档案数字化扫描，确保档案不丢失、易查找。设立4个拥军服务站，营造浓厚拥军氛围。

【社区建设和地名普查】 实施“互联网＋社区服务”工程，建设社区公共服务综合信息平台51个，占全市的52%。通过租赁、新建、购买等多种方式，为20个新建城市社区配置社区服务中心。实施农村社区服务中心建设3年行动计划，新建农村社区服务中心20个，全区已建成54个。东北园社区被确定为省级社区社会工作试点单位。加强社区工作人才队伍建设，首次联合区委组织部招聘100名城市社区专职工作人员，充实社区工作队伍。开展首届“兰山和谐使者”评选，初评确定10人，每人每年享受政府津贴3000元。开展第十二届村（居）委会换届选举工作，完成182个，完成率56.3%。规范四类社会组织直接登记，完成“三证合一”，并引导社会组织参与精准扶贫工作。开展兰山区第二次全国地名普查工作，共采集数据2680条，全部录入数据库，并通过省级初验。

【社会事务】 制定兰山区全面推行惠民殡葬政策的实施意见，将惠民殡葬资金1400万元列入财政预算，对丧事简办的落实惠民殡葬政策一例奖补1000元，生态葬一例奖励5000元。严格建设标准，全区已建设公益性公墓10处，已建成墓穴10815个。建设地下骨灰堂5处，财政补助450万元。全区569个自然村（社区）全部成立红白理事会，培训成员3500人次。提升区婚姻登记处服务功能，设200多平方米侯登服务大厅，提供一站式全面服务，免费为群众办理结婚登记9041对，离婚登记2908对，补领婚姻证件2724对，合格率达到100%。扫描1990年以来的10万余份婚姻登记档案，实现婚姻档案数据化管理。为51名农村留守儿童建立档案，做好打拐儿童的收养评估和收养登记工作，承担属地收养管理责任，免费办理儿童收养登记61件。

撰稿：陈繁荣

审稿：焦秀荣

人力资源和社会保障

人力资源和社会保障局领导成员

党委书记、局长　赵德胜
副局长　柏建永　王绍志　周茂菊（女）
党委委员　柏建永　刘振萍（女）　王绍志
　　李正存　周茂菊（女）
主任科员　刘振萍（女）
副主任科员　张沂蒙
劳动监察局局长　张钦景
军转办主任　张卫国
劳动仲裁院院长　姚文峰
人力资源开发服务管理办公室
主　任　李正存
副主任　许天宇　严　伟（女）
社会保险事业管理办公室
副主任　孙钦勇　刘继光　顾三斌
城乡居民社会养老保险事业管理处
主　任　周茂菊（女）
副主任　刘学营　全德国
进城务工人员综合服务中心
主　任　徐　杰
副主任　杨　蕾

【机构设置】 2017年，区人力资源和社会保障局下设办公室、党委办公室、人事科（与党委办公室合署办公）、规划财务科、社会保险基金监督科（挂审计科牌子）、纪检监察室、公务员管理科、就业促进科（挂高校毕业生就业科、农民工工作科的牌子）、调配科、专业技术人员管理科、事业单位人事管理科、劳动关系科、工资福利科、退休干部管理科（与工资福利科合署办公）、社会保险科、调解仲裁管理科、政策法规科（挂劳动监察科牌子）、外国专家管理科、劳务输出管理办公室、信息中心等20个职能科室；辖4个正科级事业单位：区人力资源开发服务管理办公室、区社会保险事业管理办公室、区城乡居民社会养老保险事业管理处和临沂市进城务工人员综合服务中心（兰山）；4个副科级事业单位：劳动监察局、军转办、劳动争议仲裁院和医疗保险事业处。年底，全局共有在编干部职工186人。

【概述】 2017年，区人社局围绕民生为本、人才优先的工作主线，加快改革创新，完善体制机制，着力实施人才强区战略，稳步推进各项人事制度改革，实现城乡就业统筹推进、社会保障更加健全、人事人才公共服务不断强化、劳动关系更加和谐，各项工作进展良好。

【就业再就业】 实施积极的就业政策，通过强化就业、创业双线齐推，实施经济拉动、政策推动、培训促动、转移带动四轮驱动，全区就业规模得到扩大，就业质量得到提高。全年，实现城镇新增就业7800人，完成全年任务的108%，其中困难群体再就业350人，下岗失业人员再就业2800人。农村劳动力转移就业2800人，完成全年任务的140%。年度城镇登记失业人员4039人，城镇登记失业率控制在3%之内。就业技能培训3300人，完成年度任务的100%，创业培训450人，完成年度任务100%。完善就业精准扶贫工作方案，开展定向招聘安置活动，引导企业挖掘就业援助岗位，吸纳就业困难人员；抓实抓好扶贫车间和创业工坊建设，重点针对贫困人口较多的汪沟镇、方城镇建设6家扶贫车间、40个创业工坊。落实农村公益性岗位开发政策，对汪沟镇的10个省定扶贫村开发了30名公益性岗位，帮助贫困人口解决就近就业难题。稳妥开展退役士兵公益性岗位安置工作，申请专项资金600万元，共安置退役士兵353人。深化四型社区建设，加强创业导师和创业项目库建设，落实政策咨询、创业培训、创业指导、项目推介等4项创业服务，西关社区获评为国家级充分就业社区，小埠东社区和宋王庄社区被评为省级创业型社区，创业大厦已吸纳16家企业入驻，带动就业1200余人。通过健全管理体制、创新服务方式、拓展服务内容等措施，临沂零工市场的综合服务作用得到有效发挥。建成以来已累计周转务工人员180万余人次，发布用工信息12800余条，为900余家单位建立招聘信息，实现短期灵活就业144万人次。2017年，举办短期培训班20期，培训务工人员1600人次。

【社会保障】 按照“全覆盖、保基本、多层次、可持续”的要求，根据不同险种和参保群体的特点，因人而异，按险施策，配套联动，齐抓共管，保证应保尽保、应收尽收、应享尽享。2017年，全区共征缴各类社会保险费19.8亿元，支付各项待遇21.9亿元。养老金按时足额发放，社会化发放率达到100%，各项社会保险基金累计结余15亿元(不含被征地农民)。企业养老保险参保人数达到10.42万人，征缴保费6.32亿元，发放养老金7.79亿元。完成企业退休人员基本养老金调整任务，经过13连涨，全区企业退休人员月平均养老金达到1786.66元。机关事业养老保险参保人数达到1.78万人，征缴保费3.68亿元，发放养老金3.62亿元。城乡居民养老保险参保人数25.3万人，基本实现全覆盖，征缴保费9851.39万元；11.85万人领取居民保险待遇，发放养老金1.5亿元。城镇职工基本医疗保险参保人数达到13.68万余人，征缴保费3.38亿元，兑付医疗费3.24亿元。居民基本医疗保险参保人数达到85.6万余人，征缴保费4.92亿元，兑付医疗费5.15亿元。工伤保险参保人数达到11.29万人，征缴保费2845万元，支付工伤待遇1858万元。生育保险参保人数达到4.33万人，征缴保费1554万元，支付待遇2691万元。失业保险参保人数达到4.33万人，扩面新增800人，征缴保费2391万元，支出失业金1058万元。

【人事人才工作】 全面推进人事考录招聘阳光工程，将各项政策、组织程序、实施办法等内容全部公开，建立监督监控制度。严格程序，规范操作，完成2017年度公务员考录和事业单位招聘工作，新考录公务员40名，新考聘事业单位工作人员304名。组织22场职业技能鉴定考试，考核1762人，发放职业资格证书2070人。组织实施19类2920人专业技术考试报名审核工作，办理专业技术资格证书776份，与中国石油大学教育发展中心合作对专业技术人员继续教育培训，并安排布置2015和2016年度的补修，共有15200余人报名参加学习，登记审核16820名专业技术人员继续教育学分，推荐刘萃颖等3人参加省、市有突出贡献中青年专家评选。按照“引进外国智力，服务企业发展”的宗旨，为聘请外国专家的企业提供便捷高效的服务，办理外国专家证57人次，1人获得“沂蒙友谊奖”，获批市级引智资助经费6万元。做好“美南中国专家兰山行”活动，搭建平台，邀请高层次海内外专家23人，达成合作意向60项。开展人事代理业务，共办理人事代理转接710余人次，解决用人单位在人才引进、毕业生接收、职称评审、人事档案管理等方面遇到的问题，促进各类人才的顺畅流动。通过健全安置机制，拓展安置渠道，创新后续服务，安置军转干部8人，做好31名自主择业军转干部服务工作，完成各项军转安置任务，实现部队、军转干部、接收单位和军转家属“四满意”。

【劳动者合法权益维护】 加强劳动用工备案制度的

实施力度，形成全区劳动用工备案联动系统，对企业劳动用工实行动态管理，为9516名职工办理劳动合同备案手续。加大职能下沉工作力度，逐步提升镇（街道）劳动监察中队和基层调解委员会案件处理能力，确保劳资纠纷问题第一时间在基层得到解决。深入推进劳动监察“两网化”执法建设，建立遍布城乡、快速反应的维权工作网络。在全区范围内组织开展农民工工资支付、清理整顿人力资源市场等专项检查活动，共检查用人单位951余家，涉及农民工2.1万人次。开展2017年劳动保障书面材料审查工作，年检企业2266户，涉及劳动者8.5万余人，补签劳动合同1.2万份。全年受理劳动者投诉举报案件633起，为2846名劳动者追回经济损失792万元；以拒不支付劳动报酬罪移送公安机关案件15起，涉及人数319人，涉案金额440余万元。推进劳动人事争议调解仲裁“两基化”建设，受理劳动争议案件370件，为406名劳动者挽回经济损失640万元。基层调解组织调解工作更加规范，基层调解委员会共处理各类劳资纠纷1247起，涉及劳动者2164人，为职工追回劳动报酬560万元。办理“12345”市民服务热线5240个，按期回复率为100%，办结率和满意率均在99%以上。

撰稿：钟良山

审稿：张卫国

民族宗教工作

民宗局领导成员

局　长　岳洪波

副局长　林　虎（回族）　徐立志

主任科员　季朝友

【概述】 2017年，区民宗局深入贯彻中央和省、市民族工作会议精神及全国、省市宗教工作会议精神，围绕中心、服务大局，以法治的思维和法治的方式推进民族宗教工作，以创新的精神和实践主动解决矛盾问题，自我加压、开拓奋进，民族宗教各项工作都取得了新成绩、新成效，全区呈现出民族团结进步、宗教和睦和顺的局面。

【民族工作】 集中开展第16个民族团结进步宣传月宣传活动。组织全区4个少数民族村居（社区）、区伊协、民族民品企业等20余家单位（部门）在人民广场开展集中宣传。其间，展出展板30余块，发放宣传资料1万余份，制作宣传画册300份，悬挂横幅60余幅。联合区卫生局在涧西小区举办义诊活动，为社区50余名少数民族群众提供免费健康查体。在南关社区和御碑街社区开展丰富

多彩的示范社区创建活动，粉刷墙壁、制作宣传展板，拍摄城市民族工作宣传片，南关社区获得全市“最美民族村居”称号。成立兰山区民族文化促进会，指导民促会积极开展活动，民促会已成为各民族群众服务的平台。临沂南北道救援队和民族武术馆在民促会的指导和带领下，在弘扬少数民族传统文化、传递社会正能量、解危济困等方面做出贡献。加大相关扶持资金和优惠政策的争取力度，分别争取南关清真寺修缮改造扶持项目、南道回民小学回迁补助项目，南北道清真寺民族团结进步创建扶持项目，南关社区少数民族发展扶持项目等。核实穆斯林群众春节期间牛羊肉价格补贴和低收入家庭的养殖补贴，做好统计，保障足额及时发放到户。做好清真食品检查。中秋春节期间，组织食品药品、质监、工商、教体等部门，对全区的商场超市、市场、学校、餐饮行业集中检查，保证少数民族群众的食品安全。

【宗教工作】 组建镇（街道）党政干部、民族宗教工作干部、宗教界人士“三支队伍”培训班，加强对宗教界人士教育培训。以党校、宗教团体培训中心等为依托，培训民族宗教干部和宗教团体、宗教场所负责人。邀请公安、法制、民族宗教等部门的领导、专家讲解法律法规、安全问题及沂蒙精神，增强他们的法律意识、爱国意识。制定完善月排查、年度考评、重要事项报告等制度，加强与宗教团体的沟通交流，强化打击非法宗教活动的自觉性、主动性。7月，成立兰山区佛教协会，配备办公室和办公设备。指导天主教、基督教团体和教堂成立民主管理组织，并成立由主要负责人为组长的工作领导小组。创新开展“宗教政策法规学习月”活动，集中开展“宗教法规下乡赶大集”活动。组织宗教团体、610、公安、司法等部门和镇（街道）开展集中宣传，印制发放以防范邪教、抵御渗透、法制宣传等为主要内容的宣传手册2万份、宣传图板400份、宗教政策法规明白纸5万份。在宗教界开展科技、法律进教堂活动，在基督教夏（冬）季培训班上，邀请农业、科技等部门专家讲课。注重发挥信教群众中企业家的作用，引领普通信众致富。龙盛机械、平衡粥铺等众多信教群众举办的企业，共安置1万多人就业，年纳税2000多万元。引导全区宗教界围绕灾害救助、精准扶贫、捐资助学、医疗服务等领域开展公益慈善活动。全年走访敬老院、社会福利院等慈善机构50余次，开展医疗义诊4次，甘露寺、白云寺为敬老院和困难户捐款4万元，基督教两会为山区扶贫捐款6.13万元，天主教助学和贫困户捐款3.25万元。

撰稿：徐立志　马庆庆

审稿：岳洪波

外事与侨务

【概述】 2017年，以服务国家总体外交和全区经济社会发展为中心工作，统筹外侨资源，创新工作方式，加强交流合作，各项工作有序推进，柳青街道朱夏社区成为全省第一批被国务院侨办表彰的“全国为侨公共服务示范单位”。

【外事工作】 融入“一带一路”，服务商城国际化能力显著提高。坚持年度出访“计划指标”和团组出访“任务目标”精准结合，突出“年初有计划、年中可调整、特事可特办”原则，坚持重点聚焦，精心策划组织出访，服务“招商引资引智”等中心任务。2017年，全区共有5个团组21人次因公出访，人员

总体结构和出访任务持续优化。5月，区委书记赵晓晖率团访问白俄罗斯、俄罗斯和迪拜，实地察看泽基国际中国临沂商城商品展示中心，兰山商城与中白工业园签署框架协议。11月，区长沈如茂随市政府团出访埃塞俄比亚、南非和阿联酋。兰山商城管委会与中国土木工程集团有限公司埃塞俄比亚工程有限公司签署合作谅解备忘录。怡景丽家集团与吉布提工业园区运营有限公司签署合作协议。完善突发性涉外事件应急处置工作联席会议机制，修订完善《兰山区涉外突发事件应急预案》，提高防范处置涉外突发事件的能力，强化部门间协同管理。10月，服务“一带一路”国家科技商贸考察团沂蒙行活动，为活动提供优质的笔译和口译服务，确保活动成功举行，得到领导和外国专家的一致好评。

【侨务工作】 贯彻落实《中华人民共和国归侨侨眷权益保护法》和《山东省归侨侨眷权益保护条例》，动态掌握归侨华侨华人情况，为不同侨界群体提供个性化服务。继续实施侨爱工程，坚持归侨免费体检、传统节日慰问等制度。严格涉侨身份认定，做好“三侨生”政策落实、华侨归国定居审批以及华侨捐赠工作。全年共审核申报“三侨生”2例。同时，以为侨服务示范单位创建为抓手，整合区、街道、社区三级侨务部门的力量，激发基层侨务部门的积极性、主动性和创造性，发挥先进典型的示范引领作用，推动全区侨务工作全面发展。柳青街道朱夏社区成为全省第一批被国务院侨办表彰的“全国为侨公共服务示范单位”，获此殊荣的社区全省只有两家。

撰稿：孔祥进

审稿：刘玉玲

老龄工作

老龄工作委员会办公室领导成员

主　任　尤其臣

主任科员　袁春晓（女）

副主任　王明启　韩庆乐（女）　李　文（女）

副主任科员　曲宝立

【机构设置】 2017年，区老龄办下设行政科、综合科2个股级科室，共有干部职工8人，其中干部7人，具有大学以上学历的7人。

【概述】 区老龄工作按照“党政主导、社会参与、全民行动”的方针，以实现“六个老有”为目标，创新举措，积极履职作为，老龄各项事业健康协调可持续发展。2017年，全区60岁以上老年人口有18.5万人，占全区总人口的16.5%。

【老年权益】 为畅通老年人维权渠道，保障老年人合法权益，形成老年人维权的长效机制，区老龄办牵头协调区内涉法部门开展“老年人公益维权服务示范站”创建工作，全区有市级维权示范站14家，省级维权示范站5家。依托法律维权站开展老年维权服务活动，全年办理涉老法律援助案件32件，涉老公正事项13件，服务涉老案件46件。深入宣传“一法一条例”。以社区、村为主体，借助社区道德讲堂、市民学校等载体，聘请法律工作者结合《中华人民共和国老年人权益保障法》《山东省老年人权益保障条例》开展老年法律法规知识讲座，用身边的案例教会老年人用法律武器维护自己的合法权利。开展普法讲座106场次，参与群众近万人，现场咨询法律问题3000余个。开展“老年人防诈骗”宣传活动。借助市老龄委开展的“老年人防诈骗专题月”活动，联合区司法局、区公证处和驻城街道办事处在人民广场设立宣传站，现场为老年人提供咨询，免费向老年人发放《老年人防诈骗指南》和《老年人普法维权典型案例》3万余册。同时，组织召开街道老龄办主任专题会议，对老年人防诈骗工作进行重点安排，要求街道社区进行广泛宣传，提升老年人的防范意识，全力预防老年人受到各类非法行为的诈骗，保障老年人的权益免受侵害。

【老年人保障】 针对特困老人强化救济保障，区老龄办争取民政、工会等部门的支持，春节和重阳节期间走访贫困老人500人次，分别发放300～500元不等的慰问金和食品、棉被等生活用品，共计30余万元。同时，走访全区12所敬老院并送去慰问金、食用油、大米等，共计20万元。志愿者和社会爱心人士走进养老机构和老年人家庭，为老年人提供家政、照料、护理、信息咨询、心理疏导等多种形式的服务并送去价值近30万元的慰问金和慰问品。联合区卫计局组织基层卫生院和社区卫生服务站为全区85783名65岁以上老年人进行免费查体，查体率100%。创新精准扶贫模式，为全区800名贫困老年人免费购买“银龄安康保险”，同时财政出资63.88万元为全区6388名贫困老年人购买贫困老年人意外伤害险。2017年，全区投保“银龄安康工程”13.5万人，政府补贴金额调高至每人10元，政府增加投入67.5万元。

【高龄津贴】 为全区7814名85～89岁健康老人每人每年发放200元健康津贴；3027名90～99岁的健康老人每人每年发放360元长寿津贴；45名百岁老人每人每年发放7200元长寿津贴金。同时，部分街道社区结合本地经济状况制定金额不等的老龄津贴标准和办法。柳青街道将全街道百岁老人的长寿津贴提高至每人每年1万元，并在百岁老人过生日时送定制生日蛋糕和印有老人生活照及生辰日期的祝寿糖果；兰山街道曹王庄社区对百岁老人家庭，给予子女10万元的孝敬奖励金。

【老年文体活动】 老年活动场所建设取得新进展。建有老年大学、老年活动中心，开设摄影、书法、绘画、太极拳、健康保健等班次。全区实现老年人活动室镇（街道）全覆盖，近60%的社区建有基层老年活动室。全区已建有老年文艺团队160余支，老年体育团队26个。全区参加文艺活动的老年人约6万人，参加体育活动的老年人约3.6万余人。组织开展丰富多彩的老年文体活动，先后举办全区老年人艺术大赛、“邮爱夕阳”老年人广场舞大赛、全区老年人书画大赛、全区老年人趣味体育大赛等文体活动30余场次。

【老年宣传】 全年在国家、省、市新闻媒体及各级网站发布新闻及信息560多条，其中市级以上媒体发稿400余篇，国家级媒体发稿15篇。借助防电信诈骗活动、志愿者服务日、学雷锋日等节点向各级媒体发稿50余篇。重阳节、“敬老月”期间，全区各单位围绕“孝老、敬老、助老”进行集中的宣传，向各级媒体报送稿件130余篇，发表65篇。

【养老服务】 重点培育凯旋医养集团、安康老年养护院、杏花老年养护院3家民营养老服务机构，以此带动全区民营养老服务业的迅速发展。推广公建民营养老服务机构管理和养老医养结合养老服务模式。加大养护型养老床位占比，满足失能半失能老年人护理需要，起到龙头辐射作用，推动全区社会养老服务工作跃上一个新台阶。委托临沂凯旋医养集团对银雀山、白沙埠、李官、半程、汪沟、枣园等镇（街道）敬老院实施社会化第三方管理，提升养老服务能力，实现医疗与养老服务的深度融合。对居家养老工作进行初步探索。以临沂凯旋养老服

务中心、临沂胜亲养老中心、山东南亚养老服务公司、临沂养未老电子商务有限公司为平台分别在全区开展以助餐、助浴、助洁、助急、助医等居家养老服务的探索。

撰稿：褚洪美

审稿：尤其臣

街道·镇概况

兰山街道

领导成员

党工委

书　记　宋奎宇

副书记　施文山　张福阳（女）*　顾宝忠

委　员　顾宝忠*　王钦道　缪兴顺　张玉新　杜广义　聂依顺

纪　委

书　记　冷如冰

办事处

主　任　施文山

副主任　聂依顺（兼）　张　涛　凌云志（挂职）　张　波　杜海霞（女）

人大工作委员会

主　任　梁振勇

政协工作室

主　任　顾宝忠

经济发展办副主任　王明生

社会事务办副主任　刘安忠

社会稳定办副主任　张爱萍（女）

党政办副主任　张　虹（女）

建设管理办副主任　丁国梁

安监办副主任　王玉磊

【机构设置】 2017年，街道机关设党政综合办公室、党建办公室、经济发展办公室、安监环保办公室、重点项目推进办公室、卫生计划生育办公室、宣传统战办公室、城市建设办公室、城市管理办公室、征收及还建结算办公室、信访稳定办公室、社会治安综合治理办公室、农村事务办公室、社会保障办公室、党风廉政建设办公室，共有工作人员226人。

【概述】 街道位于兰山区西南部，总面积57.9平方公里。辖47个村（社区）。常住人口17万人，流动人口近50万人，街道机关驻育才路与蒙山大道交会处。辖区有基层党委11个，党总支35个，党支部213个，共有中共党员6432名。辖区市场“党旗红、市场旺”市场党建项目和“大市场、大群团”市场群团组织建设，受到各级充分肯定。辖区市场荣获“中国物流示范基地”“中国教育用品采购基地”“中国体育用品采购基地”“中国厨具用品采购基地”“中国劳保用品采购基地”等多项称号。

街道商贸繁荣，物流发达，拥有服装、化工、建材、五金等各类专业批发市场86处，总营业面积1100多万平方米，有经营摊位5万余个。商品涉及

华丰国际服装城

27大类6万多个品牌系列，从业人员30万多人，日客流量达40多万人次，商品交易辐射全国和30多个国家和地区。建有金兰、天源等16处专业物流园区，物流公司、经营业户2000多户，从业人员2万多人，成为江北最大的商品集散地和商流、物流、资金流、信息流中心。

2017年，完成地方财政收入10.17亿元，地方财政收入总量居全区第1名，华苑集团纳税突破亿元大关；完成固定资产投资116亿元，其中服务业固定资产投资114.4亿元；规模以上服务业企业营业收入25.4亿元，限额以上贸易企业销售额125.42亿元。同年，临沂海洋世界主题公园被批准为国家AAA级旅游景区。6月16日，央视《新闻联播》播出山东省“三商”党建经验做法，其中兰田集团党委区域化党建工作被着重报道。街道调委会被授予“全国模范调解委员会”称号。

【党的建设】 2017年，共完成40个村（社区）党组织换届工作，开展集团党委书记、村（社区）支部书记抓党建述职报告工作；完成11个党委、35个党总支、213个党支部和6432名党员的灯塔信息录入工作，56个党建可视化平台建设完成；完成4个新建社区阵地建设，30名社工全部分配到新建社区开展工作；继续提升“党旗红、市场旺”的“三商”党建品牌，重点打造豪森丽都和顺和天源物流市场2个党建示范点。

【商城国际化】 融入国家“一带一路”发展战略，推进商城国际化，培育现代化外贸主体，推进会展经济、电商产业和现代物流业发展。2017年，新增25家有进出口实绩的企业、45个有外贸资质的商户，举办各类会展80余场次，建成30个垂直电商交易平台，培育市场电商经营户约3.3万户。全年实现市场交易额2500亿元，物流运输额5500亿元，电子商务交易额900亿元。临沂新明辉安全科技有限公司被国家商务部授予“2017-2018年度电子商务示范企业”和“国家级物流标准化试点企业”称号。

【商贸重点项目】 推进重点项目建设，逐步形成压茬推进、多点开花的良好局面。青龙河污水处理厂、临沂国际商贸城国际博览中心、华东土杂市场改造提升项目正式投入使用；华强建材仓储物流园一期12.67公顷、建筑面积25万平方米建设已封顶；泰盛广场地下三层主体工程10万平方米已完成；总投资40亿元的月星家居广场、易通国际商贸城、路和鑫物流园3个重点项目进行集中签约；完成聚才六路、聚才八路、临西十二路道路路网征收清障工作；占地14.67公顷的大顺物流和环卫处家属院片区完成拆迁征收工作。

【城市建设】 加大城建投入力度，完善市政基础建设，提高城市管理水平，城市建设管理内涵实现较大提升。完成拆迁征收面积32万平方米，建设面积65.9万平方米，建设海绵城市3平方公里，道路硬化维护4.2万平方米，管网敷设5.2公里。继续保持对违建的高压态势，针对“新增为零、存量递减”治违目标，每个工作区固定1个城管中队，24小时不间断巡查，拆除违法建设面积32万平方米，清理主要路段广告牌、灯箱、横幅1.5万余次。结合创城工作，清理小白屋493处，私搭乱建、露头丑200余处。加强土地管理，完成16宗地卫片拆除整治任务。

【民生建设】 2017年，加快民生事业发展，做好精准扶贫工作。全街道参保续保3.8万余人，组建专业农产品安全员队伍；投资300万元完成10所学校“电改”工作，投资2.7亿元的9所学校“大班额”改扩建工程全面开工建设；投资300余万元的“雪亮工程”全面启用。办理“12345”市民服务热线反映问题1.9万余件，按期回复率100%，满意率达98%以上。

【整风肃纪】 支持纪工委深化“三转”，规范纪工委书记分工，持续开展整治“不作为、乱作为”专项行动，

驰而不息纠治“四风”。2017 年，审计部门对村（社区）负责人完成任期经济责任审计，审计总金额达 11.8 亿元。多次召开村（社区）财务人员廉政警示教育大会。全年受理纪检信访举报 13 件，立案查处 6 件，处理党员 11 名。

撰稿：闵　鹤

审稿：王钦道

银雀山街道

领导成员

党工委

书　记　刘英娣（女）*　王友前

副书记　孙钦仕 *　宋瑞广　王　莹（女）
刘相跃（挂职）

委　员　张际坤　李慕华　陈国江　王　琛
刘立勇　刘传伟

纪　委

书　记　陈国江

人大工作委员会

主　任　杨新宇

政协工作室

主　任　王　莹（女）

办事处

主　任　孙钦仕 *　宋瑞广

副主任　张际坤　赵树军　邵泽鑫　赵同亮

【机构设置】 2017 年，街道机关设党政办、组织办、宣统办、人大工作办、武装部、纪委、老龄老干办、工会、团工委、妇工委、督查办、文化站、文教办、卫生食品安全办、财政所、审计办、民政办、人保所、建设办、征收办、园林所、环卫所、环保所、数管办、城管防汛办、经贸办、统计站、安监办、经管站、农业办、综治办、信访办、610 办、计生办等，共有工作人员 127 人。

【概述】 街道辖区东起沂蒙路，西至兖石铁路，南接罗庄高新技术开发区，北以解放路为界。总面积 17.2 平方公里，其中耕地面积 67.87 公顷，辖 13 个社区，其中城市社区 8 个，农村社区 5 个。总人口 17.5 万人。街道机关驻金雀山路与王庄路交会处。

2017 年，街道锁定“走在前列、保持全市第一方阵”目标，按照“东部打造服务业航母集群，中部建设高架桥经济带，西部突出鲁南制药龙头带动”工作布局，抓项目促发展，抓作风筑和谐，抓民生保稳定，全面推进街道经济社会各项事业发展。全年完成地方财政收入 8.5 亿元，实现历史性跨越，再次被市委、市政府授予“经济社会发展综合考核先进乡镇一等奖”。

【片区改造】 2017 年，辖区 4 个片区扫尾实现突破性进展。七里沟片区年初开展“百日会战”，签订协议 128 户，累计签订协议 1228 户，剩余 5 户 6 位，完成任务的 99%。八厂东片区历时 4 年未完成的 10 户，在区直 8 个部门的帮助下，实现全面清零。钢铁厂片区 5 户完成 4 户。米面加工厂历时 6 年剩下的 37 户仅用 10 天实现清零，创造街道拆迁扫尾新速度。

【城市建设】 2017 年，开工建设住宅楼 75 万平方米。

房源印象项目16栋商住楼开工9栋，4栋主体封顶。鲁商金悦城7栋高层住宅竣工，室外道路、管网、绿化景观等基本完成。溪苑兰亭一期5栋楼3栋交房，二期5栋楼主体竣工。四季城二期3栋楼，2栋建至14层。荣盛蓝山郡一期6栋高层,2栋建至6层。宝德新里程一期9栋楼，2栋建至4层。

【工业经济】 鲁南制药集团龙头作用更加明显，获第六届山东省省长质量奖、入选2017年中国企业创新能力百强榜，成为全省11个之一，全市唯一省级双创企业示范基地。全年实现工业总产值92亿元、上缴税金13.6亿元。重点项目进展顺利，真情集团拟建设“时代楷模”赵志全展览馆。鲁南贝特扩建项目已试产、验证，该项目在2017年度全市新旧动能转换现场交流会评议中被评为好项目第二名，在全区新旧动能观摩会暨城建观摩会上，被评为好项目第一名。

【城市环境】 探索银雀山城管模式，将综治平台整合为城管综治中心。投资200余万元，在羲之路马路市场、启阳路马路市场、万阅城、金阳花园等重点区域新安装100余处高清摄像头和4处高空瞭望摄像头。对城管工作实行日检查、周考核、月奖惩，考核结果与社区书记、两委成员工资及社区城管经费挂钩，城市管理精细化水平大幅提高，文明城市创建成果持续巩固。借助中央环保督察高压之势，推进大气污染防治，办理中央督查案件8起、办理市区交办案件8起，查处各类环保举报100余起，查封关停“小散乱污”企业180余家。以老旧小区改造为契机，深化无人管理小区规范管理模式，年内新改造老旧小区40个，将120个无人管理小区纳入社区物业统一管理。

【区域化党建】 将“健全城市基层党建工作领导体制和工作运行机制，积极探索街道党组织统筹区域资源、推进区域化党建的有效途径”作为党委书记抓基层党建突破项目。银河湾社区打造成国有企业棚户区改造的党建新亮点，下岗职工的心灵港湾。东苗庄社区投资400余万元，提升改造社区党群服务中心和红色文化广场。三合屯社区高标准打造社区党群服务中心。街道和壹知文化公司合作,对银城、开源等8个社区党群服务中心进行提升改造。新成立银都、工程机械厂等10个居民区党支部，试点无人管理小区党建工作新模式，探索推进区域化党建工作新路径。在城市社区内增设红白理事会，让移风易俗深入人心，让红白理事会组织成为党组织领导下的居民自治组织。

【民生工作】 根据义务教育全面改薄工作需要，对西郊实验学校后岗头校区进行二期扩建，对年久失修的危旧教学楼进行拆除，原地重建1栋1.6万平方米的实验综合楼。落实创业就业扶持政策，为职工办理灵活就业人员资格认证897份，为失业人员办理创业就业优惠证680份，创业培训1210人，就业培训2214人。扩大社会保障覆盖面，办理居民医保缴费7.4万名，女性安康保险1692名，银龄安康保险6000名。落实社会救助“一门受理、协同办理”，为224户低保、163名残疾人、3户贫困户等困难群体，发放救济救助资金192.7万元。继续巩固扶贫攻坚成果,国家平台内149户贫困户全部实现“两不愁、三保障”，年人均收入3800元。开展城乡统筹扶贫试点，精准识别城市贫困户76户164人，并利用社区干部、机关干部、人大代表、政协委员、两新组织和大企业五种帮扶力量结对帮扶，城市扶贫初见成效。

撰稿：臧成勇

审稿：王友前

金雀山街道

领导成员

党工委

书　记　田宗春

副书记　韩殿永　曹景强

委　员　相春国　陈凡存　王经略　杜　强
　　　　丁明庆　李连清

纪　委

书　记　王经略

人大工作委员会

主　任　孙星梅（女）

办事处

主　任　韩殿永

副主任　陈凡存　肖颖颖（女）　张宝玉
　　　　刘伟然

政协工作室

主　任　曹景强

副科级干部　彭善启　金　迪　张洪生　毛怀赟
　　　　　　谢宗利　唐晓东

【机构设置】 2017年，街道机关设党务办、社会事务办、综治工作中心、经贸办、城建办、卫生计生中心、城管中队7个大办公室。党务办公室分为党政办、纪检监察室、组织办、宣统办、武装部、团工委、妇工委、工会办；社会事务办公室分为服务大厅、财政所、社保所、民政办、审计办、经管中心、文教办、信息办；综治工作中心分为综治办、司法所、信访办；经贸办公室分为统计站、科技科协办、商务办、安监站、农业办；城建办公室分为建设办、物业办、环保办、环卫所、园林所、水利站。共有在编工作人员124人。

【概述】 街道是区委、区政府所在地，东至沂河，西接兰山街道和银雀山街道，南到陷泥河，北依祊河。总面积18.46平方公里，辖13个城市社区。常住人口18万人。辖区内的金雀山、银雀山，因曾出土《孙子兵法》《孙膑兵法》汉墓竹简闻名于世，华东革命烈士陵园为全国重点烈士纪念建筑物保护单位、全国爱国主义教育示范基地，沂河、小涑河、青龙河、陷泥河分别流经辖区，沂河小埠东橡胶坝为亚洲第一橡胶坝。

2017年，实现社会生产总值125亿元、固定资产投资78亿元、一般公共预算收入5.4亿元，超额完成全年任务。

11月17日，街道被中央文明委授予第五届“全国文明单位”称号，是全省第一个被授予“全国文明单位”称号的街道，也是15年来全省唯一一个获此殊荣的街道。同年，街道还获得“全省安全生产工作先进街道”“全省社会科学普及示范街道”“全省关心下一代工作先进集体”“全省幸福进家活动先进单位”“全市科学发展综合考核先进镇街”等10余项省、市级称号。承办全省人民调解工作会议、全省城市管理执法体制改革工作现场推进会、全省第十四届社会科学普及周启动现场会、全市城市基层党建工作经验交流座谈会、全市城市精细化管理工作现场会等省、市、区级现场会20余场，提供观摩现场30余个。

【城市建设】 组织开展“征收扫尾攻坚突击月”等

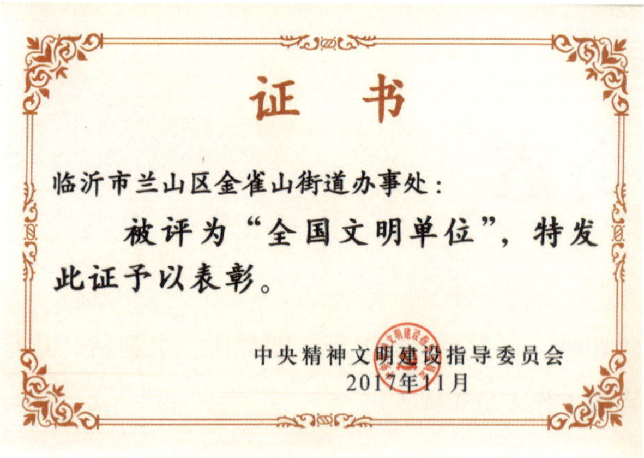
证 书

临沂市兰山区金雀山街道办事处：

被评为“全国文明单位”，特发此证予以表彰。

中央精神文明建设指导委员会
2017年11月

房屋征收21.73万平方米，开发建设105.84万平方米，分别完成全年任务的217.3%、151.2%。

【动能转换】 以加快新旧动能转换为统领，培育新动能，发展新经济，城市服务业持续扩容提质增效。全年利用市外资金10.1亿元，新开工服务业重点项目7个。四上企业发展到233家，增加42家，成为全区第3个规模企业过200家的镇（街道）。思索系统集成股份有限公司、正能互联网金融信息服务有限公司2家企业成功进入三板市场运营。

【城市管理】 探索形成“两大理念作引领、三项机制保规范、四化管理促提升、五项措施抓巩固”的城市管理“金雀山模式”。2017年，彻底清理马路市场和早夜市28处，清理流动摊贩2500多个，规范店外经营5400余家。累计拆除各类违法建设800余处，拆除面积5万余平方米。对4处拆迁工地、24处建筑工地、86家烧烤店、501家餐炊油烟企业进行常态监管、全面整治，实现城市管理从有到优、市容环境秩序从突击整治到常态管理的转变，城市管理精细化水平不断提升。相关经验做法先后在全省城市建设管理工作座谈会、全市城市精细化管理工作现场会、全区城镇精细化管理现场会、全省城市管理执法体制改革推进会上得到全面介绍推广。

【社会治理】 新建微型消防站32处，培训4000余人，检查经营单位2.1万余家次，发现隐患3000余处，全部整改到位。新建社区警务室12处，基本实现社区全覆盖。出台《网格员管理办法》，“1+2+N”（1名民警+2名辅警+若干网格员）社区警务模式初见成效。争取帮扶资金120余万元，对50个治安基础薄弱小区进行集中整治。为全市“平安小区”创建现场推进会提供观摩点2个。健全三级调解网络，建强专业调解队伍，全年调解矛盾纠纷370余件，为全省人民调解现场会提供全区唯一一个镇街观摩点。

【党的建设】 坚持以党建工作为核心，抓班子强队伍，将全区组工系统“比争创”活动扩展到街道各级党组织，争当全区区域化党建工作“领头雁”，高标准打造金泰社区党建、首联旺角商圈党建、金玉山楼宇党建等区域化党建示范点，代表全区、全市多次承办各级党建观摩会。6月12日，区委批复街道党工委提报的关于成立东关社区等3个党委的请示，成为街道自1984年建立以来一个重要的里程碑。6月16日，央视《新闻联播》播出山东省“三商”党建经验做法，其中金玉山集团党委的楼宇党建工作被着重报道。

【民生保障】 推进移风易俗，发放奖励扶助金52万元；深化医疗精准扶贫救助，投入100万元救助300余人次；筑牢民生底线，全年发放基本养老金、救

8月17日，市委书记王玉君到街道视察东北园社区党建工作。

助慰问金700余万元；改善居住环境，投入2000万元对30个老旧小区进行全面提升改造。社科普及、四德建设等各项事业亮点纷呈，先后承办全省第十四届社会科学普及周启动现场会、全市卫生计生工作“看亮点，促发展”现场推进会、全市共青团工作观摩会、全市四德工程建设现场观摩会等现场会。

撰稿：孙宝华

审稿：张宝玉

柳青街道

领导成员

党工委

书　记　张　磊

副书记　孙鹏飞　周凤彬

委　员　杨　磊　刘　剑　王　静（女）岳孝雷　张建华　闫勋全

人大工作委员会

主　任　杜　清

政协工作室

主　任　周凤彬

纪　委

书　记　杨　磊

办事处

主　任　孙鹏飞

副主任　刘　剑　温秀婷（女）　赵国江　史立庆

【机构设置】 2017年，街道设行政农经还建办公室、人大经贸安保农业计生办公室、党群政协信访综治办公室、党风廉政效能督察办公室、城市建设管理办公室，设18个社区党委。截至年底，共有工作人员176人。

【概述】 街道东靠沂河，西、南部靠祊河，柳青河从东部贯穿南北，是临沂市城市总体规划“一河五片”的重要组成部分。2004年9月，经临沂市第十六届人大常委会第十一次会议审议通过，被职能定位为市级市政服务中心、文化中心、体育中心、商业副中心、高级科研区、滨水休闲度假区、中高档住宅区。总面积57.53平方公里。下辖30个村（社区），常住人口13.6万人。自2004年，启动开发建设，一期还建曲沂、桥坊、大官苑、朱夏、柳青苑五大社区，建设还建居民楼538栋；二期还建共涉及19个自然村，规划沂河、古城、怡都、里庄、金殿共五大还建社区，规划320栋还建居民楼；三期涉及清华园、杏花玉苑、杏苑陶然、福源4个农村社区和乔顶、大杏花河北2个自然村。

2017年，先后承办全国“雪亮工程”建设现场会、省军区司令员赵冀鲁视察基层武装现场会、全省创建文明社区现场会、全市人才工作现场会、全市区域化党建和商圈党建现场会、全区“1+2+N”民警进社区现场会。先后获“山东省第四批社会科学普及示范街道”“全省优秀人民调解委员会”“全市经济社会发展综合考核一等奖”“2017年度平安临沂建设先进街道”“全市外贸工作先进街道”“全市关心下一代工作先进集体”“全市残疾人工作先进单位”“全区基层党建工作先进单位”“平安兰山建设先进街道”“全区‘三引一促’工作先进单位”“全

7月17日，街道召开重点工作推进会。

区服务业工作先进单位”“全区城镇建设工作先进单位”等称号。

【经济指标】 依托鲁商中心、齐鲁园广场、世纪广场、上海颐高街四大城市综合体，吸引银座集团、万达集团、大润发超市等国际国内知名商贸企业集聚辖区，推动三产服务业快速发展；利用IEC、IFC等100余栋写字楼，引进一批带动能力强、财税贡献大的新兴服务业项目，在发展楼宇经济、总部经济上持续用力。随着三产服务业的壮大，城市资源的优化布局，催生城市经济的快速发展，多种业态的融合集聚，带动经济转型升级。2017年，共实现地方财政收入8.5亿元；完成固定资产投资94亿元，完成工业总产值42亿元，实现工业利税1.8亿元；完成限额以上贸易销售额9亿元；实现服务业税金10.4亿元；实际利用市外资金20.1亿元；服务业新开工项目4个，引进过亿元项目4个，产学研合作项目4个；引进科技成果转化项目8个。

【城市建设】 抓住连续开展大体量片区改造机遇，深挖潜力、放大优势，推动房地产业持续壮大。房地产是街道的主要税源，临沂荣盛房地产开发有限公司2017年纳税达1.3亿元，被授予“十佳企业”称号。纳税突破5000万的房地产企业有3家，超过2000万的房地产企业15家。金升集团与恒大集团、保利集团、青岛银盛泰集团、日照安泰集团、临沂万城置业合作开发的翡翠华庭、保利堂悦、博观新城、金升华府、万城花开5个项目全面开工建设。2017年，金升片区改造建设项目完成建设面积65万平方米，累计完成投资43亿元。拉菲公馆、环球掌舵、金域华府等房产项目建设快速推进，临沂“新地王”中南鲁商樾府项目动工建设。全年共完成开发建设面积140万平方米。

【征收还建】 抓住城市中心“北上西拓”有利时机，瞄准二期、精准发力，推动北城新区开发建设提质增速。成立4个征收片区指挥部，由书记层包片，班子成员包村，机关人员和村两委成员盯户，征收人员全部在一线办公，吃在片区、沉到村居。在集中力量加快重点项目和市政工程清障扫尾的同时，同步推进二期清村工作。2017年，完成征收面积32.9万平方米，其中征收企业119家、民房1039位，清理各类蔬菜、花卉大棚276个；郑城子、陈城子村提前完成清村任务；食乐淘、中南地产、天昊置业、B26、B32、B41、B63-2、A3、A4地块等重点项目完成全部清障任务；固态废弃物处理中心、三河清障、黑臭水体整治、热力管网、孝河路、南昌路东段、蒙河路后明坡段等市政工程完成清障任务。

从加速还建社区清障、严把工程质量安全、加快建设速度三方面下功夫，加强调度，倒排工期，确保群众顺利回迁入住。全年共分配居民楼56栋，回迁还建居民1987户，分配面积39.32万平方米；完成绿化设计1处，亮化设计2处；新开工居民楼5栋，验收楼房29栋。

【安全生产】 坚持“党政同责”“一岗双责”，严格安全生产“痕迹化”管理，组织开展安全生产专项整治，强化重点行业领域隐患排查治理。2017年，取缔非法石油运营站点12家，拆除LNG储气设备1家，关停整改危化品生产企业3家。排查并整改液化石油气瓶隐患76个、各类安全用电隐患147处、九小场所隐患4000余处。

【环境保护】 落实环境保护属地管理责任，建立常态化管理机制。2017年，拆除燃煤锅炉9台，取缔“小散乱污”企业15家，关停整治环保手续不全企业117家；清理河道旱厕12个、养殖场3处；新建5处小型污水处理设施，修建柳青河小杏花段拦河坝，打造1000平方米人工湿地。

【综合治理】 打造“雪亮工程”，投资350万元，完善街道和社区综治平台，安装各类视频监控摄像头5000多个，实现视频监控全覆盖。完成全国“雪亮工程”建设推进会镇街层面的观摩任务，共接待全国各地参观学习单位138个、2760人次。

【信访稳定】 开展信访积案集中化解攻坚活动，抽调6名班子成员，成立“大信访”办公室，下设5个信访积案化解组和1个初信初访工作组，实行严格的调度通报和责任奖惩制度，在保证不新增的基础上，化解信访积案。全年共化解信访积案19件，化解初信初访60件。

【人民生活】 启动A3地块开发建设，年底实现群众分红2038万元。申请新建5所公办幼儿园，幼儿园进入装修阶段。对85周岁以上的1244位老年人，发放补助30.5万元。城乡居民养老保险参保人数29743人，缴费1168万元；居民医疗保险参保人数110975人，缴费1863万元；职工养老保险参保人数1098人，缴费851万元；追回重复领取居民养老保险2.8万元，涉及11人。投资1300余万元，加大社区基础设施改造、城区环境卫生整治、农贸市场提升、长春路沿线治理和宣传氛围营造等工作。

【人口计生】 全年新增出生人口3128人。办理农村部分计生家庭奖励扶助53人，计生家庭特别扶助10人；办理停破产企业退休职工一次性养老补助19人，城镇其他居民计划生育奖励扶助17人；情暖计生特困家庭救助35人。完成农村适龄妇女“两癌”检查2400人。

【党的建设】 开设柳青街道党校分校并开班上课，作为中共十九大精神宣讲的主阵地；对全街道4275名党员进行“灯塔－党建在线”平台在线登记，注册使用4203人，注册率达98.3%，开通e支部143个，新打造党建视频可视化平台38个。

投资180万元，对小朱坞、大里庄、刘庄、古城等9个村级办公场所进行改造提升，改善村级办公环境；投资30万元，打造颐高上海街“三商”党建现场观摩点，填补街道辖区“三商”党建工作的空白；投资380余万元完善朴园、祥园、三和园、沂州等7个城市新建社区办公场所，并高标准打造、安装统一社区标识。全面启动在职党员到社区报到工作，共报到党员686名；逐步做实8大城市社区职能，参与垃圾处理费收缴、物业管理等工作，减

轻还建社区管理压力。

【从严治党】 组织党员观看警示教育专题片，上廉政党课，开展整治“不作为”“乱作为”优化发展环境专项行动，通过一系列活动，让“红脸出汗”成为常态，增强党员廉洁自律的自觉性，推动全面从严治党不断深入、取得实效。2017年，开展明察暗访75次，抽查1400余人次，通报违纪行为16人，辞退违纪临时人员1人，落实主体责任诫勉谈话2人，给予党纪处分8人，其中开除党籍6人，留党察看2年1人，党内严重警告1人。

撰稿：王孝法

审稿：张　磊

白沙埠镇

领导成员

党　委

书　记　郑国田

副书记　刘存才　王桂华

委　员　柴秀军　周升金　陈庆涛　张　美（女）　范永利　刘学智

纪　委

书　记　陈庆涛

人大主席团

主　席　王金光

副主席　李云华　马淑霞（女）

政　府

镇　长　刘存才

副镇长　柴秀军　冯汝彬　杨爱涛　汤晓磊

主任科员　邱凤香（女）

副主任科员　陈志华

【机构设置】 2017年，镇机关设党政办、经贸办、综治信访办、计生办、建设办、农业办、审计办、组织办、宣传统战办、民政办、扶贫办、武装部、纪委、督查落实办、农经中心、财政所、司法所、统计站、科协、妇联、工会、团委、老龄办、农技站、林业站、农机站、兽医站、文化站、卫计办、便民服务大厅等，共有工作人员93人。

【概述】 白沙埠镇位于兰山区北部，东临沂河，西接沂蒙路，南接北城新区，北靠茶山，滨河大道、张南公路纵贯南北，长春路、文化路、玉平高速连接线（连接京沪高速）横跨东西，紧邻206国道，距离火车站、临沂飞机场不足20公里，在建的鲁南高铁临沂北站位于乔湖村北，距镇驻地约2公里。总面积71.63平方公里，辖33个村（社区）。共有2.3万户，总人口7.5万人。辖区地势北高南低，孝河、柳青河分别流经南部和西部。农作物以小麦、水稻、玉米、花生、莲藕、洋葱为主。工业以水表、机械铸造、纺织、保温容器、建材行业为主，尤以水表最为出名，成表及配件产销量居全国前列，有“中国水表之乡”称号。

2017年，实现地方财政收入7280万元，农村人均纯收入达15148元，有规模企业44家。先后获得“全市安全生产先进乡镇”“平安临沂先进乡镇”“全市信访工作‘三无’乡镇”等称号。

【项目建设】 占地3.33公顷、投资3.5亿元的铸宝水表新厂项目完成生产车间及配套设施3.6万平方米建设，开始试生产；占地4.33公顷、投资3亿元的中联包装项目，完成建设5.1万平方米，6条生产线安装调试完毕，开始生产；占地面积8公顷、投资5.1亿元的三杰包装项目，完成建设面积9.2万平方米，7条生产线安装调试完毕，开始生产；占地3公顷、投资2.46亿元的贤辰节能项目，建设完毕并全面投产；华飞仪表、金海仪表、博士爱文具、途居客户外等一批新项目建设顺利。

区领导视察指导鲁南高铁民房拆迁现场

【"三引一促"工作】 新落地项目12个，其中过亿元项目10个、过20亿元项目1个。6月，高翔水表、启阳电缆等12家骨干企业与临沂大学签订产学研、就业基地、教学实习基地协议书，是临沂大学在兰山区成立的首家专家工作站；6月底，镇党委牵头带领山东三川水表公司到江西省三川智慧科技有限公司签订引进12项技术成果协议书；10月，与临沂大学就业指导中心、临沂大学物理与电子工程学院联合举办中国水表之乡人才招聘会，50余家企业和学校24个学院5000余名学生参加，400余名大学生与相关企业达成择业就业意向。

【镇村建设】 2月，完成鲁南高铁西段地上物清障任务，涉及3个村816户，面积31.67公顷；7月，完成鲁南高铁东段正线、动车所以及高铁重型梁厂选址用地清障任务，涉及14个村1286户，面积93.33余公顷；12月，完成高铁东线民房征收任务，涉及民房669位，征收面积18.1万平方米。滨河片区开发进度加快：亲和家源项目一期颐和源小区项目69栋楼全部封顶，建筑面积29.7万平方米；占地10.07公顷的项目二期玫瑰园小区开始施工，建设37栋楼，总建筑面积16万平方米。民生工程有力推进：区养老服务中心启动施工进展顺利；孝友社区污水管网铺设完成；原增减挂项目遗留问题基本解决；鸿福寺重新启动施工。全长5.1公里的5条新修及改造提升的道路基本建设完成。

【环保和安全生产】 全面摸排全镇企业并建立翔实的工作台账，取缔49家散乱污企业；完成燃煤锅炉、燃油锅炉、生物颗粒锅炉的取缔及改建，完成铸造、锻造、锻打企业的深度治理任务；做好中央环保督查保障工作，及时解决群众反映的环境突出问题；关停拆除禁养区污染养殖户42家；坚持夜间巡查制度，每晚由科级干部带队，城管、环保、安全部门联合巡查，打击违法违规生产，规范企业生产经营秩序，形成长效机制。

【教科文卫】 全镇有初级中学1所，教职工159人，在校学生1950人，初中入学率99%；有小学7所，教职工202人，教师学历达标率100%，适龄儿童入学率100%。

投资600万元、建筑面积4780平方米的中心中学2号教学楼，7月完成封顶并交付使用；投资1400余万元、建筑面积8600平方米的中学3号教学楼启动施工；投资900万元、建筑面积6651平方米的柏庄小学4层教学楼顺利施工。

【综合治理】完成社会综合治理中心建设，改造提升四室一平台，形成“联合接访大厅”，形成信访、综治、司法集中办公，协调联动机制，做到群众来访“一站式接待、一条龙办理、一揽子解决”。社会治安群众安全感满意度社情民意调查成绩在全区名列前茅，保持“市级文明村镇”称号，贾村社区获“市级文明村”称号，玉平社区保持“市级文明村”称号，朱潘社区保持“省级文明村”称号。移风易俗成效显著，以点带面、整体推进，喜事新办、丧事简办的新风蔚然成风。

【党建工作】坚持以党的建设统领工作全局，抓班子、带队伍，夯实基层基础工作，把全面从严治党落实到每一名党员。扎实推进“两学一做”常态化制度化，坚持“1259”学习制度不动摇，“三定一抓”，村（社区）不断打造“民情日”和“党员活动日”亮点。创新开展“读书明志，实干兴镇”一季一书赠读活动，每季度向党员干部和机关工作人员赠读一本优秀书籍，通过领导荐书、干部读书、小组评书，在全镇倡导好读书、读好书，打造“学习型机关”。5月，组织133名党员干部到沂蒙革命纪念馆和市检察院廉政教育基地接受党风廉政教育，邀请领导专家对全镇50个村“两委”成员和全体机关人员进行党风廉政教育，筑牢党员干部拒腐防腐思想防线；“亮承诺、抓整改、见实效”“3+5”活动成效显著，整改个性问题153条；开展“整治不作为、乱作为，优化发展环境”专项行动，发现问题7个，全部整改完毕。

撰稿：邢加虎

审稿：郑国田

全镇机关干部及村（社区）党支部书记参加党风廉政教育

枣园镇

领导成员

党　委

书　记　宁金忠

副书记　李继芳（女）　石统明

委　员　王远东　张　博　程　亮　汲　光　丁国栋　于清疆

纪　委

书　记　王远东

人大主席团

主　席　王文涛

副主席　王奎山　石国传

政　府

镇　长　李继芳（女）

副镇长　张　博　张恒志　沈　艳（女）　王孝雷

【机构设置】 2017年，镇机关设党政办、纪委办、组织办、财政所、车管办、民政办、老龄老干办、人社所、经贸办、安监办、环保办、统计站、建设办、城管中队、环卫办、园林所、宣传办、文化站、信访办、综治办、农业办、农技站、林业站、水利站、农机站、农经站、审计办、扶贫办、计生办、武装部、科协、团委、妇联、工会等，共有工作人员93人。

【概述】 枣园镇位于兰山区北部，镇政府驻地大枣沟头村距市区12公里。总面积63.41平方公里，耕地面积2414.21公顷。地势西高东低。西部属丘陵，中部为平原，东部为洼地。祊河、柳青河分别流经西南部和北部。蒙山北路、西外环纵贯南北，京沪高速公路穿境而过，区位优势明显。土壤有粘土、壤土、砂土。主产水稻、小麦、玉米、花生、棉花、甘薯。全镇辖36个村（社区），总人口8.3万人。2017年，实现财政收入10332万元，农村人均纯收入15978元，年产粮食2.6万吨，有规模以上企业56家。同年，获得“临沂市文明村镇”称号。

【工业】 紧抓鲁南高铁建设机遇，高点定位，北部对接金锣科技园，南部对接北城二期建设，围绕“有色型材、现代建材、食品链条、现代物流、高新包装、农牧科技”六大产业重点，推进要素集聚。2017年，实现规模工业产值190.68亿元，主营业务收入189.9亿元，固定资产投资52.2亿元，实现地方财政收入10332万元。开展企业科研平台建设，促进镇域经济优化升级。全年招商引资完成亿元项目5个，利用市外资金9.5亿元；引进科技成果23个，建设创新平台省级1个、市级1个；引进B类创业人才12名，B类创新人才28名。

【镇村建设】 明确功能定位，突出镇域特色，完善镇村建设，建设新型城镇。对接北城二期建设规划，重点进行镇域道路提升和农村环境改造。村内道路户户通工程硬化完成11.5万平方米；村村通工程硬化完成13公里；开通镇域西部公交环线18.5公里，对公交沿线道路进行绿化美化，连接贯通镇驻地以西22个村（社区），惠及沿线群众3.5万人；完成蒙山北路7.7公里安保工程施工。完成鲁南高铁占地和高铁梁场地块涉及的1000余户农田、122位企业民房的拆迁清障工作。

枣园镇镇域公交通车

【安全环保】 严格执行安全生产责任制，全面落实行业监管责任和属地管理责任，开展安全生产“大快严”和“百日攻坚”专项行动。组织企业负责人、安全员和特种作业人员培训12次，检查辖区内企业563家，引导企业办理安评、标准化建设70家，督导整改重大安全隐患25处，一般安全隐患2328处，全部整改完成。全年未发生生产安全事故，全镇安全形势总体平稳。

制定环境保护及重点区域大气污染综合整治工作方案。中央环保督察期间，办理中央环保督察交办件16起，其中取缔5起，整改落实11起；办理省、市级环保督察交办件13起，其中取缔10起，整改3起。取缔“散乱污”企业40家，55家板材企业和40家塑料企业安装VOC治理设备。6家铝型材企业完成氮氧化物治理，安装21台小型污水处理设施，及时修复3处污水管网破损问题。

【环境整治】 推进美丽乡村建设，完善美丽乡村建设机制，优化改善农村人居环境。全年有6个村纳入区级美丽乡村建设工作，并完成相关验收；粉刷墙壁约6万平方米，补植绿化苗木约5000棵，清理野广告1500余处，清淤排水沟14万多米。

【教科文卫】 改善教学条件。解决大班额问题，先后投资2500万元用于中小学教学楼建设，枣园小学新建教学楼和庙后小学附属工程建成启用。做好“四德工程”。开展“四德工程”进企业、进学校、进村居，实现行政村全覆盖、学校全覆盖、规模企业全覆盖；在全镇范围内打造四德公园1处、四德企业2家、四德村居2个、四德广场2个、四德一条街2条。推进移风易俗。发放宣传页1.5万余张、张贴宣传画3000余张、为54个村（社区）制作红白理事会桌牌。同时，抓好事前引导，要求村（社区）有去世人员时第一时间上报镇移风易俗联席办，联合工作区、村委及红白理事会耐心细致做好思想工作，引导实行丧事简办。

【综合治理】 按照“规范化、网格化、信息化”要求，树立融合工作理念，把“雪亮工程”建设与平安创建、网格员工作等有机结合起来。科学划分36个三级责任网格和54个四级网格，落实网格责任人员，形成纵到底、横到边的网格化管理体系。做好“雪亮工程”视频维护，打造全方位治安防控体系。推进平安建设，把北曲坊龙泉花园打造为平安小区创建示范点。推进无邪教创建工作，把华源锅炉、龙泉花园、枣园中心小学、闫屯、琅琊庄打造为无邪教创建示范点。

【基层党建】 推进后进班子整治。对村（社区）班子分类定级，共确定后进村班子16个，其中市级备案后进班子2个，区级备案6个，9月份全部整治完成。多层次开展党员教育。对全镇2700多名党员进行教育轮训，村（社区）党组织利用民情日进行党员集体学习，组织机关党员、部分村支部书记到浙江大学进行素质能力提升培训。协助第一书记工作，促进第一书记在基层谋实事、创实业。第一书记协调各类资金共计350万余元，修筑主干道10余条，面积近5万平方米；清理到期承包土地6.67余公顷，重新调整承包费收取标准，增加村集体经济收入20余万元。

撰稿：孙明强　闵　杰

审稿：宁金忠　李继芳

风景秀美的枣湖公园

半程镇

领导成员

党　委

书　记　王翠宝

副书记　孙　玮　刘　刚

委　员　王志鹏　陈文强　史纪臣　王亚伟

吴传星　张少亮

纪　委

书　记　王志鹏

人大主席团

主　席　宋瑞广＊

副主席　晁德强　李　然（女）

政　府

镇　长　孙　玮

副镇长　王亚伟　刘焕香（女）　吕景强　王富涛

政协工作室

主　任　刘　刚

社会事务办公室副主任

高　倩(女)

安监办公室副主任　吕学智

社会稳定办公室副主任　周　博

【机构设置】 2017年,镇政府设党政办、财税办、农业办、农经站、社会事务办、建设办、经贸办、城管综合执法办、稳控办、计生办、重点项目办、财政所、信访办、民政办、宣传统战办、综治办、效能督查办、武装部、纪委、科协、团委、妇联、工会、关工委、老干办、统计站、农技站、林业站、水利水产站、果树站、农机站、司法所、文化站、计生服务站、人力资源和社会保障所等，共有工作人员110人。

【概述】 半程镇位于兰山区北部，东邻白沙埠镇、李官镇，西接汪沟镇，南连枣园镇，北邻沂南县。镇驻地距京沪高速公路临沂北出口3公里，205国道、沂蒙路纵穿南北，文泗路、玉平连接线横贯东西。地势北高南低，北部为丘陵，南部为平原。柳青河流经西南部。总面积95.63平方公里，其中耕地面积3973.1公顷，主产小麦、水稻、玉米、花生。全镇辖32个村（社区），共有28585户，总人口76617人。全镇村村通公路、通电话、通自来水，61个自然村全部完成线网改造。

2017年，有规模以上工业企业58家，商贸企业9家，实现工业总产值377亿元，同比增长3%，实现利税27亿元，同比增长2%；实现进出口总额36.4亿元，自营出口额7亿元，完成任务的

全区经济工作现场观摩会

119.25%；完成固定资产投资48亿元，工业技改投资30亿元，实现地方财政收入4亿元。

【农业】 借力现代生态高效农业、体验式农场，培育一批新型产业农民，促进农业转型升级。建设提升金锣农庄、沂蒙生态农牧园项目，新建临沂千水生态农业项目，推进生态观光农业的发展。半程镇被评为省级旅游强乡镇。镇山风景区、中小学生实践基地被评为AA级景区，金锣农庄、沂蒙农牧业生态观光园、发财动物园、中小学生实践基地被授予“省级农业旅游示范点”称号，金锣科技馆、可追溯肉制品生产线被授予“省级工业旅游示范点”称号。兴隆果品采摘园、茶山园艺场有机蔬菜基地、千水及亚姆巴奶山羊蔬菜基地被授予“省级精品采摘园”称号。千水菜园被授予“开心农场”称号。18家饭店被授予“星级农家乐”称号。

【工业】 有规模以上工业企业57家，实现工业总产值380亿元，同比增长4%；完成固定资产投资52亿元，同比增长11%；完成产值过亿的企业19家；完成利税过千万元的企业9家。实现国地税税收收入7亿元，地方财政收入3.7亿元，同比增长31.2%。全年完成利用市外资金15.06亿元，同比增长3.9%；引进落地市外资金投资固定资产过亿元项目7个，同比增长40%，其中过10亿元项目1个，过5亿元项目3个；新开展产学研合作企业25家，同比增长127.3%；引进科技成果31个，同比增长82.4%；建设科技创新平台5个，同比增长25%；实现进出口总额377325万元，自营出口额76681万元；引进A类人才6人，B类人才28人，开展产学研企业8家，引进科技成果8个。

【商贸金融】 全镇设固定集贸市场5处，市场面积15.6万平方米。市场交易种类有日用百货、服装布匹、五金土杂、农副产品、建材等。商业户达1475户，商业服务网点536个。集贸市场交易额5.97亿元，社会商品零售额2.94亿元。金融机构5家，居民存款27.02亿元。

【交通邮电】 全镇机动运营车辆1.21万辆，年营运收入4.01亿元，同比分别增长47%和52%。全镇有固定电话3300部，手机8.1万部，宽带1.25万户，实现村村通电话。

【镇村建设】 完成沙汀社区回迁入住扫尾工作20户；建设郝埠社区32栋楼，基本具备入住条件；完成敬老院托管中心0.65万平方米、实践基地科研中心和宿舍楼2.11万平方米，胡发钰职工宿舍楼包装150户、0.9万平方米已经封顶，鲁大职工宿舍包装320户、2.6万平方米已经封顶。完成金锣四路建设，网化工程和乡道工程顺利推进。完成污水管网700米。农村改厕和户户通工作顺利开展，全镇共有16个村基本完成改厕任务，安装改厕设备4500余户，完成道路硬化36.4万平方米。高标准设计建设便民服务中心、企业服务中心和资源交易中心。

【教科文卫】 2017年，全镇共有中学1处，镇办小学8处，临沂市中小学生综合实践基地1处，教职工495名，在校中小学生10750人，教育普及率达100%。建有计划生育人口学校1处，注册幼儿园14处，入园幼儿3400人。全年共输送高中生336名，中专、职专生339名。投资456万元建设团埠小学教学楼、餐厅。开展卫生乡镇创建工作，改善全镇居民生活环境，有市级卫生村居21个。半程镇卫生院占地12余亩，有医务技术人员197名，病房93间，床位260张，门诊量达11.9万人次，住院治疗8924人次。全镇定点村卫生室51处，乡村医生117名。居民医疗合作保险住院及门诊报销2376万元，村级卫生室报销109万元，合计2485万元。全镇疫苗接种率达100%。

【人民生活】 半程镇卫生院眼科通过区人民医院对

口支援，使人才、资源纵向流动，每例白内障患者可获得区残联600元手术补助，除医保报销费用外，患者不再承担任何费用，缓解群众“看病难、看病贵”问题。实施敬老院改造工程，探索医养结合新模式；实现城乡低保、五保动态有序管理；完成企业养老保险扩面4656人、城乡居民养老保险18766人；城乡居民医疗保险覆盖6.48万人，为全镇10768名老年人办理人身意外伤害保险；新增农村劳动转移就业716人，农村劳动力转移培训7600人；发放精准识别救济金、农业补贴、安全优抚、五保、低保等各类补助性资金近800万元，全镇63户100名贫困人口实现脱贫。

【计划生育】 计生生育工作全面转型发展，全面实施两孩政策，提高计划生育服务水平，全年共发放服务手册和生育证1368人次。全面实施计划生育家庭奖扶政策，全年共审查上报各类计生奖扶76人次，审查中考加分67人次。坚持依法行政，全年共依法依规制作社会抚养费征收文书8人次。推动部门联动机制，联合卫生、食药等部门打击“两非”案件2例。全镇人口性别比控制在103～107以内，完成人口和计划生育工作各项目标任务，为全镇经济、社会稳定协调发展提供良好的人口环境。全镇人口自然增长率2.47‰。

【综合治理】 全面实施“雪亮工程”建设，投资35万元，设立半程镇“雪亮工程”分平台及综治中心。投资500余万元，安装1000余个摄像头及61套村级综治信息平台，实现全镇61个村居与镇综治中心的监控联网。镇重点区域、重要部门（学校、医院等）全部接入镇综治中心，实现全镇所有重点区域视频监控系统联网及社会全面监控全覆盖。开展治安落后村（社区）、校园周边、企业周边、烟草市场秩序集中综合整治活动，全年共整治治安落后村（社区）8个，开展校车安全、消防安全、烟草整治等专项整治活动26次。开展社区矫正，累计接收矫正对象32人，制定工作制度、方案、措施，矫正帮教率达100%。成立半程镇法律服务工作站，制定相关制度，加大基层人民调解工作的推进力度，加大对矛盾纠纷排查调处力度。化解重大矛盾6起，一般性矛盾36起，杜绝群体性上访或酿成群体性事件的重大疑难纠纷案件的发生。

【精神文明建设】 开展“文明单位”“十星级文明户”“美在农家”“科技致富”等评选活动，评选出“十星级文明户”1230户，“美在农家”1600户，“科技致富户”360户，群众争创率92%。深入推进移风易俗和开展“善行义举四德榜”评选活动，评选出“好婆婆”440余人、“好媳妇”429人。全镇共建成6个村（社区）文化中心，乡村大舞台2处，高规格高标准文化大院4处，32个行政村居实现农家书屋全覆盖。

【金锣科技工业园区】 金锣科技园是国家农业部于2001年12月批准设立，依托金锣集团而形成的以食品加工业为主导的工业园区，2012年6月纳入临沂工业园体制框架，为临沂工业园北区，享受临沂工业园同等优惠政策。金锣科技园半程片区位于半程镇西侧，东靠205国道，北靠省道文泗公路，距京沪高速公路出入口2公里，距日东高速公路20公里，东距临沂主干道沂蒙路3公里。园区规划由同济大学的规划专家制定，功能分区布局合理，总规划面积22平方公里，已开发面积12平方公里。经济总量居全区乡镇第一。

基础建设投资总计12亿元，铺设污水管网60多公里，供热、燃气管网85多公里，基本实现污水管网镇域全覆盖，供热、燃气管网园区全覆盖。为实现规范管理，园区内设园区管理办公室，设有一站式服务大厅，配有专职工作人员，对园区实行扎口管理。对入园企业从项目选择到落地、建设等，实行全程跟踪服务，做到让投资者满意、让经营者放心。至年底，入园企业达400余家，其中规模调度企业55家，食品类企业40余家。形成食品、纺织、建材、有色金属、化工及塑料制品、纸制品包装等行业并存的产业区，总投资达120亿余元。园区内拥有国家驰名商标1个，中国名牌产品2个，省级著名商标2个，34家企业获得ISO9000国际质量体系认证，12家企业获得自营进出口权。

【临沂新程金锣肉制品有限公司】 金锣集团是国家级农业产业化龙头企业，是以肉制品加工、大豆深加工、环保治污三大产业为主导，集研发、生产、销售于一体的大型境外上市企业。有员工3万余人，总资产160亿元，大豆肽、大豆低聚糖年产量世界第一，大豆分离蛋白能力全国第一，年生猪屠宰能力3200万头、肉及肉制品320万吨，位居中国企业500强第275位。金锣集团一直致力于服务“三农”，把自身的规模、品牌、市场优势与农业资源有机结合，辐射带动全国10多个省市、300多个县区的20万种植养殖户。在市内多个县区先后建设10余处种猪场和饲料加工配套工程，在确保生猪资源稳定供应的同时，带动当地农民增收致富。

2017年，金锣集团全面落实市委、市政府“二次创业”和“三引一促”的决策部署，全年实现销售收入502.6亿元。总投资22亿元的“全程产品质量安全可追溯项目”全线建成投产，连续化、自动化和智能化水平世界一流，年新增产能300亿元，临沂驻地日屠宰能力超过5万头。投资5亿元建设万亩生态荷花湿地公园、万亩海棠基地，既实现环保治污、综合利用，又带动当地农民增收致富，实现社会效益、经济效益、生态效益的有机统一。全年吸纳引进专业技术人才、职业经理人、大中专院校毕业生1000多人。

【金锣全程产品质量安全可追溯肉制品生产项目】 为进一步增强市场控制力和行业主导权，金锣集团投资13亿元新上全程产品质量安全可追溯肉制品生产项目。项目于2014年10月投产，日屠宰生猪3万头，年产冷鲜肉50万吨，实现销售收入150亿元，利润4亿元，税收1.6亿元。

项目引进丹麦、荷兰等发达国家先进的生产设备和国际领先的生产加工工艺技术。项目主要建设生产车间、仓库、生活楼、冷库、污水处理厂及其他附属设施，建设肉制品全程质量可追溯系统、生猪屠宰和肉类加工生产线等，是全球最大的生猪屠宰及冷分割肉加工单体工厂，在国内农产品加工企业中起到龙头作用。

【金锣文瑞食品有限公司肉制品生产建设项目】 为进一步扩大企业规模，推动产业技术升级，增强市场控制力和行业主导权，2014年11月，金锣集团投资10亿元新上金锣文瑞食品有限公司肉制品生产建设项目。项目整体建筑面积4.5万平方米，2015年8月建成投产，年产高低温肉制品17万吨，其中高温肉制品10.2万吨，低温肉制品6.8万吨，实现销售收入32.1亿元，利税1.3亿元，提供就业岗位2800个。满足市场高档肠产品、低温产品的计划需求，提升市场占有率，促进公司快速稳定发展。项目与一期全程产品质量安全可追溯肉制品生产项目相呼应。

【山东三维油脂股份有限公司】 山东三维油脂集团股份有限公司始建于1989年8月，1996年组建集团公司，2000年10月，经省政府批准改制为股份有限公司，是一家集农产品生产加工销售、农业综合开发、建筑业、酒店餐饮住宿及商贸服务于一体的综合性大型企业集团。集团总占地面积近4000亩，员工2000余人，总资产近40亿元，年大豆加工能力300万吨，大豆综合加工能力居全国同行业前列。2017年，集团实现销售收入近60亿元，利税6亿元。

集团下设10个分子公司和1个产品研发中心，主导产品有豆油、豆粕、大豆蛋白系列产品、休闲保健食品等。公司先后被授予“AAA级信用企业”“省级守合同重信用企业”“山东省农业产业化龙头企业”“中国油脂十强企业”“中国民营企业500强”

等称号，三维商标在2015年被省工商局认定为山东省著名商标。研发中心被市发改、科技局分别认定为市级工程研究中心和实验室。

公司拥有自营进出口权，与世界著名的粮谷贸易商、供应商及国内著名商企，建立并保持着良好的业务合作关系，产品畅销全国各地及美国、欧洲、东南亚等国家和地区。

为做大做强企业，公司于2013年注册成立山东中阳生物科技有限公司，项目总投资25亿元，分两期建设，并分别于2013年、2015年两次被列为省重点建设项目，且两期工程分别于2014年8月、2017年5月竣工投产。该项目采用自主研发的“一步醇法提取”工艺生产，具有能耗低、成本低等优点，生产过程无工业三废，属典型的资源节约和环境保护型项目。自动化程度高，综合效能居国内先进水平。

撰稿：赵延龙　孙　毅

审稿：王翠宝　孙　玮

李官镇

领导成员

党　委

书　记　赵复志

副书记　房庆良　张　勇

委　员　杨　宁　赵光明　鲁同华　姜加富　高　阳（女）

纪　委

书　记　付克锋

人大主席团

主　席　李桂林

副主席　张如华　杨志永

政　府

镇　长　房庆良

主任科员　翟纪铭

副镇长　赵光明　王冠桥　王　伟　杨传伟

政协工作室

主　任　张　勇

安监办副主任　刘忠祥

社会稳定办副主任　孙　抗

【机构设置】 2017年，李官镇设党政办公室、村镇建设办公室、经济发展办公室、农业生产办公室、社会事务办公室、社会稳定办公室、组织办公室7个办公室；设李官社区、向阳河社区、沂河苑社区、蒙河苑社区、云泊湖社区、沂蒙湾社区、莲花山社区、仙子峪社区、玫瑰湖社区、桃花源社区10个社区。

【概述】 李官镇位于兰山区东北部，处于镇山风景区的中心位置，南连白沙埠镇、北隔蒙河与沂南县相邻、西邻半程镇、东隔沂河与河东区相望。面积83.3平方公里，耕地面积3535.62公顷。地势西北高东南低，属山地丘陵。主产小麦、玉米、花生、大蒜等，盛产蜜桃、蔬菜、花卉。辖10个社区，共有1.75万户，5.1万人。镇内民风淳朴、风光秀美，被市委、市政府誉为“临沂城的后花园”。先后获得全国“科普惠农示范工程先进单位”“国家级生态乡镇”“全省信访工作先进单位”、山东省改革开放30年“十佳新农村建设示范乡镇”“绿化示范镇”“环境优美镇”，临沂市“农村住房建设先进单位”“社会治安综合治理先进单位”“城乡环境综合治理示范镇”“果品产业发展‘一乡一业’十强乡镇”等称号。

【区位优势】 距京沪、日东、长深高速，鲁南高铁出口均在10公里以内，文泗公路、玉平连接线横贯东西，朱七路、沂蒙路纵贯南北，滨河大道环绕镇域，处于“临沂居民半小时生活圈”。地理位置优越。紧邻半程镇、白沙埠镇，河东区汤头街道。建设颐养小镇，东可依托汤泉度假区，推进旅游融合发展；西可借力千佛山医院临沂分院（半程金锣医院），提供休养康复基地；南可对接高铁片区，发展镇域经济，改善镇域基础设施。

【经济发展】 2017年，实现地方财政收入2274万元，完成全年任务的112%，实现规模工业生产总值60亿元，同比增长26%；实现主营业务收入58.3亿元，同比增长25%；完成工业固定资产投资6.16亿元，同比增长35%；完成全社会固定资产投资28亿元，同比增长32%；引进过亿元项目2个；新开工服务业项目2个。

【重点项目】 2017年，实施新旧动能转换，聚焦“四新”，推进“四化”。集锦订制农业示范园完成土地整理和项目整体规划，结合田园综合体打造要求，进行高标准建设；沂河生态文化旅游项目一期护坡及码头建设基本完成；盛德塑胶新型节能环保篷布生产项目1#、2#、3#、4#车间均建设完成；齐汇肉制品扩建提升项目一期4.5万吨肉制品车间投产运营，二期规划及车间图纸设计完毕；玫瑰湖康养小镇完成66.67公顷土地流转及高标准规划设计；仙子峪田园综合体浩天锦鲤项目申报AAA级景区，沂蒙农耕文化体验基地基本建设完成。

【城镇建设】 完善拆迁复垦、复垦土地流转、楼房验收、剩余楼房、躲迁群众信息5张情况摸底表；以村级为主体继续推进增减挂，向阳河社区西区（西朱里村）具备开工条件。

深入研究分析，做到一斑一策，拆除违法占地卫片1.41公顷，其中耕地1.3公顷，36宗卫星图斑全部完成整改，完成卫片整改任务；形成“村级自查自报、城管巡查通报、集中组织拆除”工作机制，全年累计拆除违法建设93宗，制止61宗。

创新“党建+创城”工作模式，由科级干部任镇级街长，村主职干部任村级街长。出动各类机械车辆700余台次，清理垃圾2000余吨，新划停车位1000余个，规范各类商户门头800余个，营造宣传氛围700余处，完成镇驻地157条街巷13万多平方米道路硬化工作。

【社会事业】 推动民生项目建设。旭坤佳园一期封顶3栋；李官社区6栋居民楼封顶4栋，其余2栋已达标；三河湾水源工程大坝主体、两岸土方回填、交通桥桥板吊装工程均完成；文泗路沂河大桥整修工程全面完成并通车；对“桃路十八弯”旅游路进行整修提升，新建停车点11处，厕所2处，新增交通警示标志10余个。

确保社会和谐稳定。结合山林防火、秸秆禁烧、两违双控等工作，推进“雪亮工程”建设和平安小区建设，新增高空瞭望设备10台，无人机2台，实

现全镇视频监控“横到边、纵到底，全覆盖、无死角”。落实“党建+维稳”模式，设立镇级网格1个，社区网格10个，村级基础网格61个，明确党员在网格内的责任，实行属地管理制度。

督导环保安全工作。清理整改不达标养殖户21户，新上油烟净化器20台，取缔“小散乱污”企业48家；推进“两体系一平台”建设，继续深化安全生产重点行业领域专项整治，加大隐患排查治理力度，对隐患实行销号整改。

【基层党建】 推进“党建+N”工作模式，推进基层党建与精准扶贫、项目推进、信访稳定、安全生产、环保环卫、社区管理相结合，通过“党员网格”“综治网格”两张网压实支部和党员责任，发挥党员先锋模范作用。

结合后进班子集中整治活动，分级分类、一村一策、压茬推进，完成2个市级后进班子、7个区级后进班子整治工作，完成8个社区、49个村“两委”换届工作；结合土地增减挂项目区建设，以沂河苑、云泊湖、向阳河3个社区和金升金属城、为农服务中心为依托，打造“大社区、大服务，大党建、大发展”的农村区域化党建样板。

利用“民情沟通日”，相继开展“红色七月”“收获八月”“金色九月”“决战十月”“冲刺十一月”“辉煌十二月”主题党建月活动；开展“我为村庄发展做贡献”“党员先锋示范岗”等系列特色党建活动，全面提升党员素质，占领红色阵地；开展“镇党委书记给党员写封信”活动，在党员入党日时，由包村干部将祝贺信送到本人手上，唤醒“党员记忆”，重温入党初心，号召每名党员在全镇各项工作中当标杆、作表率。

【廉政建设】 结合“两学一做”学习教育常态化制度化，组织全体党员干部开展党规党纪学习教育活动；邀请区检察院对重点岗位人员进行党风廉政建设和预防职务犯罪专题讲座，做到警钟长鸣，防微杜渐。

开展严明纪律作风、提高工作效能活动，对机关人员工作开展情况进行纪实评价，纪实结果作为年终评先树优的有效依据；对全年38项重点工作、“3+4”整改方案、“不作为”“乱作为”问题整改清单进行周调度、周通报，将作风建设与经济发展紧密联系。

严肃查处违纪违法问题，全年共办结案件3起，其中党内严重警告1人、撤销党内职务1人、开除党籍7人、诫勉谈话3人，做到“问责一例，教育一片”。

撰稿：徐程阳　吴宗超

审稿：赵复志　房庆良

义堂镇

领导成员

党　委

书　记　许步忠

副书记　刘振超　徐　伟

主任科员　许家田　孙伯成

委　员　郭　伟　刘为学　高　彬　郭庆才　成敦华　马晓杰（女）

纪　委

书　记　郭　伟

人大主席团

主　席　李　波

副主席　杜广成　刘　谦

政协办公室

主　任　徐　伟

政　府

镇　长　刘振超

副镇长　刘为学　祝京常

季宝渠　张馨月（女）

安监办副主任　何俊伟

社会稳定办副主任　梅海凤（女）

财经服务中心副主任　苏正启

村镇建设服务中心副主任　卢永生

社会事务服务中心副主任　魏　斌

木业产业发展座谈会

【机构设置】 2017 年，镇机关办公室分 4 条工作线（建设线、保障线、发展线、作风线）、11 个大办公室、37 个业务办公室。建设线设建管办、征收办、创新办三大办公室；保障线设党政办、组织办、维稳办、计生办四大办公室；发展线设宣教办、经贸办、农业办三大办公室；作风线设纪审办公室。共有工作人员 205 人。

【概述】 义堂镇位于临沂城西城乡接合部，是全国文明镇、重点镇，国家级发展改革试点镇、建制镇示范点，全省综合改革试点镇、百镇建设示范镇，全市优先发展重点镇。辖 13 个社区、总面积 101.43 平方公里，其中耕地面积 2355.84 公顷。总人口 27.35 万人，其中常住人口 14.5 万人，人口城镇化率 53%。全年实现地方财政收入 5.3 亿元，工农业总产值突破 1000 亿元大关，规模以上企业发展到 315 家，完成总产值 571 亿元。

【木业产业】 1 月，山东联亿新能源科技股份有限公司成立，在其引领带动下，全镇木业机械、刨花板等行业整合工作扎实推进。

科学规划化工产业园区、木业机械聚集区、木业产业提升示范区、刨花板产业转型升级区。其中，化工产业园区位于团埠屯村西，占地 53.33 公顷，已完成土地流转、民房企业拆迁清障工作；木业转型升级示范区位于港上村前，占地 173.33 公顷，已有福茂、新港 2 家企业入驻；刨花板产业转型升级区，位于葛疃村北，占地 80 公顷，一期 41.33 公顷土地流转工作已全部完成，已有 1 条年产量 50 万立方米的辛贝尔康普生产线、2 条年产量 30 万立方米的德国迪芬巴赫生产线；木业机械聚集区位于 327 国道以北、引祊入涑以西，占地 53.33 公顷。

【商贸物流】 东部片区借助国际商贸城建设契机，对辖区内传统物流、现代物流、高端物流等进行规划布局。西部片区围绕鲁南铁路物流园和新西外环建设，引进重庆协信、中谷物流园项目，促进铁路、公路等运输方式的有效衔接，物流产业层次不断提升，经营规模逐步扩大。

【招商引资】 2017 年，“三引一促”工作取得明显成效。全年实际利用市外资金 13 亿元，引进过亿元项目 5 个；完成产学研项目 16 个，科技成果引进转化33个；引进A类人才3人，B类人才70人。

【城镇建设】 按照“东接商城，抓征收；中建城市，抓开发；西强产业，抓升级”的发展思路，围绕新型城镇化建设布局，推动国际商贸城、化工产业园区、板材提升区等片区征收，实施乾沂庄、小义堂等村旧村改造搬迁上楼。全年共有45个村（社区）涉及拆迁征收任务，征收面积达65.7万平方米。同时，坚持先还建、后拆迁原则，加快社区居民楼建设，全年新建续建居民楼45栋、25万平方米。

【基础配套】 按照西部新城发展定位，围绕综合交通体系构建，统筹谋划中央大街、戈九路、创业路等六纵六横道路体系，推动道路绿化、平交道口硬化，基础设施建设日渐完善。2017年，投资5000万元，重点推进民生路、俄黄路、顺和路小朱保段、顺和路张行段等道路，及朱保南外环西延、原富山路、永康路、金秋路、义麻路、葛庄中心路等16条“网化工程”道路建设，共计20条道路、30千米，硬化面积28.5万平方米。镇村公交建设稳步推进，20余处公交港湾建设完成。

【城镇管理】 通过开展“强化环卫一体、优化发展环境”大行动，实现环境卫生大变样。累计清理各类道路205条，粉刷墙壁29.8万平方米，硬化12.9万平方米，绿化46万平方米，完成美丽乡村环境示范村打造20个，完成铁路沿线综合整治工作。按照全市违法建设工作开展要求，通过宣传、人员、制度、技术、督查“五个到位”，抓好违法建设治理工作。力推“无人机”航拍巡查和义堂镇数字城管平台，搭建起“天地一体”的立体巡查网络。全年共查处违法建设173起，拆除违法建筑9.07万平方米，拆除率达100%；需整改拆除的80宗卫片图斑，已完成78宗，完成率97.5%，做到新增违法建设“露头就打，出土就拆”。

【安全环保】 坚持科级干部带班夜查，工作区、村面上检查工作机制，每天编发巡查简报，抓好安全环保工作。开展安全隐患排查，对存在重大安全隐患的企业责令立即停产整改。继续推动“九小”场所、建筑施工、学校安全、用电安全等专项整治，确保各行业领域安全。推进智慧消防云平台建设，通过高科技手段监控企业消防安全情况，已有71家企业接入平台。继续组织开展安全生产培训，结合环保督查后企业复工实际，加大安全培训力度，提高企业安全生产主体责任落实能力。抓好中央环保信访问题后督察工作，严防关停企业复工生产。对全镇264家散乱污企业采取两断三清措施，确保停产整治到位。全年全镇排查各类安全问题3560项，下达整改通知书2310份，完成整改2660项。整改环保问题1520项，关停取缔264家企业、23家物流停车场，拆除锅炉15台，改造提升土炉412个，取缔木粉厂61家，处理“12345”市民服务热线反映环境信访问题800余件。

【基层党建】 探索“三商”区域化党建新领域，成立义堂商会党委。投资200万元，在镇党委西侧丰源新区沿街楼新辟800平方米区域建设义堂商会党群服务中心，中心内设有企业家沙龙、会议室、体育活动室等，高标准打造党员服务平台和党建展示窗口。根据“两学一做”学习教育常态化制度化要求，利用前耿埠文化广场建设党建文化长廊和四德教育长廊，打造农村党员教育现场教学点。

结合全区干部实绩纪实评价工作，探索实行村干部实绩评价制度，将工作实绩与村干部待遇挂钩，增强基层组织战斗力。完成市区备案的10个后进班子整顿的同时，提前谋划做好换届选举准备，完成61个村的支部班子整顿。

【作风建设】 开展“亮承诺、抓整改、见实效”活动，全年共梳理个性问题255个、共性问题85个，全部完成整改。提升案件查办力度，坚持有案必查、有腐必惩、违纪必究，以零容忍态度惩治腐败。全年共立案查处“四风”和腐败问题案件8起，给予党纪政纪处分8人次，结案7起，给予党内警告4人、严重警告3人。

【公益事业】 从解决“大班额”、改善办学条件等问题入手，累计投资3.7亿元，推进义堂中学老校区、义堂中学东校区、义堂小学老校区、后乡小学、堰上小学、第一联校6所学校改扩建。涉及民房200户、企业10家、累计6.5万平方米的拆迁工作全部完成。深入开展移风易俗工作，绘制移风易俗、二十四孝等宣传漫画300多幅、制作宣传版面100余块、宣传条幅400多幅，印发宣传漫画、宣传折页等7000余份。在小义堂、大义堂、前城子、前耿埠、韦巷5个村设立试点，统一规划建设地下骨灰堂并在全镇推广，建成后，全镇将节约使用133.33公顷土地。

【民生保障】 坚持实字当先，构建“一门受理、协同办理”的社会救助机制，开展“救急难”工作。全年发放各类优抚救助资金750万元，优抚救助群众1700余人次；完成城乡居民养老保险征缴4.2万人、1257万元，城乡医疗保险征缴12.1万人、1780万元;新增农村劳动力转移就业800多人，职业技能、实用技术培训2000余人次；建立劳动争议调解委员会60家，累计接收投诉案件286起，挽回经济损失579万元。

【信访稳定】 成立义堂镇大维稳工作办公室，专项负责稳定工作。全年共发生初信初访案件22起，化解18起；有区级信访积案8起，全部化解完成；有市级及以上信访积案10起，全部化解完成；有书记面对面交办积案7起，全部化解完成。

撰稿：姜　雪

审稿：张馨月

汪沟镇

领导成员

党　委

书　记　聂世涛

副书记　房师良　刘　磊

委　员　姬光法　刘江岭　武传仕　李晓艳(女)　袁国华　狄炳辰

纪　委

书　记　刘江岭

人大主席团

主　席　王　伟

副主席　马宝凤　庄少锋

政　府

镇　长　房师良

副镇长　李晓艳（女）　唐加峰　戴景军　邵长桧

政协工作室

主　任　刘　磊

主任科员　陈纪晓

副科级干部　孙百合

【机构设置】 2017年，镇机关设党政办、纪委办、组织办、宣教农业办、综治农经审计办、经贸办、安监环保办、城建计生办、征收执法办、扶贫办、

民政办、信访办12个大办公室，下设党政办、财政所、考核办、热线办、纪委办、组织办、人社所、团委、妇联、老龄老干、工会、科协、教体办、文化旅游开发办、文化站、宣统办、农技站、水务站、林业站、综治办、经管站、审计办、招商科技办、统计站、安监办、环保办、城建办、环卫所、计生服务中心、计生服务站、流管站、民政办、移风易俗办、敬老院、信访办、便民服务大厅等，共有工作人员133人。

【概述】 汪沟镇位于蒙山之阳，沂水之滨，与沂南、费县两县接壤，属沂蒙革命老区，山东省生态农业示范镇，系春秋时期“七十二贤弟子”之“笃圣”闵子骞故里。总面积108.6平方公里，耕地面积6181.45公顷。辖30个村（社区），总人口6.7万人。辖区交通区位优势明显，京沪高速公路连接线文泗路段直通市区沂蒙路，西外环、205国道、229省道纵横贯通，日东高速、京沪高速在镇内交会，京沪高速公路在镇驻地东侧设有出口1处。

2017年，全镇实现工业总产值42.2亿元，完成规模以上工业主营业务收入41.7亿元，分别增长29.4%、33.7%。固定资产投资24.5亿元，增长16.7%。完成地方财政收入4488万元，增长29.8%。利用市外资金5亿元，引进过亿元项目10个。在2017年度综合考核工作中，位列全区第6名，全市第50名；荣获全区综合工作三等奖，并获全区综合考核争先进位一等奖，记集体三等功；被评为基层党建工作先进单位、安全生产工作先进单位、城镇管理工作先进单位、环境保护工作先进单位、农业工作先进单位。当年，汪沟镇先后代表全区迎接全市基层党建现场观摩会，承办全市林业现场观摩会、全市交通扶贫现场观摩会、全市农机现场会，承办全区产权制度改革现场会、第一书记现场观摩会、村“两委”换届选举现场观摩会。

【农业】 培育农业特色，产业结构不断升级。以园区建设为基础，高起点、高标准抓好发展规划，打造田园综合体；加强北部特色农业规划布局，依托扶贫大棚和“田秀才”黄瓜品牌，推广特色农产品深加工。加大土地流转力度，全年共实现新增土地流转147.89公顷。中华合园持续加大投入，新建七彩花海、仙女湖等景点，提升园区景观；姜氏茶园以高端茶为目标，结合特色养殖业和餐饮业，打造农业旅游综合体；万木竹柳园依托全国青少年培训基地，打造沂蒙小八路红色教育基地。依托美丽乡村和农业园区建设，以环境整治、水域治理为基础，宣传海棠茶、“田秀才”黄瓜、姜氏庄园有机茶等特色农产品，发展有特色、有活力、有魅力的全域旅游。

【工业】 实施“两轮驱动”，镇域经济转型提速。以老西外环和新西外环两条经济发展条带为带动，引领镇域经济持续发展。抓好重点项目建设。投资过亿元的海诚嘉诺项目、昌泰塑胶项目、宏泰环保纸塑项目建成投产，丽家原生态实木质颗粒板项目和展达安全防护用品等项目开工建设。加快产业转型升级，落实供给侧结构改革和新旧动能转换要求，加快老西外环改造提升步伐，实施“腾笼换鸟”“二次开发”，如振杨木业、木子原机械和力亚塑料等6家企业，都是在老旧淘汰企业基础上重新注册建成。做好产业定位、功能分区、用地布局和建设规划，建设笃圣工业园区，高门槛、高标准引进大企业大项目，有18家企业完成签约，其中6家开工建设。

【村镇建设】 坚持规划先行，城镇功能不断完善。抓好全镇总体规划修编，历时两年完成《汪沟镇总体规划》修编，为全镇经济社会发展明确方向。抓好旧村改造，完成西集前旧村改造一期6栋200户居民楼及沿街楼3.1万平方米建设，完成东汪沟旧村改造项目凤台御府2～6号楼3.4万平方米建设。抓好棚户区改造，完成长夫社区棚户区改造9～20号居民楼7.8万平方米建设。抓好公租房建设，完成佳居服务中心6栋1030套公租房建设和装修，部分企业员工已入住。

【教科文卫】 加大教育领域投入，投资2061万元完成闵寨、敢胜、韩家沟、竹园、宝店5处完小17766平方米综合楼的建设，更新教育教学器材装备，改善办学条件，推进义务教育均衡发展，12所学校全部达到规范化学校建设要求。

【人民生活】 投资3900万元建成全长11.2公里的东部环线道路；投资1189万元对全长4.9公里的夫程路进行高标准改造提升和绿化；投资860万元完成韩家沟、颜围子等18个村14.2公里扶贫道路二期建设。加大投入，完善美丽乡村片区基础设施建设，共投资1500万元，美化村庄105万平方米，新建农村文化广场7个、乡村舞台3个、村级办公场所4处，安装太阳能路灯1032盏。户户通工作持续推进，硬化10个村25.83万平方米道路，解决群众出行“最后一公里”困难。改厕工作持续推动，完成改厕5025户。安全生产工作持续强化，落实三级“网格化”实名制，实行科级干部联系重点企业，开展安全生产大检查，聘请专家进行重点检查，共排查安全隐患1000余条，停电、停业企业38家。环保工作持续加强，落实网格监管，制定考核机制，对辖区内57家“散乱污”企业排查整改，取缔11家，停产整治46家，强化涉水企业的监管，新上金锣污水处理设备18台。

探索“四权”分离模式，扶贫资产管理不断创新。扶贫资产所有权归村集体，经营权归承包户，受益权归贫困户，监督权归镇扶贫办和经管站。强化队伍建设，以党建扶贫“摘穷帽”。以“民情日”会议为抓手，以第一书记驻村帮扶为着力点，落产业、建项目，锻炼基层干部队伍。推进户户到活动，提升帮扶措施精准度。开展“一包一画一方案”走访活动，通过通俗易懂的方式宣传政策，为贫困群众量身制定帮扶方案，提高扶贫精准度。严把时间节点，扶贫产业项目顺利推进。建设冬暖式大棚6个、简易大棚24个、扶贫车间2座、光伏发电站1处、肉牛养殖棚3个，实现扶贫项目总收益103万元，为675名建档立卡脱贫户实现年人均增收1100元。

【计划生育】 截至年底，全镇共出生1401人，一孩198人，二孩909人，多孩294人，其中男孩778人、女孩623人，死亡365人，人口自然增长率为16.7‰。

加强计划生育服务管理。村级计生专职主任服务上门，配合卫生院做好孕产妇健康管理、0～6岁儿童健康管理、免费生殖健康检查、孕前优生健康检查、医疗扶贫和农村妇女增补叶酸及适龄妇女“两癌”筛查等公共卫生工作。

贯彻落实家庭发展支持、利益导向政策。2017年，申报奖励扶助对象88人，全镇享受奖励扶助人数累计194人；新增特别扶助对象2人，累计5人；审核独生子女及农村双女绝育家庭中考加分69人；落实计划生育手术并发症鉴定2人；病残儿鉴定7人，其中2人通过区级鉴定，其他5人待观察；申报计划生育协会“大学生圆梦行动”1人，救助金额3000元；失独家庭一次性救助1户，救助金额1万元。

为落实全面二孩政策，做好优生优育工作，开展婚检及免费孕优工作。孕优区分配指导数为377对，完成351对，完成率93%，婚检率约83%。

【综合治理】 依托全镇1000多个摄像头，确保发挥“雪亮工程”应急工作安排、辅助破案、网上查岗等作用。建设综治信息平台33个，安装平安大喇叭30个，安装手机APP客户端2300多户，收缴平安保险1.1万户。

【党建工作】 2017年，完成村“两委”换届工作，全镇共有基层党组织97个，其中党委1个，村（社区）党总支16个、党支部60个，“两新”组织党总支1个、党支部7个，机关事业单位党总支1个、党支部11个；共有党员1895人，其中农村党员1672人、非公有制企业党员28人、机关事业单位党员195人。新一届村（社区）“两委”成员283人，其中村党支

部书记56人、村委会主任26人。3月31日，全市党支部书记培训班观摩竹园村“村社共建”现场；9月13日，全市农村党组织书记培训班观摩大柳汪村、长夫社区农村党建现场；11月1日，全市基层党建现场会观摩杏花社区服务中心。

规范全镇各村的民情日会议。全年共召开民情日会议540场次，征集群众意见建议1100多条，现场解决答复1000多条，通过社区反映、协调解决100多条。搭建村级事务民主管理、民主决策、民主监督的平台，为化解矛盾、促进和谐开辟一条“绿色通道”。

制定《汪沟镇委谈心谈话工作制度》，从主要领导，到科级干部，到社区书记，到中层干部，到支部书记，都明确谈话范围和谈话任务，激发党员干部干事创业的热情。坚持以人为本，以情感人、以理服人、以诚待人的“柔性管理”，全年镇、社区、村三级开展谈心3200多人次。

深化推行中层干部联系村工作制度，完善用人机制，根据村情设人、根据村级任务用人；理顺工作机制，让包村干部和村干部不扯皮、敢担当，不糊弄、勇争先。坚持执行每周最少入村1次，各社区每周召开中层碰头会、每月召开1次交流会，拓宽沟通渠道，畅通上下衔接，发挥中层干部包点桥梁纽带、示范带动和服务中心工作的作用。

撰稿：李善庆　张家实

审稿：聂世涛　房师良

方城镇

领导成员

党　委

书　记　张灿彪

副书记　丁祥华　王海芹（女）　刘林征（挂职）

纪　委

书　记　刘世文

委　员　李　刚　高庆凤（女）　付金龙　朱朝华　徐　军

人大主席团

主　席　蔡如波

副主席　刘甲顺　杨　瑞

政协工作室

主　任　王海芹（女）

政　府

镇　长　丁祥华

副镇长　朱朝华　王连银　张立千　闫九才

主任科员　李公正

副科级干部　杜正琛　刘　琳（女）

【机构设置】2017年，机关设党政办、安监办、财政所、城建办、扶贫办、工业办、环保所、环卫一体化办、计生办、纪委办、民政办、农经站、农业办、人大办、人社所、审计办、统计站、文教办、武装部、信访办、宣传统战办、综治办、组织办、科技科协办、团委、妇联、工会、老干老龄办、农技站、林业站、水利站、果树站、农机站、执法中队等，共有工作人员312人。

【概述】方城镇位于兰山区西北部，北倚蒙山，南临祊河，东靠京沪高速公路，西邻费县外环，是唐代著名书法家、军事家颜真卿的故里。面积119.22平方公里，耕地面积6571.62公顷，辖53个行政村，

总人口10.6万人。

方城镇是粮食、畜牧业、板材业生产大镇，素有“稻米之乡”“板材重镇”“瓜菜之乡”之称。借助资源优势，明确“南工、北农、中城镇”产业布局，形成板材加工、劳保用品、生猪屠宰、有色金属等优势产业，板材加工企业达1800余家，蔬菜种植面积达800公顷。“方城西瓜”地理标志性商标通过国家工商总局审批，“忘梅”牌西瓜经国家无公害农产品认证，被授予首届“沂蒙优质农产品”称号。

2017年，全镇完成规模工业总产值66亿元，实现利税5.7亿元，完成工业固定资产投资7亿元，完成工业技改投资4.5亿元，落实招商引资项目8个，其中新建过亿元招商引资项目3个。全年实现地方财政收入1.52亿元，同比增长30.3%，其中国税完成10006万元，地税完成5164万元。农民人均纯收入达13779元。在全市科学发展综合考核评比中，获得三等奖，在全市所有乡镇大排名中位列第33名。获得市农业局颁发的“临沂市生态循环农业示范园区”称号；获得兰山区“农业工作先进单位”“信访工作先进单位”等称号。

【党建工作】 方城镇坚持党建引领工作全局，基层基础不断夯实。2017年初，先后出台《机关事务管理制度》《机关考勤及督查制度》《机关请销假制度》《会议纪律制度》《农村财务管理制度》等一系列规章制度，并严格监督执行，广大干部作风和精神面貌有较大提升。制定实施3个千分制考核机制，对各村、各工作区、镇各大办公室全体人员实行3个层面的千分制考核。全镇53个行政村两委换届选举工作全部完成，87个自然村全部做实党支部。全年累计投入600多万元用于村级活动场所建设。西街、魏家荒、莲汪崖、大于村、东石灰、凤凰岭、东亭子村7个村新建办公室，建成面积3000多平方米并已投入使用。前店子、姚家寨等12个村对办公场所进行装饰整修。

【工业】 立足新旧动能转换，狠抓“三引一促”。2017年，引进市外资金6.6亿元，增长32%；招引过亿元项目3个，新增产学研企业4家，引进科技成果4个，招才引智工作完成480分，引进各类人才50人，万名人才回乡行动完成960人。全镇重点项目扎实推进。山东衡美木业（靓彩虹项目）建成投产，欢哥装饰项目完成土地流转工作，锦旭木业三期、四期工程、宏利装饰二期、伟丰木业装饰等重点项目，按计划节点稳步推进。占地26.67公顷、计划投资12.29亿元的华城热电联产项目，完成项目论证、选址工作。

【农业】 以发展生态休闲农业、生态循环农业为目标，以农产品质量安全为抓手，推进优质农产品基地和品牌建设。依托鼎益等农业园区，建立“产、学、研”平台，以新科技、新技术、新品种加快新旧动能转换，以“农校对接”运营模式，促进农业“供给侧”结构性改革。11月4—5日，国家教育部在示范园区召开“农校对接”科研工作研讨会。完成千亩水肥一体化灌溉工程。推进投资1000万元的高标准农田整治项目，新增万城花开农业公司、春诺家庭农场2家优质农产品标准园，新增山东鼎益“农校对接示范园”1处省级标准化基地，新增保辉牧业、绿农合作社2家市级农业龙头企业，引进农业工商注资5000万元。以元宝山（临沂万城花开生态农业公司）为依托，探索打造镇域田园综合体。新建市级、区级生态循环农业示范园区各1个，市级现代农业示范园区1个，区级生态循环农业示范园1个。推进农业品牌发展。新注册“沂颂”“比优特馥”“安

畅”“ZLC”4个商标（全镇累计农业商标注册12个），新增绿色食品认证3个（全镇累计绿色食品认证9个），数量居全区第1。

【城镇建设】 加强对占道经营、乱摆摊设点、乱停乱放、乱倒垃圾等现象的整治；严抓沿街规划审批工作，规范建设审批流程，提升镇容镇貌。全面完成2016年度641个卫片图斑整改拆除任务，营造“两违双控”严管态势。全年共组织集中拆除活动近10余次，拆除违建89处，面积近7万平方米。完成市级卫生乡镇创建工作，创城宣传氛围不断加强。方城中心卫生院被评为全国百佳乡镇卫生院。省级美丽乡村示范村华城村蓝图初具雏形。全镇实现环卫一体化管理，城镇面貌得到改善。

【民生工程】 高度重视总体规划的制订与完善，对总体规划进行优化、完善和提升，规划镇域空间布局结构为“两区、四轴、五片”，总体为“南工、北农、中城镇”的发展布局，总体规划于12月8日通过市政府审查批准。2017年，分3个层面对全镇道路进行总体谋划：主干路网，229省道改道上报省计划；新西外环开工建设；327国道由胡阳镇向东改道经方城镇连至新西外环的规划，向上级争取立项。村间道路，结合“全省村级公路网化示范县”活动，完成村间道路硬化20条21公里。村内道路，完成户户通硬化2.7万平方米。全年完成道路硬化面积26.2万平方米。高度重视教育工作，投资2900万元的新桥中学综合教学楼、女生公寓楼，投资1600万元的新桥小学教学楼，投资500多万元的新桥中小学管网配套工程均完工并投入使用。总投资3500万元的新桥中学二期、西蒋小学改薄项目完成勘探设计。新西外环和鲁南高铁两项重点任务完成征收，累计完成征收面积6.09万平方米。全镇累计完成居民楼建设面积7.1万平方米。

【综合治理】 社会治安综合治理不断加强，投资320多万元建设“雪亮工程”，完善“天网工程”，对重点村、路段增设监控设施，全镇监控设施达1300多路，实现区、镇、村三级视频联网。完善镇村治安防范体系，落实“村级巡防”制度，组建302人的巡防队伍，2个派出所聘用警务助理87名，增加村级夜间站岗巡逻频次。

撰稿：鲁士朋

审稿：张灿彪

先进集体·先进人物

先进集体

【全国性系统表彰的先进集体】

集体名称	荣誉称号	授予机关（部门）
兰山区	2013–2016 年度全国群众体育先进单位	国家体育总局
	国家慢性病综合防控示范区	国家卫计委办公厅
区广播电视台新闻中心	20115–2016 年全国青年文明号	团中央
兰山街道	全国文明单位	中央文明委
区法院	全国优秀法院	最高人民法院
	全国法院案件繁简分流机制改革示范法院	
	青少年普法教育先进单位	国家关工委
区法院信息中心	全国法院信息化工作先进单位	最高人民法院
区司法局	第三届“关爱明天、普法先行”青少年普法教育活动优秀组织奖	国家关工委、司法部、综治办
	全国模范人民调解委员会	司法部

注：资料由各单位提供

【省级和省系统表彰的先进集体】

单位名称	荣誉称号	授予机关（部门）
兰山区	全省社会治安综合治理先进区	省委、省政府
	山东省食品安全先进区	省食品安全委员会
	2016–2017 年度全省“平安农机”示范县（区）	省农机局、省安监局
	全省体育彩票工作特殊贡献奖	省体育局
	山东省卫生计生综合监督示范区	省卫计委
兰山区	山东省健康促进示范区	省卫计委
区政府办公室	全省档案工作先进集体	省档案局
区文化执法局	全省文化市场执法办案先进单位	省文化厅
兰山公安消防大队	全省公安消防部队 2017 年度标兵大队	省公安消防总队
兰山公安消防大队陶然路中队	全省公安消防部队 2017 年度标兵中队	省公安消防总队

续表

单位名称	荣誉称号	授予机关（部门）
团区委	助力县域科学发展工程示范县团委	团省委
区食药监局	省级文明单位	省文明委
交警直属一大队	省级文明单位	省文明委
交警直属一大队特勤中队	青年文明号	团省委、省公安厅
区史志办	全省档案工作科学化管理先进单位	省档案局
区法院办公室	全省档案工作科学化管理示范单位	省档案局
区法院民事审判第一庭	省老年人公益维权服务示范站	省老龄委、高院、检察院、公安厅、民政厅、司法厅
区扶贫办	全省档案工作科学化管理先进单位	省档案局
区委组织部	全省组工通讯信息工作先进集体	省委组织部
	2017 年度全省档案管理科学化示范单位	省档案局
金雀山街道	2016 年度全省安全生产工作先进街道	省安委会
	全省关心下一代工作先进集体	省关工委、省文明办
	全省社会科学普及示范乡镇（街道）	省社科联
	幸福进家活动先进单位	省妇联
区烟草专卖局	省级文明单位	省文明委
区地税分局义堂中心税务所	省级卫生先进单位	省爱卫办
区广播电视台	全省电视宣传先进集体一等奖	山东广播电视台
	全省广播新闻宣传先进集体奖	
	临沂电视新闻宣传先进集体一等奖	
市区国税局半程分局	省级文明单位	省文明委
市区国税局办税服务厅	省国税系统优秀办税服务厅	省国税局
	山东省五四红旗团支部	团省委
区委统战部	全省统战宣传工作先进单位	省委统战部
区信访局	全省档案工作科学化管理先进单位	省档案局
区人社局	2016年全省人力资源和社会保障宣传工作先进单位	省人社厅
区委党校	省级文明单位	省文明委
区住建局	省级文明单位	省文明委
区卫计局	山东省卫生计生系统先进集体	省人社厅、卫计委、公务员局、中医药管理局
	全省档案工作科学化管理先进集体	省档案局
区红十字会	造血干细胞捐献工作先进集体	省红十字会
	2017 年度信息化工作先进单位	
方城中心卫生院	山东省中医药文化建设示范单位	省卫计委、省中医药管理局

续表

单位名称	荣誉称号	授予机关（部门）
区市场监管局	全省“幸福进家活动”先进集体	省妇联
区档案局	宣传工作先进单位	省档案局

注：资料由各单位提供

【市级先进集体】

单位名称	荣誉称号	授予机关（部门）
兰山区	2016年度党建工作先进县区一等奖	市委、市政府
	2017年度沂蒙党建一等奖	
区政府办公室	全市第三批第一书记工作先进集体	市委、市政府
区水务局	市级文明单位	市委、市政府
区农业局	市级文明单位	市委、市政府
金雀山街道	2016年度科学发展观综合考核先进乡镇二等奖	市委、市政府
	2016年度全市信访工作“三无”乡镇（街道）	
	全市妇女儿童工作先进集体	
	全市关心下一代委员会先进集体	
交警直属一大队	2017年度平安临沂建设先进单位	市委、市政府
	“四德工程”创建先进单位	
区委政法委	2016年度人民满意政法单位	市委、市政府
区司法局	2016年度平安临沂建设先进单位	市委、市政府
区档案局	市级文明单位	市委、市政府

注：资料由各单位提供

先进人物

【“富民兴鲁”劳动奖章获得者】

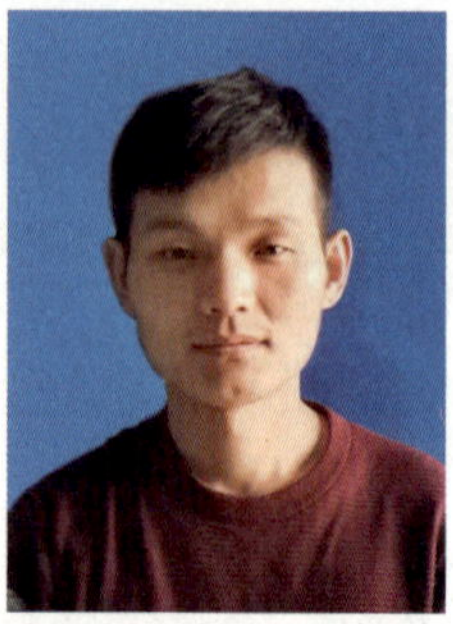

张克庆 男，汉族，山东临沂人，专科学历。1986年12月出生，2009年9月参加工作。临沂新程金锣肉制品集团有限公司班长。

炼制动物油脂后产生的废水，因含有油渍无法进行污水处理，排入污水存放池后经自然发酵，产生恶臭，污水池周边草木枯死，工厂附近恶臭扑鼻，影响住厂职工生活，阻碍公司生产。为了解决以上难题，张克庆发扬勤勉而且顽强的钻研精神，进行了动物蛋白提取实验，从最初使用铁锅熬制，到后来奔赴上海、江苏等地定制设备，实施批量化生产实验，两年间进行了上百次实验。在此期间，因废水恶臭残留在衣服及皮肤上，难以去除，张克庆常常遭家人嫌弃，连刚咿呀学语的儿子都叫他“臭爸爸”；身边同事更是不理解，认为从废水中提取动物蛋白是痴人说梦。功夫不负有心人，张克庆经过两年上百次实验，终于攻坚克难，发明了“炼油废水动物蛋白提取技术”，成功从炼油废水中提取动物蛋白，解决了污水处理难题，节约废水处理费、转运费275.05万元/年，创造经济效益525万元/年。此项技术，为员工提供了良好的工作生活环境，为公司及社会解决了环保难题，创造了经济效益。

2016年，张克庆获得临沂市“十大金牌工人”称号，同时被授予“振兴沂蒙劳动奖章”。

2017年5月，张克庆被省总工会授予“富民兴鲁”劳动奖章。

注：资料由区总工会提供

【“振兴沂蒙”劳动奖章获得者名录】

姓名	性别	政治面貌	工作单位及职务（职称）
伊西光	男	中共党员	金锣文瑞食品有限公司车间主任
宋运生	男		临沂市金立机械有限公司车间主任
王瑞杰	男		山东华源锅炉有限公司电焊工、市高级技师
李　栋	男	预备党员	山东兰田投资控股有限公司家电厨卫城办公室主任
杜振翠	女		临沂第二实验小学教师
褚延禄	男	中共党员	兰山公安分局桃花涧派出所所长
刘　军	男	中共党员	区地税分局中心所副所长
王　丽	女	中共党员	区人民法院审判员
贾艳达	男	九三学社社员	华鑫证券有限责任公司临沂分公司总经理
冯咏梅	女	中共党员	临沂华丰市场发展有限公司鞋帽市场分公司经理

注：资料由区总工会提供

【全国性系统表彰的先进人物名录】

姓名	性别	政治面貌	工作单位及职务（含专业技术职称）	所获荣誉称号	授奖单位
姜　伟	女	中共党员	交警直属二大队科长	第三届“关爱明天、普法先行”青少年普法教育活动先进个人	国家关工委、司法部、综治办
马学勤	男	中共党员	区法院办公室副主任	荣誉天平奖章	最高人民法院
葛沂红	女	中共党员	区法院法官	荣誉天平奖章	最高人民法院
邹新华	女	中共党员	区法院副庭长	荣誉天平奖章	最高人民法院
王　丽	女	中共党员	区法院法官	全国法院办案标兵	最高人民法院
王　胜	男	中共党员	区法院党组书记、院长	青少年普法教育先进个人	国家关工委、司法部、综治办
苏雅楠	女	团员	区法院法官	青少年普法教育先进个人	国家关工委、司法部、综治办
李宝磊	女	中共党员	兰山农商银行白沙埠支行会计主管	全国金融“五一劳动奖章”	中国金融工会全国委员会
周树欣	男	民建会员	区司法局副局长、普法办主任	第三届“关爱明天、普法先行”青少年普法教育活动先进个人	国家关工委、司法部、综治办
房振强	男	中共党员	区普法办副主任	第三届“关爱明天、普法先行”青少年普法教育活动先进个人	国家关工委、司法部、综治办
魏秋华	女	中共党员	区司法局宣传科副科长	第三届“关爱明天、普法先行”青少年普法教育活动先进个人	国家关工委、司法部、综治办
宋金贵	男	民建会员	区政府教育督导室科长	2017 年普法教育先进个人	国家关工委、司法部、综治办
凌思法	男	民建会员	福达木业有限公司总经理	2017 年度知名品牌人物	中华全国工商联
王淑清	女	民进会员	区教体局学前办主任	民进坚持和发展中国特色社会主义学习实践活动先进个人	民进中央
赵荣良	男	民进会员	山东云朵现代农业发展有限公司总经理	第十届全国农村青年致富带头人	团中央、农业部

注：资料由区总工会提供

【省级和省系统表彰的先进人物名录】

姓名	性别	政治面貌	工作单位及职务（含专业技术职称）	所获荣誉称号	授奖单位
崔学敏	男		区安监局监察大队大队长	2017 年全省安全生产工作先进个人	省政府
王　丽	女	中共党员	区法院法官	全省优秀法官	省高院
				山东青年五四奖章	团省委、省青联
王建军	男	预备党员	区法院法官	“百日执行攻坚专项行动”办案能手	省高院
苏雅楠	女	团员	区法院法官	山东“青年之声”法律服务联盟优秀专家	团省委
				全省维护青少年权益先进个人	团省委、省高院、省检察院、教育厅、公安厅等
张　磊	男	中共党员	区广播电视台采访部主任	山东电视台宣传优秀通讯员一等奖	山东电视台

续表

姓名	性别	政治面貌	工作单位及职务（含专业技术职称）	所获荣誉称号	授奖单位
王超群	男	中共党员	区广播电视台采访部副主任	山东电视台宣传优秀通讯员一等奖	山东电视台
王　峰	男	中共党员	市国税局半程分局副局长（主持工作）	全省国税系统岗位能手	省国税局
王春洋	男	中共党员	兰山农商银行调查中心办事员	山东省金融机构征信业务竞赛三等奖	人民银行济南分行
王国正	男	中共党员	兰山农商银行调查中心总经理	贷款调查优秀报告评比企业类三等奖	省农村信用联社
范丙磊	男	中共党员	兰山农商银行调查中心办事员	贷款调查优秀报告评比企业类一等奖	省农村信用联社
赵　琦	女	中共党员	兰山农商银行调查中心副总经理	贷款调查优秀报告评比个人类一等奖	省农村信用联社
韩瑞东	男	中共党员	兰山农商银行东方红分理处负责人	山东省财贸金融系统五一劳动奖章	省财金委
李宝磊	女	中共党员	兰山农商银行白沙埠支行会计主管	全省农村商业银行“十大杰出青年”	省农村信用联社
尹晓燕	女	中共党员	兰山农商银行义堂支行柜员	山东省农商银行第六届业务技能比赛新员工个人全能第四名	省农村信用联社
栗　鹏	男	中共党员	兰山农商银行信贷调查中心办事员	贷款调查优秀报告评比个人类一等奖	省农村信用联社
唐　鑫	女	中共党员	区党校讲师	全省党校系统 2017 年度优秀教师	省委党校
张学凯	男	致公党党员	山东三禾律师事务所主任	论文评比优秀奖	省司法厅
陈沈阳	男	中共党员	区统计局办公室主任	省级统计系统先进个人并记个人二等功	省人社厅、统计局、公务员局
戚瑞浩	男	中共党员	区统计局副科长	省级统计系统先进个人	省统计局
				2016 年山东省 1% 人口抽样调查先进个人	省 1% 人口抽样调查工作协调小组办公室
王淑清	女	民进会员	区教体局学前办主任	参政议政先进个人	民进省委
刘　建	男	民进会员	区社保办科长	省社会保险基金财务报表先进个人	省社保局
刘广学	男		区体育办体彩专职副主任	2017 年度山东省体育彩票考核先进个人	省体育局
傅华奎	男	中共党员	区红十字会办公室主任	全省造血干细胞捐献工作先进个人	省红十字会
张开银	男	中共党员	区档案局副局长	宣传工作先进个人	省档案局

注：资料由区总工会提供

【市级先进人物名录】

姓名	性别	政治面貌	工作单位及职务（含专业技术职称）	所获荣誉称号	授奖单位
程凡伟	男	中共党员	交警直属三大队科长	全市“十佳政法干警”	市委、市政府
许卫东	男	中共党员	交警直属三大队中队长	平安临沂建设先进个人	市委、市政府
朱　祥	男	中共党员	区委政法委办公室科员	临沂市中共十九大安保维稳工作先进个人	市委、市政府
孙政伟	男	中共党员	交警直属二大队科员	2017 年度平安临沂建设先进个人	市委、市政府

续表

姓名	性别	政治面貌	工作单位及职务（含专业技术职称）	所获荣誉称号	授奖单位
张焕龙	男	中共党员	交警直属二大队科员	市直青年文明工作者	市委、市政府
许伟伟	女	中共党员	区安监局科长	2017年度全市安全生产工作先进个人	市政府
陈　涛	男	中共党员	区安监局监察大队中队长	2017年度全市安全生产工作先进个人	市政府
尤小龙	男	中共党员	区法院科员	临沂市中共十九大安保维稳工作先进个人	市委、市政府
林凡杰	男	中共党员	区行政学校副校长	全市普法、依法治理工作先进个人	市委、市政府
张萌苗	女	民建会员	区教体局教研员	教学成果一等奖	市政府

注：资料由区总工会提供

附　录

表彰决定

中共兰山区委兰山区人民政府关于表彰二〇一七年度工作先进集体和先进个人的决定

（2018 年 1 月 1 日）

2017 年，全区各级各部门在区委、区政府的坚强领导下，深入学习贯彻中共十九大精神，着力推进“两学一做”学习教育常态化制度化，紧紧围绕“建设大美新临沂政治经济文化中心功能区、鲁南苏北经济发展龙头区、全国革命老区率先发展标志区，打造商贸物流名城、历史文化名城”这一目标定位，全力推进现代产业提升年、新型城镇化建设年、商城国际化推进年活动，加快创新驱动，推动转调攻坚，统筹城乡发展，深化改革开放，全面从严治党，转作风、提效能，保稳定、惠民生，全域发展、一马当先，涌现出一大批先进集体和先进个人。

为发扬成绩，弘扬先进，振奋精神，乘势而上，开创兰山发展新局面，区委、区政府决定，分别授予义堂镇、金雀山街道、半程镇、兰山街道、经开区、汪沟镇“综合工作一、二、三等奖”，给义堂镇、金雀山街道记集体三等功，给许步忠、刘振超、田宗春、韩殿永 4 人记个人三等功；授予金雀山街道、白沙埠镇、汪沟镇“全区综合考核争先进位一等奖”，并记集体三等功，授予义堂镇、兰山街道“全区综合考核争先进位二等奖”；授予区住建局等 38 个区直部门“先进单位”荣誉称号；授予程万里等 137 人“先进工作者”荣誉称号；授予王士岭等 100 人“先进生产者”荣誉称号；授予前园社区等 60 个村社区“先进村社区”荣誉称号；分别授予鲁南制药集团股份有限公司等 132 家企业“十佳工业企业”“十佳服务业企业”“十佳房地产开发企业”“优秀企业”“商城国际化十佳企业”“优秀科技创新企业”荣誉称号；对在基层党建、安全生产、工业经济、“三引一促”、服务业、城镇建设、城镇管理、环境保护、农业等 9 个单项工作中表现突出的金雀山街道等单位分别授予单项工作“先进单位”荣誉称号。

这些先进集体和先进个人，紧紧围绕全区经济社会发展大局，自我加压、拼搏进取，真抓实干、争创一流，取得了不平凡的业绩，为全区广大干部群众做出了表率、树立了榜样。全区各级各部门要认真学习他们扎实苦干、团结拼搏的工作作风；学习他们争先进位、跨越赶超的进取精神；学习他们任劳任怨、无私奉献的高尚情怀;学习他们勇于担当、全力履职的责任意识。同时，希望受表彰的先进集体和先进个人，以荣誉为鞭策，以成绩为动力，进一步发挥模范带头作用，开拓奋进，再创佳绩。

2018年是贯彻落实中共十九大精神的开局之年，是改革开放40周年，是决胜全面建成小康社会、实施“十三五”规划承上启下的关键一年。区委、区政府号召，全区各级各部门要以先进为榜样，全面贯彻中共十九大精神，以习近平新时代中国特色社会主义思想为指导，按照“走在前列”的目标定位，落实新理念、引领新常态，履职尽责敢担当、撸起袖子加油干，为奋力开创新时代大美新临沂建设的兰山新篇章而努力奋斗！

综合工作考核奖

一等奖：

义堂镇

二等奖：

金雀山街道　半程镇

三等奖：

兰山街道　兰山经济开发区汪沟镇

根据兰发〔2017〕2号文件规定，给考核第一、二名的单位记集体三等功，党政主要负责人记个人三等功；其他受奖的党政主要负责人评定为年度考核优秀等次。

综合考核争先进位奖

全区综合考核争先进位一等奖，并记集体三等功：

金雀山街道（全区上升4个位次）

白沙埠镇（全区上升4个位次）

汪沟镇（全区上升2个位次）

全区综合考核争先进位二等奖：

义堂镇（全区上升1个位次）

兰山街道（全区上升1个位次）

先进单位

区住建局　区人社局　区民政局　区财政局

区信访局　区卫计局　区综合执法局　区审计局

区电视台　区安监局　区教体局　区市场监管局

团区委　区发改局　区商务局　区统计局

区农业局　区食药监局　区经信局　区水务局

区工商联　区体育办　兰山公安分局

兰山消防大队

市区国税局　兰山地税分局　兰山交通分局

兰山国土分局

区公路局　交警一大队　交警二大队

交警三大队

兰山环保分局　兰山烟草专卖局　兰山规划分局

兰山供电部　商城工商分局　商城规划分局

根据兰发〔2017〕2号文件规定，年度工作先进单位的主要负责人为先进工作者。

先进工作者

程万里　赵德胜　焦秀荣　程明珣　姜开昌

毛士西　王金锋　刘广济　高　忠　管桂旭

韩　东　贾瑞德　赵　童　雷贵松　王　力

王思华　王金生　上官兰香　董　胜　魏云广

齐宝进　付常明　王行军　朱中石　焦安君

时秀坤　姜良府　冯连伟　刘艳君　张　国

张成虎　安佰忠　张洪群　王玉国　刘志文

何召华　陈焕海　石永强　王　新　杨新宇

高一华　温秀婷　李发富　孙明强　公绪安
刘军良　魏　斌　王永勋　张立千　朱　瑶
鲍顺礼　窦润泽　韩其宏　刘　涛　曹娇娇
蔡　欣　王磊伟　李　岩　王志新　李士荣
王云忠　张金平　袁　伟　田德霞　林祥栋
魏晓静　刘　跃　徐立志　梁红星　孟凡珍
张　琳　段瑞红　姜兆恒　王雪雷　褚洪美
王立云　刘海波　陈洪彬　赵浩然　高春生
张佩敬　马楠楠　傅明山　朱文杰　刘正兴
赵志祥　张庆全　夏继宝　赵　晴　孙　璐
胡金萍　李安琪　李　进　刘媛媛　宋全荃
王中华　梁振宁　姜修理　李葵香　范永胜
卢桂军　杜庆民　王　钰　李　立　范　佳
李开国　陈则亮　杜广伟　韩海英　邓　枫
石俊香　李延龙　陈沈阳　李少华　朱兴顺
孙东海　李相钦　姚东辉　胡永明　蒋　军
马堂亮　刘晓玲　贾　华　赵　慧　孙芙蓉
董　涛　魏元方　张丽萍　姜　涛　王欲晓
王思敏　李　波　董　艳　李　新　马成强
付春江　周中军

先进生产者

王士岭　周宝柱　王顺银　曹继廉　郁新闻
赵玉玺　孙宝殿　武兆辉　董　东　韩可来
侯　民　徐进东　于升亮　王西金　丁国强
张　龙　许　勇　孙宝华　刘新颜　赵建彬
张甲华　涂建岭　臧运海　李国传　王孝法
张荣禄　张　梅　阚光强　刘文平　毛会涛
张志友　刘连波　李　振　郭　婷　岳效才
田种法　赵　伟　王恩忠　魏广涛　杜甲财
张兴运　王配江　王其军　徐贵思　高元照
王永华　戴清营　刘海军　家　满　王德金
刘　浩　曹　震　田增国　高建义　李继强
张跃彬　徐善来　侯志山　徐士礼　许晓存
廉　翔　翟正海　宋凤林　杨西俊　魏同玉

姚　勇　魏连伟　刘仁运　林　娟　云　飞
陈建法　杨家政　郭建波　李　辉　王建业
孙怀杰　董玉霞　邓洪星　陈永健　李正祥
李志晓　马德鹏　王玉军　全传晓　张广杰
公维强　李杭宇　董瑞强　厉建金　郑伟娜
房贤栋　闻　岩　赵广义　任清官　苏海森
姜开振　刘沂娟　顾文峰　朱冠平　魏国永

先进村（社区）

前园社区　西关社区　水田社区　曹王庄社区
后园社区　砚台岭社区　书院社区　曹王平社区
南道村　东苗庄社区　五里堡社区　新华社区
南关社区　煤山社区　南坛社区　傅屯社区
焦庄社区　福源社区　夏家村　朱夏社区
柳青苑社区　陈城子村　小里庄村　白沙埠社区
尤新村社区　东朱阜村　邵双湖村　玉平社区
曹家屯村　谭家庄村　医院社区　俄庄社区
北曲坊社区　北褚家庄村　中大赫埠村　东哨村
东石沟村　沙汀社区　向阳河社区　仙子峪社区
云泊湖社区　李官社区　寨里村　前城子村
王朱里村　小葛庄村　前耿埠村　团埠屯村
韦巷村　大柳汪村　沙岭子村　小长夫村
杏花村　前店子村　邵家村　莲汪崖村
东朱汪村　朱岭庄村　后洞门河西村 洪沟崖村

十佳工业企业

鲁南制药集团股份有限公司
临沂新程金锣肉制品集团有限公司
山东焦化集团铸造焦有限公司
山东华星工程机械有限公司
临沂中裕燃气有限公司
山东新港企业集团有限公司
山东金象铝业有限公司
临沂市兰山区奥德燃气有限公司

国能临沂生物发电有限公司
山东省天河消防车辆装备有限公司

十佳服务业企业

临商银行股份有限公司
山东临沂兰山农村商业银行股份有限公司
山东临沂烟草有限公司兰山营销部
山东华苑企业集团有限公司
山东九州商业集团有限公司
绿地润东汽车销售公司
临沂电力实业公司
仁宏医药有限公司
山东远通汽车贸易集团有限公司
汇源企业集团

十佳房地产开发企业

天元建设集团有限公司
山东泰盛恒房地产有限公司
山东阜丰置业有限公司
临沂荣盛房地产开发有限公司
山东开元置业集团有限公司
临沂三阳置业集团有限公司
山东房源实业集团有限公司
山东省华强企业集团总公司
华润置地（临沂）有限公司
临沂鲁商地产有限公司

优秀企业

临沂宝德房地产开发有限公司
临沂永基置业有限公司
临沂杰夫置业有限公司
临沂城资新鸥鹏房地产开发有限公司
临沂凯恩置业有限公司
临沂鲁商金置业有限公司
临沂众盛置业发展有限公司
临沂恒金置业有限公司
山东登葆医药有限公司
临沂市城市资产经营开发有限公司
临沂长裕置业有限公司
临沂豪尔森置业发展有限公司
临沂华府置业有限公司
山东鲁班建设集团总公司
临沂市中星置业有限公司
临沂旭徽置业有限公司
山东泰美置业有限公司
山东泰鑫置业有限公司
山东临沂建设集团股份有限公司
山东临矿置业有限责任公司
临沂金铭置业有限公司
临沂城区开发建设有限公司
临沂银盛泰金升房地产有限公司
临沂市城投开元置业有限公司
山东威特置业有限公司
临沂广金置业有限公司
山东大陆企业集团有限公司
临沂金硕置业有限公司
临沂美地置业有限公司
临沂市政集团有限公司
临沂诚德房地产开发有限公司
临沂尚城置业有限公司
山东荣发房地产开发有限公司
临沂天泰置业有限公司
临沂银座商城有限公司
山东恒弘置业有限公司
临沂市林汇房地产开发有限公司
临沂居易置业有限公司和谐广场分公司
临沂汇通置业有限公司
山东中元置业有限公司
山东上古置业有限公司

山东颐高置业有限公司
临沂世纪信投置业有限公司
山东德居房地产开发有限公司
山东汇银集团
临沂太谷房地产开发有限公司
临沂博泰置业有限公司
山东开元华银置业有限公司
山东华前置业有限公司
山东三维油脂集团股份有限公司
临沂师苑房地产开发有限公司
山东冠蒙集团有限公司
山东金升有色集团有限公司
山东临沂水利工程总公司
临沂健国房地产开发有限公司
山东君道置业有限公司
山东天基置业集团有限公司
冠鲁房地产开发有限公司临沂分公司
临沂安金置业有限公司
中国石油天然气股份有限公司山东临沂销售分公司
临沂市鲁越房地产有限公司
山东百联房地产开发有限公司
临沂金佰利置业有限公司
山东翔龙实业集团有限公司
临沂湛园置业有限公司
临沂金信房地产开发有限公司
临沂汇金置业有限公司
临沂新筑置业有限公司
临沂东方新纪元置业有限公司
临沂市兴冠房地产开发有限公司
临沂慧润房地产开发有限公司
山东雷华房地产开发有限公司临沂分公司
临沂市水务集团有限公司
临沂长河国际置业有限公司
中铁十四局集团第四工程有限公司
临沂恒泰房地产开发有限公司
临沂旭洋置业有限公司
临沂市万城置业有限公司
山东新华置业有限公司
临沂交通运输投资集团有限公司
临沂市规划建筑设计研究院
山东元和建设有限公司
临沂鼎峰瑞柏置业有限公司

商城国际化十佳企业

临沂商城有限责任公司
中国（临沂）跨国采购中心有限公司
怡景丽家市场开发有限公司
山东兰田投资控股有限公司
临沂龙鸣国际贸易有限公司
临沂正大木业有限公司
临沂同富劳保用品有限公司
山东华丰企业集团总公司
山东兰华集团股份有限公司
山东顺和商贸集团

优秀科技创新企业

鲁南制药集团股份有限公司
临沂新明辉安全科技有限公司
山东绿爱糖果股份有限公司
山东现代诚信实业有限公司
山东珠峰车业有限公司
山东华临新能源设备有限公司
山东方圆建筑材料有限公司
山东长兴木业机械有限公司
临沂市福利水表配件厂
临沂亚翔水表有限公司

基层党建工作先进单位

金雀山街道　汪沟镇　兰山街道
柳青街道　李官镇　银雀山街道

安全生产工作先进单位

义堂镇　兰山街道　金雀山街道
半程镇　银雀山街道　汪沟镇

工业经济工作先进单位

义堂镇　半程镇　兰山经济开发区
白沙埠镇　枣园镇　银雀山街道

先进单位

半程镇　义堂镇　兰山街道
柳青街道　白沙埠镇　枣园镇

服务业工作先进单位

金雀山街道　柳青街道　义堂镇
兰山经济开发区　白沙埠镇　枣园镇

城镇建设工作先进单位

金雀山街道　义堂镇　白沙埠镇
兰山街道　柳青街道　枣园镇

城镇管理工作先进单位

金雀山街道　兰山街道　汪沟镇
半程镇　义堂镇　兰山经济开发区

环境保护工作先进单位

李官镇　枣园镇　半程镇
汪沟镇　白沙埠镇　兰山经济开发区

农业工作先进单位

李官镇　半程镇　兰山经济开发区
汪沟镇　方城镇　白沙埠镇

调研报告

关于全区教育工作情况的调研报告

区人大常委会专题调研组

为全面了解全区教育工作情况，根据区人大常委会年度工作安排，2017 年 9 月 20 日，区人大常委会副主任徐金民带领教科文卫委主任委员、委员及有关委室人员，对全区教育工作情况进行调研。调研组先后到如意小学、十中武汉路校区、二小南京路校区等地进行实地查看，听取工作汇报，并进行座谈讨论。现将调研情况报告如下：

一、基本情况

全区现有各级各类中小学 159 所（不含市直），其中，公办小学 117 所、初中 26 所、高级中学 4 所、区职业中专 1 所、教师进修学校 1 所、中小学生综合实践基地 1 处，民办中小学 9 所（其中设高中部的 3 处、设初中部的 3 处、民办小学 6 处）；在校学生 259007 人，其中小学生 187812 人、初中生 56922 人、普高学生 10834 人、职高学生 3439 人。全区中小学校现有在岗教职工 10748 人。各级各类幼儿园 748 所（不含市直），幼儿园教师 8230 人，在园幼儿约 10 万人。现有省级规范化学校 24 处，市级规范化学校 73 处。

近年来，区政府及其职能部门高度重视教育事业发展，以巩固和提升全省教育示范区、全国义务教育发展基本均衡县（市、区）为目标，以“强质量、抓均衡、守底线、保平安”为主题，坚持教育优先发展战略，不断强化组织领导，加大教育投入，创新教育发展举措，切实改善办学条件，努力提高教育质量，全区教育事业呈现出蓬勃发展的态势。

（一）组织领导进一步加强，制度责任得到落实。区政府坚持把教育事业作为经济社会发展总体规划的重点，作为重要民生工程，将教育工作列为考核的重要内容，强化检查督导，提高各级抓好教育工作的积极性。每年召开专题会议研究教育发展工作，教育各项规章制度得到全面落实。同时建立区级领导联系学校和定期走访制度，及时协调解决学校发展中存在的问题。坚持把教育年度重点工作列入区政府督查任务，定期开展专项督导检查，对存在的问题及时进行整改提升，并向社会公布督导结果，接受社会和家长监督，促进教育健康有序发展。

（二）教育投入逐年加大，办学条件明显改善。加大公共财政对教育的投入，有力地改变过去农村学校太差、城区学校太挤的现状，办学条件得到较大改善。2016 年，全区公共财政预算安排的教育经费达 18.7 亿元。全部免除城乡义务教育阶段学生杂费，为农村义务教育阶段学生和城市低保家庭学生免费提供教科书，各项学生资助政策均得到很好落实。义务教育学校公用经费农村小学每生每年 810 元，农村初中每生每年 1010 元。上半年学前教育助学金 304 万元、高中助学金 110.6 万元，现已拨付到位。加强对城市教育费附加和地方教育费附加的征收、管理和使用，确保专款专用。全区解决城镇普通中小学大班额总体规划校建项目 38 个。其中，2016 年的 13 个项目已完工 11 个，在建 2 个；2017 年的 25 个项目已竣工 2 个，开工 18 个，其余 5 个将于 10 月中旬开工。扎实推进枣园镇集西小学的农村义务教育薄弱学校改造项目，主体工程已完成，明年将投入使用。同时，全面推进教育信息化建设。2016 年，完成全区录播教室项目建设招标，投资 1800 万元在区直学校、镇街中学、中心小学新建录播教室 64 间、视频会议点 70 个，为全区教育健康快速均衡发展提供有力保障。

（三）教师队伍结构优化，教师素质全面提高。近年来，区政府及其职能部门非常重视全区中小学的均衡发展，大力加强教师队伍建设，全面提高教师素质。一是加强校长队伍建设。在充分调研和考察论证的基础上，严把政策标准，严明工作纪律，严格组织程序，进一步推进校长职级制改革。目前，完成全区校长、副校长调整交流和提拔任用 100 人。二是加强教师配备。2017 年，新招聘中小学教师 298 人，均已到岗到位。全面推行学校干部任课制，积极开展“城乡对口帮扶”“支教、走教、学教”等相关活动，推行“集中居住、分散教学”的办学模式，形成了教学、管理、师资、资助等全方位结对帮扶体系。三是全面提高教师素质。建立健全师德建设长效机制，通过广泛开展“求真务实、为人师表”主题教育实践活动，举办师德巡回报告会等教育活动，激励和引导广大教师向模范教师学习，促进教师师德水平提高。加强岗位职责考核，促进工作作风转变。

（四）各类教育协调发展，管理水平不断提升。通过联合检查验收、限期整改等措施，着力规范学前教育发展，促进办园水平的提高。2016 年，计划实施标准化幼儿园 8 个建设项目，新增班级 77 个，新增学位 2300 个，新增校舍建筑面积 2.2 万平方米，已全部建成完工。义务教育实施水平稳步提高，通过调查摸底、划片疏导、尽力挖潜等措施，2017 年，顺利完成小学一年级招生 35665 人，初中一年级招生 22278 人；高中一年级招生 3510 人。进一步落实校园安全属地管理责任，健全完善校舍管理、食堂管理、学生宿舍管理等各项校内安全管理制度和安全应急机制，及时消除隐患，杜绝事故发生。今年上半年，联合建设、消防、公安等部门对辖区内的中小学幼儿园分 7 组进行拉网式排查，下发整改通知书 168 份；联合交警对辖区内的 103 辆校车进行专项检查，下发整改通知书 36 份。目前，校园周边 200 米内网吧及其他娱乐场所全部进行清理，对有问题的接送学生车辆予以查封，校园周边违章建筑予以拆除，保证师生安全、校园稳定。

二、存在的问题

（一）教育资源配置不足，公办幼儿园偏少，高中入学率低，学校超大班额问题依然突出。兰山区现有公办幼儿园 93 所，占比 12.4%。2017 年兰山区普通高中入学率仅为 45%。虽然区政府和教育主管部门不断促进教育资源的统筹安排和均衡配置，但由于外来入学人口剧增、城区学校布局不均衡、城区土地紧张与学生平均用地标准之间存在矛盾，导致大班额问题难以解决，给学校管理、校园安全、教育教学质量及教师负担等带来巨大挑战。在今后几年，大班额问题压力还将由小学向初中、高中逐级传导。

（二）师资短缺问题突出，教师队伍建设有待加强。近年来，兰山区义务教育阶段中小学每年净增学生 2 万人左右，且呈现逐年递增趋势，师资缺口越来越大。目前，全区共缺在编教师 3400 人。教师职业道德水平有待进一步提高，个别代课教师由于入职时间短、经验少、待遇低，归属感差，导致思想不稳定，影响教育和教学质量。有的学校还存在学科结构、教师年龄结构、性别比等方面不合理的现象。

（三）教育投入还需要继续加大。近年来各级政府不断加大义务教育经费保障力度，但教育经费供给与需求之间的矛盾依旧存在。经测算，全区解决

城区普通中小学大班额问题约需资金13.9亿元，需要融资10.9亿元，截至目前到位资金仅为4.6亿元，缺口为6.3亿元，需要进一步加大融资力度，加快推进解决大班额问题校建项目建设。

三、几点建议

（一）加强宣传引导，进一步形成全社会关心、理解、重视、支持教育的浓厚氛围。继续加大对党的教育方针政策和《义务教育法》等法律法规的宣传，进一步明确政府、学校、家庭和社会的法律责任。加强对教育优先发展战略和当前教育热点、难点问题的宣传引导，把握正确的舆论导向，积极倡导党以重教为先、政以兴教为本、民以支教为荣，形成教育优先发展的浓厚氛围。认真贯彻《教育规划纲要》和各级教育工作会议精神，切实把优先发展教育的各项要求落到实处。

（二）加大教育投入，进一步增强教育发展后劲。要进一步强化各级政府的办学责任，建立健全教育经费保障和稳定增长机制。要严格落实法定增长要求，切实提高财政教育支出占公共财政支出的比重，拓宽教育经费筹措渠道，多方增加财政性教育经费。财政支出要始终向教育倾斜，财政预算优先安排教育，经费拨付先考虑教育。教育、城建、国土等有关部门和各镇街要开辟“绿色通道”，大力支持教育发展。要依法加大对义务教育经费的管理与监督，提高其使用水平和效率。要改变公办教育包揽的观念，制定合理的政策，吸引社会资本进入教育领域。

（三）加大协调力度，统筹配置全区教育资源。要立足实际，着眼长远，科学规划，形成合理的学点布局，避免资源浪费，逐步解决入学难、入托难的问题。积极学习借鉴外省市的经验做法，探讨改进义务教育招生政策，尽快实施招生入学积分办法，从招生入口上遏制大班额产生的根源。统筹配置教师资源，完善农村学校教师向城区学校流动的条件和程序，探索师资补充新渠道。尽快出台教师聘用新政策，在不增加教师正式编制的前提下，细化配套政策措施，稳步推进临时聘用教师与在编教师同工同酬改革，补充和优化教师队伍，进一步提高教育教学质量和人民群众对教育的满意度。

（四）加强教师队伍建设，进一步提高教师整体素质。要全面推进教育综合改革，进一步推动校长职级制改革步伐，合理调整教师结构，科学合理设置教师岗位，按照相关规定，足额配足配强师资力量，为促进城乡教育均衡协调发展服务。要进一步健全教师激励机制，千方百计调动全体教师积极性。要继续推进新课堂改革和教师素质提高工程，完善教育教学评价体系，坚持教培结合，进一步提高教师的教学水平和实践能力。要加强师德师风建设，引导教师树立正确的教育观、价值观和人生观。要依法保障教师的合法权益，稳定教师队伍，继续做好对长期坚持在农村任教教师的政策执行和鼓励工作。

（五）高度重视校园安全，抓好平安校园的创建。从机制、管理、安保等方面都要跟上，严格落实责任制，防止校园安全事故的发生。加强对学生人身安全、饮食卫生等方面的教育，提高学生的安全意识和自我保护能力。要明确校车安全管理责任主体，建立校车接送学生动态工作台账，坚决取缔黑校车，消除校车安全隐患。各有关部门要建立综合协调机制，加大校园周边环境整治力度，建立长效机制，保障师生安全，维护学校正常教育教学秩序。

关于加强制度建设 助推追赶超越的实践与探索

区人大常委会研究室专题调研组

加强区县人大常委会制度建设，是坚持和完善人民代表大会制度的重要内容，也是保障区县人大常委会工作依法有序开展的基础性工作。区县人大常委会要围绕大局，着眼追赶超越定位推进人大工作，就一定要着力加强制度建设，以此保障人大常委会充分行使职权，进一步促进人大常委会工作制度化、法制化、规范化，不断开创人大工作新局面。

一、兰山区人大常委会制度建设的实践

近年来，区人大常委会根据《宪法》《组织法》《代表法》《监督法》等法律法规，围绕大局，突出重点，有序推进常委会制度建设，先后制定完善有关依法履职、代表工作、自身建设等30多项制度，基本形成一套内容较为全面的制度框架体系，有力地推进人大工作的规范化和程序化建设，为区人大常委会工作的全面开展提供有力支持。

（一）围绕依法科学行使“三权”，加强制度建设。一是规范监督工作机制，切实增强监督实效。《监督法》实施后，常委会及时制定《临沂市兰山区人大常委会关于依法行使监督权的规定》，注重用制度保障监督法的贯彻实施。同时在深入调研、充分论证的基础上，制定年度监督工作计划制定流程、执法检查工作流程、听取和审议专项工作报告工作流程、监督财政决算、国民经济和社会发展计划及预算执行情况工作流程等4项制度。同时对区人大常委会在工作中行之有效的“审议意见书制度”“二审制”等方法做进一步规范，有效促进“一府两院”依法行政、公正司法，增强了人大监督工作的实效性。二是规范重大事项决定，努力促进科学决策。围绕全区工作实际，认真贯彻落实中共中央办公厅《关于健全人大讨论决定重大事项制度、各级政府重大决策出台前向本级人大报告的实施意见》（中办发〔2017〕10号文），结合省市人大有关规定，制定区人大常委会讨论决定重大事项实施办法，从制度层面为决定权的更好行使奠定扎实基础、为决议决定的更好落实提供了有效保障。近几年来，我们严格做出一系列重大事项决定，如审查批准每年计划及财政有关报告，审议批准区政府融资报告，审议通过省级文明生态区规划等。三是规范人事任免事项，健全任免监督制度。坚持党管干部与依法任免干部相统一的原则，制定常委会国家机关工作人员任免办法，对保障常委会依法有效行使人事任免权发挥了重要作用。区人大常委会规范任免范围、任前审查、法律考试、提名单位到会说明情况、拟任职表态发言、委员审议、民主表决、颁发任命书、宪法宣誓、任免公布等环节。在工作中，还探索规定座谈征求意见、现场评议、督促改进、整改回复等程序，据此开展“一府两院”工作人员述职工作，进一步提高被任命人员的人大意识、履职意识和服务意识。

（二）围绕创新代表工作机制，加强制度建设。一是创建密切联系群众工作机制。为进一步密切联系群众，转变工作作风，创建以区人大常委会定期接待代表制度、区人大常委会组成人员联系人大代

表办法、区人大代表定期接待选民制度、人大代表联系选民办法、人大代表“六进六访、四带四联”等制度为主的“两联系、三接待”机制，还制定区人大常委会关于市区人大代表向原选举单位或原选区选民述职办法，保证代表工作的规范运行，促进了代表主体作用的发挥。二是创立代表建议督办新机制。制定《临沂市兰山区人大常委会关于代表建议、批评和意见办理的规定》，将代表接待选民反映问题纳入建议范围并随时交办，通过区人大常委会班子成员领衔督办、人大委室对口督办、镇街人大延伸督办等方式，对建议办理全过程进行督促指导。年底召开代表建议办理“面对面”座谈会，对办理情况进行满意度“票决”，评选办理先进单位和优秀建议并进行表彰，代表建议办理质量进一步提高。三是建立完善代表工作站室制度规范。我们在全区代表工作室标准化建设中，逐步建立完善规范，着力抓好“五簿十制度”建设。“五簿”即：建立代表学习登记簿、代表接待群众登记簿、代表建议意见登记簿、代表为群众办实事登记簿、代表集中履职活动登记簿。“十制度”即：《代表工作室活动制度》《人大代表联系选民制度》《人大代表接待日制度》《人大代表学习培训制度》《人大代表视察制度》《人大代表调研制度》《人大代表议政督政制度》《人大代表向选民述职制度》《代表工作室信息公开制度》《代表工作室档案管理制度》。通过建立完善制度规范，有力促进代表工作室建设从无到有、从有到优、不断深化，达到每个街道和每个代表小组均有一个标准化代表工作室的目标，使代表工作室成为街道人大工委的活动阵地、代表小组的活动阵地、人大代表的履职阵地，为闭会期间代表履职搭建了良好平台。

（三）围绕规范常委会机关运转机制，加强制度建设。一是完善议事规则。根据法律法规的有关规定，我们先后制定了区人大常委会议事规则、区人大常委会组成人员守则、区人大常委会主任会议制度。在《议事规则》中，我们扩大列席人员的范围，明确人大代表和公民可以列席常委会，这对于拓宽收集各方面意见和建议，增加人大监督工作的透明度都有着重要意义。二是健全狠抓纪律作风机制。为加强区人大常委会作风建设，我们制定常委会组成人员参加重大活动和会议请假制度，要求常委会组成人员和列席人员不能参会的，一律都要进行书面请假并经常委会主要领导批准，不能随意缺席或者代会，这项制度对严肃会议纪律、端正会风，起到了积极的促进作用。三是建立健全联系沟通机制。制定区人大常委会工作机构与对口单位工作联系办法、区人大常委会关于公检法司机关重大案件事件报告备案制度的规定，切实加强了常委会与“一府两院”相关部门的沟通和联系。着眼于加强对镇街道人大规范化建设，制定了关于加强镇街道人大规范化建设的意见，结合镇街道人大列入全区科学发展综合考核范围，制定人大工作考核办法，有力夯实了基层人大推进民主政治建设的基础。

二、关于加强制度建设的一些体会

回顾这些年来在加强常委会制度建设上所做的工作，我们主要有以下几点体会：

（一）提高认识是基础。在工作实践中，我们充分认识到加强制度建设，对于推进社会主义政治文明建设的重要作用。人大及其常委会要坚持党的领导，通过建立健全各项制度，完善制度运行机制，把党的主张通过法定程序上升为国家意志，成为规范国家机关的行为准则和广大人民群众的自觉行动，从而为贯彻依法治国方略，促进“一府两院”依法行政、公正司法，保障人民群众通过合法、有效的途径参与管理国家事务，真正享有广泛的民主权利创造坚实的制度基础。

（二）领导重视是关键。区人大常委会历来重视制度建设工作，在每年的常委会工作要点中，都把制度建设列为当年的一项重要工作加以推进，并明确当年需要制定、修订的制度，保证常委会制度建设的稳步推进。本届以来，常委会领导更是把加强和完善制度建设作为提高常委会依法履职质量、提升机关工作水平的重要抓手，切实加强对制度建设工作的领导和指导，每项制度的出台都经过机关中层领导班子讨论通过、主任会议研究通过、常委会议审议通过，层层把关，努力使人大及其常委会的工作有新突破、新发展、新提高。

（三）注重成效是根本。我们通过加强制度建设，在工作中取得比较明显的成效。一是通过建立和完善制度，为常委会依法履职提供制度保障，各项工作的开展基本上做到有章可循，有力推动人大工作的规范化运作；二是通过建立和完善制度，对监督“一府两院”开展工作的各个环节都作了规定，加大了监督力度，督促“一府两院”自觉接受监督，自觉改进工作，提高了常委会的监督工作实效；三是通过建立和完善制度，将人大工作的运行纳入制度化、规范化、程序化轨道，保持了人大工作的连续性和前后工作的统一性，提高了人大工作的严肃性和权威性。同时，对照追赶超越的工作标准，我们在人大制度建设上还存在一些薄弱环节。主要体现在：一是有的工作还缺少运行规范，如常委会讨论决定重大事项的范围尚待厘清，加强对政府全口径预算监督的力度不够，代表闭会期间的监督方式还很单一，落后于实际。二是有的制度可操作性还不够，过于原则，遇到具体问题时，操作起来比较困难。三是镇街道人大规范性工作标准化程度不高。

三、进一步加强制度建设助推追赶超越的探索

在当前大力追赶超越的新形势下，对做好人大工作提出了新的更高的要求，需要我们在不断实践中加大创新和探索力度，进一步制定和完善适应形势发展、操作性强、行之有效的制度，推动人大各项工作顺利开展。

（一）坚持“三个创新”，努力适应人大工作的新形势和新要求。一是要坚持思路创新，在法律框架内，运用新思路、新理念解决人大工作中实际问题和薄弱环节。二是要坚持内容创新，围绕全区大局和重点工作，围绕社会普遍关注的问题，围绕代表和群众关心的热点和难点，不断创新工作内容，健全工作制度。三是要坚持方式创新，要以提高工作实效为目标，积极探索有效的监督方式。

（二）把好“三道关口”，保证制定修订制度时的科学性、民主性和可操作性。一是把好调查研究关。针对制度建设中存在的薄弱环节，通过视察、座谈等方式全面了解存在的问题，掌握第一手情况，加大同外地区人大的沟通和交流，学习借鉴好的制度和做法，通过调查研究，结合我区实际情况，为制定修订相关制度提供参考。二是把好切合实际关。在制定修订制度过程中必须切合实际，坚持宜细不宜粗、唯实不唯虚，避免出现号召性、口号性的条款，使制度变得实在、管用。三是把好征求意见关。在制度建设过程中，要广泛听取各方面意见建议，使制度建设更加科学、民主。

（三）抓住“三个关键”，确保制度行之有效。一要严格落实。要以“抓铁有痕、踏石留印”和动真碰硬的态度，切实加强对已制定、修订制度施行情况的监督与落实，及时发现和纠正制度执行过程中的薄弱环节，使各项制度行之有效，落实到位。二要建立制度的实施反馈机制。建立制度实施反馈机制，认真听取各方面对制度运行情况的意见反馈，分析实施情况，研究需要改进的问题，及时对制度做出修订和完善。三要适时修订完善制度。在总结过去制度落实情况的基础上，对不适应形势发展的内容及时进行删除或修改完善，对探索创新工作的经验做法及时总结提炼并注重以制度的形式固定下来，搞好制度汇编，加以总结提高，推陈出新，实现制度不断完善。

加强制度建设是常委会自身建设一项长期的重要任务，必须一以贯之，常抓不懈。我们要通过加强制度建设，不断提高区人大常委会的履职能力，提升人大工作水平，为地方经济社会发展做出新的贡献。

关于积极融入“一带一路”加快商城国际化进程的建议案

政协兰山区委员会

近年来，兰山商城紧跟国家“一带一路”战略步伐，以开展省级国际贸易综合改革试点为动力，坚持“三化并举、五位一体”，适应经济新常态，树立发展新思维，加快商城转型升级，打造商贸物流名城，积极推进商城国际化。

2017年1—6月，兰山商城实现市场交易额1320亿元、同比增长16%；物流运输额2636亿元、同比增长16%；电商交易额465亿元、同比增长82%；进出口总额7.5亿美元、同比增长10%；展会交易额160亿元、同比增长15%。但是成绩的背后也应当清醒地看到，当前兰山商城在国内外的知名度与义乌等市场相比不够高，融入一带一路意识欠缺，缺乏国际贸易知识经验，外贸经营主体、外贸人才不足，服务设施功能等方面存在较大差距，商城市场和商品综合外向度差等。造成这些问题的原因主要有：

一是商城发展的历史渊源具有局限性。兰山商城属于内贸型市场，外贸起步发展仅仅5年，时间短、经验少。市场大多由村居集体举办，在推进市场国际化发展上存在思维受限、不够开阔的问题。兰山商城虽然是全国最大的专业市场集群，但是市场主体分散，思想不够统一，步调不够一致，一定程度上限制了商城的规模化、国际化运作。

二是商城外贸的产品结构质量不足。出口商品的结构集中在板材、劳保等劳动密集型领域，产品研发能力低，真正有技术含量的产品出口占比不高；产品质量上，总的来看是“多而杂”、精细度不高，产品档次低，商城商品与“一带一路”沿线国家市场需求的对接度不高，还缺乏针对性；产品来源主要是“买全国、卖全国”，真正自产自销的不多，地产品占有率较低，同时出口的商品大多是外地买入的，价格等方面也不占优势；对本地产品的知识产权保护力度不够，降低了高新技术产品的开发积极性。

三是商城国际化运作的体系链条待完善。商城国际化运作的产业链条存在脱节，经营队伍和销售渠道集中在国内，缺少国际化专业人才和运作团队。生产、包装、销售、物流等国际生态链需要进一步健全，国际化的基础设施配套仍需加大投入，维修、售后、投诉处理等服务不到位，全球化服务程度不高。

深度融入“一带一路”战略，我区需要用足用活商城国际化政策，继续引导集团、市场、商户利用市场采购、展销等方式开展国际贸易工作，在“一带一路”上做文章，把商城产品推向“一带一路”。为此，建议：

一、打造商贸高地，加快建设现代商城。实体市场是商城的“根”，只有市场站稳了、牢固了，我们在国外才有底气，才能为商城国际化提供源源不断的动力支持。因此，要根据商城发展规划，对商城内老市场进行高标准规划，按照布局合理、功能完备的现代市场要求进行建设。通过改造提升、搬迁建设，实现商城市场进一步提档升级、集约发展，做大做强“一市一品”。同时，把补齐“工业发展短板”与放大“商贸物流优势”结合起来，在持续抓好板材、劳保等传统优势地产品的基础上，围绕“一带一路”市场需求，梳理几条地产品加工产业链，由单一商贸向产销融合转化，不断扩大地产品占有率，提高地产品出口率。随着国际国内市场一体化进程加快，特别是“一带一路”战略的实施，商城不能简单地以国内贸易为主，只有开拓国际市场，内外贸协调发展，积极引导集团、市场、商户利用市场采购、展销等方式开展国际贸易业务，把商城产品推向“一带一路”，走在“丝绸之路”上，才能实现商城持续繁荣。一是加快建设“国际贸易新高地”。用足用活用好市场采购贸易方式这一政策，鼓励支持市场商户利用优惠政策，开展国际贸易，做大做强国际市场。二是加快建设“开放合作高地”。加快商城“引进来”“走出去”步伐，大力引进优质境外商品供应商、代理商，使兰山商城成为外国商品进入国内市场的桥头堡；推动在“一带一路”沿线国家布局临沂商城，构建全球“临沂商城”市场网络，在已有海外商城和海外仓的基础上，继续抢抓时机和位置，布局并新建一批海外仓、边境仓，有效扩大商城商品的覆盖面。三是全面开展国际贸易培训。根据商城国际化需求，邀请有关专家、学者，在国际物流、国际金融、进出口政策、海关知识等方面，对商城外贸企业、市场商户进行国际贸易培训指导。

二、推行电商模式，加快建设网上商城。在加快电子商务平台建设的同时，继续实施“网上商城建设、电商产业培植、电商发展配套”三大工程。大力推动商城骨干电商培育工程，促成一批跨境电商服务商在兰山商城开展跨境业务；争取市政府设立的1亿元的跨境电商发展基金扶持，培育扶持一批像“伊亲购”、新明辉、齐鲁E谷等电子商务内外贸示范商户、示范企业、示范园区，充分发挥示范带头作用，实现“加快建成一批在国内外有影响力的电子商务平台，重点发展一批电子商务应用企业，壮大成长一批特色鲜明、诚信经营、业绩良好的网上企业”的目标，促进电商平台、骨干企业、特色网商协调发展。发挥产业优势，继续巩固小商品、日用品、副食等传统网上电商的优势，拓展陶瓷建材、五金机电等优势产业电子商务渠道，鼓励市场中小商户选择阿里巴巴等知名电商平台，开展电子跨境商务经营，将线上商铺与线下实体相结合，打造“网上丝绸之路”，努力构建“一带一路一网”新格局。完善电商配套，利用商城现有的电商交易区，积极建设国际电子商务城，争取设立国际邮件互换局和交换站。

三、搭建广泛平台，加快建设会展型商城。按照“展贸互促”的原则，以特色商品为依托，扶持和壮大木业板材、汽车用品、家电厨卫、糖酒副食、红木家具等专业展会，邀请国内外知名厂商参展，打造具有区域、国内和国际影响力的商城特色会展。支持各集团、市场、商会积极办展会、开论坛，发展多门类、多层次、强带动的会展业，不断扩大商城对外影响力，打造商城会展品牌，形成会展经济。组织商城商户参加临博会，推介商城商品。在办好目前已有展会的基础上，采取“市场＋商户＋商会”的办展模式，争取国家级商协会支持，吸引更多的国内外大型展会落户兰山商城。同时，发挥好临商总商会的作用，组织会员到沙特、阿联酋、非洲等国家办展参展，扩大商城商品对外辐射面，不断提升展会规模和办展水平，推动布展全球化，成为开拓国际国内市场平台。建议在省级平台加大对临沂（兰山）商城的宣传推介，在省级媒体开设临沂（兰山）商城板块，把商城国际化及相关政策优势放到省级层面进行宣传推广，全面提升商城外向度和影响力。

四、开辟多维通道，加快建设现代物流体系。抓住临沂开展全国物流标准化试点、全国智慧物流配送示范城市创建工作机遇和发展公路、铁路、航空和临港“四大物流”规划优势，加快建设现代物流体系。以申报省级物流业产业集群工作为抓手，推进物流园区改造提升，建设现代化的电商、物流、仓储相融合的园区，加快传统物流向现代物流迈进。

发展第三方、第四方、电商和专业特色物流，吸引国内外先进的物流企业到商城设立总部或区域分拨配送中心，提升物流业态，建设现代物流体系。引导物流企业“走出去”，在“一带一路”沿线国家建立国际物流仓储分拨中心。支持物流企业在边贸城市、边境口岸建立物流园区、边境仓，大力发展国际物流。抓住鲁南铁路物流园区建设的机遇，充分利用好临沂港、临沂综合保税区政策优势和开通的国际货运班列，吸引铁路、航空物流企业来商城建立国际、国内分拨中心，实现由“单一化”的公路物流向“立体化”的公路、铁路、航空、临海和保税物流迈进。推进物流标准化建设，建设智慧物流信息平台，加强物流信息资源整合和开发应用，用好数据信息资源，推动商贸物流联动发展。

五、优化发展环境，加快建设商城服务保障体系。成立专门机构研究和推进兰山商城外贸政策的落地，切实加强对“一带一路”和商城国际化政策的研究，重点分析沿线国家市场需求，有效对接商城资源，协调督促重大政策、重要事项的落地实施。一是组建兰山商城控股有限公司，发挥引导作用，在网上商城、现代物流管理、商城会展、宣传、风险化解、国际化配套项目等方面成立服务子公司；建设兰山商城综合服务大厅，进一步为商城商户开展国际贸易提供服务。二是加快诚信建设，每年按市场商户一定比例评选文明诚信经营户、诚信经营户，并与国家诚信体系建设相结合，提高经营业户的核心素养，树立文明经商的良好氛围。三是加强市场监管力度，按照“属地管理、部门分工、协调配合”的原则，规范市场经营秩序和环境，同时采取政府购买服务的方式，加大对商城市场、物流园区在经营秩序、社会治安、交通运输、餐饮卫生等方面的安全隐患排查力度，保障商城健康有序发展。四是不断优化商城经营环境，建设并整合商城学校、医院、餐饮，乃至宗教场所等服务设施，增加对外服务功能，解决商城外商子女就学、就医、生活、信仰、习俗等问题，营造一流的国际商务、生活和人文环境；大力引进金融、法律、翻译、咨询等高端服务机构，提升商城国际化服务水平。

关于加快推进全域旅游发展的建议案

政协兰山区委员会

2016年以来，区委、区政府高度重视全域旅游发展，以创建全域旅游示范区为总抓手，着力构建全域共建、全域共融、全域共享的旅游发展新模式，在工作机制创新、商文旅融合、旅游项目推进、景区创建、市场宣传等方面做了大量卓有成效的工作，开创了旅游工作新局面，形成了一批旅游新热点。但是，面对各地全域旅游竞相发展的新态势、新突破，我区在总体规划、产品打造、政策扶持、软硬件提升等方面还存在较大差距。为加快推进全域旅游发展，特提出如下建议：

一、抓机遇，迎挑战，明确发展目标

全域旅游作为中国旅游发展的转型之举和大势所趋，已经上升为国家战略。习近平总书记指示，“发展全域旅游，路子是对的，要坚持走下去。”发展全域旅游是贯彻落实“五大发展理念”的重要举措，是加快新旧动能转换的重要内容，是辐射带动经济社会发展的重要引擎。兰山区作为中心城区、文化古城、活力商都，处于全市“一核两圈三带五区”旅游发展格局的重要位置，发展全域旅游优势独特、前景广阔、大有可为。各级各部门要审时度势，乘势而上，紧紧抓住创建国家全域旅游示范区这一重要发展机遇，切实树立“旅游+”和“+旅游”理念，加快推动旅游业转型升级、提质增效，走出新路、当好示范。

当前，我区全域旅游发展中存在着诸多“短板”：一是缺乏顶层设计，未完成全域旅游规划；二是党政统筹、财政投入、政策扶持不够；三是缺少“顶天立地”的拳头型旅游产品；四是城乡旅游基础设施、公共配套服务滞后，不适应大众旅游时代需求；五是基层开发创建旅游景区的意愿不强、投入不足；六是旅游监管机构薄弱，未建立“1+3+N”新型综合监管机制。下一步，要全力以赴，迎难而上，“抓规划、促项目、夯基础、培要素、树品牌”，积极打造与中心城区政治优势和经济发展相匹配的旅游强区和“宜居、宜商、宜游”的现代城市旅游目的地，争取2-3年内实现突破发展，旅游综合实力进入全市前列。

二、抓规划，强引领，优化全域布局

以全域旅游的视野和理念，把兰山839平方公里当作一个大景区进行高点定位、高标准规划，全面规划提升旅游资源整合和旅游要素配置，为建设“商都水城、文化兰山”提供科学指导和重要遵循。一是按照“全域化布局、差异化定位、特色化发展”的要求，聘请专业机构高水平编制全域旅游发展规划，并按程序报批实施。二是构建“多规合一”的全域旅游发展格局，将旅游规划理念融入城乡规划、土地利用规划、产业发展规划、生态保护规划中，切实落实全域旅游对发展用地、基础设施、服务设施、产业融合和生态保护的需求，统筹引领全域旅游发展与特色小镇建设、美丽乡村建设、扶贫开发等工作。三是加快推进《兰山区乡村旅游发展总体规划》实施，按照“一心、一轴、两带、三区”空间结构，形成区域特色鲜明的乡村旅游产业布局，重点打造一批旅游特色镇、特色村以及“沂州镇山”“漫山花海”“羲之水乡”“屠苏绿岛”等四大核心产品系列、八大乡村休闲业态和十九处乡村旅游重点项目，推动乡村旅游产业全域化发展。

三、抓融合，促项目，提升产业动能

以项目开发建设为支撑和载体，“承一接二、接二连三”，推动产业融合发展，打造多元化产品体系，形成综合新产能，为旅游供给注入特色和活力。一是与文化融合，挖掘丰厚的文化资源，策划实施一批大项目，重点打造书法文化、兵学文化、孝文化等研修高地。依托王羲之故居及周边资源，打造文化旅游街区，并串联书法广场、书圣文化城、书圣阁等景点，打造“书法圣地之旅”。依托镇山景区和王祥故里，推进中华孝文化园建设。依托银雀山汉墓竹简博物馆，加快规划建设兵学体验基地、兵圣阁等地标建筑。依托天主教堂、清真寺、天齐庙等景点，开发宗教文化游。二是与商贸融合，发挥商贸物流优势，打造“兰山商城、购物天堂”品牌。依托临沂小商品城等90余处专业批发市场，借助商博会等平台，精心提升培育一批购物旅游示范区、旅游商品采购基地。在线上线下打造一批品牌旅游购物商店，推动特色农产品、旅游工艺品及伴手礼的研发生产和销售。三是与体育、教育、水利、农业、工业、畜牧、环保等融合，让各行各业插上旅游的“翅膀”，培育发展更多的新业态新产品，创新创造更多的“买单点”。大力发展水上运动和环水经济，加大原创性水上赛事开发，形成群众参与性强的品牌项目。大力推进金锣万亩荷园、玫瑰湖度假区、中华合园、竹柳农业庄园、沂蒙生态农牧业观光园、沂河生态文化旅游区等现有项目，打造核心精品景区，提升全域旅游“含金量”。做好“无中生有”文章，招引新上一批高端项目，培育壮大旅游市场主体。大力创建A级景区、旅游度假区、乡村旅游示范点、工（农）业旅游示范点、研学旅行教育实践基地、休闲垂钓基地等各类旅游业示范标杆，打造优质旅游服务品牌。

四、抓配套，优环境，健全服务体系

全域旅游需要更多的基础设施和服务配套，必须完善以人为本的旅游公共服务体系，切实提高游客满意度。一是完善交通支撑体系。重点解决交通

主干线与旅游景点“最后一公里”问题。加强城区、城郊公交运营管理，合理调整运行时间和路线。推动城市公交向旅游景区和特色镇村延伸，开通城区观光巴士和通往景区的专线车，完善“快行慢游”路网。推广使用共享单车、电动旅游车等，推进重点景区充电桩建设。二是构建服务接待体系。加快推进全域旅游集散中心、全域旅游服务区、旅游咨询体验服务中心建设。推动旅游强乡镇、旅游特色村、重点景区配套建设游客服务中心。依托公园、广场、旅行社营业部探索设立游客咨询服务点。继续实施旅游厕所革命，科学布局停车场、加油维修站、旅游交通引导标识，完善城市无障碍设施。引进一批高星级酒店、品牌连锁酒店、文化主题酒店，发展一批沂蒙客栈、乡村民宿，实现旅游住宿接待设施多元化。三是完善旅游智能化体系。建立旅游大数据中心，加快“互联网＋旅游”进程，推动移动互联网、云计算、大数据、物联网等与城市休闲、时尚旅游有机结合。推进各景区、重点公共休闲场所的互联网化，设置旅游触摸屏查询终端，实现WIFI、通信信号、视频监控免费覆盖。研发涵盖“吃住行游购娱”等要素的手机APP应用，实现“一部手机畅游无限”的目标。

五、抓宣传，拓市场，塑造整体形象

旅游经济属于典型的“吆喝经济”，宣传营销是旅游工作的重中之重。一是强化宣传造势。广泛征求各方面意见，整合提炼、精心设计具有冲击力和感召力的宣传语、形象标识，用一句话叫响兰山。聘请专业团队制作旅游形象宣传片，整合核心旅游资源，突出新兴旅游亮点。加强与高端媒体、主流媒体合作进行推介，充分利用各类节庆活动进行集中宣传，形成“大宣传”效应。二是加强联合营销。与周边市县合作，促进旅游精品线路的对接，积极融入“好客山东·亲情沂蒙”营销大格局。主动融入国家“一带一路”等重大战略，推动与有关城市资源共享、线路互联、市场互动，建立推广联盟合作平台，吸引中远程团队游客前来旅游。三是实施精准营销。针对省内、长三角、苏豫皖和京津冀四大目标市场，开展“走出去”和“请进来”专项营销活动。借助携程、同城、百度等旅游大数据分析，针对潜在客源的个性化需求进行靶向推送。做好有关旅游专刊、专栏策划，发挥新媒体的传播优势，全方位推介展示“商都水城、文化兰山”的品牌魅力。

六、抓统筹，增投入，落实保障措施

发展全域旅游，必须要实现旅游管理体制机制从过去单一部门管理过渡到党政统筹管理、综合管理。一是党委政府要担当起发展全域旅游的主体责任，按照新出台的《国家全域旅游示范区创建工作导则》，将各项任务分解落实到各镇街和相关部门，加大督查和考核力度，实行区领导包旅游大项目责任制，形成统筹推进全域旅游工作的新格局。二是组建区旅游发展委员会，增加编制，充实队伍，并实行专（兼）职委员制度，强化规划编制、监管服务、指导协调等综合职能。三是推进旅游综合执法体制改革，设立旅游警察、旅游巡回法庭、工商旅游分局等，提高旅游市场综合监管水平。

旅游业是“烧钱产业”，必须要加大财政投入和政策扶持。一是按照全域旅游创建要求，大幅提高旅游专项经费，并按适当比例逐年递增，主要用于旅游规划编制、基础设施建设、旅游市场营销等。同时，要配套对旅游强乡镇、特色村、A级景区、各类旅游示范点创建的资金奖补。二是设立2000万元至1亿元的旅游产业发展基金，广泛吸引社会资本参与旅游业发展。引导一批市场主体转型发展、跨界投资旅游项目，支持鼓励企业或个人创办旅游经济实体，培育一批具有较强竞争力的旅游龙头企业。三是相关部门要研究制定促进全域旅游发展的政策“干货”，从用地、财税、金融、人才、乡村旅游、特许经营等方面给予系统支持和切实有效的保障。

索 引

说明：

本索引为综合性主题索引，索引标目按汉语拼音字母顺序，同音字按声调顺序，同音同声调者按笔画顺序排列。标目后数字为页码。同一主题的内容在文中多处出现的，在其款目后用不同的页码标明。对特载、大事记、附录等栏目不作索引。

A

B

C

D

F

G

H

J

K

L

M

N

P

Q

R

S

T

W

X

Y

Z